U0835354

2023 保险蓝皮书
——中国保险市场发展分析

寇业富　主编
周　桦　褚福灵　廖　朴　副主编

中国财经出版传媒集团
中国财政经济出版社
· 北京 ·

图书在版编目（CIP）数据

2023保险蓝皮书：中国保险市场发展分析／寇业富主编. --北京：中国财政经济出版社，2023.11

ISBN 978－7－5223－2551－4

Ⅰ.①2… Ⅱ.①寇… Ⅲ.①保险业－经济发展－研究报告－中国－2023 Ⅳ.①F842

中国国家版本馆CIP数据核字（2023）第212855号

责任编辑：叶 彤　　　　责任校对：胡永立

封面设计：北京兰卡绘世

2023保险蓝皮书——中国保险市场发展分析

2023 BAOXIAN LANPISHU——ZHONGGUO BAOXIAN SHICHANG FAZHAN FENXI

中国财政经济出版社 出版

URL：http：//www. cfeph. cn

E－mail：cfeph@ cfeph. cn
（版权所有 翻印必究）
社址：北京市海淀区阜成路甲28号 邮政编码：100142

营销中心电话：010－88191522

天猫网店：中国财政经济出版社旗舰店

网址：https：//zgczjjcbs. tmall. com

北京虎彩文化传播有限公司印刷 各地新华书店经销

成品尺寸：170mm×240mm 16开 27.75印张 439 000字

2023年11月第1版 2023年11月北京第1次印刷

定价：120.00元

ISBN 978－7－5223－2551－4

（图书出现印装问题，本社负责调换，电话：010－88190548）

本社质量投诉电话：010－88190744

打击盗版举报热线：010－88191661 QQ：2242791300

本报告得到

中央财经大学中国精算研究院
中央财经大学保险学院
北京智方圆税务师事务所
等单位的支持和帮助
在此表示衷心的感谢！

前　言

本部著作是我们连续主编出版《保险蓝皮书——中国保险市场发展分析》的第八部。中国保险业作为最早对外开放的金融行业，从入世之初的备受争议、被挑战，发展到保费收入位居世界第二，可以说，中国的保险业走过了一段披荆斩棘、奋发有为的发展路程。

中国民族保险业开始于1885年在上海成立的“仁济和”保险公司。1949年前，中资保险业机构曾多达600余家，但其市场占有率仅为25%左右；外资保险公司虽然只有60多家，却拥有75%左右的市场份额，实际上是外国保险资本控制着中国保险市场。

中华人民共和国成立后，政府非常重视民族保险事业的发展，为适应社会主义经济建设的需要，1949年10月20日成立了国营的中国人民保险公司，总部设在北京。截至1956年，中国保险业社会主义国有化目标实现，无论是财产保险业务还是人身保险业务，无论是城市保险业务还是农村保险业务，无论是国内保险业务还是涉外保险业务，都展现出轰轰烈烈的发展局面。1958年10月，中央的西安财贸会议正式提出：“人民公社化以后，保险工作的作用已经消失，除国外保险业务必须继续办理外，国内保险业务应即停办”。到了12月，武汉全国财政会议便正式作出决定：立即停办国内保险业务。1959年1月，中国人民保险公司召开第七次全国保险会议，贯彻落实国内保险业务停办精神，并布置了善后清理工作。

1979年4月，国务院批转《中国人民银行全国分行行长会议纪要》。《纪要》指出：“开展保险业务，为国家积累资金，为国家和集体财产提供经济补偿。今后对引进的成套设备、补偿贸易的财产等，都要办理保险。凡需补偿外汇的保险业务，其保险费改收外币。保险公司所得的利润，不再上缴财政，留作国家发展保险事业的基金。……”1979 年 11 月，中国人民银行召开全国保险会议，决定从 1980 年起，恢复停办了 20 余年的国内保险业务，同时在原有的基础上大力发展涉外保险业务。从此，中国的保险事业又翻开了崭新的一页！

保险事业的发展，急需大量的保险专业人才，中国保险专业人才的需求与供给之间形成了巨大的差距。

1980 年，全国只有中央财政金融学院（现中央财经大学，当时隶属于财政部）率先开办保险专业，每年招生 40 人；1982 年，中国人民银行金融研究生部开始招收保险专业研究生，所属金融专科学校也开设了保险专业。

1983 年，为缩小保险专业人才需求与供给之间的差距，中国人民保险公司一方面建议教育部对保险专业进行“抢救”，尽快在有条件的高等学校开设保险专业；另一方面，决定投资高校办学。中国人民保险公司先后与南开大学、武汉大学、辽宁大学、四川财经学院（现西南财经大学）签订了委托协议，对这四所院校一次性投资共 920 万元；以后又相继资助中央电大、中央财政金融学院（中央财经大学）、上海财经学院（上海财经大学）、北京财贸学院（首都经贸大学的前身之一）共 160 万元。为保证顺利实施委托办学的具体方案，中国人民保险公司牵头组织编写教材，1985 年出版了第一本综合性的保险专业教科书——《社会主义保险学》，1987 年组织了 5 个写作班子，编写出了供中央电大使用的 5 本教材：《保险学概论》《财产保险》《人身保险》《农业保险》和《海上保险》，促进了保险专业人才的培养。

2003 年，依托中央财经大学雄厚的金融学科以及国民经济学、统计学等学科的综合优势，教育部成立中央财经大学中国精算研究院。中央财经大学中国精算研究院是保险精算领域唯一一所教育部人文社会科学重点研究基地，具有比较雄厚的科研实力和业界影响力，为精算科学在中国的普及应用以及中国精算师制度的建立和完善做出了重要贡献，培养了多位具有国际水平的精算和保险人才。

根据教育部《普通高等学校人文社会科学重点研究基地管理办法》的要求，重点研究基地应该聚集和培养优秀学术人才，围绕国家发展战略，针对学科前沿和社会经济发展中的重大理论与实践问题，组织高水平研究的新型科研团队，在产出创新成果、形成学术交流开放平台、带动高校哲学社会科学发展创新等方面发挥着重要作用。

为了对中国保险产业的快速发展，特别是对加入 WTO 以来中国保险业发展的经验教训进行整理总结，自 2010 年开始，中央财经大学中国精算研究院成立保险数据文献中心，于 2011 年主编出版《2011 中国保险公司竞争力评价研究报告》，以后每年出版一部《研究报告》，这一系列著作已经成为中国精算研究院的标志性成果。到《2020 中国保险公司竞争力评价研究报告》的出版，正好是 10 周年。

我们在总结并继续出版“中国保险公司竞争力评价研究报告”的基础上，自 2016 年开始主编出版《保险蓝皮书——中国保险市场发展分析》，对保险业的发展状况进行梳理分析，希望能够对业界、学界和政府部门等有关单位的研究提供支持和参考；并始终坚持“公开、客观、科学”的原则。

所谓“公开”包括两方面的含义：一是信息数据来源、评价方法等全部公开；二是指梳理分析或评价结果的有的放矢或可验证性。尽管在相关数据的可得性方面还存在不少问题，但是随着我国保险业的不断发展以及对信息数据的重视，无论是从信息公开的渠道、方式还是内容等方面，数据的公开性、可得性越来越好。

保险产业的发展离不开经济发展水平、经济制度、产业政策等各方面综合复杂因素的影响。所谓“客观”一是指分析的理论基础尽量符合中国的国情和发展道路；二是指评价过程、评价方法等尽量避免或者减少人为主观因素的干扰。我们尽量在分析中做到客观、公正。

所谓“科学”一是指能够历史地、辩证地看待中国保险业的发展；二是指分析评价方法的科学。中国保险业的快速发展既得益于保险业的改革开放，也得益于中国经济的快速发展为保险业提供了健康发展的广阔空间。

《2023保险蓝皮书——中国保险市场发展分析》主要包括六大部分，分别是保险产业发展与政策、保险经营主体分析；保险产品、服务与科技发展；中国社会保险的发展；业界天地与社会责任等共十几章内容，其主要内容和结构如下：

第一部分　保险产业发展与政策，包括第一章和第二章。

第一章　产业经济学与保险产业。从产业经济学的研究对象、研究内容和研究方法等几个方面，分析了保险产业的结构与发展、政策与市场机制之间的关系。第二章　中国保险产业发展状况（包括中国内地、香港特别行政区、澳门特别行政区和台湾地区）。主要分析中国保险产业的发展状况，包括市场特点、产业链、产业结构与发展以及保险产业政策等，并且希望对中国保险产业的发展能够有所借鉴。

第一部分主要是根据产业经济学和保险产业发展理论，从产业经济学、产业组织学等理论分析中国保险产业的发展现状、评价及发展展望等；并强调市场结构、市场行为、市场绩效之间的相互影响和关联性，希望给予分析中国保险产业的发展方向和发展思路等提供借鉴和参考。

第二部分　保险经营主体分析。主要是根据各保险公司的年度信息披露报告、保险年鉴、保险公司官网以及保监会网站等公开信息数据，对中国中小型保险公司的价值成长性、中国保险中介机构的发展、中国保险资产管理业的发展等进行分析评价，包括第三章、第四章和第五章。

第三章　中国保险公司的价值成长性分析。中小型保险公司占全部保险公司的90%左右，因此中小型保险公司的发展状况对中国保险业的发展具有重要的影响。我们建立“保险公司价值成长性”概念，构建包括市场拓展能力、融资能力、盈利能力、风险管理能力和经营创新能力等一级指标和50多个二级指标的评价体系，采用定性和定量相结合的方法对中国中小型保险公司的各一级指标和价值成长性等进行评价分析，促进中国保险业的长期健康可持续发展。第四章　中国保险中介机构的发展。保险中介是保险市场不可或缺的重要组成部分，对于保险产品创新、管理创新、服务创新和保险科技的快速发展与应用等发挥着不可替代的重要作用。本章分别对保险代理公司、保险经纪公司和保险公估公司的发展进行了梳理和分析，并对发展中存在的问题和不足进行了探讨。第五章　中国保险资产管理机构的发展分析。主要从保险资产管理业制度建设、中国保险资产管理公司的经营状况、经营热点问题分析、中国保险资产管理公司的机遇与挑战等几方面对中国保险资产管理行业和公司发展进行了梳理总结。

第三部分　中国保险产品、服务与消费者权益保护。主要是对当前中国保险公司的产品、服务特别是消费者的投诉与处理，包括第六章、第七章。

第六章　中国人身保险产品和服务分析。主要对寿险、意外险、健康险的产品结构进行了分析；并对保险公司服务及消费者投诉进行了统计，阐述了其趋势和特点。第七章　中国财产保险产品和服务分析。主要内容包括对企业财产保险、农业保险、责任保险以及机动车辆保险的产品结构进行分析；财产险公司的产品市场发展和服务情况及消费者投诉等方面进行统计分析。随着保险产业发展规模、市场监管的不断发展和完善，保险科技、创新和监管的技术与手段等对保险业的发展越来越重要。

第四部分　社会保险。包括第八章和第九章。

第八章　社会保险制度。主要就社会保险制度的主要内容、社会保险的原则功能以及社会保险与商业保险的区别等方面对我国的社会保险进行概述，并分别就基本养老保险、基本医疗保险、失业保险、工伤保险、生育保险的覆盖范围、基金来源、资格条件、就医服务、费用报销等进行整理总结。

第九章　社会保险基金。主要就社会保险基金（包括基本养老保险基金、基本医疗保险基金、失业保险基金、工伤保险基金、生育保险基金）自 2017 年到 2022 年的参保情况、收入情况、支出情况、基金结余、历史演变以及发展趋势等进行分析，可为相关研究和政府部门提供比较可靠的数据资料与参考。

第五部分　业界天地与社会责任。随着中国保险业实践经验的不断丰富发展，保险机构的经营管理和社会责任也不断得到加强，保险公司、保险中介机构、保险资产管理公司等在风险管理、经济补偿、资金融通等方面发挥职能外，开始把企业的社会责任、社会服务等贯穿到公司的经营管理过程中去，更好地履行了社会责任。本部分共分两章，除了对2022年中国保险机构的社会责任进行评价外，还对在履行社会责任方面表现优秀的保险机构发展与社会责任事例进行了展示宣传。

第十章　中国保险公司的社会责任评价。本章主要基于“利益相关者原则”建立评价体系，包括股东责任、员工责任、客户责任、社区责任、政府责任5个一级指标和40多个二级指标构成；综合运用主成分分析、因子分析、正态分析等进行评价，得到对2022年中国人身险公司和财产险公司的社会责任评价结果。

第十一章　保险机构的发展与社会责任。本章主要对原保险公司、保险中介机构和保险资产管理公司等履行社会责任的实践和事例进行宣传，发挥“展示保险业形象、传递社会正能量”的作用。本章节选了太平再保险（中国）有限公司、信美人寿相互保险社、英大财产保险股份有限公司、慧保天下、北京智方圆税务师事务所几家保险服务相关机构进行了相关内容的展示和宣传。

本报告的结构由寇业富提议，项目组成员讨论通过。各成员具体负责内容如下：寇业富负责第一章，寇业富、周桦负责第二章，寇业富负责第三章、第四章、第五章，廖朴负责第六章、第七章，褚福灵负责第八章、第九章，寇业富负责第十章、第十一章。

无论是保险资本的实力、保险管理与技术水平，还是国家对保险业的定位与要求，中国保险业面临快速发展与矛盾累积同时叠加的情况。保险业对国内的经济发展、经济结构的改善和供给侧结构性改革，以及“一带一路”建设等方面都发挥着越来越重要的作用，也面临着更多的挑战。在保险业如何更好地保护广大消费者、保险公司的合法利益，发挥国有企业的核心竞争力，促进社会主义制度建设等方面还有很多问题亟待研究。本报告是项目组第六年的工作，限于能力、知识、精力和信息数据等各方面的因素，不足之处在所难免，望各位读者能够不吝指教，必将在以后的工作中有所补充改进，谢谢！

寇业富
保险数据文献中心主任
中央财经大学中国精算研究院·保险学院
2023 年 10 月

目 录

第一部分　保险产业发展与政策

第二部分　保险经营主体分析

第三部分　中国保险产品、服务与消费者权益保护

第四部分　社会保险

第五部分　业界天地与社会责任

2023保险蓝皮书

——中国保险市场发展分析

第一部分 保险产业发展与政策

第一章　产业经济学与保险产业

第一节　产业经济学的概念

一、产业和产业链

（一）产业概念和产业分类

产业（Industry）是指具有某种相同属性经济活动的集合或系统，是指由利益相互联系的、具有不同分工的、由各个相关行业所组成的业态总称。产业是社会分工的产物，随着社会的分工产生和发展。尽管不同产业的经营方式、经营形态、企业模式和流通环节有所不同，但它们的经营对象和经营范围都是围绕着共同产品展开的，并且可以在构成业态的各个行业内部完成各自的循环。

产业经济学是以产业作为专门的研究对象，在产业经济学意义上，产业具有自己特定的内涵与外延。从狭义上看，由于工业在产业发展中占有特殊位置，经济发展和工业化过程密切相关，产业有时指工业部门。产业经济学中研究的产业是广义的产业，泛指国民经济的各行各业。从生产到流通、服务以至于文化、教育，大到部门、小到行业都可以称为产业。

产业的概念介于微观经济细胞（企业和家庭消费者）与宏观经济单位（国民经济）之间的若干“集合”。现代经济社会中，存在着大大小小的，居于不同层次的经济单位。企业和家庭是最基本的，也是最小的经济单位；整个国民经济是最大的经济单位；介于二者之间的经济单位是大小不同、数目繁多的，因具有某种同一属性而组合到一起的企业集合，又可看成是国民经济按某一标准划分的部分，这就是产业。简单讲就是生产物质产品的集合体，包括工业、农业和交通运输业等，一般不包括商业。

产业的分类法有：关联分类法、三次产业分类法、国家标准分类法、国际标准分类法、两大部类分类法、农轻重产业分类法、生产要素分类法等，以下介绍主要和常用的4种分类方法。

1. 关联方式分类法

将具有某种相同或相似关联方式的企业经济活动组成一个集合的分类方法，有技术关联分类（如制造业、建筑业、运输业）、原料关联分类（如电力、煤气、采石、渔业）、用途关联分类（如单向关联产业、前向关联产业横向关联产业、环向关联产业）、战略关联分类（如主导产业、支柱产业、重点产业、先导产业）等。

2. 三次产业分类法

三次产业分类法由新西兰经济学家费歇尔创立。第二次世界大战以后，西方国家大多采用了三次产业分类法。在中国，三次产业的划分是：第一产业为农业，包括农、林、牧、渔各业；第二产业为工业，包括采掘、制造、自来水、电力、蒸汽、热水、煤气和建筑各业；第三产业是广义上的服务业，包括运输业、通信业、金融业、房地产业、旅游业、文化、教育科学、新闻公共行政、国防、生活服务等。

3. 国家标准分类法

由中国国家标准局编制和颁布的《国民经济行业分类》划分为20个门类、96个大类、300多个种类和更多的小类，具体如表1－1所示。

表1－1　国民经济行业分类

三次产业分类	《国民经济行业分类》（GB/T 4754—2011）		
	门类	大类	名称
第一产业	A		农、林、牧、渔业
		01	农业
		02	林业
		03	畜牧业
		04	渔业
第二产业	B		采矿业
		06	煤炭开采和洗选业
		07	石油和天然气开采业
		08	黑色金属矿采选业

续表

三次产业分类	《国民经济行业分类》（GB/T 4754—2011）		
	门类	大类	名称
第二产业		09	有色金属矿采选业
		10	非金属矿采选业
		12	其他采矿业
	C		制造业
		13	农副食品加工业
		14	食品制造业
		15	酒、饮料和精制茶制造业
		16	烟草制品业
		17	纺织业
		18	纺织服装、服饰业
		19	皮革、毛皮、羽毛及其制品和制鞋业
		20	木材加工和木、竹、藤、棕、草制品业
		21	家具制造业
		22	造纸和纸制品业
		23	印刷和记录媒介复制业
		24	文教、工美、体育和娱乐用品制造业
		25	石油加工、炼焦和核燃料加工业
		26	化学原料和化学制品制造业
		27	医药制造业
		28	化学纤维制造业
		29	橡胶和塑料制品业
		30	非金属矿物制品业
		31	黑色金属冶炼和压延加工业
		32	有色金属冶炼和压延加工业
		33	金属制品业
		34	通用设备制造业
		35	专用设备制造业
		36	汽车制造业
		37	铁路、船舶、航空航天和其他运输设备制造业
		38	电气机械和器材制造业
		39	计算机、通信和其他电子设备制造业

续表

三次产业分类	《国民经济行业分类》（GB/T 4754—2011）		
	门类	大类	名称
第二产业		40	仪器仪表制造业
		41	其他制造业
		42	废弃资源综合利用业
	D		电力、热力、燃气及水生产和供应业
		44	电力、热力生产和供应业
		45	燃气生产和供应业
		46	水的生产和供应业
	E		建筑业
		47	房屋建筑业
		48	土木工程建筑业
		49	建筑安装业
		50	建筑装饰和其他建筑业
第三产业（服务业）	A	05	农、林、牧、渔服务业
	B	11	开采辅助活动
	C	43	金属制品、机械和设备修理业
	F		批发和零售业
		51	批发业
		52	零售业
	G		交通运输、仓储和邮政业
		53	铁路运输业
		54	道路运输业
		55	水上运输业
		56	航空运输业
		57	管道运输业
		58	装卸搬运和运输代理业
		59	仓储业
		60	邮政业
	H		住宿和餐饮业
		61	住宿业
		62	餐饮业
	I		信息传输、软件和信息技术服务业

续表

三次产业分类	《国民经济行业分类》(GB/T 4754—2011)		
	门类	大类	名称
第三产业（服务业）		63	电信、广播电视和卫星传输服务
		64	互联网和相关服务
		65	软件和信息技术服务业
	J		金融业
		66	货币金融服务
		67	资本市场服务
		68	保险业
		69	其他金融业
	K		房地产业
		70	房地产业
	L		租赁和商务服务业
		71	租赁业
		72	商务服务业
	M		科学研究和技术服务业
		73	研究和试验发展
		74	专业技术服务业
		75	科技推广和应用服务业
	N		水利、环境和公共设施管理业
		76	水利管理业
		77	生态保护和环境治理业
		78	公共设施管理业
	O		居民服务、修理和其他服务业
		79	居民服务业
		80	机动车、电子产品和日用产品修理业
		81	其他服务业
	P		教育
		82	教育
	Q		卫生和社会工作
		83	卫生
		84	社会工作
	R		文化、体育和娱乐业

续表

三次产业分类	《国民经济行业分类》（GB/T 4754—2011）		
	门类	大类	名称
第三产业（服务业）		85	新闻和出版业
		86	广播、电视、电影和影视录音制作业
		87	文化艺术业
		88	体育
		89	娱乐业
	S		公共管理、社会保障和社会组织
		90	中国共产党机关
		91	国家机构
		92	人民政协、民主党派
		93	社会保障
		94	群众团体、社会团体和其他成员组织
		95	基层群众自治组织
	T		国际组织
		96	国际组织

4. 国标标准分类法

联合国为了统一世界各国的产业分类，于1971年编制并颁布了《全部经济活动的国际标准产业分类索引》。国际标准产业分类法将全部经济活动分为大、中、小、细4个层次，并规定了统计编码。全部经济活动共分为10大项，再将每个大项细分为若干个中项，然后各中项细分为若干个小项，最后若干个小项细分为若干个细项。其中，10个大项是：（1）农、林、狩猎业、渔业；（2）矿业和采石业；（3）制造业；（4）电力、煤气及供水业；（5）建筑业；（6）批发和零售业、餐馆和旅店业；（7）运输业、仓储业和邮政业；（8）金融业、不动产业、保险业和商业性服务；（9）社会团体、社会及个人服务业；（10）不能分类的其他活动。

（二）产业链

产业链是产业经济学中的一个概念，是各个产业部门之间基于一定的技术经济关联，并依据特定的逻辑关系和时空布局关系客观形成的链条式关联关系形态。产业链形成的动因在于产业价值的实现和创造。产业链是产业价值实现和增值的根本途径。

1. 产业链的四维调控机制

产业链包含价值链、企业链、供需链和空间链四个维度的概念。其中，价值链是指企业创造价值的一系列生产经营活动，这些活动是企业设计、生产、销售、发送和辅助其产品的过程中进行种种活动的集合体，可以分为基本活动和辅助活动，基本活动包括内部后勤、生产作业、外部后勤、市场和销售、服务等；辅助活动则包括采购、技术开发、人力资源管理和企业基础设施等。这些相互不同但又相互关联的生产经营活动，构成了一个创造价值的动态过程，即价值链。

企业链是指由企业生命体通过物质、资金、技术等流动和相互作用形成的企业链条。组成企业链的企业彼此之间进行物质资金的交易实现价值的增值，又通过资金的反向流动相互联系，企业链是企业生命体与生态系统的中间层次。不同点上的企业对企业链的形成和稳定都有一定作用，企业的活力和优势决定了企业链的活力和优势，同时企业链也会对企业进行筛选，通过优胜劣汰，实现企业与企业链的协同发展。企业链中的企业也通过不同渠道与这条企业链以外的企业进行合作，不同企业链实际上是相互联系的，构成网状结构，优势企业会形成核心节点，占据优势。

供应链是由物料获取并加工成中间件或成品，再将成品送到顾客手中的一些企业和部门构成的网络。根据 APICS 的概念，供需链是一种具有生命周期的流程，包含物流、信息、资金和知识流，其目的是通过众多链接在一起的供应商提供产品和服务，满足最终用户的需求。

空间链是指同一种产业链条在不同地区间的分布。

这四个维度在相互对接的均衡过程中形成了产业链，这种“对接机制”是产业链形成的内在模式，作为一种客观规律，它像一只“无形之手”调控着产业链的形成。随着产业链的发展，产业价值由在不同部门间的分割转变为在不同产业链节点上的分割。

2. 产业链本质

产业链的本质是用于描述一个具有某种内在联系的企业群结构，它是一个相对宏观的概念，存在两维属性：结构属性和价值属性。产业链中大量存在着上下游关系和相互价值的交换，上游环节向下游环节输送产品或服务，下游环节向上游环节反馈信息。产业链也是为了创造产业价值最大化，其本质是体现“1+1>2”的价值增值效应。这种增值往往来自产业链的乘数效应，它是指产业链中的某一个节点的效益发生变化时，会导致产业链中其他关联产业相应地发生倍增效应。产业链价值创造的内在要求是生产效率大于内部企业生产效率之和，同时，交易成本小于内部企业间交易成本之和。企业间的关系也能够创造价值，价值链创造的价值取决于该链中企业间的投资，不同企业间的关系将影响它们的投资，进而影响被创造的价值。

3. 产业链内在规律

产业链形成的内在规律是：从供需链内部的需求链和技术链的对接开始，引起产业链的载体——企业链的有效对接并形成一定的空间布局。由于产业链内不同地区和形式的企业链实现价值不同，直接导致产业链的组织形式、空间布局、供需流动的特色和差异，这些差异会促使企业链之间不断竞争并推动产业链的不断演变，直到在“四维对接”机制作用下，产业链内部实现一种均衡并达到稳定状态时，产业链才最终得以形成。对于产业链的四个维度来说，是以价值链为主导，以企业链为载体，通过企业链在空间的分布，来实现供需链的相互链接和价值链的实现。

4. 产业链的四大模式

产业链内在规律和作用机制下，在现实中形成了一些具体模式。划分模式的标准是看产业链中主要节点之间的主要企业与企业的关系。企业之间有三种主要关系及其契约形式，即纯粹的市场交易关系、产权关联式关系（体现为企业通过收购、并购、持股、控股、参股等形式对其他企业进行控制）、准市场式关系（即企业间通过关系型契约所建立的较稳固的关系）。相应的契约形式有：市场交易式契约即纯粹的商品买卖合同、产权契约即企业持股或控股数量与质量的制度安排、关系型契约即既非产权又非完全商品交易的契约关系。按照上述关系和契约形式，可以把产业链的形成模式分为市场交易式（市场交易关系、市场交易式契约）、纵向一体化式（产权关联、产权契约）、准市场式（准市场关系、关系型契约）和混合式产业链四种。

二、产业经济学

产业经济学是现代经济学中用于分析现实经济问题的新兴应用经济理论。产业经济学主要围绕企业、行业、市场这三个经济社会的基本层次，以产业内企业间垄断与竞争的关系结构为中心，把不完全竞争的状态作为分析出发点，研究各种不完全的实证及规范含义，探讨市场结构、企业行为、市场绩效之间存在的内在关系，旨在提高市场绩效的各种公共政策效应。

为适应产业经济学的各个领域在进行产业分析时的不同目的的需要，可将产业划分成若干层次，这就是“产业集合”的阶段性。具体来说，产业在产业经济学中有三个层次：（1）第一层次是以同一商品市场为单位划分的产业，即产业组织，现实中的企业关系结构在不同产业中是不同的。产业内的企业关系结构对该产业的经济效益有极其重要的影响，要实现某一产业的最佳经济效益须使该产业符合两个条件：首先，该产业内的企业关系结构的性质使该产业内的企业有足够的改善经营、提高技术、降低成本的压力；其次，充分利用“规模经济”使该企业的单位成本最低。（2）第二层是以技术和工艺的相似性为根据划分的产业，即产业联系。一个国家在一定时期内所进行的社会再生产过程中，各个产业部门通过一定的经济技术关系发生着投入和产出，即中间产品的运动，它真实地反映了社会再生产过程中的比例关系及变化规律。（3）第三层次是大致以经济活动的阶段为根据，将国民经济划分为若干大部分所形成的产业，即产业结构。产业结构是指各产业的构成及各产业之间的联系和比例关系。

（一）产业经济学研究对象

产业经济学是应用经济学，它以“产业”为研究对象，研究产业组织、产业结构发展规律及其相互作用。产业经济学的研究对象是介于宏观经济领域与微观经济领域的中观经济领域的产业。中西方的产业经济学研究的对象是不同的。中国是一个社会主义国家且受到日本产业政策的影响，产业和经济受到国家的干预，所以中国的产业经济学是研究产业结构、产业关联、产业政策为主。而西方主要是受到马歇尔悖论（规模经济与垄断无效）的影响，其主要是研究产业组织，就是企业与企业之间的关系的与反垄断。

1. 欧美产业经济学的研究对象和学科内容

在欧美，经济学界将产业经济学等同于产业组织理论。尤其在美国，一般不说“产业经济学”，而是说“产业组织理论”。在欧洲，有“产业经济学”这一说法，但其研究的对象及学科内容与产业组织理论一致。

产业组织理论以产业内企业与企业之间的互动联系的经济规律为研究对象。产业组织理论可追溯到亚当·斯密的劳动分工理论关于市场机制的论述。比较完整的产业组织理论是20世纪30年代在美国以哈佛大学为中心逐步形成的，其标志是SCP范式的建立。SCP范式建立后，不同的产业组织理论流派相继发展起来，具有影响力的包括芝加哥学派、新奥地利学派和新制度学派。这些流派的研究对象及内容体系也不尽相同。

2. 日本产业经济学的研究对象及学科内容

日本产业经济学的学科内容体系中不仅包含产业组织理论，还包括产业关联理论、产业结构理论、产业布局理论和产业政策研究几个方面的内容。

产业布局理论以产业的空间分布规律为研究对象；产业政策研究理论以产业政策制定及实施规律为研究对象。日本的产业经济学，尤其是产业政策研究理论，在日本战后经济飞速发展的进程中发挥着重要作用。

（二）产业经济学的研究领域

理论界一般认为，产业经济学的学科领域包括以下六个方面。

1. 产业组织学

产业组织学研究产业内部各企业之间相互作用关系的规律。

产业组织学的起源可以追溯到亚当·斯密（Adam Smith，1776）的劳动分工理论和竞争理论。1959年，贝恩（Bain，Joe S.）出版了第一部系统论述产业组织理论的教科书《产业组织》，在书中贝恩明确指出产业组织学所研究的产业指的是生产具有高度替代性的产品企业群，在一系列基本概念的基础上，完整提出了构成传统产业组织理论核心内容的结构（Structure）——行为（Conduct）——绩效（Performance）模式，简称SCP模式，奠定了产业组织学的理论体系。

SCP模式理论的逻辑是：市场结构是决定市场行为和市场绩效的基础；市场行为受市场结构制约，但又决定了市场绩效；市场绩效受市场结构和市场行为两方面的共同制约，是反映产业配置优劣的最终评估标志；市场行为和市场绩效又会反作用于市场结构，影响未来的市场结构。

在《产业组织》中，贝恩指出产业组织学的研究范围不包括金融企业，也不涉及非金融企业作为生产要素市场上的买者的问题，其原因是“金融企业有着许多与非金融企业不同特点和所需要研究的问题”。保险业作为金融业的一个分支，我们也不采用 SCP 模型进行研究分析。

2. 产业结构理论

产业结构指在社会再生产过程中，一个国家或地区的产业组成，即资源在产业间配置状态，以及国民经济各产业之间的生产技术经济联系和数量比例关系。

产业结构这一概念始于 20 世纪 40 年代。产业结构可以从两个角度来考察：

一是从“质”的角度动态地揭示产业间技术经济联系与联系方式不断发生变化的趋势，揭示经济发展过程的国民经济各部门中，起主导或支柱地位的产业部门不断替代的规律及其相应的“结构”效益，从而形成狭义的产业结构理论。

二是从“量”的角度静态地研究和分析一定时期内产业间联系与联系方式的技术经济数量比例关系，即产业间“投入”与“产出”量的比例关系，从而形成产业关联理论。广义的产业结构理论包括狭义的产业结构理论和产业关联理论。

产业结构演变与经济增长具有内在联系。产业结构的高变换率会导致经济总量的高增长率，而经济总量的高增长率一般会导致产业结构的高变换率。随着技术水平的进一步提高，这两者间的内在联系日益明显，社会分工越来越细，产业部门增多，部门与部门间的资本流动、劳动力流动、商品流动等联系也越来越复杂。这些生产要素在部门之间的流动对经济增长有什么影响，逐渐引起许多专家、学者的注意。他们开始重视研究生产要素在不同产业之间的这些变化与经济增长之间的内在联系。他们注意到，大量的资本积累和劳动投入虽然是经济增长的必要条件，但并非充分条件，因为大量资本和劳动所产生的效益在很大程度上还取决于部门之间的技术转换水平和结构状态，不同产业部门对技术的消化、吸收能力往往有着很大不同，这在很大程度上决定了部门之间投入结构、产出结构的不同。

产业结构演变的规律，从工业化发展来看，产业结构的演变经历了前工业化时期、工业化时期、工业化中期、工业化后期和后产业化时期。从三大产业内部看，体现为三大产业内部由低级向高级的发展；从市场结构导向来看，经历了封闭型—进口替代型—资本密集型—知识密集型的演变；从产业结构演变的顺序看，产业结构由低级向高级发展是难以逾越的，但各阶段的发展过程可以缩短。

3. 产业关联理论

产业关联理论又称产业联系理论或投入产出理论，侧重于研究产业之间的中间投入和中间产出之间的关系，这些主要由里昂惕夫的投入产出法解决。

产业关联理论能很好地反映各产业的中间投入和中间需求，这是区别于产业结构和产业组织的一个主要特征。产业关联理论还可以分析各相关产业的关联关系（包括前向关联和后向关联等），产业的波及效果（包括产业感应度和影响力、生产的最终依赖度以及就业和资本需求量）等。

里昂惕夫在1986年版的《投入产出经济学》一书中，就将投入产出理论应用于国民经济核算、国内生产和国际贸易、地区结构的分析、裁军对经济的影响、环境问题对经济的影响、人口增长与经济发展的问题等。（1）从应用范围看，涵盖了宏观、中观和微观经济领域，并扩展到国际经济范围。里昂惕夫早期将其用于一国经济的分析，目前已扩展地区、部门、企业和地区间、部门间的经济活动；1977年里昂惕夫出版了《世界经济的未来》一书，研究了国际投入产出模型，1985年日本则编制了亚洲11个国家和地区的投入产出表。（2）应用的内容不断拓展。从最初的产品投入产出表到目前的固定资产、投资、环境、劳力占用及非物质的非要素投入产出表；并运用投入产出的基本原理研究其他专门问题，如能源、环境保护、水资源、人口、人才、教育、银行、财会、信息等，为国民经济综合平衡和分析提供了更多信息。

4. 产业布局理论

产业布局是指产业在一国或一地区范围内的空间分布和组合的经济现象。产业布局在静态上看是指形成产业的各部门、各要素、各链环在空间上的分布态势和地域上的组合。在动态上，产业布局则表现为各种资源、各生产要素甚至各产业和各企业为选择最佳区位而形成的在空间地域上的流动、转移或重新组合的配置与再配置过程。

产业布局理论的形成期是在19世纪初到20世纪中叶。以后起国家为出发点的西方产业布局理论有增长极理论（法）和点轴理论。

（1）增长极理论（法）：在一国经济增长过程中，由于某些主导部门或者有创新力的企业在特定区域或者城市聚集，从而形成一种资本和技术高度集中，增长迅速并且有显著经济效益的经济发展机制。由于其对邻近地区经济发展同时有着强大的辐射作用，因此被称为“增长极”。根据增长极理论，后起国家在进行产业布局时，首先可通过政府计划和重点吸引投资的形式，有选择地在特定地区和城市形成增长极，然后凭借市场机制的引导，使增长极的经济辐射作用得以充分发挥，并从其邻近地区开始逐步带动增长极以外地区经济的共同发展。

（2）点轴理论：点轴理论是增长极理论的延伸。从区域经济发展的空间过程看，产业特别是工业等集中于少数点，即增长极。随着经济的发展，工业的增多，点与点之间由于经济联系的加强，必然会建设各种形成的交通线路使之相联系，这一线路即为轴。轴线一经形成，对人口和产业就具有极大的吸引力，吸引企业和人口向轴线两侧聚集，并产生新的增长点。从而由点到轴，由轴带面，最终促进整个区域经济的发展。

5. 产业发展理论

产业发展是指产业的产生、成长和进化过程，既包括单个产业的进化过程，又包括产业总体，即整个国民经济的进化过程。而进化过程既包括某一产业中企业数量、产品或者服务产量等数量上的变化，也包括产业结构的调整、变化、更替和产业主导位置等质量上的变化，而且主要以结构变化为核心，以产业结构优化为发展方向。因此，产业发展包括量的增加和质的飞跃，包括绝对的增长和相对的增长。

产业发展理论就是研究产业发展过程中的发展规律、发展周期、影响因素、产业转移、资源配置、发展政策等问题。

（1）产业结构演变理论：产业结构同经济发展相对应而不断变动，在产业高度方面不断由低级向较高级演进，在产业结构横向联系方面不断由简单化向复杂化演进，这两方面的演进不断推动产业结构向合理化方向发展。

（2）区域分工理论：从区域分工的角度确定城市产业发展定位是城市发展的客观要求。从区域角度分析城市在区域中的优势、劣势和发展潜力等，确定城市在区域中所发挥的作用、扮演的角色，进而确定城市产业，避免“就城市论城市”的产业确定方式。

（3）发展阶段理论：美国经济学家 H. 钱纳里运用投入产出分析方法、一般均衡分析方法和计量经济模型，通过多种形式的比较研究，考察了以工业化为主线的第二次世界大战以后 1950 ~ 1970 年 101 个发展中国家的发展经历，构造出具有一般意义的“标准结构”，即根据国内人均生产总值水平，将不发达经济到成熟工业经济整个变化过程分为 3 个阶段 6 个时期：第一阶段是初级产品生产阶段（或称农业经济阶段）；第二阶段是工业化阶段；第三阶段为发达经济阶段。不同阶段不同时期对应的人均 GDP 也不同。

6. 产业政策研究

产业政策是政府为了实现一定的经济和社会目标而对产业的形成和发展进行干预的各种政策的总和。产业政策的功能主要是弥补市场缺陷、有效配置资源、保护幼小民族产业的成长、熨平经济震荡、发挥后发优势和增强适应能力等。

产业政策由于研究的角度不同，在国际上尚没有统一的定义，主要有以下三种：其一，将之理解为是各种指向产业的特定政策，即政府有关产业的一切政策的总和。例如，“产业政策是与产业有关的一切国家法令和政策”。其二，将其理解为是弥补市场缺陷的政策。即当市场调节发生障碍时，由政府采取的一系列补救的政策。例如，日本学者认为“产业政策是政府为改变产业间的资源分配和各种产业中私营企业的某种经营活动而采取的政策”。其三，将之理解为产业赶超政策，即工业后发国家为赶超工业先进国家而采取的政策总和。例如，中国有些学者定义为“产业政策就是当一国产业处于比其他国家产业落后状态，或者可能落后于其他国家时，为加强本国产业所采取的各种政策”。

产业经济学各研究领域与宏观经济学、微观经济学的关系如图 1－1 所示。

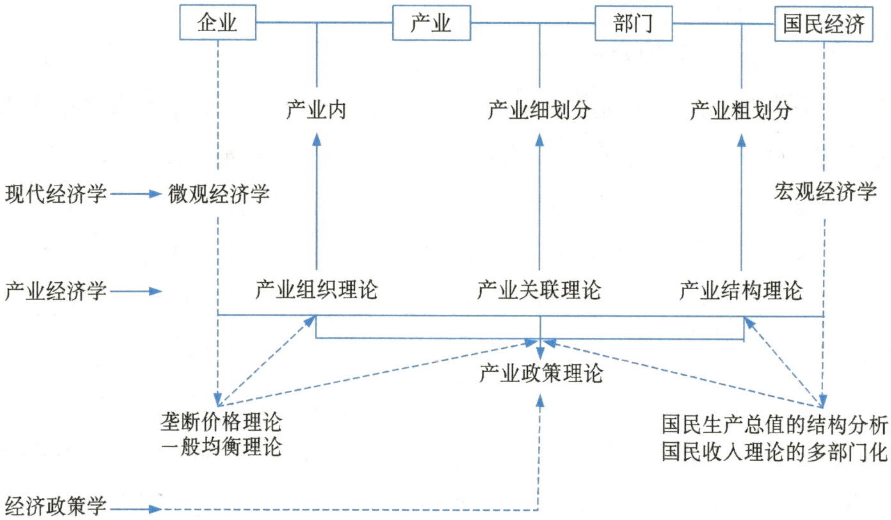

图 1－1　产业经济学研究领域示意图

（三）产业经济学研究方法

多年来，产业组织理论的研究方法通常被认为是一个既无规范理论、又无规范计量手段、多少带有点理智色彩和经验主义的方法体系，涉及范围很广，实证方法也五花八门。在这一方法体系中，虽然无一个统一的理论主线加以概括，但是在发展过程中，已经逐步一致化，主要采用博弈论进行逻辑推理，实现整个产业组织理论的再造。产业结构理论目前主要还处在经验实证阶段，不过得益于现代计量经济学和计算机技术的快速发展，实证效果大大提高。

在产业经济的研究中一般采用以下具体研究方法。

1. 实证分析与规范分析相结合

实证分析就是用实际的证明和数据进行论证分析，产业经济研究用博弈论、矩阵代数等研究产业组织、产业关联规律为实证分析方法。而规范分析就是进行常规分析给予一定数据进行归纳总结分析，例如，市场分析，经济发展、社会福利和经济效率联系。实证分析必须要做规范分析，而规范分析可以不用实证分析，也可以实证分析。

产业经济研究中往往要将调查统计所得的各种经济变量的实际数值与理论规律做比较，用理论规律加以解释，探讨对实际产业运作规律的认识。

2. 定性分析与定量分析相结合

定性分析和定量分析是经济学研究的两种基本手段。前者是对经济事物本质及其属性的分析；后者是对经济事物进行量的考察。定性分析是用文字对现象和方法方略进行描述。主要是基于分析者主观上的直觉、经验对事物的分析和判断，对研究对象的特点、性质和变化趋势进行预测和判断。定量分析是基于数学模型，在进行充分的统计调研之后，利用数学上的数字、数据进行分析描述的方法。

产业是一个系统，涉及众多因素纷繁的联系和多个变量，要想从总体上得到优化结果，就需要将系统各方面的关系抽象化，用数学关系来表达真实的系统关系，然后建立模型，进行试验和计算，探讨系统规律。产业经济研究中的案例分析方法就是一种定性与定量相结合的方法。

3. 静态分析与动态分析相结合

静态分析，是考察在既定的条件下某一经济事物在经济变量的相互作用下所实现的均衡状态。动态分析，是在引进时间变化序列的基础上，研究不同时点上的变量的相互作用在均衡形成和变化过程中所起的作用，考察在时间变化过程中的均衡状态的实际变化过程。

产业经济学的研究更着眼动态的、发展的观点，所以动态分析是产业研究的主要方法。

4. 统计分析与比较分析相结合

统计分析是以统计资料为依据，以统计方法为手段，定量分析与定性分析相结合去认识事物的一种分析研究活动，是统计工作的最后阶段，是充分发挥统计职能作用的高级阶段。

比较分析试图通过事物异同点的比较，区别事物，达到对各个事物深入的了解和认识，从而把握各个事物。在调查资料的理论分析中，需要通过比较两个或者两个以上事物或者对象的异同来达到某个事物的认识。

5. 博弈论

产业组织理论主要研究产业内企业的相互作用及其规律，是最早应用博弈论进行研究的一个领域，现代博弈论常常用在研究寡头垄断、不完全竞争市场定价、企业兼并、反垄断规制的问题。

6. 投入产出分析法

投入产出分析，是研究经济系统各个部分间（表现为投入与产出）的相互依存关系的经济数量方法。投入产出法应用投入产出表和投入产出数学模型，把一国或一地区在一定时间内所从事的社会再生产过程中的各产业部门间通过一定的经济技术联系所发生的投入产出关系加以量化，以此分析该国或该地区在这一时期内社会再生产过程中的各种比例及特性。

7. 案例研究

案例研究法是以典型案例为素材，结合实际发生的经济案例，通过具体分析和解剖，定性或定量地阐明某一经济规律。案例分析研究方法还能揭示出普遍经济规律在不同的实际环境中所表现的不同形式，特别适用于无法精确定量分析的实际的复杂经济事例，在比较研究中一般要用到大量的案例研究方法。

8. 系统动力学方法

系统动力学方法是一种以反馈控制理论为基础，以计算机仿真技术为手段，通常用以研究复杂的社会经济系统的定量方法。系统动力学注重各经济变量之间的动态反馈结构，而对变量的精确数值要求不高，适合于产业经济学这种许多方面难以定量的复杂系统的研究。现在国内外已有许多学者用系统动力学来研究产业结构、产业布局、产业组织的研究，取得了令人满意的效果。

第二节 产业政策

一、产业政策的内涵和特征

产业政策的构成要素包括：政策对象、政策目标、政策手段和措施、政策实施机构以及政策的决策程序与决策方式。

产业政策按其功能可以分为产业组织政策、产业结构政策和产业布局政策等。

（一）产业组织政策

产业组织政策是为了获得理想的市场绩效，国家根据国民经济运动规律调整产业组织形式和结构，从而提高供给总量的增长速度，使供给总量适应需求总量要求的所有政策措施和手段的总和。

产业组织政策的任务是协调生产者之间的关系及组织结构、规模结构，使之合理化和高效化，促进资源的有效分配和产业效率的提高，最终促进供给的增加。

产业组织政策的主要内容是通过利用规模经济、组织适度竞争秩序、提高产业技术等途径，实现产业组织的高效化和合理化。

产业组织政策的实施手段主要包括控制市场结构、调节市场行为和控制市场绩效，以达到直接改善不合理的资源配置状况这一目的。

（二）产业结构政策

产业结构政策是指一国政府依据本国在一定时期内的产业结构现状，遵从产业结构演进的一般规律，规划产业结构逐渐演进的目标，并分段确定重点发展的战略产业，实现资源的重点配置，引导国家经济向新的广度和深度发展的政策。

产业结构政策是根据经济发展的内在联系，而揭示一定时期内生产结构的变化趋势及过程，并按照生产结构的发展规律规定各产业部门在社会经济发展中的地位和作用，同时提出协调生产结构内部比例关系及保证生产结构顺利发展的政策措施。

产业结构政策的核心是促进产业结构的合理化，提高产业结构的转换能力。从推动产业结构合乎规律的转换中求速度、求效益。

产业结构政策包括产业计划、经济立法、税收结构、预算分配结构以及价格政策、信贷政策在内的调节系统。科学的产业结构政策反映生产结构协调性发展规律，反映生产结构的整体性发展规律，反映生产结构在时间组合上的有序发展规律，反映生产结构的企业规模结构合理化发展规律。

产业结构政策按照目标和措施的不同，可划分为多种不同的类型，主要包括主导产业选择政策、战略产业扶植政策、衰退产业撤让政策、产业也的可持续发展政策等。

（三）产业布局政策

产业布局政策是指政府机构根据产业的经济技术特性、国情、国力状况和各类地区的综合条件，对若干重要产业的空间分布进行科学引导和合理调整的意图及其相关政策措施。产业区域布局政策即产业空间配置格局的政策。这一政策主要解决如何利用生产的相对集中所引起的“积聚效益”，尽可能缩小各区域间经济活动的密度和产业结构不同所引起的各区域间经济发展水平的差距。

产业布局政策的内容包括以下两个方面：

1. 制定产业布局战略，完善产业投资环境，加速产业集中，优化区域产业结构

制定产业布局战略，规定战略期内重点支持发展的区域，同时设计重点发展区域的经济发展模式和基本思路；以直接投资方式，支持重点发展区域的交通、能源和通信等基础设施，以直接投资介入当地有关产业的发展；利用各种经济杠杆形式，对重点地区的发展进行刺激，以加强该区域经济自我积累的能力；通过差别化的区域经济政策，使重点发展区域的投资环境显示出一定的优越性，进而引导更多的资金和劳动力等生产要素投入该区域的发展。

在产业集中发展战略方面，可供采用的产业布局政策大致包括：通过政府规划的形式，确立有关具体产业的集中布局区域，以推动产业的地区分工，并在一定意义上发挥由产业集中带来的集聚规模经济效益；建立有关产业开发区，将产业结构政策重点发展的产业集中于开发区内，既使其取得规模集聚效益，又方便政府产业结构升级政策的执行。

2. 地区发展重点产业的选择政策

在经济不发达阶段，政府通常更强调产业布局的非均衡性。即强调优先发展某些地区，通过这些地区经济的超常规增长，带动其他地区以及整个国家经济的增长。并且，政府也往往倾向于以建立开发区或在某些地区实行特殊政策的方式，将某些在政府经济发展战略中负有重要功能的产业（如出口加工业）和高新技术产业相对集中，以令其有较快的增长，进而提高其对经济增长的贡献度。

而当经济较为发达之后，政府则从维护经济公平和社会稳定等目标出发，偏重强调地区经济的均衡性。因此，除了个别特殊产业（如对环境保护有较大妨碍的产业）之外，政府已不倾向于通过重点扶持某一地区的经济发展来带动国民经济增长，而往往对不发达地区经济给予较多的支持，甚至在某些经济发达地区或产业高度集中地区实行一定程度的限制进入政策。

二、产业政策的手段和作用

（一）产业政策的手段

产业政策的手段通常可分为直接干预、间接诱导和法律规制三大类型。

1. 直接干预

直接干预包括政府以配额制、许可制、审批制、政府直接投资经营等方式，直接干预某产业的资源分配与运行态势，以及纠正产业活动中与产业政策相抵触的各种违规行为，以保证预定产业政策目标的实现。

2. 间接诱导

间接诱导主要指通过提供行政指导、信息服务、税收减免、融资支持、财政补贴、关税保护、出口退税等方式，诱导企业在有利可图的情况下自主决定服从政府的产业政策。

3. 法律规制

法律规制以立法方式严格规范企业行为、政策执行机构的工作程序、政策目标与措施等，以保障预定产业目标的实现。法律规制通常适用于比较成熟和稳定的产业政策。随着法治原则的普及，越来越多的产业政策将以法律规制作为实现目标的主要手段。

（二）产业政策的作用

产业政策的作用有以下几个方面：

1. 弥补市场失灵的缺陷

通过推行产业组织政策和产业结构政策，政府可以限制垄断蔓延，促进有效竞争的形成。特别是在基础设施建设、环境污染、教育科技发展等公共产品、外部性等市场失灵等领域。

2. 实现超常规发展，缩短赶超时间

利用产业政策充当贯彻国家经济发展战略的工具。对于如基础设施（交通、电力、通信等）和基础工业等外部性较强且对整个经济发展具有重大促进作用的产业，其投资大、盈利性低、资本回收期长，仅靠市场机制无法在短期内达到经济起飞所要求的条件。例如，韩国效仿日本的做法，以产业政策为手段，运用政府的力量推动产业结构的优化，在二三十年时间里走完了老工业国用一二百年才走完的历程。实践证明，产业政策是后发国家实现超常规发展，缩短赶超时间的重要工具。

3. 促进产业结构合理化与高度化，实现产业资源的优化配置

通过制定和实施产业结构政策，政府可以有效地支持未来主导产业和支柱产业的成长和壮大，可以有秩序、低成本地实现衰退产业的撤退和调整，从而加速产业结构的合理化和高度化，实现产业资源的优化配置。

4. 增强产业的国际竞争力

产业的国际竞争力是建立在本国资源的国际比较优势、骨干企业的生产力水平、技术创新能力和国际市场的开拓能力基础之上的。产业政策对增强企业创新能力和开拓国际市场能力等都有重要的作用。

5. 在经济全球化过程中趋利避害，保障国家经济安全

这是产业政策最近十几年间表现出来的新功能。经济全球化极有可能给没有任何防备的发展中国家造成严重的灾难，例如1997～1998年的东南亚金融危机。在全球化进程中，各国政府会以产业政策为武器，尽可能趋利避害，确保国家经济安全。

第三节　保险产业的特点与发展

一、保险产业及其特点

（一）保险产业及相关概念

从产业本质来看，保险产业是保险商品经济活动发展到一定阶段的产物，是资本、劳动、知识等生产要素和非生产要素资源逐渐从其他行业部门中分离出来，以风险为中心，专职分散风险，提供保障功能的一种特殊行业。

保险产业属于第三产业中的金融业，简单来说，保险产业是指提供将通过契约形式集中起来的资金，用以补偿被保险人的经济利益业务的产业。从产业经济学的角度，保险产业就是专门生产保险及其相关产品的部门，也就是提供保险及其相关服务的部门。

保险产业一般有四个构成要素：为保险交易活动提供各类保险商品的卖方或者供给方，实现交易活动的各类保险商品的买方或需求方，为供需双方提供服务的保险中介和具体的交易对象及各类保险商品。

1. 保险商品的供给方

保险商品的供给方是指在保险市场上提供各类保险商品，承担、分散和转移他人风险的各类保险人，它们以各种保险组织形式出现在保险市场上，依其经营主体的不同，可分为四种类型：国家经营保险组织又称公营保险，指国家、地方政府或者其他公共团体所经营的保险机构；公司经营保险组织，属民营保险组织之一。根据责任形式，公司包括有限责任公司、股份有限公司、无限公司等形态。股份保险公司组织具有经营灵活、业务效率高的特点，但由于公司的控制权操纵在股东手中，被保险人的权益易受到限制和忽略，因而各国立法上均对公司经营保险组织进行监督管理；保险合作组织，属民营保险中非公司形式的一种，是一种由社会上需要保险保障的人或单位共同组织起来采取合作方式办理保险业务的组织，有相互保险合作社、相互保险公司、保险合作社等形式；最后一种是个人经营保险形式，世界上只有英国法律允许个人为主体作为保险承保保险业务，个人承保保险业务是通过劳合社这一组织开展的，劳合社是保险市场上的一种特殊现象，它自 1871 年以劳埃德公司的名义向政府注册以来存在至今。按我国原《保险企业管理暂行条例》的规定，我国保险事业的组织体制是由国家保险管理机关、中国人民保险公司、其他保险企业和农村互助保险合作社组成的。

现行《中华人民共和国保险法》规定：保险公司的组织形式应当采取国有独资公司和股份有限公司。关于国有独资保险公司和股份有限保险公司，除保险法有特别规定的外，适用我国《公司法》的有关规定。至于保险公司的其他组织形式，如相互保险公司等，可以根据保险业改革和发展的情况，由法律、行政法规另行规定。

2. 保险商品的需求方

保险商品的需求方是指在一定时间、一定地点等条件下，为寻求风险保障而对保险商品具有购买意愿和购买力的消费者的集合。

3. 保险中介

保险中介是指介于供需方之间，专门从事保险业务咨询与销售、风险管理与安排、价值衡量与评估、损失鉴定与理算等中介服务活动，并从中依法获取佣金或手续费的单位或个人。

保险中介人的主体形式多样，既包括活动于保险人与投保人之间，充当保险供需双方的媒介，把保险人与投保人联系起来并建立保险合同关系的人，即保险代理人和保险经纪人；也包括独立于保险人和投保人之外，以第三者身份处理保险合同当事人委托办理的有关保险业务的公证、鉴定、理算、精算等事项的人，如保险公证人或保险公估人、保险律师、保险精算师、保险理算师、保险验船师等。

4. 保险商品

具体的交易对象及各类保险商品为保险市场的客体。首先，保险是指投保人根据合同约定，向保险人支付保险费，保险人对于合同约定的可能发生的事故因其发生而造成的财产损失承担赔偿保险金责任，或者当被保险人死亡、伤残和达到合同约定的年龄、期限时承担给付保险金责任的行为。在保险市场中，保险的表现形式为可以进行交换的保险商品，其实质是一种契约经济关系。保险商品是一种特殊形态的商品，从经济学角度看，保险市场的客体是一种无形的服务商品，具有无形性、非渴求性和灾难联想性的特点。

按照保险标的的不同，保险可分为财产保险和人身保险两大类。

财产保险是指以财产及其相关利益为保险标的的保险，包括财产损失保险、责任保险、信用保险、保证保险、农业保险等。它是以有形或无形财产及其相关利益为保险标的的一类补偿性保险。

人身保险是以人的寿命和身体为保险标的的保险。当人们遭受不幸事故或因疾病、年老以致丧失工作能力、伤残、死亡或年老退休时，根据保险合同的约定，保险人对被保险人或受益人给付保险金或年金，以解决其因病、残、老、死所造成的经济困难。

按照与投保人有无直接法律关系，保险可分为原保险和再保险。发生在保险人和投保人之间的保险行为，称为原保险。发生在保险人与保险人之间的保险行为，称为再保险。

按照保险经营性质不同，保险可分为政策性保险和商业保险。绝大多数保险都具有商业动机，有保险公司按商业管理经营；而政策性保险通常是按照政府有关法令或政策规定开办的，包括社会保险、财产保险和责任保险等，多为贯彻政府的某一项经济或社会政策服务。

按保险实施方式可分为自愿保险和强制保险。自愿保险是当事人在平等互利和自愿的基础上确立的合同关系，被保险人可自行决定是否投保、保险标的种类、金额和期限等，保险人也可以选择承保与否及其有关承保项目和内容。强制保险又称法定保险，是政府以法令或政策形式强制规定被保险人与保险人的法律关系，在规定范围内，不管当事人双方自愿与否，必须按规定办理保险。凡属法令规定必须保险的标的，某保险责任自动开始，保险金额按规定标准收取，被保险人不得自行选定。强制保险的另一种形式是政府规定某些行业或个人从事某种经营或其他活动时，必须参加保险，否则不准从业。

保险市场是保险产业产品的交易场所，是保险商品交换关系的总和，或者是保险商品供给与需求关系的总和。它可以是集中的有形市场，如保险交易所，也可以是分散的无形市场。保险市场的交易对象是保险人为消费者所面临的风险提供的各种保险保障和其他保险服务，以及各类保险商品。

（二）保险产业的特点

保险产业生产的保险产品就是保险服务，但是保险服务具有不同于其他产品或服务的特征，根据国外经济学家的总结，主要有以下九点。

（1）无形性。一项具体的保险服务不会对购买者的触觉、味觉、听觉等起作用，它是一种无形的、非实体化产品，并且也难以进行证明或展示。因此，有赖于保险机构告诉消费者服务的内容及特别的益处，以得到消费者的支持。

（2）不可分性。这是由于保险服务的生产和销售是同步进行的，这种“无库存性”使消费者更加关心保险机构提供的产品以及产品的价格、促销方式等是否恰当，可否满足需求。

（3）异质性。保险机构向不同区域的不同消费者提供范围广泛的服务，但是这些服务一般都不能被标准化。

（4）缺乏专门特性。在客户看来，不同保险机构提供的服务没有什么差异，他们选择保险机构的标准一般是基于便利原则。

（5）高度个体化的直销系统。保险服务的一项内容就是设立分支机构，直接、紧密的保险服务客户关系决定了保险服务的方式是直接销售渠道。

（6）地理分散性。即为满足国际、国内和地区的需要，保险机构必须建立分支网络，使服务既具有吸引力，又能够广泛应用。

（7）风险性。在出售保险产品时，保险机构是在买入风险，因此，必须在增长和风险之间保持一定的平衡关系。

（8）需求波动性。对某些特别的保险服务的需求、一般受经济活动水平的影响，波动非常大。

（9）劳动力密集。保险产业仍属于劳动力密集的产业，人工费用直接影响产品的价格。在这种条件下，为了节省人工费用成本，也为了方便消费者，科技在保险服务中的应用日益广泛。

二、保险产业链

从本质上来说，保险产业链是保险产品被创造并且不断增值的过程，既涵盖了保险公司内部产业创造流程，又包括了保险相关主体之间的产业增值过程。保险产业链根据不同种类的保险产品或者不同类型的保险标的，可能有不同的模式。一般来说，保险产业链是由保险人、保险代理人、保险经纪人、保险公估人、保险营业服务中心、相关技术供应商甚至为保险公司专门印刷单证保单条款的印刷公司等组成，以风险管理为手段，通过相关利益主体的紧密联系、相互作用，实现协同效应、形成长效机制的一系列整体活动。

因为保险产业具有不可分性，保险产品的生产和消费同步产生，一般不存在中间产品，那么保险产业的价值增值主要存在于产品生产部分、产品销售部分和产品服务部分。

（一）生产部分

保险产业链中的保险公司处于保险产业链的上游，因为保险公司的产品研发部凭借其专业的风险管理技术和相关资讯可以进行保险产品的研发，也就是说保险公司扮演着生产部门的角色。随着信息技术和科技的发展，再加上保险产品基于大数法则的属性，大数据的发展和运用对保险业有着巨大的推动力和颠覆力。保险公司可以和独立的信息技术公司合作，或者培养自己的 IT 部门和技术，研发更加先进和符合消费者需求的保险产品。所以保险产业链中保险产品生产这一部分可能是以纵向一体化式或者市场交易式模式形成的。

（二）销售部分

保险产业链中的保险代理人和保险经纪人是保险产品销售部分的主要节点。

保险代理人是指根据保险人的委托，在保险人授权的范围内代为办理保险业务，并依法向保险人收取代理手续费的单位或者个人。在现代保险市场上，保险代理人已成为世界各国保险企业开展保险业务的主要形式和途径之一。保险代理人分为专业代理人、兼业代理人和个人代理人三种。其中，专业保险代理人是指专门从事保险代理业务的保险代理公司。在保险代理人中，只有它具有独立的法人资格。兼业保险代理人是指受保险人委托，指定专用设备专人为保险人代办保险业务的单位，主要有行业兼业代理、企业兼业代理和金融机构兼业代理、群众团体兼业代理等形式。个人代理人是指根据保险人的委托，在保险人授权的范围内代办保险业务并向保险人收取代理手续费的个人。个人代理人展业方式灵活，被众多寿险公司广泛采用。按照保险代理人的种类可将保险代理人与保险公司对接模式分为市场交易式、准市场式和纵向一体化式三种。

保险经纪人是基于投保人的利益，为投保人与保险人订立保险合同提供中介服务，并依法收取佣金的机构。一般来说，保险经纪人有个人制、合伙制和公司制三种组织方式。大多数国家，如美、英、日、韩等，都允许个人保险经纪人从事保险经纪业务活动。英国等一些国家允许以合伙方式设立合伙保险经纪组织，但要求所有的合伙人必须是经过注册的保险经纪人。公司制保险经纪人一般采取有限责任公司形式，这是所有国家都认可的保险经纪组织形式。各国对保险经纪公司的清偿能力都做了具体要求，要求最低资本金，缴存营业保证金，参加职业责任保险。保险经纪人虽然向保险人收取佣金，但却代表投保人的利益，不受保险人的约束。因此，保险公司内部一般不会设立或建立保险经纪人。那么按照保险经纪人的种类可将保险经纪人与保险公司对接模式分为市场交易式、准市场式两种。

保险代理人和保险经纪人作为联系消费者和保险人的中介，能够有效地解决信息不对称问题，还能够利用规模优势降低交易成本，从而为保险产业创造价值。

（三）服务部分

保险作为一种特殊商品，它的交易具有承诺性，而不是实物商品具有的交易即时性。当投保人决定购买某一险种，并缴纳了保费之后，商品的交易并没有完成，因为保险人只是向投保人做出一项承诺，该承诺的实质内容是：如果被保险人在保险期间发生了合同中所规定的保险事故，保险人将依照承诺做出保险赔偿或给付。可见，在保险产品交易的场合，投保人缴付了保费以后，该投保人与保险公司的关系不仅没有结束，反而是刚刚开始。

随着保险产业链的不断延伸，保险服务也更加完善。保险产品销售前期有风险咨询服务、风险检查服务等；保险产品销售后，有风险管理服务、理赔服务等。

其中，保险公估人是指依照法律规定设立，受保险公司、投保人或被保险人委托办理保险标的的查勘、鉴定、估损以及赔款的理算，并向委托人收取酬金的公司。公估人的主要职能是按照委托人的委托要求，对保险标的进行检验、鉴定和理算，并出具保险公估报告，其地位超然，不代表任何一方的利益，使保险赔付趋于公平、合理，有利于调停保险当事人之间关于保险理赔方面的矛盾。保险公估人代替保险公司独立承担保险理赔领域的工作，从而实现了保险理赔工作的专业化分工。这种分工一方面有利于保险理赔技术的不断升级和横向交流，并能促进保险公估业整体执业水平的提高，从而促进整个保险行业的发展；另一方面，由于规模效应以及逆向选择和道德风险的减少，必然会大大降低保险理赔费用，从而降低保险成本，最终提高整个社会的福利。

除了保险公估公司，保险产业链的服务部分还根据不同保险产品，有不同的企业参与进来。例如健康保险产业链中，保险公司与医院、专业健康管理公司等机构都有合作与对接；汽车保险产业链中，保险公司与汽车制造商、汽车销售商和 4S 店等也进行了合作与交流。

另外，随着科技的进步和网络的普及，互联网技术也加入保险产业链中，不仅能够在保险产品销售环节增加信息透明度，降低交易成本，还能够形成自身的互联网保险产业链。

（四）微笑曲线

保险产业价值链和一般产业价值链形成具有共性，从保险险种开发与销售、保险运营到保险品牌和服务提升的经营过程，是保险产业价值的创造过程。但在保险发展的不同时期，不同经营环节的价值创造呈现不同的特点。在保险发展的初期，各经营环节的附加值基本均衡。随着保险的发展，保险价值链中的附加值向产品开发与销售、保险品牌和服务两端聚集，中间运营环节的附加值开始下降，曲线向上弯曲，显现出笑脸——微笑曲线，具体如图 1－2 所示。

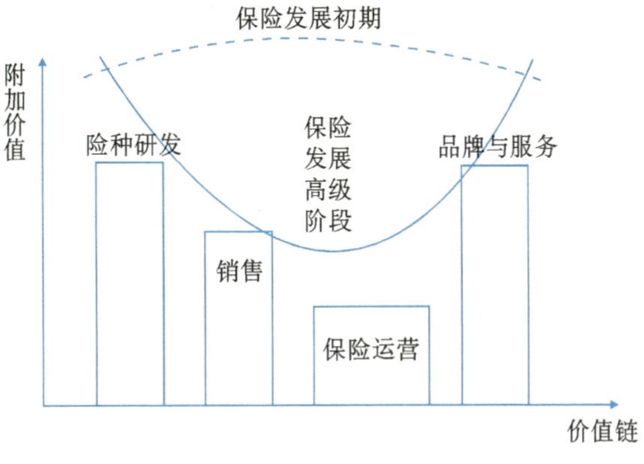

图 1－2　微笑曲线

三、保险产业结构和发展

保险产业结构就是指保险产业内各公司间的关系，如资本规模、市场份额等。了解保险产业结构的发展历程，分析产业结构的现状，是研究保险业发展的基础。

保险产业结构是在产业的中观层面上研究所有保险经济活动以及相应的组织机构间的关系，探讨如何通过产业价值链的整合与重构来提升整个产业的组织化程度，拓展保险产业的功能，提高保险产业的经济与社会产出效率，引导合作竞争替代垄断竞争，形成运行效率较高的、有竞争优势的保险产业组织结构。从这个角度上讲，保险产业结构是指构成保险产业总体或总量的各个组成部分的组成、规模、分布、运作与配合等方面在物质技术层次、组织制度层次和文化意识形态层次的各种联系、影响和制约关系的状态。具体来说，保险产业结构包括各种保险商品和保险经济活动组织机构的形式、功能、性质及其相对发展规模、区域分布、开放度等。保险产业结构体现着保险要素的组合配置与运行状态，反映了保险发展的程度及其在国民经济中的地位。

审视保险产业结构的角度有两个方面：一是静态截面考察，表现为保险要素的种类、规模、比例和市场份额等指标；二是动态纵向角度考察，表现为发展变化的时间序列数据，如保费增长率、资金运用增长率、资产规模增长率和利税率等指标的变化。保险产业结构的变化源于保险需求结构的变化，又常常集中体现在其市场结构上，市场结构又体现在保险产品功能结构的创新上。这时的“产业”与“市场”常常是同义语，因此，保险产业结构状况就主要通过保险产业集中度 CRn 或 HHI 来反映。产业集中度越高，产业垄断程度越高；产业集中度越低，产业垄断程度也越低。

综上所述，保险业组织结构类型、经营主体数量、增长速度、市场份额、保费收入、保险密度、保险深度构成了研究保险产业结构的分析指标。

（一）保险业组织结构类型

按照保险业组织结构类型，大致可以分为寿险企业、非寿险企业、再保险企业。

因为寿险产品承保的是与人身相关的生存风险、健康风险等，具有长期性、储蓄性和给付性，与财产保险等短期的保障型保险的经营策略、管理策略以及监管策略都不同，所以一般不允许保险公司兼业经营。非寿险公司是除了寿险公司以外的保险公司的总称，包括财产保险公司、信用保险公司、健康保险公司等。

另外，再保险是指保险人将其承担的保险业务，部分转移给其他保险人的经营行为。转让业务的是原保险人，接受分保业务的是再保险人。这种风险转嫁方式是保险人对原始风险的纵向转嫁，即第二次风险转嫁。再保险公司是指专门从事再保险业务、不直接向投保人签发保单的保险公司，也就是保险公司的保险公司。保险公司为了分散风险，把一些大的承保单位再分保给另一保险公司，接受这一保单的公司就是再保险公司，一般出现在财险中比较多。

（二）保费收入

保费收入是保险公司为履行保险合同规定的义务而向投保人收取的对价收入。

保费收入有两个方面的内涵：一方面，保费收入是由于投保人依据保险合同的约定向保险人缴付保险费而形成的，从经济角度观察，保险费是保户为形成共同风险保障而分摊的资金；从法律角度观察，保险费是保户为获得赔付请求而付出的代价。另一方面，保费收入是保险公司最主要的资金流入渠道，同时也是保险人履行保险责任最主要的资金来源。从资产层面看，保险费收取形成了保险资金的流入，是保险资产增长的主要动力；从负债层面看，由于保险资金的流入的前提是保险人要履行约定的保险责任，因此，资金流入造成了保险负债的增加。

（三）保险密度

保险密度是指按当地人口计算的人均保险费额。保险密度反映了该地国民参加保险的程度和保险普及度，体现了一国国民经济和保险业的发展水平的关系。

（四）保险深度

保险深度是指某地保费收入占该地国内生产总值（GDP）之比，反映了该地保险业在整个国民经济中的地位。保险深度取决于一国经济总体发展水平和保险业的发展速度。值得注意的是，在一些保险产业成熟、保险市场发达的国家或地区，其保险深度排名并不靠前，例如中国台湾地区的保险深度就一直排在首位，而保险市场成熟的美国却排不进前十，这是因为美国等经济大国拥有复杂的产业结构，保险产业作为服务业的一个分支本身就占据很小的份额，而像中国台湾地区等只具有单一的产业结构，服务业本身占有很大比重，所以保险产业占 GDP 的比重自然相对比较高。因此，在比较保险深度的时候应客观对待。

（五）市场集中度

市场集中度是对整个行业的市场结构集中程度的测量指标，它用来衡量企业的数目和相对规模的差异，是市场势力的重要量化指标。市场集中度是决定市场结构最基本、最重要的因素，集中体现了市场的竞争和垄断程度，经常使用的集中度计量指标有：行业集中率（CRn）、赫尔芬达尔-赫希曼指数（HHI）、基尼系数、洛仑兹曲线、逆指数和熵指数等，其中集中率（CRn）与赫希曼指数（HHI）两个指标被经常运用在反垄断经济分析之中。

行业集中率（CRn）是指该行业的相关市场内前n家最大的企业所占市场份额的总和。然而，集中率的缺点是它没有指出这一行业相关市场中正在运营和竞争的企业的总数。

赫希曼指数（HHI）是指基于该行业中企业的总数和规模分布，将相关市场上的所有企业的市场份额的平方后再相加的总和。赫希曼指数具有数学上绝对法和相对法的优点，使它成为较理想的市场集中度计量指标，它可以衡量企业的市场份额对市场集中度产生的影响，成为政府审查企业并购的一个重要行政性标准。

（六）保险产业结构与保险业发展的关系

一个国家或地区的保险产业结构是保险业发展过程中内在机制决定的、自然的、客观的结果，是保险业发展的现实体现。在保险产业总量或总体发展的同时，保险产业结构也随之发生变动，这是一个互动的过程。保险业发展的重要标志是保险产业结构的变化。透过保险产业结构的变化，可以观察到保险产业发展是否存在问题，是否具有合理的效率，是否符合保险业发展的内在规律，是否与现实社会经济的发展需要相匹配。保险产业结构不仅是保险发展的具体体现，而且对一国或地区的保险发展具有重要的决定作用和影响力。

保险业发展是指保险经济活动的工具、规模、范围等量的扩大和保险产业结构优化带来的保险功能增多与保险产业绩效的持续提高。保险业发展表现在量的增多与质的提高两个方面，即保险总量的增长和保险结构的优化。量的增多是保险业总量扩张，表现为保险业机构数量、保险费收入总规模、保险资产规模、保险资金运用规模等的增加以及风险管理与保险技术的不断提高，反映保险业发展的广度。质的提高是保险业结构优化，即通过持续不断的风险管理与保险创新促进保险业结构的变迁与升级，以及保险功能增多和效率的提高，表现为保险密度、保险深度、劳动力吸收率、利税率、保险业在金融服务业中的相关比率等指标的提高，反映保险业发展的深度，也是衡量一国保险业成熟和发达程度的重要尺度。从保险业总量指标和保险业结构指标两者的比较看，总量指标对于保险业发展一般只具有直观的表征意义，而通过一些结构指标的考察和比较，则往往能够透视出总量指标所反映不出来的保险业运行中更深层次的本质性东西或亟待解决的问题。较之总量指标，结构指标衡量保险业发展的功能和效率变化似乎更为重要。

保险产业总量的增长与保险产业结构的调整与优化密不可分，两者间存在着相互依存的辩证关系。

保险总量增长是与经济总量增长相适应的，是保险业发展的前提与基础。通常保险总量增长在先，保险结构调整在后。只有在保险总量不断增长的基础上，才能逐渐形成发达而完善的保险产业结构。显然，保险产业结构不能脱离保险总量而孤立存在，它只是保险总量在各构成要素分布的一个现实反映，保险产业结构任何方面的变化都会表现为保险总量与各总量构成要素的同方向或反方向的不同比率的增减。同时，保险产业结构对保险总量也有很强的影响力，一个合理而完善的保险产业结构可以促进保险总量进一步健康、快速地增长；相反，如果保险产业结构不合理，保险总量的增长必然失去持续的动力，甚至出现增长偏离正确方向的问题。从保险发展来看，保险总量的持续增长是量的积累过程，而只有经过保险结构的不断优化之后，才能实现不同保险发展阶段质的飞跃。保险总量的增长和保险结构的优化是保险发展的两个不可或缺的有机组成部分。因此，在保险总量持续增长的基础上进行保险产业结构的优化调整，而结构的优化调整又会促进保险总量的进一步增长，这个持续不断的动态过程便表现为保险业不断发展、不断深化的过程。

四、保险产业政策与市场机制

随着保险产业结构不断演化，组织结构类型不断增多，保险机构数量也在不断增多，这是集中在发达国家全球并购引起的保险机构数量减少、发展中国家迅速发展的保险业引起的保险机构数量增多共同作用的结果，也是发达国家近年来经济增长减缓而发展中国家增长强劲在保险业的体现，但这只是目前世界保险业发展过程中伴随着保险业组织结构演化而出现的暂时现象。可以预测，在今后很长一段时间内，随着经济金融一体化和自由化进程加快，世界经济发展的向好，发达国家保险业并购浪潮后保险机构数量略有下降和发展中国家保险主体数量增长迅速，全球保险主体数量增长的趋势不会改变，然而，总的增长势头会减缓。

从全球保险产业结构的演化与保险发展趋势可以看出，世界保险业已进入了“寡头主导，大、中、小共生”的垄断竞争格局的快速发展时期。未来国际保险市场的发展模式将是一个保险资源与保险技术共享的、业务融合的、统一的国际保险大市场。这种保险产业结构模式有利于保险市场垄断竞争结构的形成，有利于保险公司经营绩效的提高，有利于一国或地区保险业的繁荣与稳定。

中国保险业随着科学发展观的贯彻落实，保险增长的数量与质量不断提高，增长方式逐步从粗放型向集约型转变，中国保险产业结构不良引起的增长与发展相背离的现象将逐渐缓解。中国保险业应主动顺应世界经济金融化和金融自由化，以保险资源重组为核心做战略性结构调整。积极引导建成一个既能满足日益多样化的消费需求、又适应社会经济发展、又有利于在开放背景下持续、快速、协调、健康发展的保险产业结构。

第二章　中国保险产业发展状况

第一节　2022 年中国（不含港澳台）保险市场分析[①]

自 1805 年成立第一家保险公司以来，中国保险业已经走过了 200 多年的历史。自 1949 年中华人民共和国成立以来，中国保险业也经历了初步发展（1949～1958 年）、停办（1958～1979 年）、恢复发展（1979 年至今）三大阶段。中国保险业自 1979 年恢复以来，获得了快速发展。尤其是近年来，党中央、国务院十分重视保险业发展，在多份重要文件中提出要大力发展保险业，出台了一系列促进保险业改革发展的政策措施，我国保险业实现了长足发展。

2023 年，原中国银行保险监督管理委员会（本书简称“原中国银保监会”或“原银保监会”）正式改革为国家金融监督管理总局（本书简称“国家金监总局”），统一负责除证券业之外的金融业监管，具有中国特色的“双峰监管”时代有望开启。

2019～2022 年，中国银保监会在党中央、国务院统一领导下，进一步扩大了对外开放，以开放促改革，激发了市场活力，推动形成了保险业全面开放新格局。总体看，中国保险市场发展稳中向好，产品保障功能凸显，资金运用收益稳步增长，保险科技广泛应用，行业风险防控能力持续增强。

一、市场概况

2022 年，中国保险全行业共实现保费收入 46957 亿元（除特别说明之外，本书中的保费收入指原保险保费收入），比 2021 年的 4.49 万亿元增长了 4.58%

① 本节资料数据等内容主要来自《2023 中国保险公司竞争力与投资价值评价研究报告》，更具体的资料可以参考此报告。

（本书中的增长或下降除特别说明以外，都表示同比变化情况）。其中，产险公司保费收入增长了8.92%，寿险公司保费收入增长了3.06%；保险业赔付支出15485亿元，同比下降0.79%；保险业总资产271467亿元，较年初增长9.08%。具体来看，市场运行呈现以下特点。

一是总体业务发展稳中向好，风险保障水平有所提高。2022年，中国保险全行业提供保险金额13678.7万亿元，同比增长12.62%。其中，产险公司提供保险金额达12457.41万亿元，增长率为14.71%；寿险公司提供保险金额达1285.91万亿元，增长率为5.03%。产险业务实现保费收入14867亿元，同比增长8.71%；寿险业务实现保费收入32091亿元，同比增长2.78%；健康险业务实现保费收入7073亿元，同比增长0.06%；意外险业务实现保费收入499亿元，同比减少14.41%；与国计民生密切相关的责任保险和农业保险业务继续保持较快增长，分别实现保费收入1148亿元和1219亿元，实现保费收入增长率分别为12.78%和24.9%。

二是资金运用配置更趋优化，投资收益稳步增长。2022年，中国保险公司资金运用余额为250509亿元，较2022年年初增长7.85%。其中，银行存款28348亿元，占资金运用余额的比例约为11.32%；债券规模约102530亿元，占比约为40.93%；股票和证券投资基金约31829亿元，占比约为12.71%。

三是保险科技应用日益广泛，创新业务快速发展。保险科技投入力度加大，大数据、人工智能、区块链、移动互联网、物联网等前沿技术广泛运用于产品创新、保险营销和公司内部管理等方面。依托于互联网保险对部分标准化传统保险的快速替代及场景创新型产品带来的增量市场，互联网保险创新业务保持高速增长。

四是立足国家战略，服务经济社会发展能力增强。2022年，中国保险行业积极助力经济社会发展的重点领域和薄弱环节，推动科技创新，维护社会稳定，不断提升保险服务实体经济的效率和水平。

（一）1980～2022年保费收入

本部分简述了1980～2022年中国保险业发展概况，主要对保费收入、保险密度、保险深度等数据进行梳理和讨论。根据最新可得的国际比较数据，2022年，中国保险业保费收入达到46957亿元；总资产达到271467亿元；保险密度

3326元/人，同比增长4.62%；保险深度为3.88%，同比下降1.27%；赔款和给付15485亿元，同比下降0.79%。中国保险业的国际地位大幅提升，世界排名从2010年的第六位上升至2022年的第二位。

1980～2022年中国保费收入总额及其结构如表2－1所示。1979年中国保险业恢复发展，1980年保费收入约为4.6亿元，1990年保费收入为178亿元，2000年保费收入1595亿元，2010年保费收入14528亿元。2022年保费收入达到46957亿元，分别是1980年、1990年、2000年、2010年的10208倍、264倍、29倍和3倍。

表2－1　　1980～2022年中国保费收入概况

年份	总保费（亿元）	人身险（寿险）		财险	
		保费（亿元）	占比（%）	保费（亿元）	占比（%）
1980	5	—	0.00	5	100.00
1981	8	—	0.00	8	100.00
1982	10	3	30.00	7	70.00
1983	13	0	0.00	13	100.00
1984	20	1	5.00	19	95.00
1985	33	4	12.12	29	87.88
1986	46	11	23.91	35	76.09
1987	71	13	18.31	58	81.69
1988	109	38	34.86	71	65.14
1989	142	46	46.48	76	53.52
1990	178	60	33.71	118	66.29
1991	236	83	35.17	153	64.83
1992	368	143	38.86	225	61.14
1993	500	—	—	—	—
1994	600	264	44.00	336	56.00
1995	683	262	38.36	421	61.64
1996	788	343	43.53	445	56.47
1997	1087	607	55.84	480	44.16
1998	1247	747	59.90	500	40.10
1999	1393	872	62.60	521	37.40

续表

年份	总保费（亿元）	人身险（寿险）		财险	
		保费（亿元）	占比（%）	保费（亿元）	占比（%）
2000	1595	997	62.51	598	37.49
2001	2109	1424	67.52	685	32.48
2002	3053	2275	74.52	778	25.48
2003	3880	3011	77.60	869	22.40
2004	4318	3228	74.78	1089	25.22
2005	4927	3697	75.04	1230	24.96
2006	5641	4132	73.25	1509	26.75
2007	7036	5038	71.60	1998	28.40
2008	9784	7447	76.11	2337	23.89
2009	11137	8261	74.18	2876	25.82
2010	14528	10632	73.18	3896	26.82
2011	14339	9721	67.79	4618	32.21
2012	15688	10157	64.74	5531	35.26
2013	17222	11010	63.93	6212	36.07
2014	20235	13031	64.40	7203	35.60
2015	24283	16288	67.08	7995	32.92
2016	30959	22235	71.82	8724	28.18
2017	36581	26746	73.11	9835	26.89
2018	38017	27247	71.67	10770	28.33
2019	42645	30996	72.68	11649	27.32
2020	45257	33329	73.64	11929	26.36
2021	44900	31224	69.54	13676	30.40
2022	46957	32091	68.34	14867	31.66

从寿险和非寿险的结构看，在20世纪80年代初期，非寿险占绝大份额，随后比重逐渐下降。1997年寿险比重第一次超过非寿险。此后，寿险比重逐渐上升，2008年最高达到75%，最近几年开始寿险和产险市场格局开始稳定，基本维持在7:3左右。

中国的保费收入自2000年出现第一次快速上升，2006年之后又出现一次快速上升，如图2-1所示。这两次上升均与新型人身保险产品（包括分红保险、投资连结保险、万能保险等）的引入和推动有关。

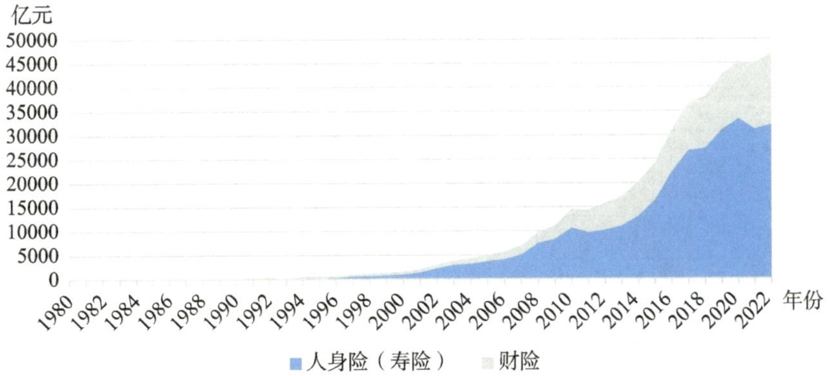

图 2-1　1980~2022 年中国保费收入

表 2-2 对 1980~2022 年中国保费收入名义增长率与世界保费收入名义增长率进行了对比。图 2-2 直观地显示了两者之间的对比。

表 2-2　　1980~2022 年中国和世界名义保费增长率

年份	中国保费（人民币，亿元）	名义增长率（%）	世界保费（美元，亿元）	名义增长率（%）
1980	5	—	5015	—
1981	8	60.00	5198	3.65
1982	10	25.00	5405	3.99
1983	13	30.00	5702	5.49
1984	20	53.85	6158	8.00
1985	33	65.00	7122	15.64
1986	46	39.39	9459	32.82
1987	71	54.35	11327	19.75
1988	109	53.52	13241	16.90
1989	142	30.28	13726	3.66
1990	178	25.35	15253	11.12
1991	236	32.58	16441	7.79
1992	368	55.93	18110	10.15
1993	500	35.87	19668	8.61
1994	600	20.00	21204	7.81

续表

年份	中国保费（人民币，亿元）	名义增长率（%）	世界保费（美元，亿元）	名义增长率（%）
1995	683	13.83	23213	9.48
1996	788	15.37	23052	-0.70
1997	1087	37.94	23304	1.09
1998	1247	14.72	23851	2.35
1999	1393	11.71	25746	7.95
2000	1595	14.50	27222	5.73
2001	2109	32.23	27064	-0.58
2002	3053	44.76	29509	9.03
2003	3880	27.09	33025	11.92
2004	4318	11.29	36346	10.06
2005	4927	14.10	38095	4.81
2006	5641	14.49	40920	7.42
2007	7036	24.73	45584	11.40
2008	9784	39.06	46487	1.98
2009	11137	13.83	45590	-1.93
2010	14528	30.45	47807	4.86
2011	14339	-1.30	51069	6.82
2012	15688	9.41	51799	1.43
2013	17222	9.78	51994	0.38
2014	20235	17.50	54411	4.65
2015	24283	20.00	53408	-1.84
2016	30959	27.49	54895	2.78
2017	36581	18.16	57898	5.47
2018	38017	3.93	61490	6.20
2019	42645	12.17	62926	2.34
2020	45257	6.13	62870	-0.09
2021	44900	-0.79	68606	9.12
2022	46957	4.58	67822	-1.14

由图2-2可以看出以下几个特点：第一，中国保费收入增长呈现周期波动的特点。过去40年，大约存在5个周期；第二，随着技术的扩散，中国保费收

入增长率的平均值呈现逐渐下降的趋势；第三，在绝大多数年份，中国保费收入名义增长率高于世界保费收入的平均名义增长率，而且超出的幅度还很大。

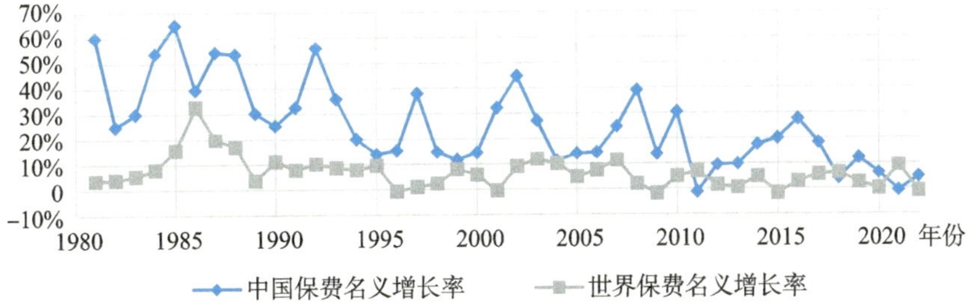

图 2-2　1980~2022 年中国和世界保费名义增长率的比较

由于过去40年中国保险业与全球保险业相比基本保持了一个更快的增长速度，因此中国保费收入占世界份额逐年提高。

（二）1980~2022 年保险密度

表2-3展示了1980~2022年中国和世界保险密度的对比，图2-3直观地显示两者的增长状况。

表 2-3　　1980~2022 年中国和世界保险密度

年份	中国保险密度（元/人）	世界平均保险密度（美元/人）	中国保险密度增长率（%）	世界平均保险密度增长率（%）
1980	0.47	111.00	—	—
1981	0.78	113.00	65.96	1.80
1982	1.01	116.00	29.49	2.65
1983	1.28	121.00	26.73	4.31
1984	1.92	128.00	50.00	5.79
1985	3.13	145.00	63.02	13.28
1986	4.26	189.00	36.24	30.34
1987	6.51	223.00	52.56	17.99
1988	9.86	255.00	51.74	14.35
1989	12.65	260.00	28.29	1.96
1990	15.61	284.00	23.39	9.23
1991	20.70	301.00	32.56	5.99
1992	32.26	326.00	55.88	8.31

续表

年份	中国保险密度（元/人）	世界平均保险密度（美元/人）	中国保险密度增长率（%）	世界平均保险密度增长率（%）
1993	44.30	349.00	37.31	7.06
1994	52.57	371.00	18.67	6.30
1995	56.39	400.00	7.28	7.82
1996	63.40	392.00	12.44	-2.00
1997	87.36	391.00	37.78	-0.26
1998	100.67	395.00	15.24	1.02
1999	110.76	422.00	10.02	6.84
2000	125.91	440.00	13.68	4.27
2001	165.27	430.00	31.26	-2.27
2002	237.69	463.00	43.81	7.67
2003	300.28	511.00	26.33	10.37
2004	332.19	555.00	10.63	8.61
2005	376.83	574.00	13.44	3.42
2006	429.18	607.00	13.89	5.75
2007	532.49	667.00	24.07	9.88
2008	736.74	672.00	38.36	0.75
2009	834.57	650.00	13.28	-3.27
2010	1083.44	672.00	29.82	3.38
2011	1064.26	712.00	-1.77	5.95
2012	1143.83	714.00	7.48	0.28
2013	1265.67	707.00	10.65	-0.98
2014	1479.35	728.00	16.88	2.97
2015	1766.49	708.00	19.41	-2.75
2016	2239.02	722.00	26.75	1.98
2017	2631.58	753.00	17.53	4.29
2018	2724.46	784.00	3.53	4.12
2019	3045.95	792.00	11.80	1.02
2020	3205.70	809.00	5.24	2.15
2021	3179.08	874.00	-0.83	8.03
2022	3326.16	853.00	4.63	-2.40

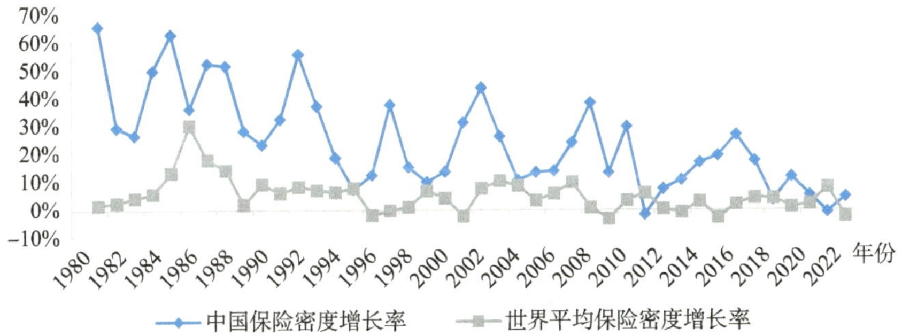

图 2-3 1980~2022 年中国和世界保险密度增长率的比较

由图 2-3 可以看出，世界保险密度在 1984 年和 2011 年出现了两次较快的增长，中国保险密度在过去 40 年一直保持增长势头，2006 年之后增长更为明显。2008 年国际金融抑制了世界保险密度的增长，2009 年世界保险密度甚至比 2008 年有所下降。即便如此，中国保险密度仍然在这一时期保持了快速增长的态势，这对于中国这样一个人口大国而言是十分不易的。根据 2022 年数据，中国保险密度相当于世界平均水平的 55.99%。

（三）1980~2022 年保险深度

表 2-4 展示了 1980~2022 年中国和世界保险深度的对比。图 2-4 直观地显示了两者的增长情况。

表 2-4　　　　1980~2022 年中国和世界保险深度

年份	中国保险深度（%）	世界平均保险深度（%）
1980	0.11	4.40
1981	0.16	4.60
1982	0.19	4.90
1983	0.22	5.00
1984	0.27	5.20
1985	0.36	5.70
1986	0.44	6.50
1987	0.58	6.70
1988	0.72	6.80
1989	0.83	6.50
1990	0.95	6.30

续表

年份	中国保险深度（%）	世界平均保险深度（%）
1991	1.09	6.60
1992	1.39	7.10
1993	1.47	7.40
1994	1.30	7.50
1995	1.11	7.40
1996	1.08	7.20
1997	1.35	7.30
1998	1.47	7.40
1999	1.54	7.80
2000	1.59	8.00
2001	1.90	8.00
2002	2.51	8.40
2003	2.82	8.30
2004	2.67	8.10
2005	2.63	7.90
2006	2.57	7.80
2007	2.60	7.60
2008	3.06	7.10
2009	3.20	7.30
2010	3.53	7.00
2011	2.94	6.80
2012	2.88	6.80
2013	2.90	6.60
2014	3.14	6.70
2015	3.53	7.00
2016	4.15	7.10
2017	4.40	7.00
2018	4.14	7.00
2019	4.32	7.00
2020	4.45	7.40
2021	3.93	7.00
2022	3.88	6.80

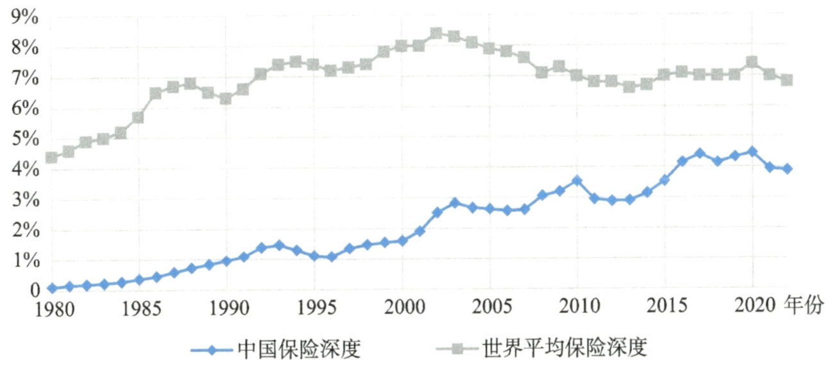

图 2-4　中国保险深度与世界平均保险深度的比较

由图 2-4 可以看出，世界平均保险深度在 20 世纪 80 年代后呈现较为明显的上升趋势，在 1993～2012 年基本保持 7%～8% 的水平，2012～2017 年降至 6% 左右，之后的 2018～2020 年都处于上升状态。中国保险深度整体呈现上升趋势，但自从 2003 年以来，随着中国 GDP 的高速增长，保险深度进入一个相对平稳的时期，2010～2012 年明显下降，2013 年开始恢复上升趋势，2021～2022 年稍有回落。根据 2022 年统计数据，中国保险深度相当于世界平均水平的 57.06%。

二、发展评价

（一）市场主体

1980 年以来，我国保费规模从 4.6 亿元增长至 2022 年的 46957 亿元，年均增长 24.58%。2022 年年末保险业总资产约达 271467 亿元，净资产约达 27011 亿元。多层次保险市场体系初步形成，市场主体从 1 家增加至 244 家（不含互助保险机构 4 家），其中产险市场主体有 88 家，人身险市场主体有 95 家，再保险市场主体有 14 家，集团和控股市场主体有 14 家，保险资产管理市场主体有 33 家。

截至 2022 年年末，中国保险业市场主体主要包括：（1）1 家出口信用保险公司；（2）14 家保险集团和控股公司；（3）88 家财险公司，其中，互联网公司 4 家、相互保险 4 家、自保公司 3 家；（4）95 家人身险公司，其中，养老险公司 10 家、健康险公司 7 家；（5）33 家保险资产管理公司；（6）14 家再保险公司，其中，中资再保险公司 7 家，外资再保险公司 7 家。

2022 年，中国共有 1 家保险机构开业，是国民养老保险股份有限公司。

截至 2022 年年末，中国保险中介机构一共有 2582 家。其中，保险代理公司 1708 家，保险经纪公司 492 家，保险公估公司 377 家。保险代理和保险经纪是最受关注的两种类型，从区域分布来看，这两类保险中介机构主要集中分布在北京市、广东省和上海市，三个区域合计占比 32.09%，其次是江苏省和山东省。

（二）2022 年中国保险业经营情况

2022 年，我国保险业实现保费收入约达 46957 亿元，同比增长 4.58%。寿险公司未计入合同核算的保户投资款和独立账户本年新增保费达 5845 亿元，同比降低 18.53%，如表 2－5 所示。

表 2－5　2021 年和 2022 年保险业经营情况对比　单位：亿元、万件

项目	2022 年	2021 年	增长率
保费收入	46957	44900	4.58%
1. 财产险	12712	11671	8.92%
2. 人身险	34245	33229	3.06%
（1）寿险	24519	23572	4.02%
（2）健康险	8653	8447	2.44%
（3）人身意外伤害险	1073	1210	－11.30%
保户投资款新增交费	5624	6479	－13.20%
投连险独立账户新增交费	221	695	－68.20%
保险金额	136786537	121461992	12.62%
保单件数	5538322	4889556	13.27%
原保险赔付支出	15485	15609	－0.79%
1. 财产险	7757	7688	0.90%
2. 人身险	7728	7921	－2.43%
（1）寿险	3791	3540	7.10%
（2）健康险	3600	4029	－10.66%
（3）人身意外伤害险	337	352	－4.19%
业务及管理费	5239	5225	0.27%
银行存款	250509	26179	856.91%
资金运用余额	28348	232280	－87.80%
资产总额	271467	248874	9.08%

（1）从产寿险公司来看，2022 年，产险公司规模达 14867 亿元，同比增长 8.71%；寿险公司规模达 32091 亿元，同比下降 2.78%。从业务类型来看，产险业务规模达 12712 亿元，同比增长 8.92%；寿险业务 24519 亿元，同比增长 4.02%；健康险业务 8653 亿元，同比增长 2.44%；意外险业务 1073 亿元，同比下降 11.32%。其中，产险公司保险金额 12457.41 万亿元，同比增长 14.71%；寿险公司保险金额 1221.24 万亿元，同比下降 5.03%。

（2）中国保险业减少保单件数 64.87 亿件，同比增长 13.27%。其中，产险公司签单件数 544.78 亿件，同比增长 13.64%；寿险公司新增保单件数 9.05 亿件，同比下降 5.14%。

（3）赔款和给付支出达 15485 亿元，同比下降 0.79%。其中，产险业务赔款 7757 亿元，同比增长 0.44%；寿险业务给付 3791 亿元，同比增长 7.09%；健康险业务赔款和给付支出达 3600 亿元，同比下降 10.65%；意外险业务赔款 337 亿元，同比下降 4.26%。

（4）资金运用余额为 250509 亿元，较年初增长 7.85%。其中，债券资金运用金额约为 102530 万亿元，占比约达 40.93%；银行存款资金运用金额约为 28348 万亿元，占比约达 11.32%；股票和证券投资基金资金运用金额约为 31829 万亿元，占比约为 12.71%。

（5）2022 年中国保险业总资产 271467 亿元，较年初增长 9.08%；净资产 27011 亿元，较年初下降 7.83%。

（6）险种结构。

2022 年中国保险市场的险种结构及同比变化如图 2－5 所示。

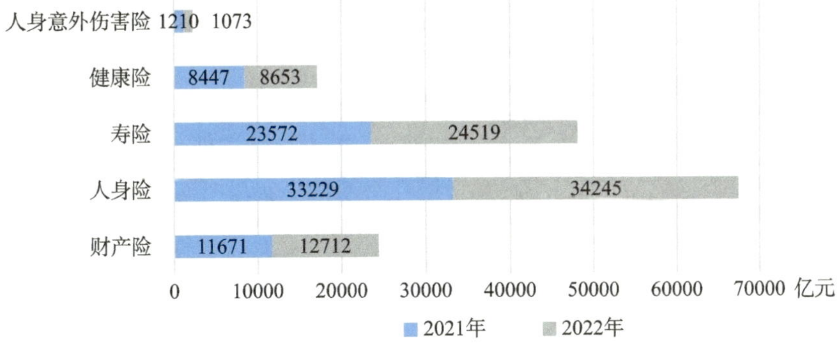

图 2－5　2021 年和 2022 年中国保险市场的险种结构

（7）地区结构。

表2－6展示了2022年中国保费收入的地区间分布。从中国大陆各省、自治区、直辖市及计划单列市的份额结构看，2022年保费收入排名位居前列的省份是广东省、江苏省、山东省，份额占比均超过6%。其中广东省占比达9.30%，江苏省占比达9.20%，山东省占比达6.19%。

表2－6　　2022年中国地区间保费收入及变化情况

省及计划单列市	2022年		2021年		市场占有率变化（%）
	保费收入（亿元）	占比（%）	保费收入（亿元）	占比（%）	
广　东	4367	9.30	4153	9.25	0.05
江　苏	4318	9.20	4051	9.02	0.17
山　东	2908	6.19	2816	6.27	－0.08
北　京	2758	5.87	2527	5.63	0.25
浙　江	2713	5.78	2485	5.53	0.24
河　南	2370	5.05	2360	5.26	－0.21
四　川	2298	4.89	2205	4.91	－0.02
上　海	2095	4.46	1971	4.39	0.07
河　北	2043	4.35	1995	4.44	－0.09
湖　北	1952	4.16	1878	4.18	－0.02
湖　南	1614	3.44	1509	3.36	0.08
深　圳	1528	3.25	1427	3.18	0.08
安　徽	1418	3.02	1380	3.07	－0.05
福　建	1104	2.35	1052	2.34	0.01
陕　西	1102	2.35	1052	2.34	0.00
山　西	1013	2.16	998	2.22	－0.06
辽　宁	1001	2.13	980	2.18	－0.05
黑龙江	982	2.09	995	2.22	－0.12
重　庆	981	2.09	966	2.15	－0.06
江　西	972	2.07	910	2.03	0.05
广　西	810	1.72	781	1.74	－0.01
云　南	725	1.54	690	1.54	0.01
新　疆	681	1.45	686	1.53	－0.08
吉　林	678	1.44	691	1.54	－0.10

续表

省及计划单列市	2022年		2021年		市场占有率变化（%）
	保费收入（亿元）	占比（%）	保费收入（亿元）	占比（%）	
天　津	670	1.43	660	1.47	-0.04
内蒙古	667	1.42	646	1.44	-0.02
贵　州	504	1.07	496	1.11	-0.03
青　岛	502	1.07	462	1.03	0.04
甘　肃	491	1.05	490	1.09	-0.05
宁　波	416	0.89	375	0.84	0.05
大　连	401	0.85	378	0.84	0.01
厦　门	270	0.58	243	0.54	0.04
宁　夏	216	0.46	211	0.47	-0.01
海　南	201	0.43	198	0.44	-0.01
青　海	106	0.23	107	0.24	-0.01
集团、总公司本级	42	0.09	37	0.08	0.01
西　藏	39	0.08	40	0.09	-0.01
全国合计	46957	100.00	44900	100.00	0.00

表2-7和图2-6直观地展示了2022年中国东部、中部、西部和东北部四大区域的保费收入状况和变化情况。从东部、中部、西部、东北部四大区域的份额结构看，2022年东部、中部、西部、东北部的保费收入份额占比分别为55.14%、19.89%、18.36%和6.52%，呈现明显的依次递减的现象。与2021年相比，2022年东部略有上升，中部、西部和东北部略有下降。

表2-7　　2021年和2022年中国各地区保费收入及同比变化

年份/地区	2022年		2021年	
	保费（亿元）	占比（%）	保费（亿元）	占比（%）
东部	25893	55.14	24414	54.38
中部	9339	19.89	9034	20.12
西部	8621	18.36	8369	18.64
东北部	3062	6.52	3045	6.78
集团、总公司本级	42	0.09	37	0.08
全国	44900	100.00	45257	100.00

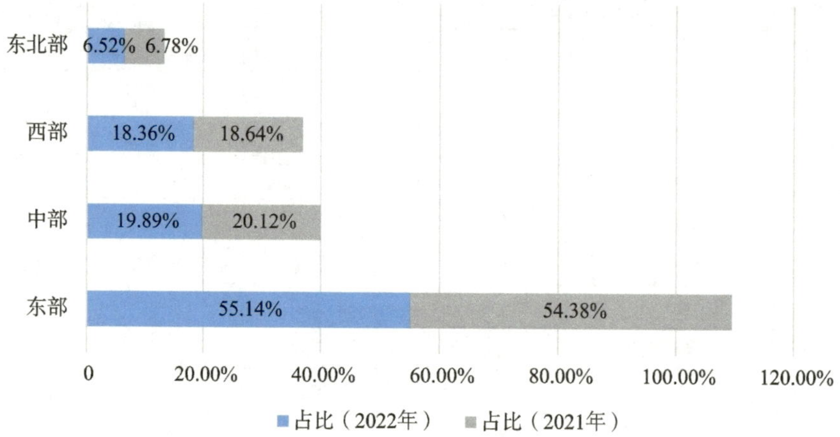

图 2-6　2021 年和 2022 年中国各地区保费收入

三、2022 年中国财险市场回顾

2022 年，产险公司实现保费收入 14867 亿元，同比增长 8.92%；保险业累计提供风险保额 13678.7 万亿元；2022 年，财产保险行业整体发展情况如下。

（1）财产险（不含产险公司经营的意外险和短期健康险）保费收入 12712 亿元，同比增长 1041 亿元，增长 8.92%，增幅同比上升 11.08 个百分点。其中，健康险保费收入 1580 亿元，同比增长 14.66%；农业保险保费收入 1219 亿元，同比增长 24.95%；责任保险保费收入 1148 亿元，同比增长 12.67%；工程保险保费收入 145 亿元，同比增长 1%。

（2）机动车辆保险保费收入 8210 亿元，同比增长 5.63%。

（3）企业财产保险保费收入 553 亿元，同比增长 6.47%。家庭财产保险保费收入 164 亿元，同比增长 67.22%。保证保险保费收入 552 亿元，同比增长 5.86%。

（4）财产险累计赔款支出 9078 亿元，同比增长 2.60%。

2002～2022 年全国保险市场与财产保险市场保费规模对比如图 2-7 所示。

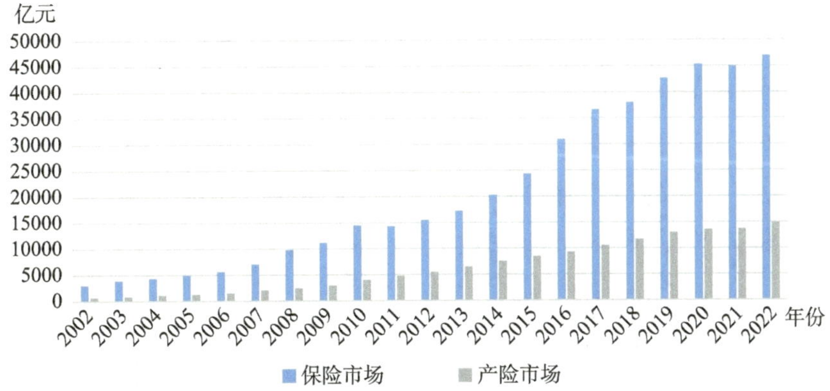

图 2－7　2002～2022 年保险市场整体与财产保险市场保费规模对比

2002～2022 年全国保险市场与财产保险市场保费增速对比如图 2－8 所示。2022 年国内财产保险市场保费收入实现正增长。从横向比较来看，2022 年，财产保险市场的保费收入增速为 8.70%，略高于同期全国保险市场保费收入增速。从纵向比较来看，2022 年财产保险市场的保费收入增速远远高于 2021 年。

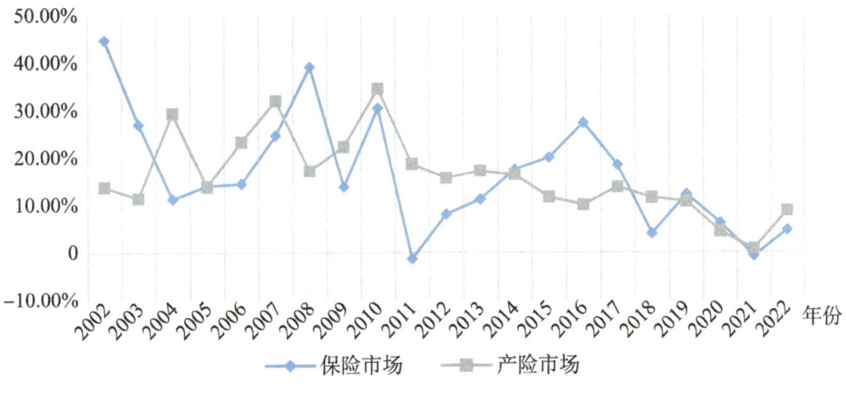

图 2－8　2002～2021 年财产保险市场保费规模增速

2022 年，产险公司赔款支出累计达到 9078 亿元。2022 年共有 88 家产险公司（本书中 88 家产险公司的简称使用中国银保监会网站公布的名称）。

（5）财产保险市场的保险密度。

保险密度是指按照当地人口计算的人均保费，它与保费收入总量从不同角度反映了保险的规模程度，同时也体现了一个国家或地区保险的普及程度。财产保险市场的保险密度说明该地财产保险产品的普及程度，是衡量财产保险市场发展情况的一项重要指标。

2022 年，国内财产保险市场的保险密度达到了 1052 元/人，较上年增长 8.75%。从近 18 年的保险密度来看，国内保险市场的保险密度增长迅速，从 2002 年的 63 元增长到 1052 元，增加了 16.7 倍，如表 2－8 和图 2－9 所示。

表 2－8　2002～2022 年国内财产保险市场保险密度

年份	产险保费收入（亿元）	人口数量（万人）	产险保险密度（元/人）
2002	778	128453	60.57
2003	869	129227	67.25
2004	1089	129988	83.78
2005	1230	130756	94.07
2006	1509	131448	114.80
2007	1998	132129	151.22
2008	2337	132802	175.98
2009	2876	133450	215.51
2010	3896	134091	290.55
2011	4618	134735	342.75
2012	5531	135404	408.48
2013	6212	136072	456.2
2014	7203	136782	526.60
2015	7995	137462	581.62
2016	8724	138271	630.93
2017	9835	139008	707.51
2018	10770	139538	771.83
2019	11649	140005	832.04
2020	11929	141178	844.93
2021	13676	141260	968.14
2022	14867	141212	1052.81

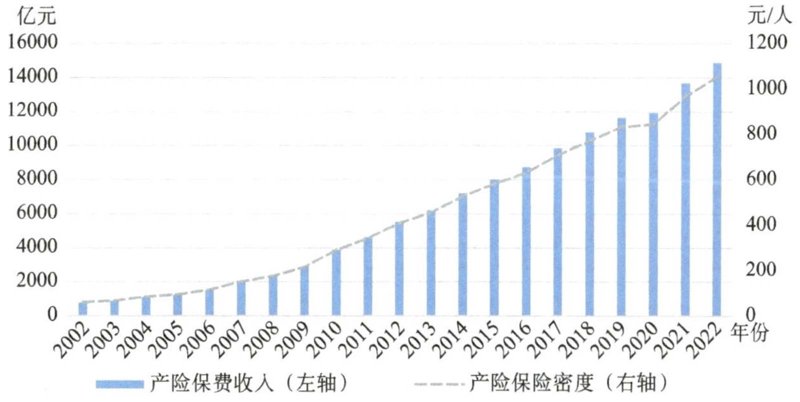

图 2 –9　2002 ~2022 年国内财产保险市场保险密度

（6）财产保险市场的保险深度。

保险深度是指保费收入占该地区国内生产总值（GDP）之比，它反映该地区保险业在国民经济中所处的地位。财产保险市场的保险深度即财产保险保费占该地国内生产总值之比，说明财产保险市场在国民经济中的重要程度。

2022 年，国内财产保险市场保险深度达到了 1.23%，从近 19 年保险深度的变化趋势来看，国内财产保险市场的保险深度表现为较为稳定的增长，从 2002 年的 0.64% 增长到 2022 年的 1.23%，增加了近 2 倍，如表 2 –9 和图 2 –10 所示。

表 2 –9　　2002 ~2022 年国内财产保险市场保险深度

年份	产险保费收入（亿元）	国内生产总值（亿元）	产险保险深度（%）
2002	778	121717	0.64
2003	869	137422	0.63
2004	1089	161840	0.67
2005	1230	187319	0.66
2006	1509	219438	0.69
2007	1998	270092	0.74
2008	2337	319245	0.73
2009	2876	348518	0.83
2010	3896	412119	0.95
2011	4618	487940	0.95

续表

年份	产险保费收入（亿元）	国内生产总值（亿元）	产险保险深度（%）
2012	5531	538580	1.03
2013	6212	592963	1.05
2014	7203	643563	1.12
2015	7995	688858	1.16
2016	8724	746395	1.17
2017	9835	832036	1.18
2018	10770	919281	1.17
2019	11649	986515	1.18
2020	11929	1015986	1.17
2021	13676	1143670	1.20
2022	14867	1210207	1.23

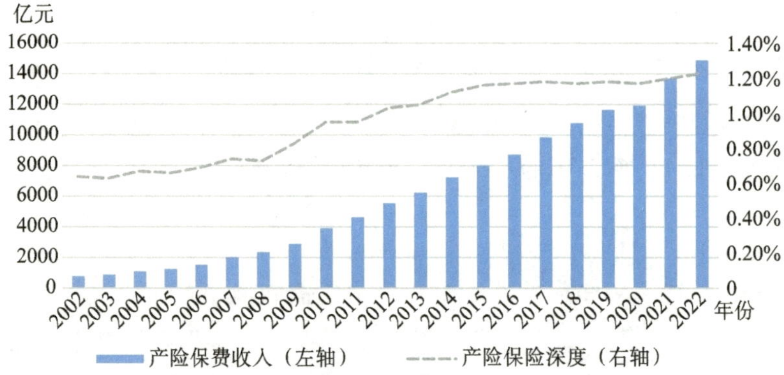

图2-10 2002~2022年国内财产保险市场保险深度

四、2022年中国人身险市场回顾

2022年，人身险行业保费收入为32091亿元，同比增长2.78%；寿险公司保险金额24519亿元，同比增长4.02%。2022年，人身险行业整体发展情况如下。

（1）人身险业务保费收入32091亿元（含产险公司经营的意外险和短期健康险），同比增长2.78%。其中，寿险业务24519亿元，同比增长4.02%，人身险业务占比 76.4%；健康险业务 7073 亿元，同比增长 0.06%，人身险业务占比 22.04%；意外险业务 499 亿元，同比降低 14.36%，人身险业务占比 1.56%。

未计入保险合同核算的保户投资款和独立账户本年新增交费 5845 亿元，同比降低 18.53%。

（2）人身保险公司保户投资款本年新增交费 5624 亿元，同比降低 13.19%。人身保险公司投连险独立账户新增交费 221 亿元，同比下降 68.24%。

（3）人身险业务赔款与给付支出 6407 亿元，下降 5.23%。其中，寿险业务给付金额 3791 亿元，增长 7.10%；健康险业务赔款与给付支出 3600 亿元，下降 10.66%；人身意外伤害险业务赔款支出 337 亿元，下降 4.19%。

（4）人身险公司保单件数为 90480 万件，增长率为 -5.18%。

2002～2022 年全国保险市场与寿险市场保费规模对比如图 2-11 所示。

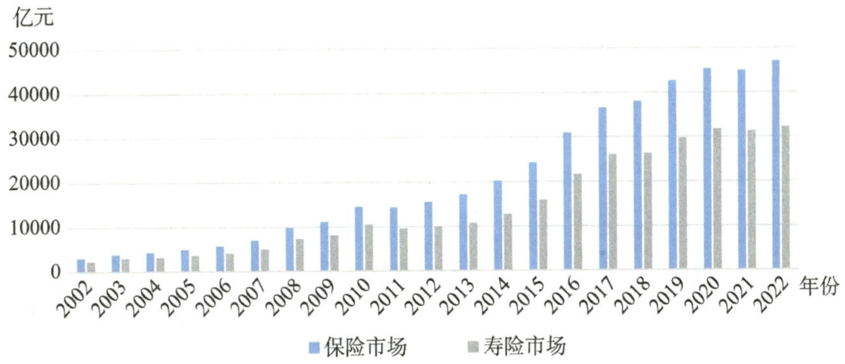

图 2-11　2002～2022 年保险市场整体与寿险市场保费规模对比

图 2-12 展示了 2002～2022 年全国保险市场与人身险市场保费增速对比情况。2022 年国内寿险市场保费收入呈现正增长。从横向比较来看，2022 年，寿险市场的保费收入增速为 2.78%，低于同期中国保险市场的保费收入增速。从纵向比较来看，2022 年中国人身险市场的保费收入增速远远高于 2021 年。

（5）人身险市场的保险密度。

2022 年，国内人身保险市场的保险密度达到了 2425 元。从近年的保险密度来看，国内保险市场的保险密度增长迅速，从 2002 年的 175 元增长到 2022 年的 2425 元，增幅达到 13.86 倍，如表 2-10 和图 2-13 所示。

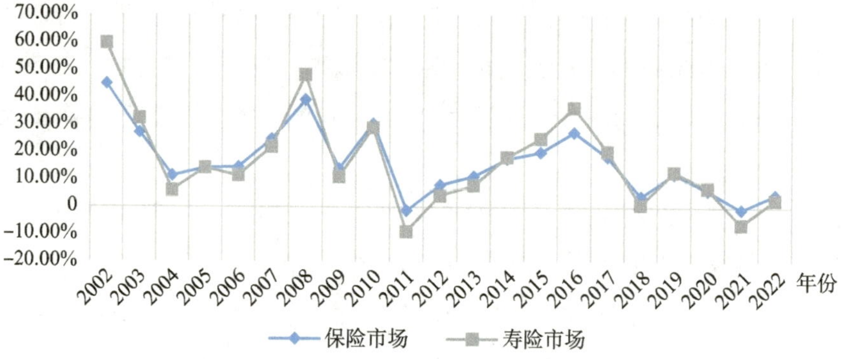

图 2－12　2002～2022 年寿险市场保费规模增速

表 2－10　　2002～2022 年国内人身保险市场保险密度

年份	人身险保费收入（亿元）	人口数量（万人）	人身险保险密度（元/人）
2002	2275	128453	177
2003	3011	129227	233
2004	3228	129988	248
2005	3697	130756	283
2006	4132	131448	314
2007	5038	132129	381
2008	7447	132802	561
2009	8261	133450	619
2010	10632	134091	793
2011	9721	134735	721
2012	10157	135404	750
2013	11010	136072	809
2014	13031	136782	953
2015	16288	137462	1185
2016	22235	138271	1608
2017	26746	139008	1924
2018	27247	139538	1953
2019	30996	140005	2214
2020	33329	141178	2361
2021	33229	141260	2352
2022	34245	141212	2425

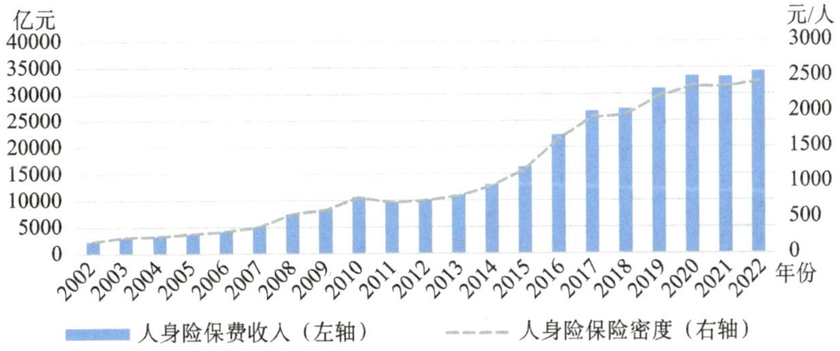

图 2-13　2002～2022 年国内人身保险市场保险密度

（6）人身险市场的保险深度。

2022 年国内人身险保险深度降至 2.83%。从近十年保险深度的变化趋势来看，国内人身险市场的保险深度波动性较大，从 2002 年的 1.87% 逐年增长到 2010 年的 2.58%，自 2011 年又逐年下降，2020 年上涨到的 3.28%，2022 年又下降到 2.83%，具体如表 2-11 和图 2-14 所示。

表 2-11　　2002～2022 年国内人身保险市场保险深度

年份	人身险保费收入（亿元）	国内生产总值（亿元）	人身险保险深度（%）
2002	2275	121717	1.87
2003	3011	137422	2.19
2004	3228	161840	1.99
2005	3697	187319	1.97
2006	4132	219438	1.88
2007	5038	270092	1.87
2008	7447	319245	2.33
2009	8261	348518	2.37
2010	10632	412119	2.58
2011	9721	487940	1.99
2012	10157	538580	1.89
2013	11010	592963	1.86
2014	13031	643563	2.02
2015	16288	688858	2.36
2016	22235	746395	2.98

续表

年份	人身险保费收入（亿元）	国内生产总值（亿元）	人身险保险深度（%）
2017	26746	832036	3.21
2018	27247	919281	2.96
2019	30996	986515	3.14
2020	33329	1015986	3.28
2021	33229	1143670	2.91
2022	34245	1210207	2.83

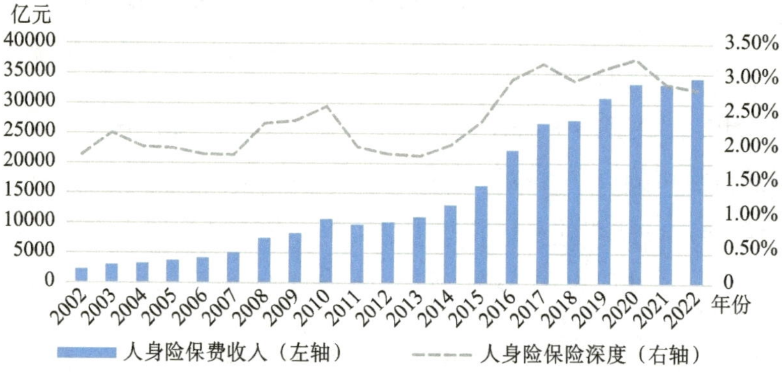

图2-14　2002~2022年国内人身保险保费收入及人身险保险深度

第二节　中国香港特别行政区的保险业发展概况[①]

2021年，香港的本地生产总值（以当时市价计算）达28696.82亿港元，同比上升7.2%，人口（年中）为741.31万，同比上升8.2%，人均地区生产总值为387110港元。整体保险毛保费录得6027亿港元，较上年同期轻微下跌0.9%。

一、经营主体情况

截至2021年12月底，香港共有164家保险公司，获授权经营一般保险业务（90家）、长期保险业务（54家）和综合保险业务（19家）和特定目的的保险业

① 本节内容主要来自《2022中国保险年鉴》，中国保险年鉴编辑部 编，2022年11月。

务（1 家）。其中，97 家在香港注册成立，67 家在 21 个不同国家（或地区）注册成立，其中以在百慕达、英国和美国注册成立的最多。保险中介人方面，共有 125102 名个人持牌人士、2133 家保险代理机构以及 818 家保险经纪公司。

二、保险市场业务概况

根据保险业的临时统计数字，2021 年一般保险业务的毛保费同比增加 2.6%至 618 亿港元，净保费同比增加 1.4%至 415 亿港元；整体承保表现由 22.32 亿港元的利润下降至 19.58 亿港元的利润。直接业务方面，2021 年与 2020 年比较，毛保费同比增加 3.9%至 461 亿港元，净保费同比增加 5.6%至 330 亿港元。意外及健康业务毛保费下跌 2.3%，其中，医疗业务保持平稳，非医疗业务则因外游活动仍受阻而同比下跌 20.8%。受惠于按揭保险计划物业楼价上限提高，金钱损失业务的毛保费同比上升 33.5%。一般法律责任业务（包括雇员补偿业务）同比稳定增长 9.3%，船舶业务同比增长 10.7%。直接业务的整体承保利润为 13.36 亿港元（同比下跌 19.1%）。其中，意外及健康业务由上一年度 9.73 亿港元的利润转至亏损 5800 万港元，但部分被财产损坏业务、一般法律责任业务以及金钱损失业务分别录得的 5.77 亿港元（同比上升 15.6%）、9.79 亿港元（同比上升 42.8%）以及 4100 万港元（上年亏损 1.91 亿港元）承保利润所抵消。至于分入再保险业务，因汽车业务收缩幅度超过财产损坏业务和意外及健康业务的扩张，整体毛保费和净保费分别较上一年度下降至 157 亿港元（同比下跌 1.2%）及 84 亿港元（同比下跌 12.3%）。分入再保险业务保费下降的同时，整体承保利润却由 5.82 亿港元增至 6.22 亿港元，主要受惠于已承付申索净额比率由 62.2%下跌至 59.8%。

长期保险业务方面，2021 年的有效业务保费收入为 5408 亿港元，较 2020 年的 5481 亿港元同比下降 1.3%。个人人寿及年金（非投资相连）业务同比下降 3.7%至 4466 亿港元，个人人寿及年金（投资相连）业务同比上升 61.0%至 446 亿港元，而退休计划团体业务同比下降 13.4%至 439 亿港元。2021 年新造长期业务（不包括退休计划业务）的保单保费与 2020 年相比，同比上升 25.0%至 1668 亿港元。根据临时统计数字，2021 年度长期保险业务的保险密度为 72958 港元，保险深度为 18.8%，保险密度及保险深度较 2020 年分别下降 0.4%和 8.3%。

三、新的发展

（一）香港保监局对保险中介人实施直接规管

保险业监管局（简称“保监局”）致力于促进业界遵循操守并确保本地市场的文化基建于诚信及商业道德。市场出现不当行为时，保监局将彻底调查并及时有效地采取执法行动。保监局在建立纪律程序架构后，根据《保险业条例》及《打击洗钱及恐怖分子资金筹集条例》行使纪律处分权利，除纪律处分外，保监局亦会做出警告、提出要求和建议以纠正及修补问题。

新的纪律处分程序旨在为保监局建立一个能做出严谨、公平、客观以及独立的纪律决策过程。经过全面调查，若法规执行组认为个案表面证据成立，会书面通知受调查人士，通知书有纪律处分建议，受调查人士可以书面或口头申诉方式做出响应。每宗个案均由三名来自纪律处分委员会小组成员组成的纪律处分委员会做出裁决，委员会成员来自保监局董事局及外界包括具有法律和金融服务界别的资深专业人士。受调查人士有充分机会直接向纪律处分委员会提出申诉，相关裁决原因会以书面形式通知受调查人士。

为增强公众信心，保监局的纪律处分准则着重惩罚涉及不道德的行为或惩治因公司管治不足而引致的问题。2021 年 4 月至 2022 年 3 月，保监局法规执行组接获 92 宗新个案并进行调查；另有 92 宗个案完成结案，其中包括来自前自律规管机构的 32 宗个案。针对不当行为或不符合“适当人选”的准则，保监局共采取 10 项纪律处分行动。

（二）香港保险业施行以风险为本的资本制度

为巩固香港保险业成为环球风险管理中心和区域保险枢纽，同时增强市场弹性以迎接未来的挑战，保监局正积极筹备落实保险业风险为资本制度，旨在改善企业管治，并根据保险公司的风险概况厘定其资本要求，确保保险公司配备合适的偿付能力。

风险为本资本制度建基于三大支柱，分别涵盖量化要求、素质要求及披露要求三大范畴。第一支柱下的量化要求方面，保监局已经议定相关技术问题且目前正在进行法例草拟工作。第二支柱下的质素要求方面，保险公司于 2021 年中根据《企业风险管理指引》（指引 21）首次提交自身风险与偿付能力评估报告，阐述其风险概况及资本管理。最后，保监局听取业界意见以敲定第三支柱下的监管/公众披露要求。保监局对部分提前做好充足准备的长期业务保险公司，期望在立法程序完结前采纳风险为本资本制度并无异议，截至 2022 年 4 月已批准两项相关申请。

（三）对保险集团实施集团监管

为促进香港保险业持续稳健发展，保监局严谨监管保险公司，设立了集团监管框架，以确保行业整体稳定。集团监管框架于 2021 年 3 月 29 日生效，旨在令香港保险业的监管制度与国际标准以及最佳模式趋向一致，同时也是巩固香港作为环球风险管理中心和区域保险枢纽策略部署的关键。

集团监管框架以三大支柱为主：第一支柱制定资本要求；第二支柱订明风险管理及管治的要求，包括评估当前及未来财务及风险状况的要求；第三支柱规定了涵盖风险及企业管治的披露要求。

2021 年 5 月 14 日《集团监管指引》作为集团监管框架的重要部分生效，详细列明了保险控权公司在企业风险管理、企业管治、资本要求及公众披露等范畴须遵守的原则和标准。同时，保监局指定友邦保险控股有限公司、富卫控股有限公司及英国保诚集团亚洲有限公司为制定保险控权公司。

（四）保险相连证券

近年来气候变化和城市化问题日益严重，导致的灾难事故日益增多，从而使得保险相连证券的全球发行量大幅上升。但目前所承保的风险主要集中在美国及欧洲，而香港作为国际金融中心具备着良好的条件，因此必须提升在香港发行保险相连证券的吸引力，把握内地及亚洲其他地区的潜在商机。中央政府亦表明支持内地保险公司在香港发行巨灾债券，同时中国保监会也明确了在香港发行巨灾债券的相关资本要求。

2021 年 3 月 29 日，保监局推出适用于授权特定目的的保险人在香港发行保险相连证券的全新规管制度。2021 年 10 月，保险相连证券以巨灾债券形式首度在香港发行，2022 年 6 月，香港二度发行保险相连证券。这两次发行增加了香港作为保险相连证券市场的公信力，加强了保险相连证券市场潜在参与者对香港的信心。

（五）保障保单持有人

为保障保单持有人的权益，以免保险公司无力偿债时，保单持有人会完全失去应得的保障，香港特区政府建议设立保单持有人保障计划，给保单持有人提供一个安全网。计划涵盖大部分直接人寿及非人寿保单，个人保单持有人、中小型企业和业主立案法团均受保障。保监局已委托顾问对计划主要参数（包括最适合的资金规模及征费率）进行最新评估并收到初步结果。

乔装客户检查是一种常见的监督手段，透过乔装成一般客户进行常规交易，有助监管机构评核及识别问题和不足之处。乔装客户检查计划旨在了解这些产品的销售手法，并以积极主动的方式处理有关销售手法的潜在风险，重点范畴包括客户风险规划、财务需要分析、建议的合适度及产品和风险披露。2021 年 12 月保监局宣布开展联合乔装客户检查计划并预计于 2022 年完成，其结果将用于补足各监管机构的政策及监管工作并评估相关目标的达成程度。

2021 年 11 月，保监局与保险投诉局签订备忘录，根据新投诉流程安排，保险投诉局解决纠纷的机制为投诉人提供免费服务及不偏不倚的支持，保监局可专注于维持整个保险行业的良好操守标准和业务常规。这项合作使得相关机构能更具效率地有效处理投诉，从而提升保单持有人对保险业的信任。

（六）推动保险科技的发展及应用

保险科技具备拓展新客户层面、提供价值定位及提升顾客体验的潜力，能深化普及金融的发展，因而逐渐成为保险业界密切关注的领域。为促进香港保险科技发展，保监局自 2017 起推出了快速通道及保险科技沙盒两项先导计划。

快速通道提供专队，为采用全数码分销渠道经营的新保险公司申请人加快处理有关的授权申请。香港共有两间经营长期业务及两间经营一般业务的虚拟保险公司。同时，新冠疫情加快了保险行业数码化，虚拟保险公司继续提供更多元化的产品，如危疾医疗保险、火险及金钱损失险等。

保险科技沙盒让获授权保险公司在受控的环境中，试行大致符合保监局现行监管规定的创新科技。截至 2022 年 3 月，保监局已批准 27 个先导计划的申请，其中 16 个与 13 家保险公司的遥距投保有关。为克服非亲身投保程序所带来的障碍，保监局针对在保险科技沙盒下透过视像会议销售长期保险保单的情况，制定了监管框架。与此同时，为方便遥距投保沙盒的申请，香港保险业联会也推出两个已获保监局预先审批的平台用于以视像会议销售长期业务的保险产品，加快个别保险公司透过保险科技沙盒推出先导计划的审批程序。2022 年年初第五波新冠疫情的暴发促使保监局推出了进一步措施，即容许所有长期业务保险产品透过保监局批准的遥距投保沙盒进行销售。

2021 年 9 月，为方便香港与内地及澳门深化创新和金融科技方面的合作，保监局分别与中国银保监会及澳门金融管理局签订金融科技合作谅解备忘录。2021 年 10 月，保监局成立开放应用程序编程接口工作小组，更周全地考虑监管一致性与项目范围，并为开发框架征求用例。

为了加深业界对现行规管制度的了解，保监局成立了“保险科技促进小组”，与保险公司及科技界保持密切沟通和联系。2021 年 4 月 ~2022 年 3 月，该小组处理了 50 余宗查询并举行了 35 次国内外保险科技交流会议。

（七）绿色及可持续金融发展

气候变化被公认是对人类的最大威胁，亦是环境、社会及管治议题中首要事项之一。保监局作为肩负社会责任的机构，积极采取措施，与保险业携手为香港建设一个更环保且可持续的未来。

保险公司兼负风险管理人和机构投资者两种身份，可见保险业在全球应对气候变化的挑战中担当重要角色。保监局参与了“绿色和可持续金融跨机构督导小组”，与监管同业及金融业携手合作推广绿色及可持续金融。督导小组于 2021 年 7 月成立了由业界主体及学术机构组成的绿色和持续金融中心，作为一个资源、数据及分析的知识库，该中心负责培训及政策制定等工作，支持业界向可持续发展模式转型。2022 年年初，中心推出了绿色和可持续金融数据资源信息库，保监局也发布通函向业界分享相关消息并鼓励保险公司利用信息库的数据以管理气候相关风险。

在保监局的领导下，保险业对推动绿色金融的工作反应积极。保监局亦与香港绿色金融协会建立更紧密的联系，借以提高业界和投保大众对绿色金融的认知，为应对不断变化的气候相关政策，为市场发展做好准备。

（八）“一带一路”

2017 年 12 月签订的《国家发展和改革委员会与香港特别行政区政府关于支持香港全面参与和助力“一带一路”建设的安排》，支持香港为“一带一路”建设的大型基础设施项目提供保险及再保险等专业服务，并鼓励内地企业来港设立专属自保保险公司，为其海外业务安排保险，完善企业的风险管理体系。

香港毗邻内地，同时亦是中国境内的国际金融中心，对于需经营海外项目的内地企业而言，是设立专属自保保险公司的理想地点。为进一步加强专属自保保险公司为所属集团旗下企业提供风险管理服务的角色，保监局早前修订法例，以扩大香港专属自保保险公司的可承保风险范围，该项修订已于2021年3月生效。

保监局于2020年7月推出“香港特殊风险合作平台”将继续协助配对专项风险的供求，以推动专属自保保险公司的发展及将香港发展为环球风险管理中心及区域保险枢纽。

保监局成立的“一带一路保险交流促进平台”促进主要持份者间的合作，协助他们制定风险管理及保险方案。截至2022年3月，成员数量已增至43个，包括保险公司、再保险公司、专属自保保险公司、保险经纪公司、行业协会、律师事务所及意见公证行。

2021年5月，商务及经济发展局联同国务院国有资产监督管理委员会举办“‘一带一路：由香港进’——内地企业伙伴交流及对接计划”，保监局与香港贸易发展局率领保险业界代表团在分享会上介绍香港保险业的核心优势。2021年9月，香港特区及香港贸易发展局合办“‘一带一路’高峰论坛”，保监局在专题论坛上探讨了香港如何善用其专属自保保险公司运营特点及再保险枢纽的优势巩固其在《“十四五”规划纲要》下的战略地位。

（九）粤港澳大湾区

为方便港珠澳大桥使用者，方便“港珠澳大桥港车北上不设配额计划”的参与者，保监局与中国银保监会通力合作，为汽车保险制定“等效先认”政策。当相关政策付诸实行后，香港保险公司为使用大桥进入广东省的车辆所承保的汽车第三者保险，将会获得内地相关部门认可及视为等同内地机动车交通事故责任强制保险。2021年11月，保监局与香港保险业联会合办网上研讨会，与汽车保险公司分享最新信息，并鼓励他们与内地汽车保险公司合作推出相关产品。截至2022年3月，约占香港汽车保险市场70%的18家香港汽车保险公司同意参与该计划。“等效先认”政策的实施将为更多跨境产品的发展铺路，进一步促进大湾区内部的人口及资本流动。

此外，保监局继续与广东、深圳及澳门的监管机构紧密商讨香港保险业界在大湾区设立售后服务中心的实施方案。

2020～2021 年香港保险业务情况统计如表 2－12 所示。

表 2－12　　2020～2021 年香港保险业务情况统计

一般保险业务	2021 年	2020 年	同比增减（%）	长期保险业务	2021 年	2020 年	同比增减（%）
毛保费收入				有效业务保费收入			
意外及健康（百万港元）	17558	17581	－0.1	个人人寿业务			
汽车（百万港元）	5421	6264	－13.5	人寿及年金（非投资相连）（百万港元）	446572	463801	－3.7
货运（百万港元）	1652	1559	6.0	人寿及年金（投资相连）（百万港元）	44632	27720	61.0
财产损坏（百万港元）	13212	12443	6.2	小计（百万港元）	491204	491521	－0.06
一般法律责任（百万港元）	14173	13930	1.7	其他个人业务（百万港元）	808	815	－0.9
金钱损失（百万港元）	5870	4704	24.8	退休计划团体业务（百万港元）	43925	50748	－13.4
其他（百万港元）	3949	3816	3.5	非退休计划团体业务（百万港元）	4916	4943	－0.5
总数（百万港元）	61835	60297	2.6	总数（百万港元）	540844	548087	－1.3
净保费收入（百万港元）	41490	40932	1.4	新造业务保单保费（不包括退休计划）（百万港元）	166800	133411	25.0
已承付申索净额（百万港元）				利益给付金额（百万港元）	307066	244329	25.7
承保利润（百万港元）	1958	2232	－12.3	终止保单数目（件）	761943	746153	2.1
保险密度（港元/人）	8341	8060	3.5	个人人寿保单数目（件）	115008441	14683556	2.2
保险深度（%）	2.2	2.3	－4.3	其他保单数目（件）	540911	525545	2.9
				总数（件）	15549352	15209101	2.2
				保险密度（港元/人）	72958	73264	－0.4
				保险深度（%）	18.8	20.5	－8.3

第三节　中国澳门特别行政区的保险业发展概况①

一、保险市场主体

截至2021年年底，在澳门特别行政区获许可经营保险业务的保险公司共有25家，其中12家为人寿保险公司，其余13家为一般保险公司；获许可的再保险公司有1家；获许可的私人退休基金管理实体有9家，其中7家为人寿保险公司，另外2家专门为管理退休基金而设立的公司。按原属地区划分，11家保险公司及2家退休基金管理公司为本地公司，其余14家为外资保险公司在澳门开设的分公司，再保险公司则为总公司设在外地之代理办事处。

截至2021年年底，受聘于保险公司及退休基金管理公司的人员总数为728人，同比增长为8.3%。另有8385名获许可从事保险业务的中介人，同比增长9.9%，其中包括个人代理人6510名、推销员1786名、法人保险代理人78名及保险经纪人11名。

二、保险市场业务概况

2021年，澳门特别行政区整体经济保持平稳发展，保险业全年毛保费收益为359亿澳门元，增长23.7%。其中，人寿保险业务的市场占比远超一般保险业务，全年人寿保险毛保费收入为330亿澳门元，同比增加25.8%，占市场份额92.0%；一般保险业务的毛保费收入同比增加3.7%至29亿澳门元，占市场份额8.0%。

随着保险业发展及市场竞争，保险公司持续提升及优化保险产品的结构、保障范围及客户服务，以满足消费者对风险管理及财富传承的需求。在过去一年，共有61项新人寿保险产品、8项新人寿附加契约及22项一般保险产品获批准推出市场。而私人退休基金管理业务方面，已登记的开放式退休基金共57项，而封闭式退休基金则维持3项。

① 本节内容主要来自《2022中国保险年鉴》，中国保险年鉴编辑部 编，2022年11月。

根据一般保险业务的保费结构显示，2021 年的保费结构与上年相近，一般保险的主要业务为财产全险，其毛保险费收入达到 13 亿澳门元，占整体市场的 45.1%。接下来是劳工保险和汽车保险，毛保费收入的市场份额分别为 18.3%、11.0%，金额分别为 5 亿澳门元和 3 亿澳门元。

赔偿方面，2021 年度保险业毛赔偿由 2020 年的 128 亿澳门元上升至 200 亿澳门元，同比增加 56.9%。人寿保险业务占 97.3%，赔偿金额达 195 亿澳门元，较 2020 年上升 62.8%，其中主要为支付保单到期价值占总赔偿的 85.3%，达 166 亿澳门元；一般保险业务占 2.7%，赔偿金额为 5.5 亿澳门元，同比减少 31.3%，包括已付赔偿及赔偿准备金共 9.7 亿澳门元、扣除赔偿准备金回拨 4.2 亿澳门元。

2021 年保险业整体的赔损率对比上一年度有所上升，由 2020 年的 44.0% 上升至 2021 年的 55.9%。

2020 年保险业整体的赔损率对比上一年度有所上升，由 2019 年的 29.3% 上升至 2020 年的 44.0%。

保险业资产负债方面，2021 年年末的总资产值为 2200 亿澳门元，较 2020 年的 1840 亿澳门元增加约 19.5%，增幅主要来自人寿保险公司的“财务资产”，由 1371 亿澳门元增至 1609 亿澳门元，占总资产增量的 66%；总负债亦上升至 1951 亿澳门元，同比增加 17.9%，其中“技术准备金”增加 93 亿澳门元，占总负债增量的 31.3%。行业资产净值增长至 248 亿澳门元，增幅为 34.6%。

整体损益方面，2021 年度保险业总收益为 529 亿澳门元，同比增加 23.4%；总支出为 485 亿澳门元，同比增加 4.2%。2021 年度净收益为 44 亿澳门元，人寿保险净收益为 39.1 澳门元，一般保险净收益为 4.5 亿澳门元。

私人退休基金业务方面，截至 2021 年年底，由基金管理实体所管理之退休基金总资产增加至 393 亿澳门元，同比增长 9.3%。已设立的退休基金计划方面，以个人形式设立的私人退休基金计划及非强制性中央公积金个人计划约 8 万个，后者占比超过 99%；而以企业机构形式设立的私人退休基金集体加入计划及非强制性中央公积金共同计划超过 1400 个，前者占比 80.6%。就整体劳动市场人口而言，受退休基金制度保障的雇员人口为 14.7 万人，覆盖率为 38.9%。

三、监管与法规

澳门金融管理局（简称“金管局”）一直严控保险业的风险，并以“风险为本”的监管理念，落实与风险水平相称的监管方式，通过现场及非现场监管措施对保险业务的运作进行监察及审查。另外，金管局通过与其他国家或地区的监管机构合作，建立更完善的金融监管体系。除监察保险公司的财务状况外，金管局持续加强监控保险公司的企业管治及市场行为，以维护保险市场稳健发展。

（一）颁布《人寿保险产品管治指引》

为提升人寿保险产品质量，保障保单持有人的合法权益，金管局于 2021 年正式颁布《人寿保险产品管治指引》。该指引要求人寿保险公司设立产品审批委员会用以审批在澳门销售的寿险产品，同时指引中制定了寿险产品的最低监管要求以提升人寿保险产品质量并保障客户权益。

（二）公布《保险中介人业务操守》

为强化保险中介人职业道德及操守水平的规范，同时使其与国际监管标准接轨，金管局于 2021 年公布了《保险中介业务操守》通告。通过此通告发出一系列关于保险中介、保险经纪以及保险代理业务操守的指引，以细化各种原则性要求，应采纳的相关标准及常规。有关规则及指引自 2022 年 1 月 1 日起生效。

（三）开展《汽车民事责任强制性保险》精算研究

为完善现行保险制度，加强对公众的保障，金管局开展对汽车民事责任强制性保险的精算研究，以评估现行保费及保额的足够性，以及保费制度的适切性。金管局将向相关持份者进行咨询，适时推进有关精算研究结果。

（四）退休基金中介人牌照

根据《为从事退休基金中介业务的保险中介人设定考试的义务》规定，自 2022 年 1 月 1 日起，从事退休基金中介业务的个人保险中介人必须通过退休基金考试；同时已获许可从事人寿保险中介业务且许可于 2021 年 12 月 31 日为有效的个人保险中介人会有两年过渡期，如有意继续从事退休基金中介业务需于 2023 年 12 月 31 日前通过考试。

（五）加强网络安全合规监管

配合《网络安全法》，金管局促使保险业界有序落实网络安全事故预警及应急中心所制定的各项网络安全措施。保险业界按网络安全委员会的要求于2022年年初在平台上提交网络安全年度报告，金管局对有关报告进行审核，并会持续监督各机构执行网安义务。

2020～2021年澳门保险业务情况统计如表2－13所示。

表2－13　2020～2021年澳门保险业务情况统计　单位：千澳门元

一般保险业务承保利润损失		2021年		2020年	
毛保费（包括提供之服务收益）			2860624		2758136
减：技术费用					
	－现存风险准备金	59658		－14475	
	－佣金及折扣	722194		711215	
	－毛赔偿	549400	1331252	799373	1496113
分保损益			－802518		－549828
毛承保利润/损失			726854		712195
减：行政费用			351573		341119
净承保利润/损失			375281		371076
人寿保险业务承保利润损失		2021年		2020年	
毛保费（包括提供之服务收益）			33024539		26261060
减：技术费用					
	－数值准备金	9654086		23365676	
	－佣金及折扣	4125869		2667358	
	－毛赔偿	19497380	33277335	11974767	38007801
分保损益			326225		1223159
毛承保利润/损失			73429		－10523582
减：行政费用			1977547		1245536
净承保利润/损失			－1904118		－11769118
	保险密度（澳门元）			保险深度（%）	
	人寿保险	一般保险	合计	人寿保险	一般保险
2021年	48388	4187	52525	14.10	1.22
2020年	38444	4038	42482	13.51	1.42

第四节　中国台湾地区的保险业发展概况[①]

一、产物保险业与人寿保险业运营情况

（一）保险主体情况

2021 年，中国台湾保险业有财产保险公司 14 家，人寿保险公司 19 家，保险合作社 1 家，专业再保险公司 3 家。另有外商财产保险分公司 6 家，外商人寿保险分公司 3 家，具体如表 2－14 所示。

表 2－14　　中国台湾地区的保险机构

类别	本土保险公司	外商保险（分公司）
财产保险	国泰世纪、台产、兆丰、富邦、和泰、泰安、明台，南山、第一、旺旺友联、新光、华南、新安东京海上及台寿保共 14 家	比利时商裕利安宜、新加坡商美国国际、美商安达，香港商亚洲、法商法国巴黎及法商科法斯共 6 家
人寿保险	国泰人寿、台银人寿、台湾人寿、保诚人寿、中国人寿、南山人寿、新光人寿、富邦人寿、三商美邦、远雄人寿、宏泰人寿、安联人寿、中华邮政、第一金人寿、合库人寿、保德信国际人寿、全球人寿、元大人寿及国际康健人寿共 19 家	英属百慕达商友邦人寿、法商法国巴黎人寿、英属百慕达商安达人寿共 3 家
保险合作社	有限责任台湾区渔船产物保险合作社	
再保险公司	中央再保险公司，英属百慕达商英国再保险有限公司台湾分公司及德商科隆再保险股份有限公司台湾分公司	

（二）产寿险保费收入概况

2021 年，台湾财产保险业直接签单保险费收入为新台币 2074.5 亿元，较上年度 1881.1 亿元增加 193.4 亿元，同比增长 10.3%。本土公司保费收入为 2019.9 亿元，占 97.4%，外商分公司保费收入为 54.6 亿元，占 2.6%。

---

① 本节内容主要来自《2022 中国保险年鉴》，中国保险年鉴编辑部 编，2022 年 11 月。

2021 年，台湾人寿保险业的保险费收入为新台币 29710.9 亿元，较上年度 31639.7 亿元减少 1928.8 亿元，同比减少 6.1%。本土公司保费收入为 28327.4 亿元，占 95.3%；外商分公司保费收入为 1383.5 亿元，占 4.7%。

（三）主要险种保费收入及其所占比率

2021 年，在财产保险业务保费收入 1881.1 亿元中，汽车保险 1015.8 亿元占 54.0%；火灾保险 291.0 亿元，占 15.5%；海上保险（含货物运输险）77.1 亿元，占 4.1%；航空保险 8.1 亿元，占 0.4%；其他保险（含工程保险）489.1 亿元，占 26.0%。

2021 年，在人寿保险业务全部保费收入 29710.9 亿元中，个人保险保费收入 29486.9 亿元，占 99.2%；团体保险保费收入 224.0 亿元，占 0.8%。其中年金保险保费收入 5183.8 亿元，占 17.4%，较上年度 3001.9 亿元，同比增加 72.7%。

二、中国台湾保险业实施的重要措施与事项

（一）修正公司债投资额度并放款保险业投资公共福利事业限制

2021 年 5 月 26 日修正《保险法》后，保险业投资单一公司债额度的限额规范由发行公司实收资本额 10% 修正为发行公司业主权益 10%，另新增可投资其发行之免保证商业本票。

同时，放款保险业担任公共及社会福利事业投资董监事席次，由被投资事业全体董监事席次 1/3 提高至 2/3，委派任席次达半数者，被投资公司应设置独立董事；另开放保险业可指派经理人，但不得指派保险业人员兼任。

（二）增订以群组整体方式控管不动产投资之即时利用并有收益之认定标准

2021 年 11 月 12 日，增订《保险业办理不动产投资管理办法》。保险业投资不动产需符合时利用并有收益之条件，保险局将即时利用并有收益之控管方式，由全数个案控管，改采群组整体控管及个案控管并行，连续符合即时利用并有收益标准达 5 年之不动产以群组整体方式控管。

（三）强化创投及私募股权基金投资后管理机制

2021 年 12 月 24 日，修订《保险业资金办理专案运用公共及社会福利事业投资管理办法》。强化投资创投及私募基金之投资后管理机制，需检视实际投资情

形是否有为符合原定投资计划及范围、被投资对象不得介入经营权，及相关因应措施及评估规划等。

中国台湾地区保险业务情况统计如表2－15所示。

表2－15　　中国台湾地区保险业务情况统计

中国台湾地区保险市场发展主要指标情况

年份	保险密度（元新台币/人）			保险深度（%）		
	产险	寿险	合计	产险	寿险	合计
2021年	8875	127104	135979	0.96	13.39	14.35
2020年	7984	134287	142271	0.95	15.98	16.93

中国台湾地区保险业保费收入概况

年份	财产保险		人寿保险		合计	
	保费收入（亿元新台币）	成长率（%）	保费收入（亿元新台币）	成长率（%）	保费收入（亿元新台币）	成长率（%）
2021年	2074.5	10.3	29710.9	－6.1	31785.4	－5.5
2020年	1881.1	6.2	31639.7	－8.7	33520.8	－8.7

中国台湾地区保险业本土与外商业者保费收入比较表

项目		本土公司		外商分公司		合计保费（亿元新台币）
险别	年度	保费收入（亿元新台币）	占比（%）	保费收入（亿元新台币）	占比（%）	
财产保险	2021年	2019.9	97.4	54.6	2.6	2074.5
	2020年	1826.4	97.1	54.7	2.9	1881.1
人身保险	2021年	28327.4	95.3	1383.5	4.7	29710.9
	2020年	30738.9	97.2	900.8	2.8	31639.7

2021年中国台湾地区财产保险业保费收入概况

类别	保费收入（亿元新台币）	占比（%）
汽车保险	1089.3	52.6
火灾保险	303.5	14.6
海上保险（含货物运输险）	84.0	4.0
航空保险	6.3	0.3
其他保险（含工程保险）	591.4	26.0
合计	2074.5	100.0

2021年中国台湾地区人寿保险业保费收入概况

类别	个人保险	团体保险	合计
	保费收入（亿元新台币）		
人寿保险	19724.4	49.5	19773.9
健康保险	3982.6	96.3	4078.9
伤害保险	601.0	73.3	674.3
年金保险	5178.9	4.9	5183.8
	29486.9	224.0	29710.9

第二部分

保险经营主体分析

第三章　中国保险公司的价值成长性分析

第一节　保险公司价值成长性的概念[①]

“成长”的定义最早来源于生物学的研究，主要表现在两个方面：一是体积或重量的由小到大；二是能力的由弱到强，生命力的由成熟到衰老的过程。经济管理学中的成长是一种变化和趋势，在经济学中，成长表现在数量的增加，往往用增长代替，如“国民经济增长”“消费指数增长”等；管理学中的成长表现为一种趋势或者过程，如“企业成长”“成长战略”“素质成长”等。

公司成长是指公司的生存和发展，生存是发展的前提，发展是生存的目的。公司成长的外在表现是企业规模的由小到大，内在表现是企业素质的提高。公司成长性是质和量相互作用的过程，是两者的有机统一。

随着我国经济的快速发展和企业主体数量的大量增加，研究企业成长或成长力的文献越来越多。

王钦和贺俊（2008）定义企业成长力为企业成长所依赖的资源和能力。他们将企业成长力分解为企业家抱负、企业家能力、企业制度与治理以及组织战略与能力四个要素，对我国的企业成长理论基础和指标体系构建进行了探讨。但是，该文的理论分析与指标构建针对性不足，第二产业的企业与第三产业的企业成长力显然有明显的区别；另外，指标过于粗糙、过于依赖于调查问卷的设计和分析，评价结果的客观性容易引起怀疑。

梁毕明（2012）认为企业的成长性包括两方面的内容，一方面，包括可以量化的财务指标朝好的方向发展，如企业规模的扩大、销售收入的增长；另一方

---

① 在本书中，我们主要基于中国保险公司 2022 年和 2021 年的经营数据，对中国中小型保险公司进行价值成长性分析，有兴趣的读者可以作为参考。

面，包括为不可量化的非财务指标也向好的方向发展，如创新能力的增强。企业的成长性是可以量化的财务指标和不可量化的非财务量化指标共同作用的结果。

宋鹏（2012）认为企业的成长性是企业未来有效的配置资源的能力，这种能力是企业的创新能力、市场能力、管理能力等各方面能力的综合体现。

梁博（2013）通过因子分析法对中小板上市公司成长性进行评价，选取2007年12月31日前上市的201家中小企业板上市公司为样本，实证检验了股权结构与公司成长性之间的关系。分别分析了第一大股东持股比例与公司成长性关系、第二至第五大股东持股比例与公司成长性关系、股权制衡度指数与公司成长性关系。

龚福和高娟（2013）以2011年前上市的30家中小制造型企业为例，运用因子分析法对企业成长进行了评价。文中设立了偿债能力、盈利能力、营运能力、成长能力、抗风险能力和科技创新能力六个一级指标，每个一级指标下，设立数量不等的二级指标，共设立了14个二级指标。最后，对现阶段我国中小制造企业的成长提出了建议措施。

钱佩华（2013）从增长能力、盈利能力、资金运营效率、核心能力、市场预期能力、规模能力等方面构建了企业成长性评价指标体系。其中，在增长能力方面，主要选取主营业务增长率、股东权益平均增长率等财务指标；在资金运营效率方面，主要选取每股经营性现金流量、现金满足投资比等财务指标；在核心能力方面，主要选取应收账款周转率、总资产周转率等指标；在市场预期能力方面，主要选取净资产倍率、利润增长率与市盈率之比等指标。

夏宁和董艳（2014）认为除了高管薪酬对于企业成长的速度至关重要之外，员工薪酬对于企业成长同样具有激励作用。该文通过对深交所上市公司2007~2011年的数据进行实证分析，研究员工薪酬激励与企业成长性之间的关系。结果表明，员工薪酬与高管薪酬在国有中小上市公司中具有激励作用，可以提高其成长性；该文认为企业在设计员工薪酬时，要考虑企业所处的具体情境和高管团队协作需要、财务风险、技术复杂性等多种因素。

郝臣、王旭和丁振松（2016）通过上市公司的薪酬和财务数据来检验高管薪酬与保险公司成长性之间的关系，以探讨保险公司高管薪酬激励的有效性。他们指出，成长性作为企业努力追求的目标之一，以主营业务收入增长率、净资产增长率、总资产增长率三个指标衡量保险公司成长性；利用固定效应模型检验了高管薪酬和保险公司成长性之间的关系。实证结果表明，我国保险公司高管薪酬和成长性呈现显著正相关关系，高管薪酬激励机制有效发挥了作用。

魏文兰和黄佑军（2017）认为企业成长性是企业各利益相关者共同追求的目标，是企业生存和发展的前提。通过选取深交所上市公司中的 42 家成长性最高的企业为样本，选取 13 个财务指标，对样本企业 2014 年的财务数据进行了因子分析，结果表明企业成长性与流动比率、速动比率、总资产增长率、主营利润增长率、现金债务总额比、销售现金比率、代理成本率有显著的相关性，并对分析结果进行了检验，检验结果具有较高的一致性。但是，该文以营业收入增长率代表企业成长性的依据并不充分，因子分析结果对企业成长力的说明作用值得商榷。

虽然研究企业成长性的文献较多，但是针对某个具体行业的经营特点和发展规律相关研究，并提出具有针对性的分析方法和指标体系的研究级文献并不多见。

寇业富等主编的《2022 保险蓝皮书——中国保险市场发展分析》中，对中国保险公司的价值成长性建立了比较系统、科学的评价分析，对中国保险公司的价值成长性进行了比较全面的分析。

2016 年 5 月，中央财经大学中国精算研究院组建“中国保险公司价值成长性分析”项目组，并与原中国保险报业股份有限公司组成专家组，对中国保险公司的价值成长性进行分析评价。项目组根据保险公司和中国保险市场的经营特点，以及保险监管政策和保险业发展规律，从多方面、多角度探寻中小险企的内涵价值、成长规律和动力逻辑，发现可能创造行业未来的新生力量；专家组对于项目组提出的评价指标、评价方法提供建议，并对评价指标的权重给出了建议。项目组根据每年的保险业发展状况，结合专家组的建议给予部分指标加权，代入运算公式。

我们认为，保险公司的价值成长性不以成立营业时间长短和经营规模作为判断优劣的标准。

我们根据多年的相关研究，以及对保险行业发展规律的认识，构建了保险公司价值成长性的定义。

保险公司价值成长性的定义如下：由于自身的某些优势（如行业领先技术、管理高效和经营创新等）而可能在将来迸发出潜力，获得相对于竞争对手所表现出来的更强的生存能力、创新能力、抵御风险能力和持续发展能力的总和。

保险公司的价值成长性，至少包含如下的含义：公司的成长性、长期可持续性、符合国家监管政策和保险业发展规律、注重服务理念和新技术，并平衡对股东、客户、员工、政府和社区环境的社会责任等。

一般研究公司的价值成长性往往主要针对中小型经营主体，并根据各国保险业发展及其市场结构状况制定标准，我们也将遵循这一原则。

价值成长性研究将在解决市场信息不对称、提高市场运转效率和透明度、加强风险管理能力等方面发挥重要作用，并将利于保险行业的长期可持续发展。

我们对于保险公司价值成长性的评价基本遵循了2016年的评价指标、评价方法和评价思路，使得历年来的评价结果具有可比性。

第二节　保险公司价值成长性评价指标体系建设

一、保险公司价值成长性指标的构建原则

保险公司价值成长性是反映公司生存能力、成长能力和持续发展能力的一个综合性指标。因此，在构建指标时，必须根据保险公司的经营特点，进行综合分析平衡，能够比较全面地反映保险公司的价值成长性。

（一）可得性原则

可得性原则既是指具体指标的可量化和可计算性，又是指具体数据的可得性。

在进行保险公司价值成长性分析时，各种指标的建立和定义不可避免。此时既要考虑各种指标的具体量化和计算方法，又要考虑各种数据的可获得性。近些年来，虽然我国的信息化建设取得了飞速发展，原中国保监会于2010年6月12日起颁布施行了《保险公司信息披露管理办法》；中国银行保险监督管理委员会于2018年4月重新修订并颁布的《保险公司信息披露管理办法》，为我国保险公

司制定了比较具体、具有可操作性的信息披露管理办法，就披露的内容、方式、时间等做了明确的规定。

中国银保监会、保险行业协会、各公司官网等为相关研究提供了比较权威和系统的数据。

（二）客观性原则

在构建指标时，既要客观反映人身险公司和财产险公司在经营模式、发展思路、监管要求等方面的区别，又能够体现出保险业的发展特点，并真实反映保险公司竞争力的各个不同方面。

（三）均衡性

课题组把二级指标分为3类：规模性指标、结构性指标和比率性指标。

规模性指标是指保费收入、资产规模等反映公司经营规模的指标。

结构性指标是指反映公司当年的经营思路和发展水平的指标，它是由公司自己当年的经营业绩指标计算得到，与公司往年的表现和其他公司无关，例如，综合费用率、综合赔付率、退保率等指标。

比率性指标是反映公司经营业绩的年度变化情况的指标，例如，保费收入增长率、净利润增长率等指标。

毋庸讳言，以上各类指标对于不同规模、经营策略和风险管理能力的保险公司的评价影响是不同的。规模性指标的设立对于股本、资产规模较大的保险公司的价值成长性评价结果比较有利；比率性指标对于成立时间较短、发展比较迅速的保险公司价值成长性的评价结果有利；因此，在设立指标时，需要考虑各类指标间的均衡性问题，均衡性原则尤其重要。

值得欣慰的是，中央财经大学“保险公司价值成长性分析研究”课题组注意到了相关问题。我们在指标设立时，综合考虑各项因素，并加以综合均衡。

二、保险公司价值成长性的指标

基于保险公司价值成长性的定义，并根据保险公司的发展规律和负债经营的特征，我们构建了包括一级指标和二级指标的指标体系。其中，一级指标包括市场拓展能力、融资能力、盈利能力、风险管理能力和经营创新能力。

项目组根据人身险公司和财产险公司的经营特点和规律，每一个一级指标下构建数量不等的二级指标。其中，2022 年人身险公司的价值成长性分析包括 56 个二级指标；财产险公司的价值成长性分析包括 57 个二级指标。二级指标可分为规模性指标、比率性指标和结构性指标 3 类指标，随着保险市场不断地发展变化，项目组对保险业经营规律认识的加强，以及研究的不断深化，指标体系和评价方法都有所改变和完善。

（一）人身险公司的二级指标

市场拓展能力主要从市场份额及其变化、分支机构数目、资产管理效率等几个方面考察评价，主要包括净资产周转率、总资产周转率、手续费及佣金占比、综合费用率的增长率、报告期营业收入、发展系数、退保率、分支机构数目等 12 个二级指标。

融资能力主要从公司的所有者权益的规模及变化、资金融通能力、资金管理、资本负债比等几个角度进行分析评价，主要包括资本管理系数、资本利用率、负债净资产比、资本回报率、融资风险率等 10 个二级指标。

盈利能力主要从公司的净利润变化、投资收益、承保收益等几个方面进行分析评价，主要包括总资产收益率、净资产收益率、净投资收益率、承保利润率、净利润等 10 个二级指标。

风险管理能力主要从公司的偿付能力、流动性管理、准备金提取以及自留保费等几个角度进行分析评价，主要包括偿付能力充足率、流动性比率、肯尼系数、自留保费系数、准备金安全率、保险负债占总资产比、现金盈余保障倍数等 12 个二级指标。

经营创新能力主要从公司的产品创新、技术创新和管理创新等几个方面进行分析评价，主要包括险种集中度系数、综合费用率、两年期平均赔付率、应收分保率、业务及管理费占比、人均产能、总资产增长率等 12 个二级指标。

（二）财产险公司的二级指标

市场拓展能力主要从市场份额及其变化、分支机构数目、资产管理效率等几个方面考察评价，主要包括净资产周转率、总资产周转率、手续费及佣金占比、人均产能、报告期营业收入等 12 个二级指标。

融资能力主要从公司的所有者权益的规模及变化、资金融通能力、资金管理、资本负债比等几个角度进行分析评价，主要包括所有者权益、融资风险率、资本管理系数、现金流满足率、准备金充分率等 10 个二级指标。

盈利能力主要从公司的净利润变化、投资收益、承保收益等几个方面进行分析评价，主要包括总资产收益率、净资产收益率、净投资收益率、承保利润率、净利润等 10 个二级指标。

风险管理能力主要从公司的偿付能力、流动性管理、准备金提取以及自留保费等几个角度进行分析评价，主要包括偿付能力充足率、流动性比率、肯尼系数、自留比率、未决赔款准备金充足率、保险负债占总资产比、现金盈余保障倍数等 12 个二级指标。

经营创新能力主要从公司的产品创新、技术创新和管理创新等几个方面进行分析评价，主要包括险种集中度系数、综合赔付率、分出率、应收分保率、业务及管理费占比、认可资产增长率等 13 个二级指标。

（三）指标的处理

为突出中小型保险公司的成长性和发展潜力，相对于《中国保险公司竞争力与投资价值评价研究报告》的有关内容，在一级指标上，项目组更看重市场拓展能力、融资能力和经营创新能力对公司价值成长性的影响；在二级指标上，比率性或增长率指标权重较大。

从公司角度看，有的指标是正向的，即取值越大越好，称为正向指标；有的指标取值是逆向的，即取值越小越好，称为逆向指标；有的指标取值取中间值为好，太大或太小都会带来不利影响，我们称为均衡指标。

首先根据指标的正向或逆向，进行数据的预处理，使得处理后的全部指标数据为正向，即其数据越大越好；其次，指标中有些是比率指标，有些是数值指标，为避免“以大欺小”以及指标单位对评价结果的影响，我们假设每个指标下所有公司的数据服从正态分布，进而对全部指标进行标准化处理，使全部指标数据取值范围为 0 ~ 1。

特别说明：

（1）本研究分析尽量采用可获得的披露数据进行分析，并根据实质重于形式的原则，对发现个别公司披露数据存在错误或异样的年报信息进行调整，或者在涉及该指标时进行批注说明。

（2）本研究分析采用的数据皆来源于已公开的资料或课题组成员的个人分

析，但我们不保证上述信息的完整性和正确性，中央财经大学保险学院·中国精算研究院不因使用本报告而产生的一切后果承担责任，只作为学术研究以及学界和业界的信息交流与参考，同时本研究分析为课题组成员的个人观点，并不代表中国精算研究院的观点。

对有关问题的讨论与争议，请使用电话或电子邮件的方式与我方联系。

第三节　中国人身保险公司价值成长性评价结果与分析①

中小型保险公司占行业内经营主体的90%左右。因此，中小险企的健康快速发展直接影响着中国保险行业的未来。项目组成员主要根据保险公司2022年度及其过去的相关数据，通过精算模型、大数据平台和现代统计分析方法对中国保险公司的价值成长性进行综合分析评价。

建立指标体系后，确定中小型保险公司的标准、评价方法等，得到中小型人身险公司的价值成长性评价结果。

一、研究对象的选择

目前，国内学术界、业界尚没有公认的关于“中小型保险公司”的划分标准；项目组基于人身险和财产险不同的市场经营特点，以及中国保险业的发展规律，给出了自己的划分标准。

根据中国银行保险监督管理委员会网站，截至2022年12月31日，中国人身险公司共有93家，其中中资公司64家，外资保险公司共有29家。

其中，有的公司没有披露2022年年度信息披露报告或者披露内容不完整，或者部分指标数据异常的，或者部分养老保险公司经营业务范围的限制，不适宜进行成长性评价，这样的人身险公司共有22家②，剩余还有71家人身险公司。

为了划分大型保险公司与中小型保险公司，我们根据各保险公司2022年度

---

① 本节内容主要对价值成长性评价结果排名前10的人身险公司进行分析，如果您想对一级指标（盈利能力、风险管理能力、市场拓展能力、融资能力、经营创新能力）或更具体的内容做进一步的了解，或者其他保险公司对相关评价结果感兴趣，可以与主编联系，后记中附有主编的联系方式。

② 具体信息可以参考《2023中国保险公司竞争力与投资价值评价研究报告》。

信息披露报告的数据以及中国银保监会披露的有关数据对总资产排名前20的人身险公司进行分析，结果如表3－1所示。

表3－1　　2022年总资产排名前20名的中国人身险公司

序号	公司	2022年期末总资产（亿元）	总资产占全部人身险公司资产的比例（%）	2022年原保费收入（亿元）	市场份额（%）
1	国寿股份	51457.94	21.99	6151.90	19.17
2	平安人寿	39473.64	16.87	4392.77	13.69
3	太保寿险	18229.07	7.79	2223.42	6.93
4	新华人寿	12217.27	5.22	1630.99	5.08
5	泰康人寿	11913.57	5.09	1660.44	5.17
6	太平人寿	9391.27	4.01	1540.02	4.80
7	人保寿险	5780.76	2.47	927.02	2.89
8	中邮人寿	4460.39	1.91	914.34	2.85
9	阳光人寿	3970.78	1.70	682.95	2.13
10	国华人寿	2812.67	1.20	378.20	1.18
11	工银安盛	2772.50	1.18	491.22	1.53
12	建信人寿	2748.73	1.17	500.16	1.56
13	友邦人寿	2664.58	1.14	510.37	1.59
14	百年人寿	2514.06	1.07	529.17	1.65
15	中信保诚人寿	2156.13	0.92	311.89	0.97
16	信泰人寿	1940.03	0.83	483.36	1.51
17	农银人寿	1462.79	0.63	332.66	1.04
18	招商信诺	1304.05	0.56	265.19	0.83
19	民生人寿	1199.31	0.51	118.21	0.37
20	中意人寿	1162.85	0.50	198.47	0.62

从表3－1中可以看出，公司保费收入市场份额在5%以上的，只有中国人寿、平安人寿、太保寿险、新华人寿、泰康人寿五家公司，其中中国人寿占比最高，为19.17%；公司总资产占全部人身险公司总资产的比例在5%以上的有中国人寿、平安人寿、太保寿险、新华人寿、泰康人寿五家公司，其中中国人寿占比最高，为21.99%。

整体来看，中国人身险公司基本上是处于一个完全充分竞争的市场，没有一家保险公司能够在市场上占有明显的优势，处于绝对垄断或支配地位。

对保险公司进行大小分类，一般基于总资产或保费收入市场份额进行分析。在本书中，我们按照总资产规模对中国人身险公司的规模进行分类。

我们把总资产在5000亿元（含）以上的人身保险公司称为大型保险公司，总资产不足5000亿元的称为中小型保险公司。依据表3－1的数据，大型人身险保险公司有国寿股份、平安人寿、太保寿险、新华人寿、泰康人寿、太平人寿、人保寿险共7家，其余的86家人身险公司都属于中小型保险公司，占全部人身险公司总量的86/93＝92.47%。

即根据我们的划分标准，在中国人身保险公司中，占比92.47%的公司是中小型保险公司。

其中，国寿养老、长江养老、人保养老仅经营养老保障管理业务、企业年金、职业年金等业务，暂不经营负债型的人寿保险业务，不适用偿付能力的监管要求；国民养老、恒安标准养老截至2022年年底成立营业不到2年。对这5家养老保险公司不进行评价。

截至2023年5月31日，没有披露2022年年度信息披露报告或者披露内容不完整，以及部分指标数据异常的，共有17家公司：国寿存续、恒大人寿（中新大东方）、富德生命人寿、中融人寿、天安人寿、合众人寿、华夏人寿、君康人寿、昆仑健康、和谐健康、大家人寿、前海人寿、华汇人寿、珠江人寿、大家养老、上海人寿、新华养老。

排除上述22家公司后，最后，我们共对64家人身保险公司进行价值成长性分析。

上述公司如果有任何问题、建议或者意见，请与课题组联系。

二、人身保险公司价值成长性的评价方法

（一）数据处理

为了避免被评价分析的各公司指标数据的单位不同，对结果造成影响，首先假设各指标的数据取值符合正态分布，然后对每个指标数据进行正态标准化，从而使每个二级指标的取值范围在0～1。

（二）评价方法

参评的共有64家保险公司，即对于每一个评价指标，我们可以得到64个样本数据，因此，我们可以假设这些样本数据服从正态分布。

首先，对每项指标的数据进行正态化分布处理，每家公司对应的指标数据即为该公司在该项指标上的得分。

其次，在计算各公司一级指标得分时，赋予各项二级指标相同的权重，通过加总，得到该公司该项一级指标的评价得分。

然后，赋予各项一级指标相等的权重，通过加总得到公司的价值成长性评价。

（三）评价结果的处理

最后，根据公司的评价得分，进行百分制化。即根据最高分与最低分之间的差距大小，分别设定最高分为100分，最低分为40分，从而得到各公司的评价得分。

三、人身险保险公司价值成长性的评价结果

根据上述指标和评价方法，得到主要基于各保险公司2022年、2021年数据进行的价值成长性评价，结果如表3－2所示。

表3－2　　价值成长性排名前20的中国人身险公司

公司	排名	得分	公司	排名	得分
小康人寿	1	100.0	中德安联	11	91.7
中英人寿	2	99.8	瑞华健康	12	91.2
泰康养老	3	99.7	国华人寿	13	91.2
阳光人寿	4	98.9	平安健康	14	91.2
中意人寿	5	96.8	财信吉祥人寿	15	90.9
中荷人寿	6	96.4	农银人寿	16	90.9
复星联合健康	7	93.1	横琴人寿	17	89.9
太平养老	8	93.0	友邦人寿	18	89.2
人保健康	9	91.9	中邮人寿	19	88.7
交银人寿	10	91.9	幸福人寿	20	88.1
前10名的均值		96.1	第11～20名的均值		90.3
前10名的标准差		3.41	第11～20名的标准差		1.25

表中给出了中国人身险公司价值成长性排名前20的公司与得分。

（一）价值成长性排名前10的中国人身保险公司概况

价值成长排名前10的公司及其得分如图3-1所示。

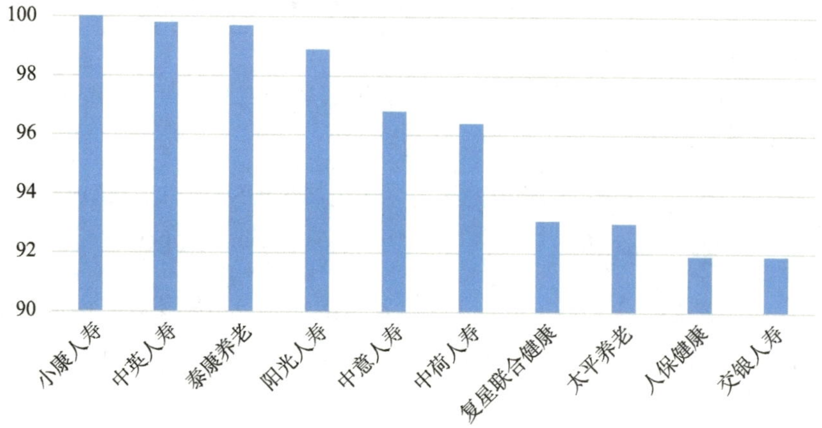

图3-1　价值成长性排名前10的公司得分比较

从图3-1中可以看出，价值成长性排名前10的寿险公司的评价得分在第六名与第七名之间有一定距离，其他差距较小。

为了更好地对这些公司做进一步的了解，可进一步分析价值成长性排名前10的人身险公司的一级指标的排名与得分。

（二）价值成长性排名前10的中国人身保险公司的发展分析

价值成长性排名前10的人身险公司的一级指标排名与得分如表3-3所示。

表3-3　价值成长性排名前10的人身险公司的一级指标排名与得分

公司	一级指标的定量评价结果									
	盈利能力		市场拓展能力		融资能力		风险管理能力		经营创新能力	
	得分	排名	得分	排名	得分	排名	得分	排名	得分	排名
小康人寿	55.1	52	100.0	1	52.8	61	100.0	1	100.0	1
中英人寿	87.3	4	68.7	39	92.7	2	86.4	4	72.3	29
泰康养老	78.5	16	88.6	3	81.7	15	80.7	6	77.5	14
阳光人寿	100.0	1	72.8	30	79.9	24	69.8	28	82.7	9
中意人寿	81.9	8	77.3	20	89.5	4	75.5	13	75.5	18

续表

公司	一级指标的定量评价结果									
	盈利能力		市场拓展能力		融资能力		风险管理能力		经营创新能力	
	得分	排名	得分	排名	得分	排名	得分	排名	得分	排名
中荷人寿	77.4	20	70.0	35	100.0	1	81.1	5	70.2	34
复星联合健康	79.5	14	81.2	11	64.1	53	79.1	8	86.7	6
太平养老	72.4	28	88.0	5	78.0	29	91.0	3	60.7	49
人保健康	70.4	33	82.1	9	85.6	11	79.0	9	70.3	33
交银人寿	78.0	18	77.8	18	86.7	9	73.9	17	71.0	31

对排名前10的人身险公司的评议分析（排名不分先后）如下：

小康人寿保险有限责任公司前身为中法人寿保险有限责任公司，成立于2005年12月，总部设在北京。2021年经中国银保监会审核批准后正式更名为小康人寿保险有限责任公司，注册资本金30亿元人民币，公司总资产262.03亿元。2022年实现原保费收入63.67亿元，市场占比约0.10%。小康人寿的一级指标表现优秀，市场拓展能力、风险管理能力、经营创新能力均排名第1位。小康人寿在总资产周转率、综合费用率的周转率、资本管理绩效增长率等二级指标上表现突出，保险业务增长率、应收保费率、资本回报率、偿付能力充足率、流动性比率、自留保费增长率在10家公司中排首位。

中英人寿保险有限公司由英国英杰华集团与中国中粮资本投资有限公司合资组建，于2003年1月1日正式开业，目前注册资本金达29.5亿元，公司总资产为718.08亿元。2022年实现原保费收入113.34亿元，市场占比0.35%。中英人寿的各项一级指标表现优秀，其中，融资能力排名第2位，其他各项一级指标表现优良。中英人寿在流动性比率、净利润赔付支出覆盖率、总资产收益率、融资风险率、人均综合收益、净利润等二级指标上表现突出。

泰康养老成立于2007年8月10日，总部位于北京，注册资本50亿元，公司总资产867.65亿元。2022年实现原保费收入218.79亿元，市场占比约0.68%。泰康养老的各项一级指标表现优秀，其中，市场拓展能力排名第3位，风险管理能力排名第6位，其他各项一级指标表现优良。泰康养老在人均利润、保费收入费用增长比、净投资收益率、分支机构数目等二级指标上表现突出，净利润增长率、手续费及佣金占比在10家公司中排首位。

阳光人寿成立于2007年12月17日，是阳光保险集团股份有限公司旗下的全国性专业寿险公司，总部设在北京，注册资本金183亿元人民币，公司总资产3970.78亿元。2022年实现原保费收入682.95亿元，市场占比约2.13%。阳光人寿的各项一级指标表现优秀，其中，盈利能力排名第1位，其他各项一级指标表现优良。阳光人寿在报告期营业收入、资金融通能力、资本管理系数、自留保费系数、总资产收益率、净投资收益率、资金运用效率、净资产收益率、承保利润率等二级指标上表现突出，净利润、综合收益率、所有者权益、净利润赔付支出覆盖率在10家公司中排首位。

中意人寿保险有限公司成立于2002年，总部位于北京，注册资本37亿元，公司总资产1162.85亿元。2022年实现原保费收入198.47亿元，市场占比约0.62%。中意人寿的各项一级指标表现优秀，其中，融资能力排名第4位，盈利能力排名第8位，其他各项一级指标表现优良。中意人寿在总资产收益率、净资产收益率、净利润、保费收入费用增长比、融资风险率、净利润赔付支出覆盖率等二级指标上表现突出，应收分保率、收现比在10家公司中排首位。

中荷人寿保险有限公司成立于2002年，总部位于辽宁省大连市，是中国加入世界贸易组织后首批获准成立的中外合资寿险公司，公司注册资本金35.7亿元，总资产425.33亿元。2022年实现原保费收入89.76亿元，市场占比约0.28%。中荷人寿的各项一级指标表现优秀，其中，融资能力排名第1位，风险管理能力排名第5位，其他各项一级指标表现优良。中荷人寿在现金盈余保障倍数、流动性比率、净利润增长率、投资资产占总资产的比率、所有者权益增长率、手续费及佣金占比、自留保费系数、付现比等二级指标上表现突出，资本金增长率在10家公司中排首位。

复星联合健康保险由上海复星产业投资有限公司、广东宜华房地产开发有限公司、宁波西子资产管理有限公司、重庆东银控股集团有限公司、上海丰实资产管理有限公司、迪安诊断技术集团股份有限公司六家股东共同发起设立，成立于2017年1月23日，注册地广东省广州市。注册资本金5亿元，公司总资产93.65亿元。2022年实现原保费收入38.8亿元，市场占比约0.12%。复星联合健康的各项一级指标表现优秀，其中，经营创新能力排名第6位，风险管理能力排名第8位，其他各项一级指标表现优良。复星联合健康在净利润增长率、认可资产增长率、付现比、综合收益率、总资产周转率、综合费用率的增长率、总资产增长率、自留保费率等二级指标上表现突出。

太平养老保险股份有限公司成立于2004年，是中国首批专业养老保险公司。公司总部设在上海，注册资金30亿元人民币，公司总资产224.68亿元。2022年实现原保费收入78亿元，市场占比0.24%。太平养老的各项一级指标表现优秀，其中，风险管理能力排名第3位，市场拓展能力排名第5位，其他各项一级指标表现优良。太平养老在总资产收益率、净利润、净利润增长率、手续费及佣金占比、总资产周转率、退保率、保险负债占总资产比、资产报酬率、准备金安全率等二级指标上表现突出，分支机构数目在10家公司中排首位。

中国人民健康保险公司成立于2005年，是国务院同意、中国银保监会批准设立的国内第一家专业健康保险公司，总部设在北京，注册资本金85.68亿元，公司总资产941.35亿元。2022年实现原保费收入410.22亿元，市场占比1.28%。人保健康的各项一级指标表现较为优秀均衡，其中，市场拓展能力排名第9位，风险管理能力排名第9位，其他各项一级指标表现优良。人保健康在净利润、净利润增长率、总资产周转率、退保率、报告期营业收入、净资产周转率、资金融通能力、资本利用率、自留保费系数等二级指标上表现突出。

交银人寿保险有限公司是经国务院同意、监管部门批准成立的国内首家银行控股寿险公司，是交通银行控股的中外合资保险机构，成立于2010年1月28日，总部位于上海，现注册资本金为51亿元，总资产1099.6亿元。2022年实现原保费收入181.4亿元，市场占比0.57%。交银人寿的各项一级指标表现较为优秀均衡，其中，融资能力排名第9位，其他各项一级指标表现优良。交银人寿在承保利润率、投资资产占总资产比率、综合收益率、手续费及佣金占比、保费收入费用增长比、融资风险率、偿付能力充足率、险种集中度系数、人均产能等二级指标上表现突出。

第四节　中国财产保险公司价值成长性评价结果与分析①

近十年来，在中国保险市场上，财产保险公司的保费收入占保险行业全部保费收入的40%左右，其中，中小型财产保险公司占财险市场经营主体的90%左右。因此，中小险企的健康快速发展直接影响着中国财产保险行业的未来。项目组成员主要根据保险公司2022年度及其以前的有关数据，通过精算模型、大数据平台和现代统计分析方法对中国保险公司的价值成长性进行综合分析评价。

建立指标体系后，确定中小型财产保险公司的标准、评价方法等，得到中小型财产保险公司的价值成长性评价结果。

一、研究对象的选择

目前，国内学术界、业界尚没有公认的关于“中小型保险公司”的划分标准；项目组基于人身险和财产险不同的市场经营特点，以及中国保险业的发展规律，给出了自己的划分标准。

根据原中国保险监督管理委员会网站，截至2022年12月31日，中国共有88家财产险公司，其中，中资67家，外资21家。

为了划分大型保险公司与中小型保险公司，我们根据各保险公司2022年度信息披露报告的数据以及中国银保监会披露的有关数据对总资产排名前20名的人身险公司进行分析，结果如表3－4所示。

表3－4　　2022年总资产排名前20名的中国财产保险公司

序号	公司	总资产（亿元）	总资产份额（%）	原保费收入（亿元）	保费收入市场份额（%）
1	人保财险	7487.29	27.73	4854.34	32.65
2	平安财险	5083.76	18.83	2980.38	20.05

① 本节内容主要对价值成长性评价结果排名前10的财产保险公司进行分析，如果您想对一级指标（盈利能力、风险管理能力、市场拓展能力、融资能力、经营创新能力）或更具体的内容做进一步的了解，或者其他保险公司对相关评价结果感兴趣，可以与主编联系，后记中附有主编的联系方式。

续表

序号	公司	总资产（亿元）	总资产份额（%）	原保费收入（亿元）	保费收入市场份额（%）
3	太保财险	2326.67	8.62	1690.73	11.37
4	国寿财险	1386.88	5.14	981.67	6.60
5	大地财险	876.47	3.25	460.93	3.10
6	中华联合	726.50	2.69	603.19	4.06
7	阳光财险	672.41	2.49	403.76	2.72
8	太平财险	435.87	1.61	283.00	1.90
9	众安财险	426.60	1.58	236.60	1.59
10	英大财险	227.79	0.84	115.88	0.78
11	华安财险	224.38	0.83	163.94	1.10
12	国任财险	221.26	0.82	114.50	0.77
13	鼎和财险	187.85	0.70	63.52	0.43
14	紫金财险	182.87	0.68	102.91	0.69
15	泰康在线	177.18	0.66	100.13	0.67
16	永安财险	170.28	0.63	112.54	0.76
17	华泰财险	160.44	0.59	83.36	0.56
18	中银财险	144.13	0.53	56.50	0.38
19	永诚财险	135.30	0.50	71.40	0.48
20	国元农业保险	132.29	0.49	88.43	0.59

从表3－4中可以看出，无论是从公司总资产还是保费收入规模来看，人保财险、平安财险、太保财险、国寿财险都占有明显的优势，并且所占份额均超过5%，属于大型保险公司的范围。但是，为了促进中小型保险公司的发展、扩大中小型保险公司的社会影响力和知名度，我们结合中外文献并根据中国财产保险业的发展实际，决定以2022年总资产规模500亿元作为划分大型与中小型财险公司的标准，总资产超过500亿元（含）的为大型财产保险公司，总资产小于500亿元的为中小型财产保险公司。

人保财险、平安财险、太保财险、国寿财险、大地财险、中华联合、阳光财险这7家为大型财产保险公司。

剩余的88－7＝81家公司为中小型财产保险公司，占全部财产保险公司的92.05%。

在这81家中小型财产保险公司中，未披露2022年年度信息披露报告或者年度信息披露报告不完整或所披露数据不能满足我们进行保险公司价值成长性评价分析的有15家公司：出口信用、瑞再企商、大家财险、天安财险、东海航运、易安财险、劳合社、安心财险、太平科技、凯本财险（中国）、安达财险、融盛财险、现代财险、长安责任、融通财险。

这样，我们最终共对66家财产保险公司进行价值成长性分析，上述公司如果有任何问题、建议或者意见，请与课题组联系。

二、财产保险公司价值成长性评价方法

（一）数据处理

为了避免被评价分析的各公司指标数据的单位不同，对结果造成影响，首先假设各指标的数据取值符合正态分布，然后，对每个指标数据进行正态标准化，从而使每个二级指标的取值范围在0～1。

（二）评价方法

参评的共有66家保险公司，即对于每一个评价指标，我们可以得到66个样本数据。我们假设这些样本数据服从正态分布。

首先，对每项指标的数据进行正态化分布处理，每家公司对应的指标数据即为该公司在该项指标上的得分。

其次，在计算各公司一级指标得分时，赋予各项二级指标相同的权重，通过加总，得到该公司该项一级指标的评价得分。

然后，赋予各项一级指标相等的权重，通过加总得到公司的价值成长性评价。

（三）评价结果的处理

最后，根据公司的评价得分，进行百分制化。即根据最高分与最低分之间的差距大小，分别设定最高分为100分，最低分为40分，从而得到各公司的评价得分。

三、财产保险公司价值成长性的评价结果

根据上述指标和评价方法，得到主要基于2022年数据的中国财产保险公司

价值成长性的评价结果。中国财产保险公司价值成长性排名前 20 的排名与得分，如表 3 –5 所示。

表 3 –5　　价值成长性排名前 20 的中国财产保险公司

公司	排名	得分	公司	排名	得分
紫金财险	1	100.0	泰康在线	11	91.1
华泰财险	2	99.9	中石油专属保险	12	89.8
英大财险	3	98.4	铁路自保	13	89.6
国元农险	4	96.2	中银财险	14	89.0
国任财险	5	96.1	众安财险	15	88.8
华安财险	6	94.9	永诚财险	16	88.1
太平财险	7	94.0	阳光农险	17	87.5
永安财险	8	93.2	安华农险	18	87.4
鼎和财险	9	93.2	中远海自保	19	86.3
安信农险	10	92.7	中原农险	20	83.1
前 10 名的均值		95.8	第 11 ~20 名的均值		88.1
前 10 名的标准差		2.63	第 11 ~20 名的标准差		2.11

（一）价值成长性排名前 10 的中国财产保险公司概况

价值成长性排名前 10 的财产保险公司极其得分如图 3 –2 所示。

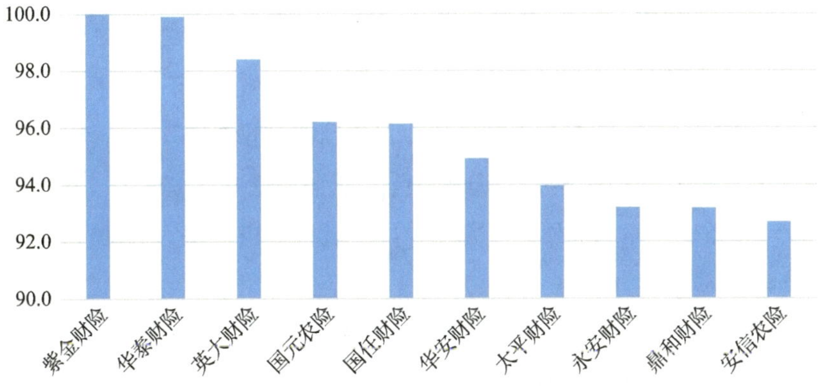

图 3 –2　价值成长性排名前 10 的财产险公司

从图 3 –2 中可以看出，价值成长性排名前 10 的财产险公司的评价得分有一定差距但并不十分明显，占有比较明显优势的是紫金财险、华泰财险。

为了更好地对这些公司做进一步的了解，可进一步分析价值成长性排名前10的财产险公司的一级指标的排名与得分，如表3－6所示。

表3－6　价值成长性排名前10的财产险公司的一级指标排名与得分

公司	一级指标的定量评价结果									
	市场拓展能力		融资能力		盈利能力		风险管理能力		经营创新能力	
	排名	得分	排名	得分	排名	得分	排名	得分	排名	得分
紫金财险	9	87.23	12	80.86	7	95.48	17	68.69	7	99.68
华泰财险	26	78.66	3	88.03	6	95.99	14	69.23	6	99.74
英大财险	18	81.70	4	84.66	2	99.95	36	61.44	8	99.67
国元农险	6	89.88	6	83.39	5	96.90	53	51.92	14	99.18
国任财险	1	100.00	5	83.65	10	88.62	58	48.81	1	100.00
华安财险	5	90.06	1	100.00	33	80.44	59	47.42	5	99.76
太平财险	8	89.10	2	93.07	12	87.58	61	45.40	3	99.85
永安财险	3	91.79	9	82.20	22	84.26	45	55.05	9	99.53
鼎和财险	39	75.28	24	72.24	3	99.62	22	65.72	2	99.89
安信农险	14	83.96	31	70.15	4	98.69	21	65.93	21	92.69

（二）价值成长性排名前10的中国财产保险公司的发展分析

对排名前10的财产险公司的评议分析（排名不分先后）如下：

紫金财产保险股份有限公司（以下简称“紫金保险”）成立于2009年5月，总部位于南京市，是江苏省首家全国性财产保险公司，注册资本60亿元人民币，总资产为182.87亿元。2022年实现原保费收入102.91万元，市场占比0.69%。紫金财险的各项一级指标表现优秀，其中，盈利能力排名第7位，经营创新能力排名第7位，其他各项一级指标表现优良。紫金财险在投资资产占总资产的比率、净资产收益率、净利润所有者权益、所有者权益增长率、流动性比率等二级指标上表现突出。

华泰财产保险有限公司（以下简称“华泰财险”），是华泰保险集团全资设立的子公司，2011年7月经原中国保监会批准成立，注册地为上海，注册资本30亿元，2022年年末公司总资产为160.44亿元。2022年公司实现原保费收入83.36亿元，市场占比0.56%。华泰财险的各项一级指标表现优秀，其中，融资能力排名第3位，其他各项一级指标表现优良。华泰财险在净投资收益率、财务收益率、分支机构数目、净利润、准备金保费比率、未决赔款准备金充足率等二级指标上表现突出。

英大泰和财产保险股份有限公司（以下简称“英大财险”）是经中国保监会批准设立的一家全国性股份制财产保险公司。公司由国家电网公司资产管理有限公司等31家国有大型骨干企业发起成立，注册资本金人民币31亿元，总部设在北京，于2008年10月28日获准开业。2022年公司总资产为227.8亿元，2022年实现原保费收入115.88亿元，市场占比0.78%。英大财险的各项一级指标表现较为优秀均衡，其中，盈利能力排名第2位，融资能力排名第4位，其他各项一级指标表现优良。英大财险在总资产收益率、净资产收益率、资本管理系数、所有者权益、业务及管理费占比（逆向）等二级指标上表现突出，净利润在10家公司中排首位。

国元农业保险股份有限公司（以下简称“国元保险”）成立于2008年1月，是安徽省委省政府为服务“三农”专门设立的全省第一家法人保险机构、全国第四家专业农业保险公司，同时也是国务院国资委确定的国企改革“双百行动”试点企业，由安徽国元金融控股集团等6家省属大型企业、15家市属企业以及若干民营企业共同出资设立，注册地合肥市，目前注册资本23.14亿元，公司总资产为104.15亿元。2022年实现原保费收入88.43亿元，市场占比0.59%。国元农险的各项一级指标表现优秀，其中，盈利能力排名第5位，其他各项一级指标表现优良。国元农险在所有者权益增长率、业务及管理费占比（逆向）、总资产周转率、手续费及佣金占比（逆向）、综合费用率（逆向）、总资产增长率、净资产收益率、净利润、报告期营业收入等二级指标上表现突出，综合收益率在10家公司中排首位。

国任财产保险股份有限公司（以下简称“国任保险”）是经国务院金融监督管理部门批准，于2009年8月成立的一家全国性保险公司。目前，公司注册资本40.07亿元，注册地为深圳，公司总资产221.26亿元。2022年实现原保费收入114.50亿元，市场占比0.77%。国任财险的各项一级指标表现优秀，其中，市场拓展能力排名第1位，经营创新能力排名第1位，其他各项一级指标表现优良。国任财险在净投资收益率、人均产能增长率、融资风险率、可运用资金/净资产、认可资产增长率、总资产增长率等二级指标上表现突出，财务收益率在

10 家公司中排首位。

华安财产保险股份有限公司（以下简称“华安财险”）是经中国人民银行批准，于 1996 年 10 月 18 日正式创立的一家专业财产保险公司，总部设于深圳，注册资本 21 亿元人民币，2022 年年末公司总资产 224.38 亿元。2022 年公司原保费收入 163.94 亿元，市场占比 1.10%。华安财险的各项一级指标表现优秀，其中，融资能力排名第 1 位，市场拓展能力、经营创新能力排名第 5 位，其他各项一级指标表现优良。华安财险在报告期营业收入、现金盈余保障倍数、资本管理系数、收现比、净资产周转率总资产周转率、净利润增长率、资本管理绩效增长率等二级指标上表现突出，融资风险率、资本运用效率在 10 家公司中排首位。

太平财产保险有限公司（以下简称“太平财险”），隶属于中央金融企业中国太平保险集团，注册资本金 61.7 亿元，总部位于深圳，2022 年公司总资产 435.87 亿元。2022 年公司原保费收入 283.00 亿元，市场占比 1.90%。太平财险的各项一级指标表现优秀，其中，融资能力排名第 2 位，经营创新能力排名第 3 位，其他各项一级指标表现优良。太平财险在净利润、净利润增长率、净资产周转率、资本利用率、分支机构数目、资本运用效率等二级指标上表现突出，报告期营业收入、资本管理系数在 10 家公司中排首位。

鼎和财产保险股份有限公司（以下简称“鼎和财险”），成立于 2008 年 5 月 22 日，经营范围涵盖非寿险的各个领域，包括机动车辆保险、财产损失保险、责任保险、信用保险和保证保险、短期健康和意外伤害保险、再保险、保险资金运用业务等，总部位于深圳。现注册资本金 30.18 亿元，总资产为 187.85 亿元。2021 年实现原保费收入 63.52 亿元，市场占比 0.43%。鼎和财险的各项一级指标表现优秀，其中，经营创新能力排名第 2 位，盈利能力排名第 3 位，其他各项一级指标表现优良。鼎和财险在总资产收益率、净利润、净资产收益率、总资产增长率、承保利润率、所有者权益、资产报酬率等二级指标上表现突出，现金流满足率在 10 家公司中排首位。

永安财产保险股份有限公司（以下简称“永安财险”）成立于 1996 年 9 月 28 日，成立于西安。公司目前为国有资本控股企业，注册资本金 30.09 亿元，总资产为 170.28 亿元。2022 年实现原保费收入 112.54 亿元，市场占比 0.76%。永安财险的各项一级指标表现优秀，其中，市场拓展能力排名第 3 位，其他各项一级指标表现优良。永安财险在人均产能增长率、综合收益率、报告期营业收入、资本管理系数、净投资收益率、所有者权益、资本运用效率、总资产周转率等二级指标上表现突出。

安信农业保险股份有限公司（以下简称“安信农险”）成立于2004年9月，是我国第一家专业性农业保险公司，总部位于在上海。注册资本金10.8亿元，总资产为66.7亿元。2022年实现原保费收入17.5亿元，市场占比0.12%。安信农险的各项一级指标表现优秀，其中，盈利能力排名第4位，其他各项一级指标表现优良。安信农险在人均综合收益、保险业务收入增长率、资产增量保费比、总资产增长率、财务收益率、手续费及佣金占比（逆向）、综合收益率、资金运用效率等二级指标上表现突出，人均产能在10家公司中排首位。

第四章　中国保险中介机构的发展①

保险中介是指介于保险经营机构之间或保险经营机构与投保人之间，专门从事保险业务咨询与招揽、风险管理与安排、价值衡量与评估、损失鉴定与理算等中介服务活动，并从中依法获取佣金或手续费的单位或个人。保险中介是保险市场不可或缺的重要组成部分，是保险业市场化改革的必然结果，是保险业走向成熟的标志。截至 2021 年 12 月，保险中介渠道实现原保费收入 4.20 万亿元，同比增长 5.46%，占全国总保费收入的 87.95%，同比增长 0.65 个百分点。近年来，保险中介渠道保费占比几乎均超过 80%，可见保险中介机构已经成为保险销售的重要渠道②。

保险中介市场的快速发展提高了保险业服务经济社会的能力。保险中介的价值在于使保险产品更有竞争力，保险更能发挥风险保障作用。保险中介市场提高了保险市场的运行效率，完善了保险市场结构，提高了保险业服务能力。例如，大童保险服务作为国内首家全国性保险服务机构，提出“需求导向型、解决方案式”的专业化保险咨询服务模式，并始终坚持以科技创新提升服务效率、改善服务体验。伴随着国民经济特别是保险业的发展，保险中介的地位将越来越突出，作用也将越来越重要。

目前，保险中介通常分为三大主体，分别是保险专业中介，保险兼业代理和保险专属代理。其中，保险专业中介包含保险专业代理机构、保险经纪机构和保险公估机构。保险中介机构是联系保险公司与广大投保人的桥梁和纽带，在保险产品创新、销售渠道创新和服务方式创新等方面有着自己的独特优势，保险中介

① 本章数据资料主要来自历年中国保险年鉴、Wind 数据库、各公司年度信息披露报告及其他公开资料等。

② 数据来源：Wind 数据库。

机构的发展能够进一步完善保险产业结构，实现产业分工的科学化、合理化。

自 2002 年实行市场化准入以来，我国保险专业中介机构迅速增加。截至 2021 年年末，我国共有保险中介集团 5 家、保险专业中介机构 2605 家，其中，保险专业代理机构 1735 家，保险经纪机构 493 家，保险公估机构 377 家。全国保险专业中介机构注册资本 702.76 亿元，其中，保险专业代理机构注册资本 441.46 亿元，保险经纪机构注册资本 231.86 亿元，保险公估机构注册资本 29.44 亿元。

本章主要分析我国保险专业中介的发展状况①。

第一节　保险专业代理机构的发展

一、保险代理人

（一）保险代理人的定义

《中华人民共和国保险法保险法》（2015 年修正）第一百一十七条规定："保险代理人是根据保险人的委托，向保险人收取佣金，并在保险人授权的范围内代为办理保险业务的机构或者个人。"保险代理人与保险人之间是委托—代理的关系，代理人在授权范围内以保险人名义进行保险相关的代理活动，并由保险人承担法律后果。

（二）保险代理人的分类

根据我国保险代理人的相关规定，保险代理人包括专业代理人、兼业代理人和个人代理人（即保险营销员）。专业代理人是专门从事保险代理业务的保险代理公司，其组织形式主要为有限责任公司。兼业代理人是受保险公司委托，在从事自身业务的同时，指定专人为保险公司代办保险业务的单位，兼业代理人只能代理与本行业直接相关且能为投保人提供便利的保险业务。个人代理人则是指接受保险公司委托，由保险公司支付代理手续费，并在其授权的范围内代为办理保

① 数据来源：依据中国银保监会所发布的《保险专业中介机构法人名单》统计得出。

险业务的个人。本节所介绍的专业代理机构就是指专业代理人。

（三）保险代理人的业务范围

保险代理人因类型不同，业务范围也有所不同。保险代理公司的业务范围是：代理推销保险产品，代理收取保费，协助保险公司进行损失的勘察和理赔等。兼业代理人的业务范围是：根据保险兼业代理许可证批准的代理险种，代理销售保险产品，代理收取保费。个人代理人的业务范围是：财产保险公司的个人代理人可以代理家庭财产保险、运输工具保险、责任保险和被代理保险公司授权的其他险种。人寿保险公司的个人代理可以代理个人人身保险、个人人寿保险、个人人身意外伤害保险和个人健康保险等业务。

（四）保险代理人的作用

第一，促进保险企业经营模式的转变。保险代理人的产生与发展冲击了我国保险企业采用的“大而全、小而全”的传统经营模式，使各公司能够专注于产品研发、风险控制等核心业务，促进保险公司向知识密集型的专业公司转型。

第二，有利于保险行业的创新发展。在产品方面、渠道方面和保险服务方面的创新始终是行业关注的创新重点，保险代理人等保险中介的发展极大地促进了保险业的创新发展。

第三，有效拓宽保险业的服务领域。随着保险市场的不断发展与完善，我国保险代理人等中介数量快速扩张，可以更加便利地为消费者提供保险咨询与服务，扩大保险深度和密度，有效拓宽我国保险服务领域。

第四，促进保险资源优化配置。作为连接保险交易双方的纽带，保险代理人等中介方可为消费者提供完善的保险服务，又可提高保险人的承保能力和市场份额，不断刺激保险需求，促使保险业务向更高层次发展。

二、保险专业代理机构的发展现状

我国的保险代理起步较晚，但是发展迅猛，以下主要对保险专业代理机构进行分析。

（一）保险专业代理机构数量

我国的保险专业代理机构总量与其他两类专业机构（保险经纪公司和保险公估公司）相比具有绝对的优势。2001 年年底，保险专业代理机构仅 121 家，但是到了2007年年底便增长到1755家。随后保险专业代理机构发展状况如表4-1和图4-1所示。

表4-1　　保险专业代理机构数目变化　　单位：家

年份	2010	2011	2012	2013	2014	2015	2016	2017	2018	2019	2020	2021
数量	1853	1823	1770	1767	1764	1719	1549	1784	1790	1779	1753	1735

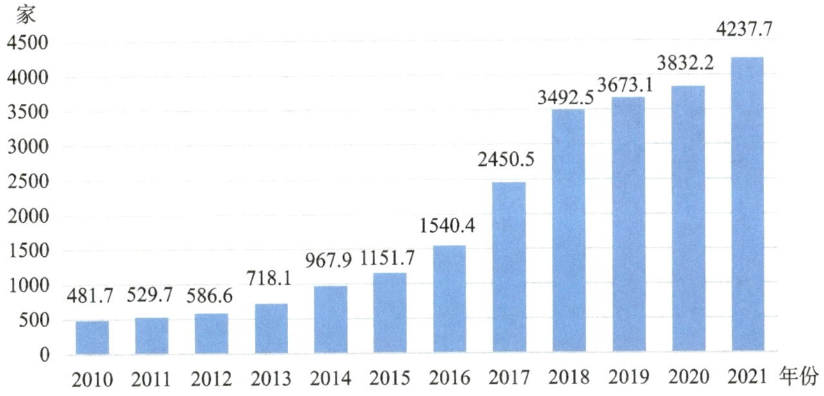

图4-1　保险专业代理机构数量

保险专业代理机构数量持续增长，到2009年达到顶峰。截至2009年年底，全国保险代理机构总数突破1900多家。然而，在2009第一季度末，全国共有保险专业代理机构达到2439家后，当年一季度退出43家，其中，24家因为经营不善等原因主动解散，与此同时，市场出现明显的整合迹象。随后，多年来持续上升的保险专业代理机构数量开始出现下滑，2010～2016年，保险专业代理机构数目持续平稳下降，至2016年保险专业代理机构数量降至最低，此后开始增加，并在近几年维持在1700多家的水平。

（二）保险专业代理机构保费收入

从保费收入来看，随着中国保险业的发展，通过保险专业代理机构实现的保费收入也有了大幅增长，并且其占全国总保费收入的比值也有了逐步提高。2018年，保险专业代理机构实现保费收入3492.5亿元，同比增长42.5%，占2018年全国总保费收入的9.2%，随后的2019年保费收入继续平稳增长，在全国保费收入中所占比例比2018年略有下降，但较之前几年仍处于高水平。2010～2021年的保险专业代理机构保费收入情况如表4-2和图4-2所示。

表4-2 2010~2021年保险专业代理机构保费收入及占比情况

年份	2010	2011	2012	2013	2014	2015	2016	2017	2018	2019	2020	2021
保费收入（亿元）	481.7	529.7	586.6	718.1	967.9	1151.7	1540.4	2450.5	3492.5	3673.1	3832.2	4237.7
同比增长（%）	46.5	10.0	10.8	22.4	34.8	19.0	33.8	59.1	42.5	5.2	4.3	10.6
全国保费收入占比（%）	3.3	3.7	3.8	4.2	4.8	4.7	4.9	6.7	9.2	8.6	8.4	8.9

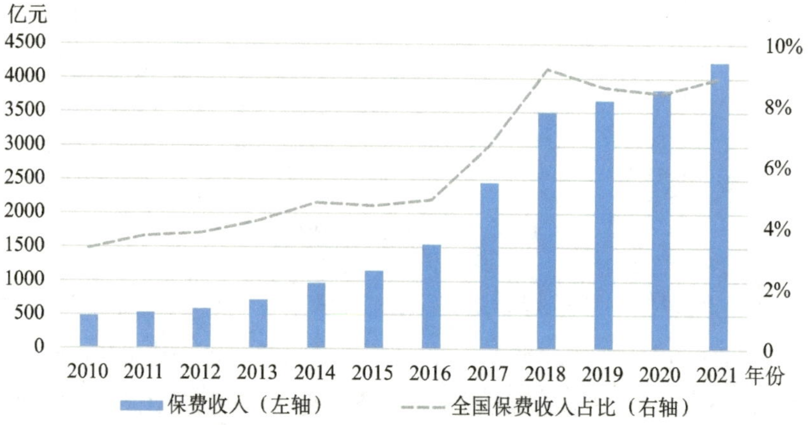

图4-2 2010~2021年保险专业代理机构保费收入及占比情况

2008年以来，通过保险专业代理机构实现的保费收入有着明显的增加。2020年实现的保费收入规模达到3832.23亿元，接近2008年的15倍。但从专业代理机构保费收入与全国保费收入的协同变化趋势中不难看到：保险专业代理机构的迅速发展可能也受益于我国保险全行业的高速发展。

（三）保险专业代理机构业务收入

2021年，我国保险专业代理机构实现业务收入683.59亿元，同比下降1.78%。实现净利润187.76亿元，同比下降22.26%。2010~2021年，我国保险专业代理机构的业务收入情况如表4-3和图4-3所示。

表 4-3　　保险专业代理机构业务收入情况

年份	2010	2011	2012	2013	2014	2015	2016	2017	2018	2019	2020	2021
业务收入（亿元）	63.1	81.5	102.1	131.0	283.6	249.9	386.0	638.2	855.3	717.19	696	683.6
同比增长（%）	40.8	29.2	25.3	28.3	116.5	-11.9	54.5	65.3	34.0	-16.22	-29.5	1.78

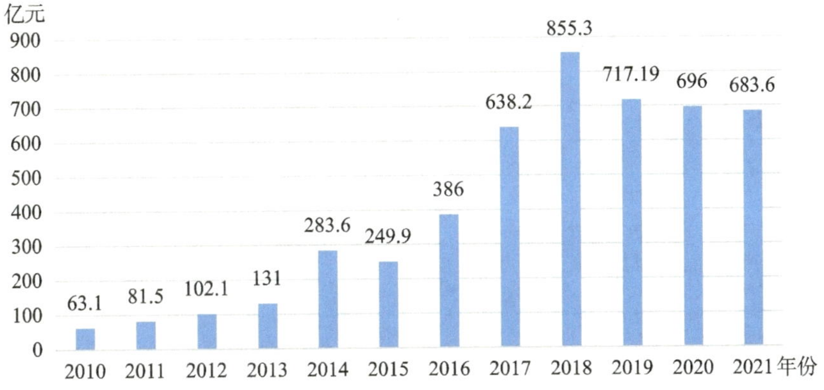

图 4-3　保险专业代理机构业务收入情况

由图 4-3 可见，2008 年以来保险专业代理机构的业务收入总体呈上升趋势。2013 年以前，经历了一段比较缓慢的上升阶段，2014 年全国保险专业代理机构业务收入实现了突破性的增长，这主要是因为 2013 年年初，原中国保险监督委员会大幅提高保险专业中介法人机构准入门槛，同时在暂停一年后，恢复对区域性保险专业代理分支机构的审批，政策的总体从严和局部释放导致分支机构数量在短时间内激增，进而导致 2014 年保险专业代理机构业务收入激增。虽然 2015 年的业务收入有所下滑，但是在 2016 年和 2017 年实现了大幅回升，2017 年保险专业代理机构业务收入超过了 638 亿元。2019 年以来，受疫情影响，保险专业代理机构业务收入有较大幅度的下降，三年来保险专业代理机构主营业务收入均值在 700 亿元左右。

（四）保险代理机构区域发展状况

保险中介的发展与当地的经济状况、保险市场的发展程度以及社会环境密切相关。我国幅员辽阔，东部与西部、城市与农村的经济发展水平差距极大，社会习惯、观念等也有较大的差异。区域性差异的客观存在，带来了保险中介发展的不均衡。

截至2021年12月31日，我国保险专业代理机构数量最多的省份和直辖市是北京，达到170家；其次是广东和江苏，分别达到165家和128家；保险专业代理机构数量最少的是西藏和青海，都只有2家，贵州、甘肃和宁夏等省份也都不超过10家。各省和直辖市的具体数据如表4－4所示。

表4－4　　2021年我国各省份保险专业代理机构数量　　单位：家

省份	安徽	北京	福建	甘肃	广东	广西	贵州	海南	河北	河南	云南
数量	37	170	33	7	165	27	5	16	81	82	26
省份	黑龙江	湖北	湖南	吉林	江苏	江西	辽宁	内蒙古	宁夏	青海	山东
数量	39	37	18	27	128	16	76	34	7	2	112
省份	山西	陕西	上海	四川	深圳	天津	西藏	新疆	浙江	重庆	
数量	63	54	100	69	58	48	2	15	71	24	

如图4－4所示，目前，我国将近半数的保险专业代理机构位于京津冀、长三角和珠三角地区。这三个区域的保险代理业务较发达，制度的运转效率较高，而其他地区尤其是西部地区，保险中介业务相对落后，制度运转效率也较低。

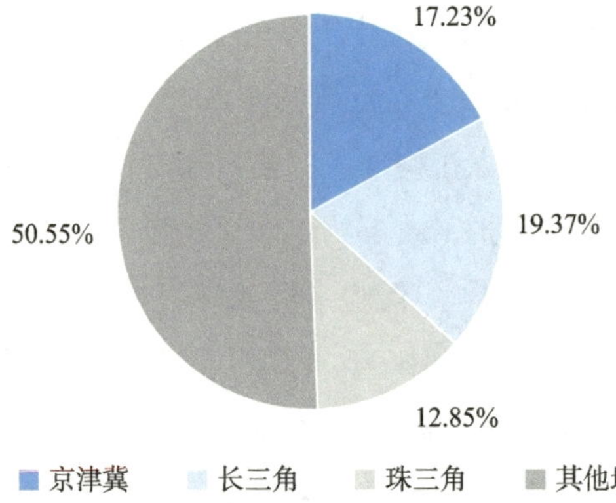

图4－4　2021年我国保险专业代理机构区域分布情况

三、保险专业代理机构的发展趋势分析

目前，我国保险专业代理机构正在逐渐发展壮大。2020年5月，银保监会出

台《关于切实加强保险专业中介机构从业人员管理的通知》，进一步压实保险专业机构从业人员的主体责任。

与此同时，进一步开放是市场发展的必然，也是行业国际化的需要。未来，可以预料保险中介领域竞争势必加剧，但同时机遇也会显现，竞争会体现在产品优化升级、科技辅助的服务效率提高、客户整体消费体验提升等方面，保险专业代理机构将迎来发展的新契机。

然而，新冠疫情暴发给保险中介机构也带来了极大的危机。保险中介监管在第一时间布置抗疫，2020 年春节后立即下发《关于保险中介从业人员队伍积极配合做好新型冠状病毒感染肺炎疫情防控工作的通知》，全面部署行业疫情防控工作。全行业积极抗疫，全力保障人员健康安全，同时有效发挥保险保障功能，向全社会传递保险关爱。虽然受到新冠疫情影响 2020 年保险专业代理机构规模有所收缩，但未来随着保险业的不断发展，保险专业代理机构必然随之扩张。

未来，专业代理人将不断调整升级，个人代理人将加快向更专业化转型，传统的销售模式和服务模式将加速变革，以便积极应对保险市场的变化和实际需求。从保险代理市场看，保险公司越来越重视中介渠道的作用，越来越多的保险公司将优势产品和各种资源投入到中介渠道，这将使保险代理行业与保险公司的合作更紧密，也将推动保险代理市场的发展。

第二节　保险经纪机构的发展

一、保险经纪人

（一）保险经纪人的定义

我国《保险法》（2015 年修订）第一百一十八条规定：“保险经纪人是基于投保人的利益，为投保人与保险人订立保险合同提供中介服务，并依法收取佣金的机构。”保险经纪人是指代表被保险人在保险市场上选择保险人或保险人组合，同保险方洽谈保险合同条款并代办保险手续以及提供相关服务的中间人。

（二）保险经纪人的分类

根据委托方的不同，保险经纪人可以分为狭义的保险经纪人（专指原保险市场的经纪人）和再保险经纪人。

狭义的保险经纪人是指直接介于投保人和原保险人之间的中间人，直接接受投保客户的委托。按业务性质的不同，狭义的保险经纪人可分为寿险经纪人和非寿险经纪人。寿险经纪人是指在人身保险市场上代表投保人选择保险人、代办保险手续并为此从保险人处收取佣金的中间人。非寿险经纪人是安排各种财产、利益、责任保险业务，在保险合同订约双方之间斡旋，促使保险合同成立并为此从保险人处收取佣金的中间人。

再保险经纪人是促成再保险分出公司与接受公司建立再保险关系的中介人。他们把分出公司视为自己的客户，在为分出公司争取优惠条件的前提下，选择接受公司并收取由后者支付的佣金。再保险经纪人不仅介绍再保险业务、提供保险信息，而且在再保险合同有效期间对再保险合同进行管理，继续为分保公司服务，例如，合同的续转、修改、终止等问题，并向再保险接受人及时提供账单并进行估算。

（三）保险经纪人的业务和作用

保险经纪人通过向投保人提供保险方案、办理投保手续、代投保人索赔并提供防灾、防损或风险评估、风险管理等咨询服务，使投保人充分认识到经营中自身存在的风险，并参考保险经纪人提供的全面的专业化保险建议，使投保人所存在的风险得到有效控制和转移，达到以最合理的保险支出获得最大的风险保障，降低和稳固了经营中的风险管理成本，保证了企业的健康发展。

另外，因为保险经纪人的业务最终还是要到保险公司进行投保，保险经纪公司业务量的增加会引起保险公司整体业务量的增加，从而降低了保险公司的展业费用；在保险市场上，保险经纪人把保险公司的再保险份额顺利地推销出去，消除了保险公司分保难的忧虑，大大降低了保险公司的经营风险；而且保险经纪人代为办理保险事务，减少了被保险人因不了解保险知识而在索赔时给保险人带来的不必要的索赔纠纷，提高了保险公司的经营效率。

因此，保险经纪人的发展不管是对投保人还是对保险公司都是有利的，是保险市场不断完善的结果。

二、保险经纪机构的发展现状

（一）保险经纪机构数量

20世纪80年代，国外保险经纪公司开始进入中国市场，并逐步与国内保险公司建立业务合作关系，但初期多限于三资企业和再保险经纪业务，并未对中国保险市场产生深远影响。2000年，北京江泰、上海东大和广州长城3家保险经纪机构成立，标志着中国保险经纪业务正式起步。经过十余年的发展，保险经纪机构的渠道作用越来越受到保险公司尤其受到新成立的保险公司的重视。

从保险经纪机构数目来看，如表4－5和图4－5所示，我国的保险经纪机构自2009年以来一直处于稳步增加的状态，2018年我国保险经纪机构数量达到499家，但2019年起数量又有轻微回落。截至2021年年底，我国保险经纪机构数目已达493家。就当前情况来看，保险经纪领域有序的市场格局逐渐形成，保险经纪机构进入相对稳定的发展时期，监管将更注重市场运行的规范与稳定。

表4－5　　保险经纪机构数目变化　　单位：家

年份	2010	2011	2012	2013	2014	2015	2016	2017	2018	2019	2020	2021
数量	392	416	434	438	445	445	483	487	499	496	497	493

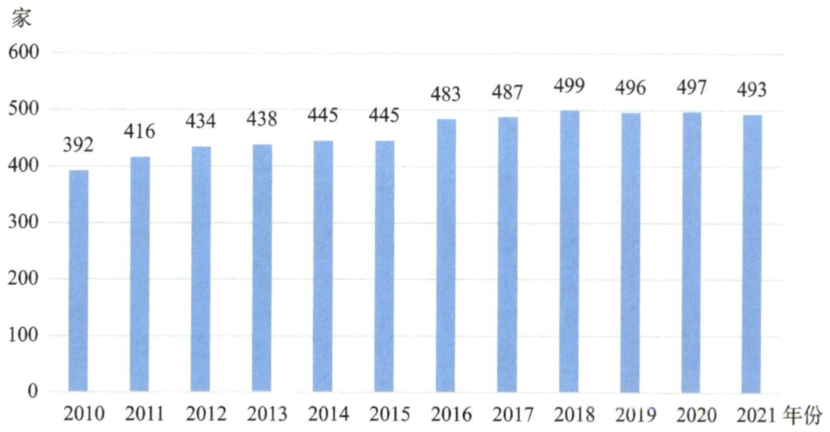

图4－5　保险经纪机构数量

（二）保险经纪机构保费收入

如表4－6和图4－6所示，2010年，通过保险经纪机构实现保费收入313.1

亿元，此后各年保费收入总体呈增长趋势，增幅不够稳定。2021 年，保险经纪机构实现保费收入 2197.30 亿元，约为 2010 年的 7 倍。同时，2017 年及之前，通过保险经纪机构实现的保费收入在全国保费收入占比始终维持在 2.5% 左右，尽管该渠道的保费收入实现了较大幅度的增加，但全国保费收入占比相对稳定，可见这种保费收入的增长主要依靠全国保险行业的发展，而保险经纪机构在保险市场中的地位并没有得到很大提升。2018～2021 年，通过保险经纪机构实现的保费收入在全国保费收入中的占比有所增高，这或许在一定程度上预示着我国保险经纪机构在市场上有了进一步的发展。

表 4-6　　2010～2021 年保险经纪机构保费收入及占比情况

年份	2010	2011	2012	2013	2014	2015	2016	2017	2018	2019	2020	2021
保费收入（亿元）	313.1	380.1	421.1	430.3	504.5	559.0	692.1	918.1	1413.5	1728.5	1817.8	2197.3
同比增长（%）	28.0	21.4	10.8	2.2	17.2	10.8	23.8	32.7	54	22.3	5.2	20.88
全国保费收入占比（%）	2.2	2.7	2.7	2.5	2.5	2.3	2.3	2.5	3.7	4.1	3.98	4.60

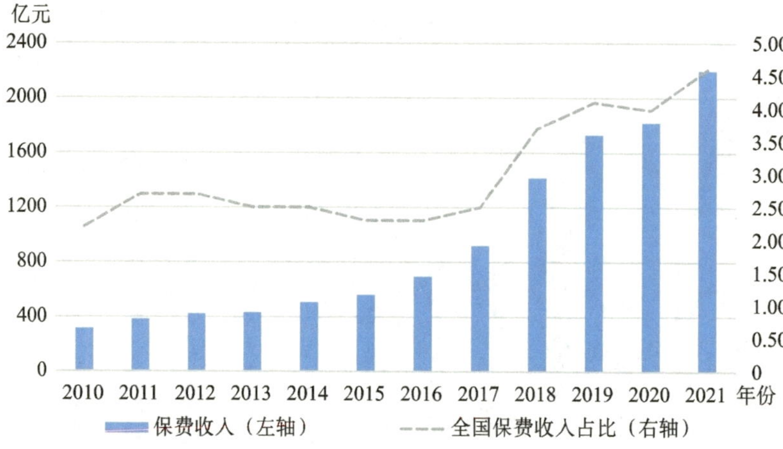

图 4-6　2010～2021 年保险经纪机构保费收入及占比情况

（三）保险经纪机构业务收入

从保险经纪机构业务收入来看，如表 4-7 和图 4-7 所示，自 2010 年以来，保险经纪机构的业务收入一直保持着较高增速，增长原因与保费收入类似，2017

年及之前均依靠全国保险行业的发展带动，近三年保险经纪机构自身也开始助力发展。目前来看，保险经纪领域内有效的竞争体系尚未形成，主要表现在：一是关联方业务占有较大的比重，二是存在着大量小规模、低效益的保险经纪机构。

表 4－7　　2010～2021 年保险经纪机构业务收入情况

年份	2010	2011	2012	2013	2014	2015	2016	2017	2018	2019	2020	2021
业务收入（亿元）	44.0	55.5	63.7	78.1	94.2	106.3	135.1	194.1	288.9	316.3	374.9	471.9
同比增长（%）	32.9	26.1	14.8	22.6	20.6	12.8	27.1	43.7	48.8	9.48	18.5	25.9

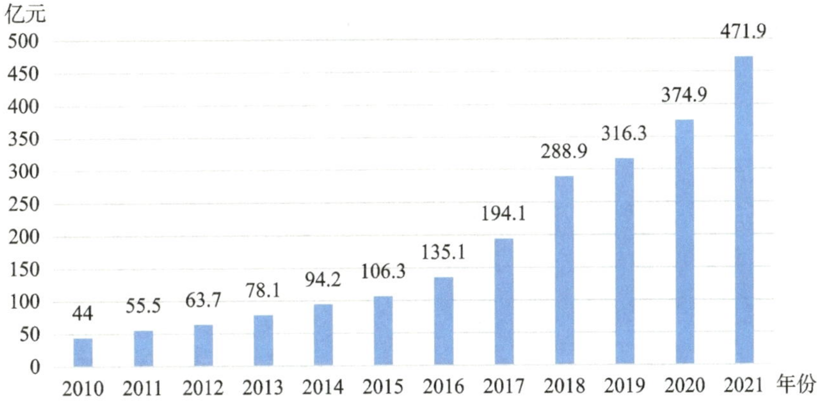

图 4－7　保险经纪机构业务收入情况

（四）保险经纪机构区域发展状况

从 2021 年的数据来看，北京的保险经纪机构数量达到 172 家，远远高于其他省市。地区发展不平衡的情况仍然十分严重。北京、上海和广东的保险经纪机构的数量排名位于前三。广西、吉林、宁夏和西藏甚至没有保险经纪机构。具体数据如表 4－8 所示。

表 4－8　　2021 年我国各省份保险经纪机构数量　　单位：家

省份	安徽	北京	福建	甘肃	广东	广西	贵州	海南	河北	河南	云南
数量	6	172	1	2	28	0	5	5	8	3	2
省份	黑龙江	湖北	湖南	吉林	江苏	江西	辽宁	内蒙古	宁夏	青海	山东
数量	2	10	9	0	5	4	3	1	0	1	11
省份	山西	陕西	上海	深圳	四川	天津	西藏	新疆	浙江	重庆	
数量	1	11	82	48	11	18	0	1	18	5	

与保险专业代理机构对比，保险经纪机构的区域发展显得更为不平衡。如图4-8所示，2021年，京津冀、长三角和珠三角地区的保险经纪机构数量占比高达77%，更加有力地说明了保险中介区域发展的不均衡。

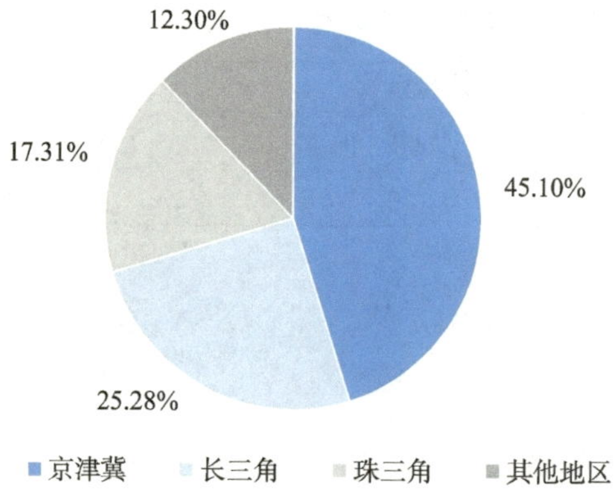

图4-8 2021年我国保险经纪机构区域分布情况

三、保险经纪机构的发展趋势分析

2018年6月底，银保监会发布通知，放开外资保险经纪公司的经营范围，同时允许外资经营保险代理和公估业务，保险中介三大领域（经纪、代理、公估）的开放力度及速度，超出市场预期。2018年7月10日公布的“上海扩大开放100条”亦称，放开外资保险经纪公司经营范围，支持外资来沪经营保险代理和公估业务，不设股比限制。

实际上，保险经纪在国内市场规模和认知度都还较低。目前，国内保险经纪机构保费收入仅占全国保费收入不超过5%的市场份额，而较为发达的保险经纪市场占比较高，如美国保险经纪占比超过50%，我国保险经纪市场的发展空间巨大。从目前我国保险发展水平以及相关政策导向综合来看，未来十年将是专业保险经纪大发展的关键期。在产销分离趋势明朗化的当下，消费者关注更多的将是保险服务而非保险产品推销。

在当前的保险业转型发展和进一步对外开放阶段，保险经纪市场的结构、规模、功能将继续发生变化，消费者对保险产品的多元化需求及全面保障需求，是任何一家保险公司都难以满足的，这愈加凸显保险经纪行业在该方面的价值。保险经纪行业将积极应对这一形势，在已具备一定的发展基础上，加快适应保险业转型发展和改革开放的需要，提高专业素质，更好地帮助客户选择最适合的保险公司、最适宜的保险产品、最合理的价格、最优越的承保条件及提供全面的风险管理服务和各项增值服务，提升服务品质和服务质量，注重发挥在一些单一业务量较小、业务面较广的分散性险种上的独特优势，更要在基本业务基础、产品、渠道、服务等诸方面进行创新，实现科学发展。

第三节 保险公估机构的发展

一、保险公估人

（一）保险公估人的定义

保险公估人是指依照法律规定设立，受保险公司、投保人或被保险人委托办理保险标的的查勘、鉴定、估损以及赔款的理算，并向委托人收取酬金的公司。公估人按照委托人要求，对保险标的进行检验、鉴定和理算，并出具保险公估报告，不代表任何一方的利益，使保险赔付趋于公平、合理，有利于调停保险当事人之间关于保险理赔方面的矛盾。

（二）保险公估人的分类

按照不同的分类标准，可以将保险公估人进行不同的分类。

根据义务性质的不同，可分为保险型公估人、技术型公估人和综合型公估人，保险型公估人和技术型公估人分别侧重于解决保险、技术方面的问题，而综合型公估人可解决两方面结合的问题。

根据保险公估人从事活动范围的不同，可分为海上保险公估人、汽车保险公估人和火灾及特种保险公估人。海上保险公估人主要处理海上、航空运输保险等方面的业务，此类业务一般为国际保险且较为复杂，通常由处于独立地位的保险公估人进行处理。汽车保险公估人主要处理与汽车保险有关的业务，有利于减少保险公司与被保险人之间的冲突，有效制止汽车保险理赔中的不正当行为，促进保险公司平等竞争。火灾及特种保险公估人主要处理火灾及物质特种保险等方面的业务，近年来，随着财产保险承保范围的扩大和理赔技术含量的提高，拥有专业技术的保险公估人愈发重要。

根据委托方的不同，可分为接受保险公司委托的保险公估人和只接受被保险人委托的保险公估人。

根据公估方与委托方的关系不同，可分为雇佣保险公估人和独立的保险公估人。前者长期受聘于某一家保险公司，按该公司的委托或指令处理各项理赔业务，这类公估人一般不能接受其他保险公司的委托业务；后者可以同时接受数家保险公司的委托处理理赔事务，其间的委托与被委托关系是暂时的，一旦公估人完成了保险公司的委托业务，他们之间的委托关系也就相应结束了。

（三）保险公估人的业务和作用

保险公估人的主要职能就是按照委托人的委托要求，对保险标的进行检验、鉴定和理算，并出具保险公估报告，其使保险赔付趋于公平、合理，有利于调停保险当事人之间关于保险理赔方面的矛盾。

保险公估人的业务职能主要体现在以下三个方面：

第一，评估职能。保险公估人所具有的是一种广义的（保险）评估职能，包括评估职能、勘验职能、鉴定职能、估损职能和理算职能。保险公估人对保险标的进行公估，得出公估结论，并说明得出结论的依据和推理过程。评估职能是保险公估人的关键职能。

第二，公证职能。保险公估人是保险合同当事人之外的第三方，完全站在中立、公正的立场。公证职能对结案具有督促作用。另一方面，公证职能虽然不具备法律效力，但是可以接受法律的考验。这是因为保险公估人的公估结论确定后，必须经保险关系当事人双方接受才能结案。

第三，中介职能。保险公估人作为保险中介人，为保险双方提供服务，具有鲜明的中介职能。保险公估人以保险关系当事人之外的第三方身份，独立地开展保险公估，得出公估结论，促成保险关系当事人接受该结论，为保险关系当事人提供中介服务。

保险公估机构的重要作用体现在，保险公司从经营成本考虑，不可能配备众多的、门类齐全的专业技术人员。而保险公估人的存在，实现了保险理赔工作的专业化分工，降低了保险理赔成本，提高了整个社会的福利。

二、保险公估机构的发展现状

（一）保险公估机构数量

截至2021年年底，我国共有保险公估机构377家，资产总额达34亿元。近10年，保险公估机构数量呈现缓慢增加的趋势。其中，2013年，由于原保监会大幅提高保险专业中介法人机构准入门槛，保险公估机构数有所下降。2014年是包括保险中介市场的整个保险市场充满活力、快速发展的一年，保险业市场化改革加之监管思路的转变，使得包括保险公估机构在内的保险中介市场规模有了较大程度的扩大。2015年，原保监会修订了《保险公估机构监管规定》，保险公估市场扩张的势头有所压制。2018年2月，中国银保监会发布了《保险公估人监管规定》，在机构设立方面，"新规"将保险公估机构划分为全国性保险公估机构和区域性保险公估机构。2020年以来，受新冠疫情影响，保险公估机构数量有所下降。2010～2021年，我国保险公估机构数量及增长率如表4－9和图4－9所示。

表4－9　2010～2021年保险公估机构数量　单位：家

年份	2010	2011	2012	2013	2014	2015	2016	2017	2018	2019	2020	2021
数量	305	315	325	320	337	333	300	325	353	397	373	377

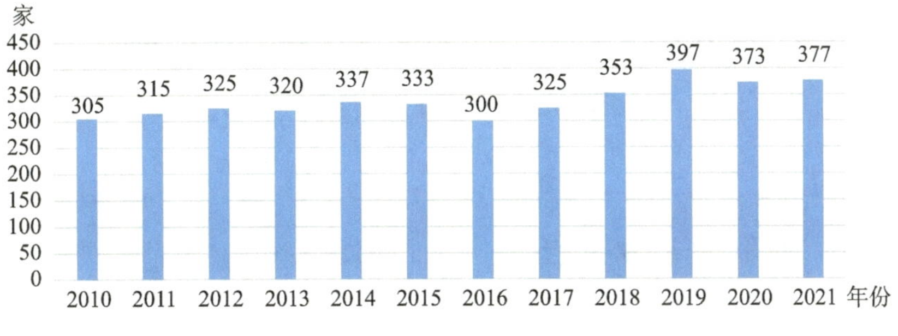

图4－9　2010～2021年保险公估机构数量

（二）保险公估机构业务收入

2021年，保险公估机构实现业务收入38.99亿元，同比增长22.3%，实现净利润1.08亿元。保险公估市场的业务收入几乎一直在不断增长，只有2009年和2015年的同比增长率出现小幅下降。结合保险公估机构数量的波动，总体来看，这与保险公估市场尚不成熟有着很大关系。对于专业保险中介，市场已经逐步从最初的争夺牌照资源，转变为较为理性的市场进入与退出，保险公估市场的新陈代谢和优胜劣汰也实属正常。随着保险市场的转型和社会认知度的提高，保险公估市场在近几年也实现了较快发展，但由于保险受监管制约较大，监管力度和开放程度也影响着保险公估市场的发展规模。具体如表 4－10 和图 4－10 所示。

表 4－10　　保险公估机构业务收入情况

年份	2010	2011	2012	2013	2014	2015	2016	2017	2018	2019	2020	2021
业务收入(亿元)	12.2	13.6	15.7	19.4	22.6	22.4	22.9	26.0	27.6	30.3	31.9	39.0
同比增长（%）	7.5	12.2	15.0	23.6	16.5	－0.9	2.2	13.5	6.2	9.8	5.3	22.3

图 4－10　2010～2021 年保险公估机构业务收入情况

（三）保险公估净利润与估损金额

2021 年，保险公估行业整体经营实现净利润 1.08 亿元，2017 年与 2016 年，保险公估机构均有亏损。从可获取的数据来看，2007～2013 年保险公估机构净利润处于稳步上升状态，但 2014 年、2016 年和 2017 年均为亏损经营，这是多种原因造成的结果。其一，大多数保险公司拥有自己的理赔团队，可自行完成大部分评估业务，仅少数业务委托公估机构处理，导致绝大多数区域性或小型公估机构经营困难；其二，保险公估行业的马太效应明显，大型保险中介机构开始打造中介闭环，延展公估业务，进一步挤压中小公估公司的生存空间；其三，公估行业自身的利润率较低，资本实力较弱，监管管理力度不足，这些先天条件与外部因素也是导致利润下滑的原因。

2008～2021年，保险公估机构的估损金额持续上涨，但并不能说明公估行业的发展水平和公估机构的职业能力相应提高，这更多地依赖于我国保险行业的整体发展。

（四）保险公估机构区域发展状况

2021年，北京、上海和广东在保险公估机构数量方面仍然占领绝对优势，其次是河北和山东。甘肃、青海、宁夏、新疆、西藏等地区保险公估机构数量均为0，地区发展不均衡的情况仍然严重。具体如表4－11和图4－11所示。

表4－11　**2021年我国各省份保险公估机构数量**　单位：家

省份	安徽	北京	福建	甘肃	广东	广西	贵州	海南	河北	河南	云南
数量	14	47	9	0	36	1	1	1	34	8	4
省份	黑龙江	湖北	湖南	吉林	江苏	江西	辽宁	内蒙古	宁夏	青海	山东
数量	4	6	7	8	15	3	11	4	0	0	26
省份	山西	陕西	上海	深圳	四川	天津	西藏	新疆	浙江	重庆	
数量	4	11	38	28	9	9	0	0	9	4	

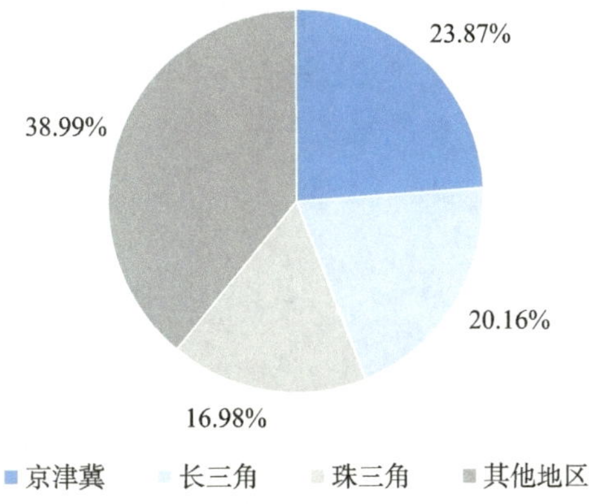

图4－11　2021年我国保险公估机构区域分布情况

三、保险公估机构的发展趋势分析

2017年6月30日，原中国保监会印发《关于做好保险公估机构业务备案及监管工作的通知》，从四个方面明确了保险公估机构业务备案的要求和程序，进一步细化了保险公估机构业务备案工作。我国保险公估行业增长速度迅猛，但仍处于发展初期。目前，中国保险公估企业由于受机构规模小、技术水平低、法律地位不明确等因素限制，造成实力相对弱小、公信力相对缺乏，因此受保险公司的控制较为突出，很难实现独立性，且机构数量、业务规模、营销产能与规模收益都不稳定。国内保险专业公估机构和专业人才均滞后于市场的要求，机构和专业人员的技术水平、管理水平等都还跟不上市场发展的需要。

目前，我国对外资保险的进入限制正在逐步放宽。外资保险的进入将使加快国内保险公估行业与国际规则、国际惯例接轨，促进国内保险公估行业科学技术手段的运用和专业知识的增长，使得对保险标的的评估、勘验、鉴定、估损、理算等业务能力有更大提升，起到使保险理赔更加透明化、减少理赔过程中当事人之间的摩擦、降低保险市场营运成本、净化保险市场等作用。保险公估机构以公正和专业的形象、高效率的办案能力和协调能力以及较高的服务水平树立起信誉和权威，保证保险业的健康发展。

我国的保险公估市场还有巨大的提升空间，保险公估如何开辟新的服务领域，是保险公估接下来的发展要务。在车险查勘、理赔方面，保险公估可以尽最大可能发挥自己的职能，替保险公司解决定损、理赔方面的矛盾和不便；在反保险欺诈领域，保险公估作为第三方，可以通过关联共享风险信息、数据，有效地调查取证，推动保险行业反欺诈的发展进程。

第四节　总结与展望

过去40年，我国保险业在改革中蜕变，在开放中进取，走过了辉煌历程，取得了辉煌成就。作为我国保险业改革开放的重要标志，我国保险中介伴随着保险业市场化进程应运而生、顺势成长，发展成效有目共睹，有力地促进了保险业的发展，有效推动着保险业发挥保障人民生活、服务实体经济、服务我国经济社会建设的功能作用。

但是，由于我国保险中介领域起步较晚、发展时间较短，与保险业发展和经济社会需要还有不小的差距。目前，我国保险中介行业仍存在一些问题。

第一，竞争格局失衡，发展结构不够合理。保险代理市场和保险经济市场竞争相对充分，保险公估市场呈现两极分化局面（因保险公估市场的收购、兼并、重组等活动，市场资源向少数大公司集中）。从地区分布情况看，保险专业中介机构多集中于北京、上海、广东等经济发达地区，越是经济不够发达的地区，保险中介市场越相对落后。

第二，业务水平较低，专业能力存在差异。保险中介市场各类主体实现的保费收入（或估损金额）和业务收入的增速虽然也有起伏，但总体向上的趋势十分强劲。然而，我国保险中介市场的自主创新能力和专业水平还十分欠缺，以公估业为例，行业资源快速聚集于车险公估低端市场，一方面同质竞争引发价格搏杀，另一方面没能预见保险公司结构调整及改变与公估合作模式的重大影响，行业市场萎缩并使经营资源深度套牢。

第三，去中介化情势显现。互联网保险的崛起，使去中介化情势愈来愈显现，保险中介的转型升级愈来愈紧迫。专业保险代理机构增速不断减缓，而保险经纪机构和保险公估机构在增速放缓过程中又略有加速。对于专业保险中介市场，已经从最初的争夺牌照资源转变为较为理性的市场进入与退出。保险中介市场的新陈代谢和优胜劣汰，既展现了保险中介市场主体的活力，又说明中介市场尚不成熟。

第四，保险中介市场秩序仍需进一步规范。保险中介市场的一些问题具有长期性、顽固化的特征。一是部分违法违规行为依旧普遍。保险公司中介渠道主体责任落实不到位，保险中介分支机构管理混乱，保险公司与保险中介机构合谋虚构中介业务、虚列费用、虚开发票，销售误导、填写虚假客户信息等问题依然高发、频发。二是涉众风险隐患不容忽视。既有保险中介机构和从业人员参与非法集资、传销、违规销售非保险金融产品等传统隐患，也存在互联网机构、人员无资质从事保险销售甚至非法集资等新型隐患。三是外部传染风险不可忽视。问题股东自身风险、问题保险公司业务领域风险等都可能传导到保险中介机构。网络安全领域，保险中介业务信息技术运维操作风险及保险客户信息泄露风险不断加大。

新时代向保险中介行业提出了新命题，新理念向保险中介监管树立了新航标，当前形势带来诸多挑战的同时，也带来了更多新的机遇。新发展阶段构建新发展格局的战略抉择，为保险中介行业持续深化改革创新打开了新的空间。全社会对生命和健康的保险保障需求持续提升，为保险中介融入健康养老服务产业链带来了新的商机。国家经济结构调整和产业转型升级，为保险中介服务高端制造业发展提供了新的增长极。保险产业链分工更加细化和专业化，在进一步促进产销分离的同时为保险中介行业带来新的参与机会。金融科技快速发展，为保险中介行业服务消费者、服务经济社会民生带来新的动力。

2018 年，监管机构发布了《保险经纪人监管规定》和《保险公估人监管规定》，并于2018 年5 月1 日起实施；2018 年7 月，银保监会对《保险代理人监管规定（征求意见稿）》向社会公开征求意见，并于2020 年5 月再次向社会公众征集意见。可以预见，随着下一步《保险代理人监管规定》的出台，保险中介监管将形成《保险法》和《保险代理人监管规定》《保险经纪人监管规定》《保险公估人监管规定》为主体的监管体系，标志着全面深化保险中介市场改革迈出重要一步，保险中介监管将进入新时代。

纵观我国保险中介的发展历程，我们可以将其发展归为三个阶段：2000 年前的以产品为中心的传统营销员时代，2000～2015 年时期为以客户为中心的专业保险中介机构时代，自区块链、大数据等信息技术兴起至今，我国的保险中介已迈入以互联网为核心的数字化平台建设阶段。如今，越来越多的保险专业中介机构通过自身孵化或是与第三方大流量平台合作，谋求线上化、数字化和智能化转型，利用流量和场景来获客和运营。可以说，我国保险中介市场正在步入一个创新型的发展轨道，未来可期。基于现状进行分析，我们认为未来保险中介市场将呈现以下发展趋势：

（1）保险价值链重构下的产销分离将驱动保险专业中介机构发展加速。

严监管背景下，产销分离是大势所趋，传统营销员可能会倾向于转型为专业保险中介，保险公司也会把重心更多地放在产品定制与开发方面，而不是如之前那般侧重销售环节，保险公司可以与保险中介合作，打通产品产销渠道，各司其职，明确分工。把需求调研、产品设计、市场推广、产品销售、保单保全、理赔服务等各个环节紧密串联起来，延展整个保险行业的价值链条。保险中介机构也应在保单销售之余，重视强化自身服务，拓展自身业务价值。

（2）保险中介从粗放式逐步向精细化发展模式转变。

曾经我国的保险营销员团队整体素质不高，资历不足，在保险销售过程中采用人海战术推广相关保单，既容易因销售误导侵害保险消费者权益，也由于既往保单的追溯比较困难而难以对相应人员进行追责。随时代发展，我国保险专业中介机构已经开始进行线上化、数据化、精细化转型，更注重打造保险销售的精英队伍形象，借助互联网进行低成本、高效率的运营，力求为客户提供更多优质的服务。

（3）科技创新是未来保险中介机构发展的核心驱动因素。

近年来，新冠疫情给各行各业带来了不小的冲击，保险业也不例外。许多业内公司不得不暂时放弃线下销售渠道，转向线上进行运营。虽然这种转变一开始会给公司带来诸多不便，但是这一年下来，随着疫情得到控制，保险公司在已然可以恢复线下业务的同时，也不放弃线上化转型。越来越多的公司意识到：在这个大数据时代，谁能最先跟上时代步伐，利用科技和创新来拓宽业务渠道，谁就能获得更多的流量与客户。疫情的发生也带动了一波第三方流量平台的迅猛发展，很多第三方平台也开始与保险公司合作，希望取得保险中介牌照，拓宽自己的服务领域。

针对保险中介固有的一些问题以及时代带来的新问题，保险中介应在专业和高效的路径上探求出路。保险业新一轮对外开放，将极大促进保险中介行业升级提效，使行业的体制更顺、素质更高、业务更专业化、业内外合作更广泛和深化、创新机制和环境更优化、全国性服务网络建设更快、服务效率和服务品质有更大提升、提供的保障水平更高。保险中介市场更趋活跃也更具发展张力、开拓性更强、新型保险产品更多、服务更优化，这些将更有力地驱动市场业务增长和持续发展。

第五章　中国保险资产管理机构的发展分析

第一节　中国保险资产管理业制度建设

随着经济和保险业的快速发展，我国的保险资金运用在经历过一段探索、认识和不断总结经验的过程后，相关制度建设也逐渐走出一条符合自身规律的改革发展之路（本报告附录二梳理了我国保险资产管理行业制度建设的历程）。

1985 年 3 月，国务院颁布《保险企业管理暂行条例》，从法规角度明确了保险企业可以自主运用保险资金，从此保险公司开始进入了投资阶段，保险资金运用有了银行存款以外的更多选择。但是，由于国内恢复保险业时间不长，业界、学界和有关政府部门对于保险的投资认识不到位；同时，伴随着经济增长的波动和经济过热，在 1987 ~ 1995 年，保险资金开始进入房地产、有价证券、信托甚至借贷市场，从而形成大量不良资产，保险资金经历了一段无序投资阶段，出现了很多盲目投资。

1995 ~ 2002 年，《中华人民共和国保险法》等一系列法规颁布实施，1998 年 11 月中国保险监督管理委员会的成立，保险资金运用的混乱局面从根本上得以扭转，保险资金运用逐步进入规范发展阶段；2003 ~ 2011 年，中国保监会逐渐放宽了保险资金的投资范围，增加了企业债券、基金、股票、境外投资、基础设施项目、不动产等多项保险资产投资渠道，并出台与各项业务有关的新规范政策，例如 2004 年原中国保监会与中国人民银行联合颁布《保险外汇资金境外运用管理暂行办法》、2005 年与原中国银监会下发《保险公司股票资产托管指引（试行）》、2006 年颁布《保险资金间接投资基础设施项目试点管理办法》等。与此同时，保险资金运用的安全性也渐渐引起保监会的重视，有关保险资金风险管理、信用评级等政策相继出台。

2012 年是中国资产管理业“风起云涌”的一年，保监会等中国监管机构高密度地出台各项创新政策。随着监管限制的逐步放开和金融创新的步伐加快，越来越多的机构有能力参与到资产管理的列队之中，中国资产管理业进入到一个群雄逐鹿的年代。“保险投资 13 条”出台以后，保险资金资产配置策略组合越来越丰富，过去投资集中于高信用等级的各类债券、债券型基金、货币市场工具等，如今逐渐可以扩展到各种久期的投资组合，期限和信用的运用更加灵活，风险对冲工具和参与利率市场化的工具成为其中最大的亮点（详见表 5－1）。同时，《保险资金委托投资管理暂行办法》等资金委托政策的出台，明晰了保险资金与其他资管机构的合作路径，推动保险公司利用保险资产管理公司平台向全面资产管理进军。随着《保险资金委托投资管理暂行办法》允许基金公司和券商资管成为险资的管理人，外部竞争机制对保险资管形成压力，倒逼其管理机制不断改善。

表 5－1　　保险资金投资运用历史沿袭

时间	投资范围
1995～1998 年	银行存款、政府债券、金融债券
1999～2003 年	银行存款、政府债券、金融债券、企业债券、基金
2004～2005 年	银行存款、政府债券、金融债券、企业债券、基金、股票、境外投资
2006～2008 年	银行存款、政府债券、金融债券、企业债券、基金、股票、境外投资、基础设施项目、不动产、商业银行股权
2009～2011 年	银行存款、政府债券、金融债券、企业债券、基金、股票、境外投资、基础设施项目、不动产、企业股权
2012～2018 年	银行存款、政府债券、金融债券、企业债券、基金、股票、境外投资、基础设施项目、不动产、企业股权、股指期货、金融衍生产品、商业银行理财产品、信贷资产支持证券、集合资金信托计划、专项资产管理计划、基础设施投资计划、不动产投资计划和项目资产支持计划等金融产品
2019～2020 年	国债、地方政府债券、中央银行票据、政府机构债券、金融债券、银行存款、大额存单、同业存单、公司信用类债券，在银行间债券市场或者证券交易所市场等经国务院同意设立的交易市场发行的证券化产品，公募证券投资基金、其他债权类资产、权益类资产和银保监会认可的其他资产

续表

时间	投资范围
2020～2022年	国债、地方政府债券、中央银行票据、政府机构债券、金融债券、银行存款、大额存单、同业存单、公司信用类债券、公募REITs，在银行间债券市场或者证券交易所市场等经国务院同意设立的交易市场发行的证券化产品，公募证券投资基金、其他债权类资产、权益类资产、理财产品、集合资金信托、债转股投资计划、信贷资产支持证券、资产支持专项计划、单一资产管理计划和银保监会认可的其他资产

注：截至2022年12月31日。

资料来源：中国银保监会官网。

2013年投资新政进入完善和观察期，政策的积极作用不断显现出来。原中国保监会不断丰富和细化投资新政内容，进一步提高保险资金运用市场化程度，例如拓宽债权投资计划的行业范围，简化申请流程，引导保险资金进入到地方市政基础设施建设项目及新兴战略产业中去；整合比例监管政策，重新整合定义大类资产，取消一些不适应市场发展要求的比例限制，按照投资品种风险属性不同，纳入到大类资产配置比例中，不再单独设置具体比例，大幅增加保险公司的投资灵活性；积极鼓励创新投资方式，探索股债结合形式，满足保险资金对接实体经济的实际需求等。

2014年1月23日，原中国保监会颁布《关于加强和改进保险资金运用比例监管的通知》，重新将投资资产划分为流动性资产、固定收益类资产、权益类资产、不动产类资产和其他金融资产五大类资产，针对五类资产制定了保险资金运用上限比例和集中度监管比例，不再对各大类资产包含的具体品种设限如表5－2所示。2014年8月13日，国务院下发《国务院关于加快发展现代保险服务业的若干意见》（简称新“国十条”），明确了现代保险服务业在经济社会发展全局中的定位，提出由保险大国向保险强国转变的目标。新“国十条”的出台将推动保险业快速发展，提升保险业的行业定位，拓宽保险业的服务领域；同时，将充分发挥保险资金长期投资的独特优势，进一步发挥保险公司的机构投资者作用，为股票市场和债券市场长期稳定发展提供有力支持。

表 5－2　　保险资金各投资标的允许投资的最高比例要求

类别	可投资品种	最新监管规定
流动性资产	境内品种主要包括现金、货币市场基金、银行活期存款、银行通知存款、货币市场类保险资产管理产品和剩余期限不超过1年的政府债券、准政府债券、逆回购协议，境外品种主要包括银行活期存款、货币市场基金、隔夜拆出和剩余期限不超过1年的商业票据、银行票据、大额可转让存单、逆回购协议、短期政府债券、政府支持性债券、国际金融组织债券、公司债券、可转换债券，以及其他经中国保监会认定属于此类的工具或产品	投资比例不低于本公司上季末总资产的5%
固定收益类资产	境内品种主要包括银行定期存款、银行协议存款、债券型基金、固定收益类保险资产管理产品、金融企业（公司）债券、非金融企业（公司）债券和剩余期限在1年以上的政府债券、准政府债券，境外品种主要包括银行定期存款、具有银行保本承诺的结构性存款、固定收益类证券投资基金和剩余期限在1年以上的政府债券、政府支持性债券、国际金融组织债券、公司债券、可转换债券，以及其他经中国保监会认定属于此类的工具或产品	投资比例无明确限制
权益类资产	境内上市权益类资产品种主要包括股票、股票型基金、混合型基金、权益类保险资产管理产品，境外上市权益类资产品种主要包括普通股、优先股、全球存托凭证、美国存托凭证和权益类证券投资基金，以及其他经中国保监会认定属于此类的工具或产品。境内、境外未上市权益类资产品种主要包括未上市企业股权、股权投资基金等相关金融产品，以及其他经中国保监会认定属于此类的工具或产品	1. 设置差异化的权益类资产投资监管比例。根据保险公司偿付能力充足率、资产负债管理能力及风险状况等指标，明确八档权益类资产监管比例，最高可到占上季末总资产的45%。明确规定偿付能力充足率不足100%的保险公司，不得新增权益类资产投资，责任准备金覆盖率不足100%的人身险公司、资金运用出现重大风险事件、资产负债管理能力较弱且匹配状况较差、受到处罚的保

续表

类别	可投资品种	最新监管规定
权益类资产		险公司，权益类资产监管比例不得超过15% 2. 投资单一蓝筹股票的余额占上季度末总资产的监管比例上限由5%调整为10%；投资权益类资产的余额占上季度末总资产比例达到30%的，可进一步增持蓝筹股票，增持后权益类资产余额不高于上季度末总资产的40% 3. 投资创业投资基金的余额纳入权益类资产比例管理，合计不超过保险公司上季度末总资产的2%，投资单只创业投资基金的余额不超过基金募集规模的20%
不动产类资产	境内品种主要包括不动产、基础设施投资计划、不动产投资计划、不动产类保险资产管理产品及其他不动产相关金融产品等，境外品种主要包括商业不动产、办公不动产和房地产信托投资基金（REITs），以及其他经中国保监会认定属于此类的工具或产品	投资不动产类资产的账面余额，合计不高于本公司上季末总资产的30%。账面余额不包括保险公司购置的自用性不动产。保险公司购置自用性不动产的账面余额，不高于本公司上季末净资产的50%
其他金融资产	境内品种主要包括商业银行理财产品、银行业金融机构信贷资产支持证券、信托公司集合资金信托计划、证券公司专项资产管理计划、保险资产管理公司项目资产支持计划、其他保险资产管理产品，境外品种主要包括不具有银行保本承诺的结构性存款，以及其他经中国保监会认定属于此类的工具或产品	1. 投资其他金融资产的账面余额，合计不高于本公司上季末总资产的25% 2. 保险集团（控股）公司和保险公司投资面向单一投资者发行的私募理财产品，应当按照穿透原则将基础资产分别纳入相应投资比例进行管理。保险集团（控股）公司和保险公司投资的其他理财产品纳入其他金融资产投资比例管理 3. 集合资金信托纳入其他金融资产投资比例管理。其中，基础资产为非上市权益类资产的集合资金信托，应当同时纳入权益类资产或不动产类资产投资比例管理

注：截至2022年12月31日。

资料来源：中国银保监会官网。

2015 年原中国保监会继续推行各种保险新政，不断释放政策红利。政策红利主要体现在两个方面：保险资金运用和保险行业监管方面。2015 年 2 月，原中国保监会发布关于印发《保险公司偿付能力监管规则（1—17 号）》的通知，自此，保险业进入了“偿二代”的实施准备期。“偿二代”体系监管规则的出台有助于提高保险业的资本使用效率，防范风险。2015 年 7 月，原中国保监会颁布《关于提高保险资金投资蓝筹股股票监管比例有关事项的通知》，规定保险公司投资单一蓝筹股票的余额占上季度末总资产的监管比例上限由 5% 调整为 10%，投资权益类资产的余额占上季度末总资产比例达到 30% 的，可进一步增持蓝筹股票，增持后权益类资产余额不高于上季度末总资产的 40%。

2016 年，原中国保监会加强对保险资金运用监管，主要涉及保险资金对大额未上市股权和大额不动产投资的规范、组合类保险资产管理产品业务监管以及保险资金股票投资监管规范。在 1984 ~2015 年长达 30 多年的时间里，我国保险资金运用的业务范围不断拓宽。保险资产管理经历了从传统的银行存款、债券向股票、基金，再向另类投资品种的逐步转变。特别是在 2012 年，伴随“十三条新政”的出台，保险资金投资范围迅速开放，资产配置的空间和弹性不断扩大，打破了行业壁垒，实现了与银行、信托、证券等金融平台的同台竞技，保险投资覆盖了从公募领域到私募领域、从传统产品到另类工具、从境内市场到境外市场、从实体经济到虚拟经济的广阔领域，实现全面拓展政策红利的不断释放促进了保险行业的飞速发展，但是也伴随着问题的出现，因此 2016 年原保监会加强了保险资金运用的监管，这也给市场一个信号：“红利释放 + 规范发展”的监管思路将会成为今后保险行业以及保险资金运用的常态。

2017 年，保监会针对目前经济发展趋势，拓展投资渠道，创新投资方式，完善监管标准，同时加强风险管控，防范投资风险。面对 2015 ~2016 年保险业频频举牌的热潮，2017 年 1 月，原保监会发布《中国保监会关于进一步加强保险资金股票投资监管有关事项的通知》，落实“财务投资为主，战略投资为辅”的保险资金运用监管导向。纵观 2017 年，原保监会对于保险标的资金运用一直着眼于政府与保险资金的结合，并对 PPP 项目公司给予充分的政策创新支持。2017 年 5 月，原保监会在《关于保险业服务“一带一路”建设的指导意见》《关于保险业支持实体经济发展的指导意见》中提出，要创新保险资金运用方式，大力引导保险资金服务国家发展战略，支持保险资金通过债券、股权、股债结合、股权投资计划、资产支持接话和私募资金等方式，直接或间接投资实体经济及投资项目。《关于保险资金投资政府和社会资本合作项目有关事项的通知》《保险资金参与深港通业务试点监管口径》等一系列监管文件的出台，从委托投资、资管计划、参与 PPP 项目、股票投资、沪深港通业务等方面进行政策规范，同时对风险资本、业务规模及投资品种等做严格把控，引导稳健的价值投资，行业监管日渐规范，推动保险资管走向大资管平台。

2018 年，银保监会针对险资投资环境主要出台了两项政策。第一项是 2018 年 1 月 26 日，原保监会发布新版险资监管“基本法”《保险资金运用管理办法》，首发于 2010 年 7 月并于 2014 年修改的《保险资金运用管理暂行办法》，在近 8 年之后，在汇总了历年险资运用和监管的经验后，摘掉了“暂行”的帽子。其中的亮点包括对股票和股权投资实施差别监管，赋予险企资金运用工作的独立性，明确保监会对违规险企的监管处罚权限。整体来看，《办法》对于 2014 年版和 2016 年征求意见稿版既有保留，亦有新的增减部分，其主要内容有纳入新品种，股票、股权投资实施差别监管；对接“大资管”新政，严管另类投资；赋权资管独立性，增加高管职责；明确监管职责，增加处罚权限。2018 年 10 月 25 日，银保监会发布《关于保险资产管理公司设立专项产品有关事项的通知》，允许保险资产管理公司设立专项产品，发挥保险资金长期稳健投资优势，参与化解上市公司股票质押流动性风险。银保监会鼓励保险公司使用长久期账户资金，增持优质上市公司股票和债券，拓宽专项产品投资范围，加大专项产品落地力度；更好发挥保险公司机构投资者作用，维护上市公司和资本市场稳定健康发展。

2019 年，银保监会主要加强对保险公司资产负债管理的监督。银保监会依托保险资金最重要的特点是其负债属性、保险资金运用过程中必须满足资产负债相匹配的特点，于 2019 年 7 月 24 日发布《保险资产负债监管暂行办法》。《保险资产负债监管暂行办法》的发布，除对保险公司建立健全资产负债管理体系提出了相应要求，规范了资产负债管理监管评估的方式之外，还明确了依据资产负债管理能力和匹配状况对保险公司实施差别化监督的监管措施。中国银保监会将对保险公司的资产负债管理分别做出能力评估和量化评估，并根据评估结果实施差别化监管，对于评估结果好的公司，给予资金运用范围、模式、比例以及保险产品等方面的政策支持，对于评估结果差的公司，将会采取严格的监管措施。从政策上来看，《保险资产负债监管暂行办法》反映出银保监会准备着手解决过去监管规则“一刀切”“差公司生病，好公司跟着吃药”的情况，有利于进一步深化保险资金运用市场化改革，赋予保险公司更多的投资自主权。2019 年 11 月 22 日，银保监会发布《保险资产管理产品管理暂行办法（征求意见稿）》，以作为资管新规在保险资管行业下的配套细则。《保险资产管理产品管理暂行办法（征求意见稿）》明确了保险资管产品的投资范围，鼓励发挥保险资金长期、稳定的优势，支持实体经济的发展；明确了保险资管产品非标投资比例限制，对保险资金投资做出规范；明确了保险资管产品与外部投资管理机构的合作要求等诸多方面。该《办法》推动了保险资管产品的市场化发展。

2020 年，银保监会进一步扩大了保险资金的投资范围，完善监管的同时也在关注险企的风险管控能力。2020 年 5 月 20 日，银保监会发布《关于保险资金投资银行资本补充债券有关事项的通知》，放宽了保险资金投资的资本补充债券发行人条件；取消了可投债券的外部信用等级要求；明确了保险机构信用风险管理能力应当达到银保监会规定的标准，并且要求上季度末偿付能力充足率不得低于 120%；要求保险机构按照发行人对资本补充债券权益工具或者债务工具的分类，相应确认为保险机构的权益类资产或者固定收益类资产，并纳入相应监管比例管理。《关于保险资金投资银行资本补充债券有关事项的通知》有利于丰富保险资产配置品种，拓宽保险资金配置空间；有利于扩大保险机构投资自主权，将投资价值和风险判断的权利更多交给保险机构；同时也要求保险机构切实加强风险管理，审慎判断投资的效益与风险。为支持保险资金参与国债期货交易，有效防范风险，根据《关于商业银行、保险机构参与中国金融期货交易所国债期货交易的公告》的精神，2020 年 6 月 23 日，银保监会发布了《保险资金参与国债期货交易规定》，并同步修订了《保险资金参与金融衍生产品交易办法》和《保险资金参与股指期货交易规定》。《保险资金参与国债期货交易规定》的发布，进一步丰富了保险资金运用风险对冲工具，有利于保险公司加强资产负债管理，增强风险抵御能力。同时，《保险资金参与金融衍生产品交易办法》《保险资金参与股指期货交易规定》的修订，统一了监管口径，完善了保险资金参与金融衍生品交易的监管规制体系，有利于扩大保险机构的选择权，也有利于夯实保险机构履行全面风险管理的主体责任，强化风险意识，持续加强风险管理能力建设。2020 年 9 月 11 日，为了贯彻落实资管新规，进一步规范保险资产管理产品业务发展，细化《保险资产管理产品管理暂行办法》的相关规定，银保监会发布了《组合类保险资产管理产品实施细则》《债权投资计划实施细则》和《股权投资计划实施细则》三个细则。三个细则遵循以下原则：一是坚持严控风险的底线思维，二是坚持服务实体经济的导向，三是坚持深化“放管服”改革优化营商环境，四是坚持与大资管市场同类私募产品规则拉平。三个细则在《产品办法》的基础上，结合各类产品在交易结构、资金投向等方面的特点，对监管标准做了进一步细化，为保险资产管理产品稳步发展提供了制度保障。2020 年 11 月 13 日，银保监会发布了《关于保险资金财务性股权投资有关事项的通知》，其核心内容是取消保险资金财务性股权投资的行业限制，通过“负面清单 + 正面引导”机制，提升保险资金服务实体经济能力。《关于保险资金财务性股权投资有关事项的通知》的发布有利于加大保险资金对实体经济股权融资的支持力度，提升社会直接融资比重，进一步从制度和规则层面引导保险资金服务于实体经济，充分体现了当前监管积极引导险资为国家战略和实体经济提供长期稳定优质资金的政策导向；在分散投资风险的同时，也有助于增强保险资金投资收益率的稳定性。

2021 年，中国银保监会发布多项保险资金投资相关的政策规定，引导保险资金加大对重点领域的支持，进一步深化“放管服”改革，切实提升支持和服务实体经济的能力。2021 年 11 月中国银保监会发布《关于保险资金投资公开募集基础设施证券投资基金有关事项的通知》，允许保险资金投资公募 REITs，并明确了相关投资规范和监管要求。基础设施基金是以基础设施项目作为底层资产，项目运营周期较长、强制派息分红，能够较好匹配保险资金长期配置需求，为保险资金参与基础设施建设提供了新的投资工具。2021 年 12 月，中国银保监会发布了《关于保险资金参与证券出借业务有关事项的通知》（以下简称《通知》），进一步深化保险资金运用市场化改革，规范保险资金参与证券出借业务行为，有效防范风险。其主要内容包括：设置差异化监管标准，坚持分类监管导向；强化审慎监管理念，建立资产担保机制，对无中央对手方的证券出借业务，要求证券借入方提供担保，规定担保物类型及担保比例下限；加强合规管理要求，压实机构主体责任，明确保险机构在保险资金运用比例监管上不放松要求。

《通知》的发布，一方面，丰富保险资金运用方式，有助于盘活保险资金长期持有的存量资产；另一方面，有助于发挥保险资金资本市场机构投资者作用，对于优化资本市场供需结构，提升市场流动性和活跃度具有积极意义。同月，中国银保监会发布了《关于修改保险资金运用领域部分规范性文件的通知》，对保险资金运用相关的规范性文件进行了集中修订，来适应深化改革后的保险资金运用市场，进一步激发市场主体活力，提升保险资金服务实体经济质效。其主要内容包括：取消保险机构参与证券交易的服务券商和托管人数量限制，减少投资管理能力信息披露频率；允许保险资金投资由非保险类金融机构实际控制的股权投资基金，取消保险资金投资单只创业投资基金的募集规模限制；允许保险私募基金的发起人及其关联保险机构根据投资策略自主选择投资比例；取消保险资产管理公司设立和管理债权投资计划和资产支持计划的外部信用评级要求；取消保险资金开展内保外贷业务的事前评估要求；增设投资于非标准化金融产品和不动产资产的比例限制，防范非标准化资产领域投资风险。《通知》的发布，是监管规则顺应市场发展变化的举措，有利于增强市场主体的投资自主权，为多层次资本市场提供长期资金来源，同时引导保险资金加大标准化产品投资，防范投资风险。同时，同年 12 月《保险资产管理公司管理规定（征求意见稿)》正式颁布，以此来强化保险资产管理公司监管，促进保险资产管理行业高质量发展。新增公司治理专门章节，全面强化公司治理监管的制度约束；将风险管理作为专门章节，从风险管理体系、风险管理要求、内控审计、子公司风险管理、关联交易管理、从业人员管理、风险准备金、应急管理等方面进行全面增补；优化股权结构设计，不再限制外资保险公司持股比例上限；优化经营原则及相关要求，明确要求建立托管机制，完善资产独立性和禁止债务抵消表述，进一步明确了严禁开展通道业务等禁止行为；增补监管手段和违规约束，增加了分级监管、信息披露、重大事项报告等内容，丰富了监督检查方式方法和监管措施。《管理规定》为保险资管公司市场化运作和差异化发展提供了空间，有利于引导和促进保险资产管理公司规范化运作，有利于更好地满足保险资金等的管理需求，有利于为实体经济高质量发展提供更多中长期资金支持。

2022 年 5 月，中国银保监会发布了《保险资金委托投资管理办法》与《关于保险资金投资有关金融产品的通知》，这是两个文件时隔 10 年后的修订发布。

相较于以前的版本，《保险资金委托投资管理办法》对委托管理的受托主体、委托范围、资质要求、流程机制、主体责任和行为规范重新进行了规定，具体来看，包含了放松委托方的资质条件要求（删除了“最近三年未发现重大违法违规行为”的资质要求）、收缩受托方范围（明确受托方仅限于保险资产管理机构）、增加委托管理的资产类型、压实委托方的管理职责和强化受托方主动管理责任等，在一定程度上增强了保险公司的自主决策权，助力保险资金委托投资市场的高质量竞争。《关于保险资金投资有关金融产品的通知》主要对保险资金可投资金融产品的范围进行了拓宽，将理财公司理财产品、单一资产管理计划、债转股投资计划等保险业外金融产品纳入可投产品范围。越来越多符合保险资金风险收益偏好的产品能被纳入组合，有助于缓解保险资金的配置压力，进一步完善资产配置结构，稳定组合收益。不仅如此，保险公司与银行理财、证券公司、证券资产管理公司、证券投资基金管理公司等通过投资产品紧密联系在一起，有望实现优势互补、合作共赢。此外《关于保险资金投资有关金融产品的通知》还强调了穿透监管要求，底层资产清晰、交易结构清晰的金融产品将更受保险资金青睐。同年8月，银保监会正式发布《保险资产管理公司管理规定》，内容包括新增公司治理专门章节、将风险管理作为专门章节、优化股权结构设计要求、优化经营原则及相关要求、增补监管手段和违规约束。本次修订在系统整合相关制度基础上，形成了体系相对完备、特色更加鲜明的机构监管制度框架，有利于进一步增强保险资管公司独立性，提升市场化、专业化水平，推动实现高质量发展；引导保险资管公司坚守保险资金、企业年金等长期资金核心管理人定位，鼓励保险资管公司巩固和发挥长期投资优势，更好地发挥机构投资者作用。

第二节　中国保险资产管理业经营状况

一、市场主体多样化

当前，我国保险资产管理行业发展日趋多元化、专业化。保险资产管理机构在立足保险主业的基础上，积极参与大资管竞争，逐渐拓展第三方业务并向综合性资产管理公司转变。2003年7月16日，国内第一家保险资产管理公司中国人保资产管理股份有限公司成立。2006年9月1日，太平资产管理有限公司批准筹建。此后，安邦资产管理有限责任公司、生命保险资产管理有限公司等公司相继成立。截至2022年年底，成立的保险资产管理公司共33家（详见本书附录二），总资产达到1036亿元；2022年全年实现业务收入（包括管理费及投顾、财顾等咨询费）274.20亿元，同比增长1.56%，增速与上年基本持平。

从类型上看，保险资产管理机构可以分为保险公司（集团）内部的受托人、行业内部的非关联受托人和业外受托人。从数量上看，保险公司集团内部受托人有保险资产管理公司、另类投资平台、境外投资平台、不动产投资平台等；我国现有保险资产管理公司33家，另有平安不动产、平安养老、长江养老、国寿养老、中保投资5家机构具有存量保险资产管理产品业务，以及18家保险私募基金管理人、12家保险资产管理（香港）子公司。从保险资产管理规模上看，截至2022年年末，中国保险资产管理业协会调研了32家保险资管公司。32家保险资产管理公司管理资产规模稳健增长，全口径资产管理规模达到24.52万亿元，同比增长15.11%。截至2022年年末，系统内保险资金管理规模合计17.87万亿元，占比73.04%；管理第三方保险资金1.80万亿元，占比7.35%；管理商业银行及理财子公司资金2.53万亿元，占比10.35%；管理养老金（含基本养老金、企业年金和职业年金投资资产）1.42万亿元，占比5.82%。管理其他资金占比3.44%。资产配置方面整体以债券、金融产品和保险资管产品、银行存款为主，三者占比合计超过七成，投资风格保持稳健。

二、行业规模不断扩大

近年来，我国保险业总资产逐年增长，2022年年末保险行业总资产规模达27.15万亿元，较年初增长9.1%，增速相比2021年有所提高，如图5-1所示。从整个行业趋势看，经过2019年、2020年保险行业总资产规模扩张速度抬升之后，2021年增速有所减缓，2022年增速又提高，整体呈现震荡上升态势。

近十年来，我国保险资金运用余额逐年递增。2022年保险资金运用余额为25.05万亿元，较年初增长7.85%；保险业可用于投资的资金与保险总资产发展规模息息相关，保险资金可运用余额的持续快速增长将为保险资金投资提供动力

图5－1　中国保险业总资产及年增长率（2011～2022年）

数据来源：中国银保监会网站、《中国保险年鉴（2011～2022）》。

和支持。但在扩大的同时，我们应该意识到，相对于2014～2016年保险业资金运用余额和保险业总资产高达20%的年增长率，2017～2022年保险业资金运用余额和保险业总资产增速放缓，保险业资产将进入稳健增长的时期。具体如图5－2所示。

图5－2　中国保险业资金运用余额及年增长率（2011～2022年）

数据来源：中国银保监会网站、《中国保险年鉴（2011～2022）》。

三、收益率回升

近年来，我国保险资金运用收益出现了明显的下行趋势。2007 年资本市场的高速发展成就了保险资金运用平均收益率达到高点（12.17%），2008 年遭受全球金融危机的冲击和国内资本市场的转弱，投资收益出现历史新低（3.38%）。2010 年后，随着保险资产管理的政策逐渐出台、投资渠道的不断放开，我国保险资金的运用模式更加灵活多元，保险业的投资收益率也逐年上升。2016 年，保险行业受宏观经济探底、年初股灾、年末债灾的多重不利影响，保险资金运用收益较 2015 年明显下降，而 2017 年保险资金因为债券市场的遇冷，资金投资收益率为 5.77%，到了 2018 年，上证指数累计下跌 24.59%，深证成指期间累计下跌 34.42%，创业板指期间累计跌幅为 28.65%，股票型基金全线亏损。2018 年全年保险业资金运用平均收益率仅为 4.30%。在 2019 年，保险资金运用收益达到 8824.13 亿元，同比增加 29.08%，投资收益率也达到 4.94%。其中，投资仅占 8.06% 的股票收益率达到 9.16%，对保险资金整体投资收益率起到了提振作用，但随着债券收益率和货币市场利率下行的影响，在未来一段时期内，我国保险资金运用收益率将很难达到高值。2020 年，受益于 A 股牛市，保险资金运用收益共计 1.1 万亿元，资金运用平均收益率达到 5.41%，较 2019 年上升 0.47 个百分点。从收益贡献比来看，基金和股票是上一年投资收益率最高的两类资产。其中，证券投资基金规模占保险资金运用余额的 5.09%，投资收益率 12.19%；股票规模占保险资金运用余额的 8.66%，投资收益率达 10.87%。过去十年，保险资金年均实现投资收益由 0.18 万亿元增至 1.05 万亿元，年均投资收益率 5.28%，实现了长期稳定的绝对收益，有效覆盖承保成本并成为利润的主要来源。

四、资金运用余额增速稳定，资产配置以固收类为主

我国保险资金的投资资产可分为三个部分，即固定收益类资产、权益类资产、包含另类资产的其他资产，资产配置的结构逐渐趋于稳定。2022 年保险资金运用余额为 25.05 万亿元，比年初增长 7.85%，增速与 2021 年的 7.15% 基本持平。其中，银行存款 28348 亿元，占比 11.32%，较 2021 年上升 0.05 个百分

点；债券 102530 亿元，占比 40.93%，较 2021 年上升 1.89 个百分点；股票和证券投资基金 31829 亿元，占比 12.71%，较 2021 年降低 1.05 个百分点；包含非标资产投资在内的其他资产 87802 亿元，占比 35.05%，较 2021 年同期有所降低。整体来看，保险资金配置仍保持以固定收益类资产为主、多元化资产分散配置的结构。

五、另类投资产品规模缩水，股权投资计划、保险私募基金注册火热

另类投资业务是保险资金服务国家战略和支持实体经济发展的重要工具，根据中国保险资产管理业协会数据，截至 2022 年年底，保险资产管理机构及保险私募基金管理人累计登记（注册）债权投资计划、股权投资计划和保险私募基金 2882 只，登记（注册）规模 6.33 万亿元。其中，债权投资计划 2698 只，规模 5.34 亿元；股权投资计划登记 109 只，规模 4447.19 亿元；保险私募基金 75 只，规模 5491.58 亿元。2022 年 1 ~ 12 月，中国保险资产管理管理业协会共登记债权投资计划、股权投资计划、保险私募基金 529 只，同比减少 5.37%，登记规模 10507.21 亿元，同比减少 6.78%。其中，债权投资计划 485 只，规模 8711.78 亿元，数量、规模同比分别减少 8.14%、9.90%；股权投资计划 23 只，规模 577.15 亿元，数量、规模同比分别增加 64.29%、8.76%；保险私募基金 21 只，规模 1218.28 亿元，数量、规模同比分别增加 23.53%、13.75%。

可以看到，保险资管机构 2022 年注册的另类投资产品数量和规模都有所下降。但是整体来看，另类投资产品总体规模仍超过 10000 亿元。另类投资产品大多布局于服务国家战略、关系国计民生的领域，既能满足保险资金长期配置的需要和投资范围要求，又能为实体企业提供长期、稳定的资金支持，前景广阔。

第三节　中国保险资产管理业热点

一、权益类市场变动明显

（一）险资入市

2019 年，在金融供给侧结构性改革稳步推进、各项基础性制度建设推陈出

新的时代背景下，中国资本市场特别是股票市场取得了非常不错的成绩。自2019年1月4日，央行发布公告下调金融机构存款准备金率1个百分点起，整个2019年，上证指数上涨22.3%，深证成指全年上涨44.1%。在资本市场稳步发展的同时，监管对险资入市资金监管重点也已发生改变，由原来的“警惕”，变为当前鼓励险资入市。

2019年1月，银保监会新闻发言人肖远企表示，鼓励保险公司使用长久期账户资金，增持优质上市公司股票；在同年7月的国新办发布会上，银保监会副主席梁涛透露，银保监会正在积极研究提高保险公司权益类资产的监管比例事宜；9月，证监会在京召开的全面深化资本市场改革工作座谈会再度呼吁“推动更多中长期资金入市”。12月20日，银保监会保险资金运用监管部主任袁序成明确表示，一是支持保险资金投资科创板上市公司股票；二是鼓励保险公司增持优质上市公司股票；三是支持保险资产管理公司设立专项产品，参与化解上市公司股票质押流动性风险，并在产品投资范围和权益类资产比例上给予一定政策支持。

在政策、市场和监管的支持下，2019年年末，险资股票和证券投资基金余额为24365.23亿元，占整个保险资金运用余额比例的13.15%，其余额较上年同期增长5145.36亿元，同比增长约26.77%。截至2019年11月末，保险资金投资股票规模1.81万亿元，约占A股流通市值的3.31%。险资目前作为A股市场第二大机构投资者的地位并未动摇。

2019年保险资金中股票和证券投资基金比例有所上升，但由于保险资金的根本属性虽是长期资金，却对每年的稳定分红和收益有更高的要求，符合险资投资的上市公司并不多，对稳定性的要求使得市场上符合险资投资的标的有限，影响了保险资金对于股票和证券投资基金的进一步投入，尽管监管多次表态，但目前险资权益投资距离监管上限还有很大的空间。

（二）险资举牌变化难测

2015年下半年保险公司掀起举牌上市公司的热潮，以前海人寿、国华人寿、安邦保险为代表的险资连续举牌多家上市公司引起市场强烈关注，其激进的交易策略和“赚快钱”的套利方式一度让市场动荡。对于大出风头的保险资金，监管风向已经明确，保监会强调，险资运营中，保险资金一定要做长期资金提供者，而不是短期资金炒作者，并提出要从严从重加强保险资金运用监管。受股市杀跌和保监会监管加强影响，2016 年上半年未出现险资集中举牌。2016 年险资举牌共有 12 例，而 2017 年险资举牌现象进一步减少，仅有 7 例险资举牌信息。同时，在 2017 年的险资举牌中，通过二级市场集中竞价交易而达到举牌线的仅有 1 例，其余 6 个均为险资参与定增、认购新股而构成举牌的情况。

在 2018 年中，在资本市场上频频出现的“险资举牌”，在沉寂两年后有所回温，受股市低迷的影响，银保监会于 2018 年 10 月发布《关于保险资产管理公司设立专项产品有关事项的通知》，鼓励保险公司参与和支持资本市场发展，鼓励保险公司增持优质上市公司股票。受监管松绑的影响，险资在 2018 年共有 10 例险资举牌案例。

2019 年，险资举牌再也不是一个让人联想到“野蛮人”的词汇。“价值发现”“长期投资”“财务投资”成为险资举牌的新标签。变化源于保险行业监管环境与险企保费结构变化、市场利率下行、新的会计准则等一系列原因的推动与催化，险资举牌始被正名。本年度举牌上市公司的险资，呈现出以平安、国寿、太保等大型险企为主的特点。其中，中国人寿举牌了申万宏源、中广核电力、中国太保、万达信息（被 3 次举牌）；平安人寿举牌了华夏幸福、中国金茂；太保寿险举牌了上海临港。

与此同时，由于“资产驱动负债”模式的没落，此前资产驱动负债型险企纷纷开始转型，大幅削减万能险保费，并降低万能险结算利率，增加中长期的万能型年金保险产品，以拉长负债久期，负债端资金特性的改变传导至投资端，中小险企的投资也更趋稳健，不再举牌。

往年险资举牌上市公司，更倾向于财务投资，主要通过在二级市场买卖股票，在半年甚至一个季度内完成操作以获取差价。2019 年的险资举牌则集中在自身产业的上下游，通过参与定增、认购新股，进行中长期的投资和战略布局。这种方式往往涉及大量资金动向，对标的公司本身已具有深入的了解和长期且明确的投资意向。

2020 年以来，险资在二级市场上不断“扫货”加仓，掀起“举牌”潮。截至 2020 年底，险资全年举牌次数已达 20 次，涉及 13 只股票，创 2016 年以来险资举牌次数新高。在利率下行、非标资产收益率下降及信用风险增加的情况下，险企增加权益性资产配置比重成为有效对冲方式。这也是应对新金融工具会计准则调整的需要。总体而言，这一轮举牌潮由 IFRS9 准则变更、政策引导、险资资产配置需求共同推动。保险公司倾向于在新准则实行前逐步降低股价对利润表的影响，同时选择高分红股票来增厚利润，将持有股票的收益由交易转为股息收入。

然而，自 2021 年以来，险资举牌进入低迷期。2021 年险资举牌仅发生一例，为国寿集团通过 QDII 账户出资方式参与中国华融（2799. HK）非公开发行 H 股股份。此外，险资还取消了 2 起此前的举牌计划。2022 年虽有 4 场险资举牌，但其中 2 起为被动举牌，不涉及险企出资，分别为前海人寿被动举牌宝新置地（0299. HK）和泰康人寿被动举牌京新药业（002020. SZ）；另外 2 起主动举牌则分别为中国太保参与天齐理业港股首次公开发行以及太平人寿增持工商银行港股，据港交所披露，险企在上述两家增持中分别斥资折合人民币 9. 19 亿元和 5. 57 亿元。在险企人士看来，险资举牌行动消极，一方面与权益资产的配置难度提升、举牌风险增加有关，另一方面与保险业保费结构调整、险资失去举牌动力有关。从外部因素来看，险资权益资产配置中出现诸多新特征，包括供给端产业结构变化、传统产业集中度提升、资本市场结构向新经济倾斜等，增加了权益投资难度。此外，很多新兴成长行业处于渗透率提升早期，成长空间巨大，但缺乏估值体系的历史参照，因此险资举牌低迷。

二、另类投资

所谓另类投资，是指公开交易平台外的投资，在我国主要是指除银行存款、债券、股票等传统投资以外的投资品种，主要包括基础设施债权投资计划、不动产投资计划、股权投资计划以及信托金融产品等。事实上，近年来，国家出于支持实体经济发展的目的，一直在政策层面鼓励保险资金另类投资，例如基础设施项目、不动产项目、长期股权等。可以预见的是，国家还会陆续出台相关优惠政策，比如关于保险资金投资实体经济项目的税收问题、不动产抵押登记手续问题等，对保险资金给予更大支持力度。本报告将按照监管现状——发展现状——政策建议的逻辑进行分析。

（一）另类投资监管现状

2012 年《关于保险资金投资有关金融产品的通知》首次提出“项目资产支

持计划”，以满足保险资金配置需求，但该项规定仅允许保险资金投资信托公司集合资金信托计划、证券公司专项资产管理计划，并没有放开对于基金子公司设立的资产管理计划的投资限制。2014 年《项目资产支持计划试点业务监管口径》将保险项目资产支持计划引入试点阶段。该项规定限定了基础资产范围为信贷资产、金融租赁应收款、股权资产，禁止简易结构两层或多层嵌套，确立了逐单审批制度。2015 年《资产管理计划业务管理暂行办法》正式标志着保险资产管理公司的资产支持计划步入常态发展阶段。2016 年中国保监会印发《保险资金间接投资基础设施项目管理办法》，更是在监管层面对另类投资给予大力度的支持。2022 年银保监会修订发布《关于保险资金投资有关金融产品的通知》，进一步拓宽保险资金可投资金融产品的范围，将理财公司理财产品、单一资产管理计划、债转股投资计划等另类投资产品纳入可投产品范围。越来越多符合保险资金风险收益偏好的另类投资产品可以被纳入组合。

（二）另类投资成为保险资金配置占比最大的资产类别

随着 2012 年下半年保险投资领域逐渐放开，另类资产因其更适风格稳健、规模大、期限长的特点，投资占比自 2012 年不断攀升，从投向数据分析可以看出，起初债券所占比重明显高于其他三类资产，但比例逐年降低，从 2012 年年底的 44.90% 降到 2018 年年底的 34.36%，而另类资产投资占比从则 2012 年的 9.5% 持续上升至 2016 年的 36.02%，年均增速超过 6%，2016 年首次成为保险资金投向占比最大的资产类别，之后占比趋于稳定，并于 2021 年与 2022 年重新成为占比第二大的资产类别，与排名第一的债权类占比差距较小。具体如图 5－3 所示。

从趋势上明显可以看出保险结构加大了对另类资产的配置力度，继 2017 年其他投资占比达到峰值后，近两年其另类资产投资比例呈现略微下降的趋势，其重要原因就是另类资产中非标产品难以满足保险资管日益增长的非标投资需求。2022 年保险资金运用余额为 25.05 万亿元，比年初增长 7.85%，增速与 2021 年的 7.15% 基本持平。其中，银行存款 28348 亿元，占比 11.32%，较 2021 年上升 0.05 个百分点；债券 102530 亿元，占比 40.93%，较 2021 年上升 1.89 个百分点；股票和证券投资基金 31829 亿元，占比 12.71%，较 2021 年降低 1.05 个百分点；包含非标资产投资在内的其他资产 87802 亿元，占比 35.05%，较 2021 年

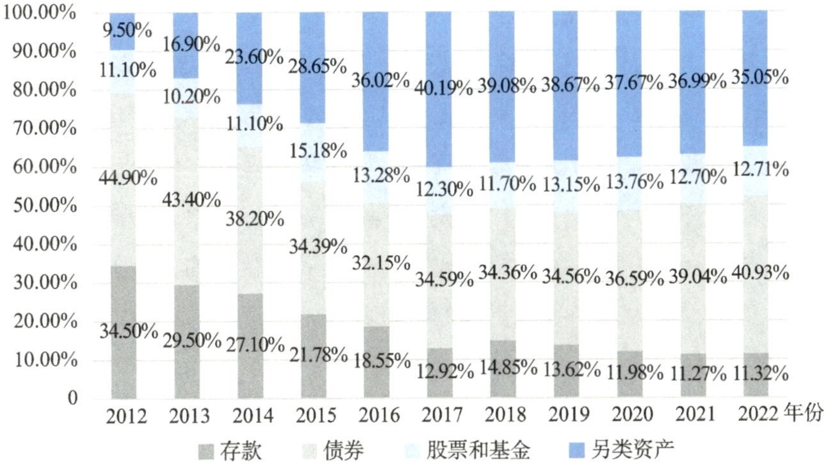

图 5－3 2012～2022 年中国保险资金投向

数据来源：中国保险业协会和中国保险资产管理业协会官网、《中国保险年鉴（2012～2022）》。

同期有所降低。截至 2022 年 12 月底，保险资产管理机构及保险私募基金管理人累计登记（注册）债权投资计划、股权投资计划和保险私募基金 2882 只，登记（注册）规模 6.33 万亿元。

目前监管对于此类非标产品在融资主体、增信措施、信用评级、风险管理等多个方面设定了严格的要求，除了交易场所和信息披露公开性差别上与标准化产品有所差异外，债权计划本身体现了很高的标准化程度，产品发行与定价缺乏市场化的空间，已注册的产品交易结构千篇一律。这也影响了另类投资的发展前景。

（三）国内外保险资金另类投资的比较分析及相关建议

1. 另类投资配比已趋于国际水平

我国保险资金另类投资尚处于初期，2006 年原保监会才正式发文开展间接投资基础设施项目试点，2007～2010 年陆续出台境外投资、股权投资等试行办法。2010 年原保监会颁布《保险资金运行管理暂行办法》，扩大了保险资金的投资范围及非标资产的投资比例，另类投资自此才开始成为保险（资管）机构投资的关注对象。2010 年我国保险资金另类投资占比不足 10%。而 2018 年此比例已高达 39%，成为保险资金投向占比最大的资产类别。虽然 OECD 国家保险另类投资业务开展的时间相对较早，但 2008 年的美国次贷危机使得另类投资的端口收紧，2010 年仅占总投资比的 10.5% 是近十年来最低。2010 年后国际资本市场开始复苏，2013 年此比例达到了 22.53%，以平均每年 2.58% 的增长率保守估计，2015 年达 28.41%。如此看来，我国保险资金在另类投资配比方面已趋于国际水平。但由于我国保险资金另类投资的发展历程较短且发展速度过快，若无相应多元化产品支撑巨大的资金配比，投资风险与收益将难以合理匹配。因此，建议保险资管机构在现有的另类投资配比下优化投资产品结构，增加其多样性，在另类投资比例的稳健增长中寻求更高的投资收益。

2. 监管逐渐放开但不应极宽松

2014 年 2 月保监会发布的《关于加强和改进保险资金运用比例监管的通知》进一步拓宽了保险资金投资非标资产的比例。不动产类资产、权益类资产、境外投资、其他金融资产的账面余额分别不得高于上季末保险公司总资产的 30%、30%、15%、25%。与 2010 年的规定相比，权益类资产方面，由之前的“股票及股票型基金不得超过 20%，未上市公司股权资不得超过 10%”变为“权益类资产不得超过 30%”，这使得私募股权的投资比例更加灵活；固定资产方面由之前的“投资基础设施及不动产债权投资计划不得超过 20%”上调至 30%，比例进一步放开。另一方面，2013 年原保监会批准成立了保险资产管理业协会，将资管产品的审核制改为注册制。保险资管协会作为行业自律组织不仅可以起到规范保险投资行业的作用，还使企业与监管层的沟通更加方便灵活。目前，保险资产管理公司创设的债权投资计划、股权投资计划、组合类产品及资产支持计划、保险私募基金等产品存续数量达 3673 只，存续规模 6.83 万亿元，年均增速 34.73%，已成为保险资金服务实体经济的重要工具。保险资管产品发行效率大幅提高，以债权投资计划为例，债权投资计划整体平均登记时长由 15.22 个工作日缩短为 2.84 个工作日，效率提升 81%。

通过与发达的国家及地区对比可以发现，我国保险资金另类投资的宏观策略较美、日等国更为开放，趋于英国及中国台湾。但分析各国的资本市场不难发现，美国之所以更倾向于投资债券是因为其债券市场品种多样、收益灵活、监管得当，保险资金投资债券市场可以使资产负债得到更有效的匹配。此外较为谨慎的监管可抵御市场的系统性风险。而日本则由于长期处在低利率和严密的市场监管环境下，其整体的风险偏好较低。与日、美监管风格不同的是，英国的监管极为宽松，政府只针对保险公司制定偿债能力指标并定期考核，而保险资金的运用更多依赖于行业自律组织及保险公司自身的风险防范。英国保险投资的低监管、高收益得益于成熟的资本市场及从业人士较高的专业素养，未必适用于我国保险资金投资现阶段的发展，但有一定的借鉴意义。中外保险资金监管比例的对比如表5－3所示。

表5－3　　中外保险资金监管比例对比

国家或地区	规定的主要投资方式	比例
美国	股票、债券、抵押贷款、其他投资	股票和公司债不得超过20%，海外投资不得超过10%，不动产不得超过10%
英国	无具体规定	无具体规定
日本	银行存款、信贷、信托、有价证券、黄金债券、不动产、金融衍生品等	国内股票不得超过5%，债券贷款不得超过10%，不动产不得超过20%，其他投资不得超过15%
中国台湾地区	银行存款、股票、贷款、有价证券、不动产、境外投资、与保险相关事业、专项资金运用和公共投资、金融衍生品等	贷款不得超过35%，有价证券不得超过35%，海外投资不得超过45%，不动产不得超过39%，专项资金不得超过10%
中国（不含台湾地区）	流动性资产、权益类资产、固定收益类资产、不动产、其他金融投资	不动产类资产、权益类资产、境外投资、其他金融资产的账面余额分别不得高于上季末保险公司总资产的30%、30%、15%、25%

资料来源：保险资产管理行业协会。

3. 加快另类投资产品研发

投资组合多元化可使配置的资产在原有的风险范围内扩大投资收益，国内外的保险业资产配置都遵循了这一基本的投资规律。但如何进行非标资产的配置，怎样进行风险防范，才是实际应用中每个保险资产管理机构运营的核心问题。

通过国内外保险资金运用的现状对比可以发现，我国保险资金的配置特别是在另类投资方面，由于政策的开放引导正处于活跃的整合期，整个保险投资市场对金融创新产品的需求强烈。尤其对能够提供较高的稳定收益及可匹配长期负债的产品的需求更加强烈。但这种需求需要各种资本市场（证券、基金、信托等）新渠道的有效对接，方可实现保险业资金的合理配置。而当前，我国保险资产管理机构自行开发的资产管产品仅局限于债权计划、股权计划、项目资产支持计划，相对于英国、中国台湾等国家及地区，其投资渠道较窄，投资类型较为单一。保险资管机构应积极研发创新型资管产品以丰富另类投资的品种。

三、大资管时代下的统一监管

2017 年 11 月，中国人民银行就《中国人民银行、银监会、证监会、保监会、外汇局关于规范金融机构资产管理业务的指导意见（征求意见稿）》，2018 年 4 月 27 日，中国人民银行，银保监会、证监会、外汇局正式颁布了资管新规，自此包括保险资管在内的百万亿元的资管业务的监管靴子终于落地，该资管新规将从打破刚性兑付、规范资金池、净值化转型等角度产生直接影响。2019 年 11 月 22 日，中国银保监会发布《保险资产管理产品管理暂行办法（征求意见稿）》（以下简称“保险资管暂行办法（征）”）。作为资管新规在保险资管行业的配套细则，《保险资管暂行办法（征）》包括总则、产品当事人、产品发行设立、产品投资与管理、信息披露与报告、风险管理、监督管理及附则共八章。银保监会在制定《保险资管暂行办法（征）》时，遵循坚持保险资管产品的私募定位、坚持严控风险的底线思维、坚持保险资管产品的中长期特色以及坚持原则导向和规则细化相结合的原则。2022 年 8 月 5 日，中国银保监会正式发布《保险资产管理公司管理规定》（以下简称《规定》），将自 2022 年 9 月 1 日起施行。具体来看，《规定》共计 7 章、85 条，主要内容包括：新增公司治理专门章节；将风险管理作为专门章节；优化股权结构设计要求；优化经营原则及相关要求；增补监管手段和违规约束。

（一）资管新规政策原则梳理

1. 打破刚性兑付

新规明确刚性兑付行为：违反真实公允确定净值原则的保本保收益产品，滚动发行使本金、收益、风险在不同投资者间转移，自筹资金偿付或委托其他机构代偿。监管在处置资管风险问题时的角色也从传统观念中的“求稳”改为加强责任认定，首次提出对刚性兑付行为进行处罚，自行筹集资金偿付或者委托其他金融机构代为偿付均被认定为刚性兑付行为。而且对刚性兑付行为采取投诉举报奖励制度，本质上是引导市场对资管产品认知的转变，使其回归代客理财本源。

2. 消除多层嵌套

金融机构不得为其他金融机构的资产管理产品提供规避投资范围、杠杆约束等监管要求的通道服务。当前资管行业存在通过多层嵌套、通道、分级产品加杠杆的方式投向底层资产的运作模式，新规对底层资产分散度提出更高要求，现行模式可行性大打折扣。规范资金池运作，禁止资金池业务，要求资管产品资金和底层项目期限匹配。过去资管产品通过借短贷长的操作，实现在表外滚动融入短期资金。

3. 投资到长期项目

新规要求金融机构应当做到每只资产管理产品的资金单独管理、单独建账、单独核算，不得开展资金池运作。

4. 降低期限错配风险

投资非标资产其终止日不能晚于封闭产品到期日和开放产品最近一次开放日，继续要求强化久期管理。

（二）资管新规对保险业的影响

1. 统一监管标准，抓住大资管发展新机遇

目前我国金融机构资管规模已达百万亿元，相较于银行、信托、基金等金融机构，保险资管产品整体规模较小。据保险资产管理业协会数据披露，截至2018年年底，我国保险资管计划余额为2.08万亿元。新规将保险资管正式纳入大资管监管范畴，确立主体地位。保险资管计划属私募类产品，发行范围限合格投资者，主要包括债权投资计划、股权投资计划和组合类产品等，目前整体规模有限，我们认为新规影响不大。此外，新规中特意提到养老金产品不适用，投资范围相较普通资管产品将更为灵活。

2. 打破刚性兑付，凸显保险产品优势

资管新规要求产品实行净值化转型，去通道、去杠杆背景下，结合打破刚性兑付的监管要求，我们预计理财产品收益率下行，保险产品提供稳定的预定利率兼顾保障功能，竞争力提升。我们认为随着保险产品竞争力的增强，保险需求有望进一步释放，部分理财资金流向稳定收益与风险的保险产品，优势凸显将为保险资管提供更多可能。

3. 保险资管行业发展迎来上位法

《保险资管暂行办法（征）》放开了保险资管产品对个人销售，意味着保险资管产品正式开始参与个人财富管理，在财富管理行业转型中为居民提供更全面丰富的投资标的选择，奠定了保险资管机构的市场化发展路径；明确了保险资管产品的投资范围，鼓励发挥保险资金长期、稳定的优势，支持实体经济的发展；明确了保险资管产品非标投资比例限制，对保险资金投资做出规范；明确了保险资管产品与外部投资管理机构的合作要求等诸多方面。2022 年《保险资产管理公司管理规定》（以下简称《规定》）坚持问题导向，在全面梳理保险资管公司发展中存在的问题和原规定中的滞后、缺位等内容的同时，统筹考虑未来一段时期保险资管公司的发展方向，提高法规的针对性和前瞻性。与此同时，此次《规定》体现了市场化、专业化改革方向。不仅重点修订股东资质、高管资格、业务规则等关键环节监管要求，做好事中事后监管。此外，《规定》还坚持从严监管导向，明确违规情形，完善监管手段机制，加大对违法违规行为的制约和惩处力度。保险业资管新规的发布，弥补了保险资管产品统一监管规则的空白，对保险资产管理产品的业务发展进行了规范，促进引导保险机构服务实体经济，有效防范金融风险；推进保险资管产品更加市场化的发展，提升了保险资管机构参与财富管理行业的机遇空间。

第四节　中国保险资产管理的机遇与挑战

一、中国保险资产管理的机遇

（一）政策“松绑”，投资渠道多元化

随着市场化改革进程的不断深化，我国保险资金运用渠道不断多元化。2012 年至今，监管机构高密度地出台各项创新政策，确立了“简政放权、放管结合”“放开前端、管住后端”的监管思路，保险资产管理市场化改革稳步推进。“保

险投资13条”与《保险资金运用管理办法》出台以后，保险资金投资渠道不断拓宽、资产配置策略组合越来越丰富，固定收益类资产仍是保险资金投资取向的主流，但股票、基金、信托等更多权益型资产的政策放开，开辟了保险资产管理发展的新局面。

（二）保险资金运用余额不断增加

截至2022年年底，我国的保险总资产已经达到了27.15万亿元，资金运用余额达25.05万亿元，2022年全国原保费收入达到4.7万亿元。保险资金运用余额规模不断扩大，需求端的资金极度充裕，投资管理的空间充足。随着投资渠道的不断放开，合适的投资机会涌现，保险资产管理将迎来更加快速的发展。

（三）保险资金优势更加凸显

保险的资金来源是保费收入，这种负债收入具有长期稳定性，与其他一些金融机构的短期性收入相比，保险资金在长期投资和实体投资上具有独特的优势。此外，“新国十条”明确提出了要充分发挥保险资金长期投资的独特优势，以及利用债券投资计划和股权投资计划等方式，来支持重大基础设施建设、棚区改造、城镇化建设等民生工程和国家重大工程。

二、中国资产管理的挑战

（一）面临更高的风险管理要求

随着保监会等相关部门陆续出台新政放宽投资限制，保险资金将有更多的资产配置组合，各家险企将面临更多的选择。过去集中投资于低风险高信用等级的各类债券、基金、银行存款等标的将逐渐转向期限较短但收益、风险均相对较高的权益类资产，投资的系统性风险、流动性风险、利率风险等各类风险将随之增加。因此，保险公司应及时调整风险管理策略，建立更加适时的风险管理体系。

（二）自身资产管理水平有待提高

长期以来，保险资管机构买方心态和路径依赖的现象较为明显。在大资管统一监管、同台竞技的市场环境下，保险资管公司要摆脱买方心态，进一步提升管理能力和服务能力，从以前单一的“买方”身份，向“买方+卖方”的双重身份进行转变，注重加强养老金融服务、投资咨询顾问、内部信用评级、资管科技开发等领域专业能力的提升和输出，丰富业务服务体系，努力将优质服务能力转化为市场竞争力，推动其成为新的业务增长点和利润增长点。

（三）保险资产投资收益率有待稳步提升

近几年来，由于经济下行压力加大，优质资产收益率不断降低，这对于部分负债成本较高的保险机构来说，固定收益类资产收益已经难以覆盖保单的获取价格，从而严重影响保险机构的持续经营。部分中小型保险公司走出的“资产驱动负债”的道路，在高额的资产负债匹配风险监管层强化金融监管的政策下，也被认为已经失灵，风光不再。保险资产投资，仍有很长的路要走。

（四）监管面临新挑战

2022 年 5 月，银保监会发布《保险资金委托投资管理办法》和《关于保险资金投资有关金融产品的通知》。两项制度自 2012 年保险资金委托投资和金融产品投资政策出台以来首次修订，是深化保险资金运用市场化改革的重要举措，对于引导保险资金发挥长期投资优势、服务实体经济高质量发展具有重要意义。2022 年 8 月，中国银保监会正式发布《保险资产管理公司管理规定》，作为目前 33 家保险资产管理公司监管的顶层制度，统筹考虑了保险资产管理公司当前发展存在的问题和未来一段时期的发展方向，形成了体系相对完备、特色更加鲜明的机构监管制度框架。新规则的实行对保险资管公司和监管机构都提出新的挑战，我国资产管理行业在创新改革的同时会面临众多的挑战，相关监管部门应及时调整监管政策，完善监管体系，跟上新时代产业发展的速度。

第三部分

中国保险产品、服务与消费者权益保护

第六章　中国人身保险产品和服务分析

第一节　人身保险公司市场份额分析

我们将基于原保费收入口径分析寿险公司的市场份额占比。原保险保费收入执行《企业准则解释公告 2 号》下的保费收入确定准则。

一、原保费收入口径下的市场份额占比

在我国人身险市场上，中资保险公司市场占有率为88.4%，外资保险公司市场占有率为11.6%。与2021年相比外资公司占比略有提升，但现阶段中资公司仍拥有绝对优势。

中国人寿、平安人寿、太保寿险在人身险市场中占有份额位居前三。根据各公司披露的2022年度报告，2022年人身险市场占有率前10的保险公司分别是中国人寿、平安人寿、太保寿险、泰康人寿、新华人寿、太平人寿、人保寿险、中邮人寿、阳光人寿、百年人寿。具体如图 6 -1 所示。

2021年，中国人寿和平安人寿的市场占有率分别为19.17%和13.69%，保持第一梯队，远高于排名第3的太保人寿（7.02%），而排名第4~10的保险公司的市场占有率约为1.5%~6%。与2021年人身险原保费收入排名相比，前海人寿由于多季度未公开披露信息未列入前10名，百年人寿升至第10位，其他前10名的公司只有新华和泰康位次发生互换。保费收入前10的保险公司的原保费收入占市场总额的64.36%，说明市场集中程度较高，但与2021年相比，人身险公司的市场集中程度有所降低。

在外资人身险公司中，市场占有率前3的外资保险公司分别是友邦、工银安盛和中信保诚人寿，但在我国人身险市场整体的市场占有率分别仅为1.59%、1.53%和0.97%。

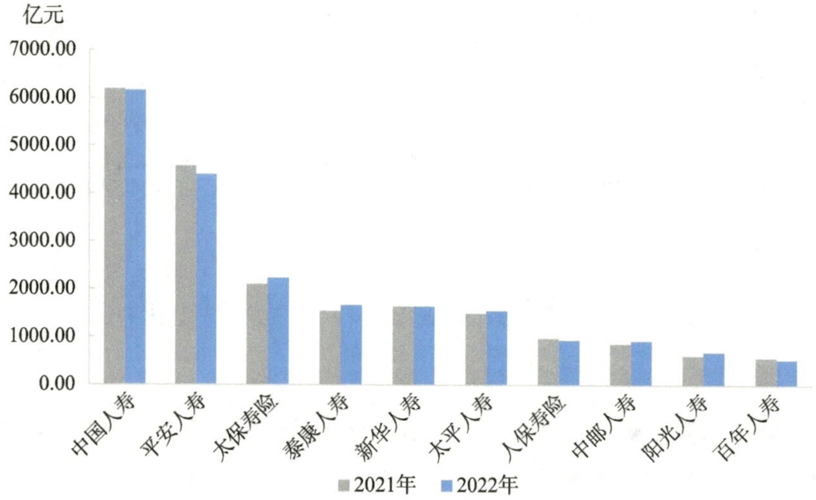

图 6－1　2021 年、2022 年原保费收入前 10 的中资保险公司

二、分地区人身险保费占比

银保监会对中国各省市的保费进行了统计和排名，各省市保费收入排名显示，中国人身险保费收入排名前 10 的省市分别为广东、江苏、北京、山东、浙江、河南、四川、上海、湖北、河北。2021 年和 2022 年各省市人身保险市场份额前 10 的地区保费收入及其占比如表 6－1 和图 6－2 所示。

表 6－1　2021 年和 2022 年各省份人身保险市场份额前 10 的地区保费收入及其占比

省份	2022 年保费收入（亿元）	占比（%）	2021 年保费收入（亿元）	占比（%）
广东	3219	9. 40	3134	9. 43
江苏	3193	9. 32	3049	9. 18
北京	2279	6. 65	2083	6. 27
山东	2187	6. 39	2148	6. 47
浙江	1894	5. 53	1740	5. 24
河南	1790	5. 23	1810	5. 45
四川	1700	4. 96	1648	4. 96
上海	1540	4. 50	1447	4. 36
湖北	1529	4. 46	1498	4. 51
河北	1452	4. 24	1450	4. 36

资料来源：银保监会统计数据。

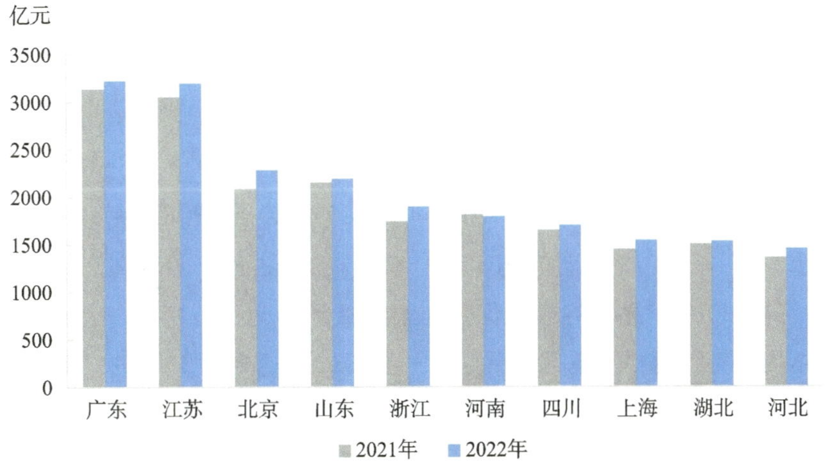

图 6－2　2021 年和 2022 年各省份人身保险市场份额前 10 的地区保费收入

如表 6－1 和图 6－2 所示，2022 年人身险保费收入排名前 10 的地区与 2021 年一致，仅排名有些变化，广东和江苏作为前 2 名，排名没有发生变化。前 10 的地区主要包括北上广、江浙等经济较发达的地区和山东、河南等人口基数较大的省份。与 2021 年相比，这 10 个省份中仅河南省 2022 年人身险原保费收入有所下降，下降幅度为 1.10%，其他地区的人身险原保费收入均有一定幅度的上涨。其中人身险原保费收入上涨幅度最大的三个省份是北京、浙江和上海，涨幅分别为 9.41%、8.85% 和 6.43%，只有这三个省份上涨幅度大于 5%。原保费收入最高的广东涨幅为 2.71%，居涨幅第六。2021 年和 2022 年前 10 的省份保费收入之和占比均为 60%，并未发生变化。

第二节　人身险公司产品结构分析

一、人身险保费收入增长，健康险市场持续发展

如图 6－3 和图 6－4 所示，2021 年人身险公司原保险保费收入 31224 亿元，同比降低 1.42%，2022 年人身险公司原保险保费收入 32091 亿元，同比增长 2.70%，人身险保费由负增长转变为正增长。按照寿险产品的保障范围分，寿险

原保费结构（或产品结构）可以划分为寿险、人身意外险和健康险。2022 年寿险、人身意外险和健康险原保费收入的增速分别为 4.02%、-14.41%、0.06%，较 2021 年只有意外险仍然为负增长，健康险增速持续放缓，寿险增速加快。从产品结构来看，寿险、人身意外险和健康险占人身险保费的比例分别为 76.40%、1.56% 和 22.04%，各部分占比与 2021 年相比变化不大。人身意外险占人身险保费的比重较小，自 2018 年起持续下滑。寿险保费的占比仍然较高，并且较 2021 年略有上升。2010 年之后健康险保费与寿险保费占比反向变动，表明保险公司对产品结构的持续调整。健康险保费占比在 2022 年达到了 22.04%，已十分接近成熟市场，并且在其他人身险保费处于负增长时仍然保持正的增速，说明健康险市场持续发展。

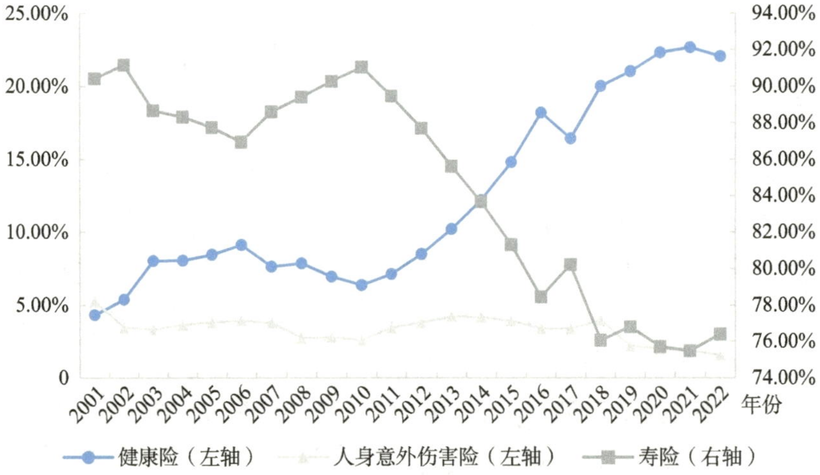

图 6-3　2001~2022 年寿险各险种占比

在人口老龄化加速和新冠疫情的大背景下，随着“健康中国”战略的推行，保险逐渐成为国民提升自身患病后风险抵御能力的标配，健康险也逐渐受到人们的追捧。在人们的收入提升后，对于更高质量的医疗服务的需求不断增长，商业健康保险作为基础医保的重要补充，国家出台一系列政策鼓励险企创新商业健康险产品，助力建设多层次的医疗保险体系，健康险成为各大寿险公司发展的重要方向。具体如图 6-3 和图 6-4 所示。

按照党中央、国务院决策部署，由银保监会牵头相关部门研究制定的《关于促进社会服务领域商业保险发展的意见》，于 2019 年 12 月 30 日经国务院常务会

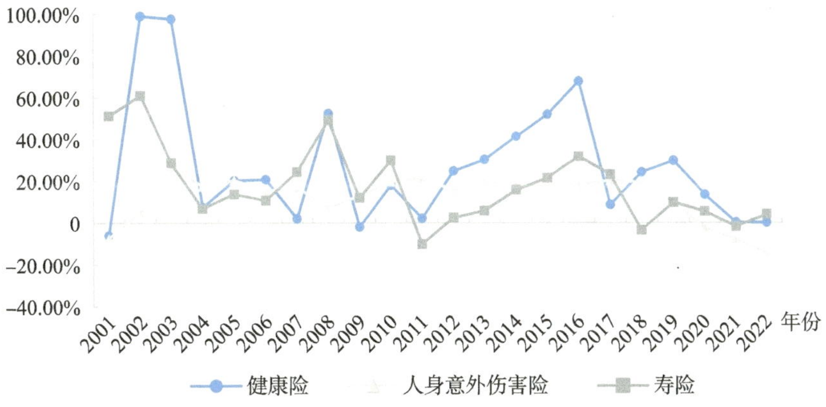

图 6-4 2000~2021 年各险种保费同比增速

议审议通过。《意见》中提出要完善健康保险产品和服务，研究扩大税优健康保险产品范围，鼓励保险机构提供医疗、疾病、照护、生育等综合保障服务，积极发展多样化的商业养老年金保险。力争到 2025 年，健康险市场规模超过 2 万亿元。支持商业保险机构参与医保服务和医保控费，完善大病保险运行监管机制。探索健康险与国家医保信息平台对接。加快发展商业长期护理保险，建立寿险赔付责任与护理支付责任转换机制，推动健康保险与健康管理融合发展等。

2020 年 3 月发布的《关于深化医疗保障制度改革的意见》要求提出，到 2030 年，全面建成以基本医疗保险为主体，医疗救助为托底，补充医疗保险、商业健康保险共同发展的多层次医疗保障制度体系。9 月，《中国银保监会办公厅关于规范保险公司健康管理服务的通知》发布，该通知对保险公司提供健康管理服务的行为进行了规范，进一步促进了商业健康保险稳健发展。12 月，国常会部署促进人身保险扩面提质稳健发展的措施，要求加快发展商业健康保险，将商业养老保险纳入养老保障第三支柱加快建设。中央经济工作会议提出，规范发展第三支柱养老保险。政策支持下，商业健康险、商业养老险被上升到新的高度，迎来大发展机遇。

2022 年 5 月，由国务院办公厅印发《“十四五”国民健康规划》中提出，做优做强健康产业，要增加商业健康保险供给。鼓励围绕特需医疗、前沿医疗技术、创新药、高端医疗器械应用以及疾病风险评估、疾病预防、中医治未病、运动健身等服务，增加新型健康保险产品供给。鼓励保险机构开展管理式医疗试点，建立健康管理组织，提供健康保险、健康管理、医疗服务、长期照护等服务。在基本签约服务包基础上，鼓励社会力量提供差异化、定制化的健康管理服务包，探索将商业健康保险作为筹资或合作渠道。进一步完善商业长期护理保险支持政策。搭建高水平公立医院及其特需医疗部分与保险机构的对接平台，促进医、险定点合作。加快发展医疗责任险、医疗意外保险，鼓励保险机构开发托育机构责任险和运营相关保险。

随着大数据时代到来与科技的飞速发展，这个时期以来，保险行业通过将科技与保险结合进行行业新发展，大型人身险企业进行健康科技板块自建、中小险企不断通过将科技与保险结合，通过与医疗服务机构合作等，提供更精准的健康保障产品，寻求更稳定持续盈利的发展路径。

二、保险产品结构改善，中小险企转型道路艰巨

2021 年 12 月 30 日，中国银保监会发布《保险公司偿付能力监管规则（Ⅱ）》，引导保险业回归保障本源、专注主业。2022 年 1 月 6 日，中国银保监会召开“推动保险业高质量发展座谈会”，会议上强调，我国保险业应坚持走高质量发展道路。保持战略定力，坚定不移地回归保障本源，积极参与健康中国、应对人口老龄化等国家战略的顶层制度设计。

为积极响应“回归保障本源”的发展策略，近年来，寿险行业产品结构不断向偏保障型产品转型。人口老龄化加速和新冠疫情的大背景下，随着居民生活水平提高，居民对于高质量医疗保障的需求也日渐提升，对于保障型保险产品的需求逐渐加大，这鼓励寿险行业不断转型，加大保障型产品比重。在此大环境下，短期健康险因其寿险、财险公司都可售卖的特殊性占据的市场份额日益增加，也因此产生新的问题与风险。2022 年 8 月 5 日，银保监会财险部下发了《关于部分财险公司短期健康保险业务中存在问题及相关风险的通报》，通报要求各财险公司要及时排查短期健康险业务，不得开展任何类似的、不符合保险原理、失去保险或然性的短期健康险业务，确保业务依法合规，确保业务的可持续性，维护行业良好社会形象。

一方面，以平安人寿为代表的大型寿险公司已经有长期保障型产品及个险渠道，可以凭借其稳定成熟的客户和市场份额，采取稳健的“回归保障”的市场策略，新政策环境下未来发展将更为顺利；另一方面，寿险行业集中程度较高，

在与传统大型寿险公司竞争时，中小型寿险公司短时间内难以逾越大型公司在长期保障型产品上的优势，只能先通过销售银保渠道，发展理财型业务，迅速扩张规模，实现弯道超车。

非保障型业务占比 =（保户储金及投资款 + 独立账户负债）/（原保费收入 + 保户储金及投资款 + 独立账户负债）。如图 6 – 5 所示，2022 年非保障型产品占比前 10 的绝大多数为中小型人身险公司，除 2021 年排名第一的昆仑健康未披露 2022 年度报告外，与 2021 年占比前 10 的公司基本相同，说明它们对于非保障型产品的依赖性依然很强。然而，如今行业回归长期保障，中小险企转型道路艰巨。

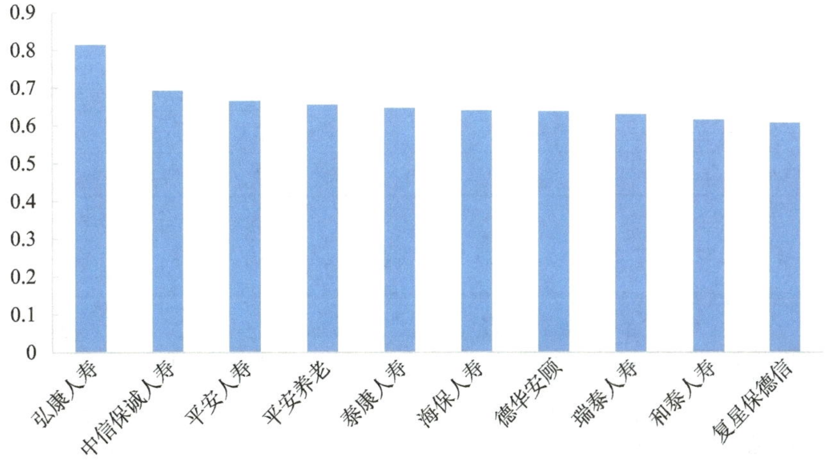

图 6 – 5　2022 年非保障型产品占比前 10 的人身险公司

三、对于大多数险企而言，分红险仍是吸金利器

汇总 2022 年人身险公司原保险保费收入前 5 的保险产品信息，可以发现，对于大多数险企而言，分红险扮演了吸金利器的角色。表 6 – 2 至表 6 – 4 展示了处于原保费收入上位圈的泰康人寿、人保寿险，中位圈的爱心人寿、中德安联，下位圈的汇丰人寿、海保人寿，这些险企原保费收入前 5 的保险产品信息，可以看出分红险的地位至关重要。

表 6－2　2022 年泰康人寿、人保寿险原保费收入前 5 的保险产品信息

泰康人寿	人保寿险
泰康幸福享佑年金保险（分红型）	人保寿险鑫安两全保险（分红型）（C 款）
泰康鑫福年金保险（分红型）	人保寿险如意保两全保险（分红型）
泰康鑫享人生年金保险（分红型）	人保寿险聚财保养老年金保险（分红型）
泰康保盈两全保险（分红型）	人保寿险温暖金生年金保险
泰康惠健康重大疾病保险	人保寿险卓越金生两全保险

表 6－3　2022 年爱心人寿、中德安联原保费收入前 5 的保险产品信息

爱心人寿	中德安联
爱心人寿守护神 2.0 终身寿险	安联盛世添福年金保险
爱心人寿爱鑫源两全保险（分红型）	安联超级随心（D 款）两全保险（分红型）
爱心人寿映山红终身寿险	安联逸升优享年金保险（分红型）
爱心人寿爱＋享人生终身寿险	安联逸升丰赢终身年金保险（分红型）
爱心人寿爱鑫享两全保险（分红型）	安联安裕如意（Ⅲ）年金保险（分红型）

表 6－4　2022 年汇丰人寿、海保人寿原保费收入前 5 的保险产品信息

汇丰人寿	海保人寿
汇丰玉享世代终身寿险（分红型）	海保人寿鑫满意终身寿险
汇丰鸿利月月盈 C 款年金保险（分红型）	海保人寿鑫鸿运两全保险（分红型）
汇丰尊享世代终身寿险	海保人寿财聚鑫两全保险（分红型）
汇丰鸿利年年盈 C 款年金保险（分红型）	海保人寿及时雨 A 款长期重大疾病保险
汇丰汇誉金生年金保险（分红型）	海保人寿附加及时雨 A 款两全保险

第三节　人身险保险公司服务及消费者投诉分析

2022 年，中国银保监会及其派出机构共接收涉及保险公司的保险消费投诉 110014 件，与 2021 年的保险消费投诉件数相比下降 32.59%。其中，投诉中涉及财产保险公司 39316 件，较上年下降 40.52%，占比 35.74%；涉及人身保险公司 70698 件，较上年下降 27.19%，占比 64.26%。

一、人身险公司被投诉情况

2022 年，人身险公司被投诉的数量相比往年整体呈减少趋势。被投诉量位居前 10 的人身保险公司包括：平安人寿（17602 件）、中国人寿（6695 件）、太平洋人寿（6520 件）、泰康人寿（5810 件）、新华人寿（4890 件）、太平人寿（3848 件）……具体如图 6－6 所示。其中人民人寿 2022 年度的被投诉量缺少第四季度数据。

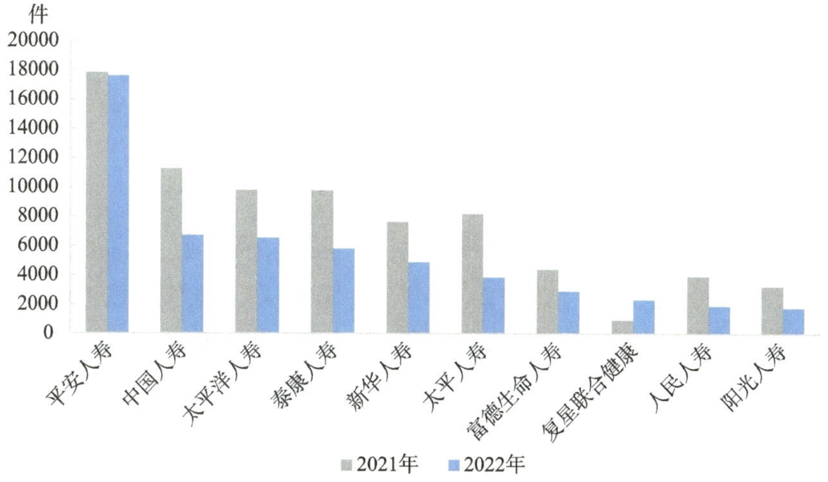

图 6－6　2021 年和 2022 年被投诉量前 10 的人身保险公司

二、投诉与业务量对比情况

2022 年，人身保险公司亿元保费投诉量中位数为 7.61 件/亿元（由四个季度数据加总得到）。其中，亿元保费投诉量居前的为：复星联合健康（255.70 件/亿元）、北大方正人寿（32.01 件/亿元）、三峡人寿（29.45 件/亿元）、招商信诺人寿（27.56 件/亿元）、中美联泰人寿（26.02 件/亿元），具体如图 6－7 所示。

从图 6－6 和图 6－7 我们可以看出，投诉量排名前 10 的保险公司与亿元保费投诉量排名前 10 的保险公司出入较大，显然，由于投诉总量与总体保费体量直接相关，以投诉总量来判定保险公司的服务质量是失之偏颇的。

当然，即便投诉量与亿元保费投诉量平均值处于低水平，但也并不意味着这家保险公司的服务水平很高，可能只代表着保单规模太小。显然，这两个数据只

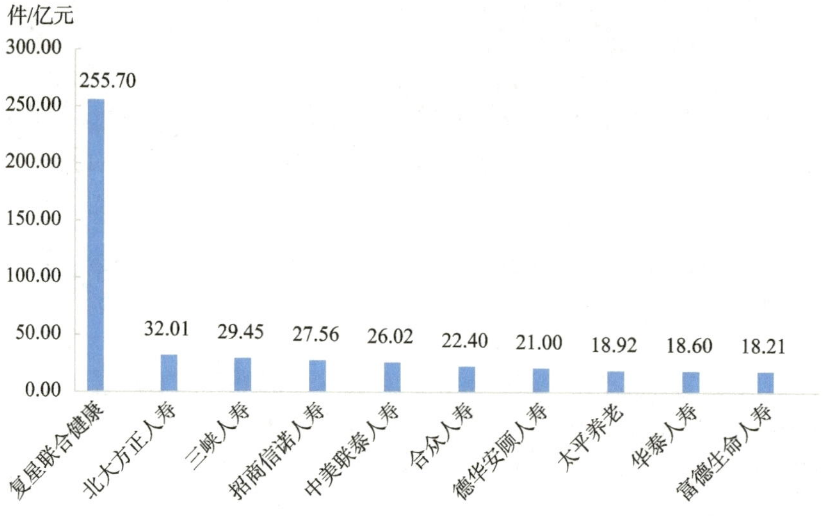

图 6－7　2022 年亿元保费投诉量前 10 的人身保险公司

能作为方向性的参考，如果能够将投诉量与保单数量相对应，也许能够在一定程度上增添说服力。数据显示，2022 年，人身保险公司万张保单投诉量中位数为 0.94 件/万张。其中，万张保单投诉量居前的为：复兴联合健康（6.96 件/万张）、爱心人寿（4.24 件/万张）、长生人寿（3.33 件/万张）、瑞华保险（3.10 件/万张）、招商信诺人寿（3.07 件/万张），具体如图 6－8 所示。

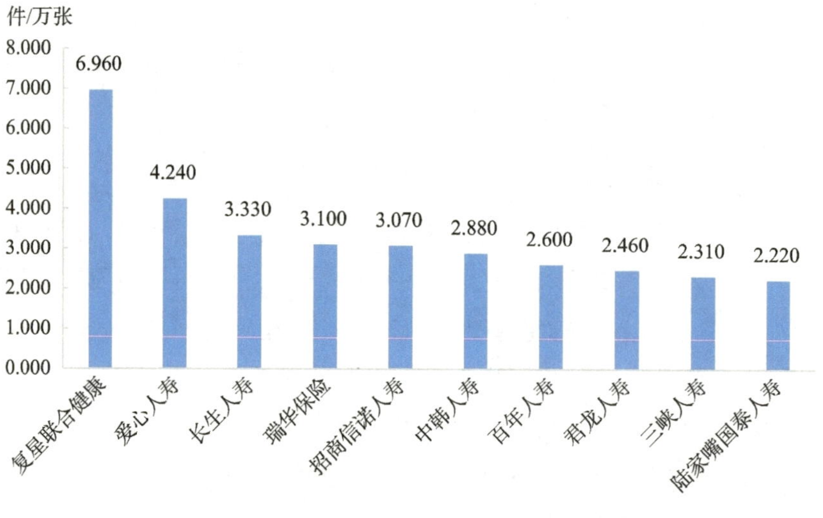

图 6－8　2022 年万张保单投诉量排名前 10 的保险公司

2022 年，人身保险公司万人次投诉量中位数为 0.32 件/万人次。其中，万人次投诉量居前的为：复星联合健康（4.46 件/万人次）、招商信诺人寿（2.87 件/万人次）、爱心人寿（2.05 件/万人次）、瑞华保险（1.89 件/万人次）、中韩人寿（1.6 件/万人次），具体如图 6－9 所示。

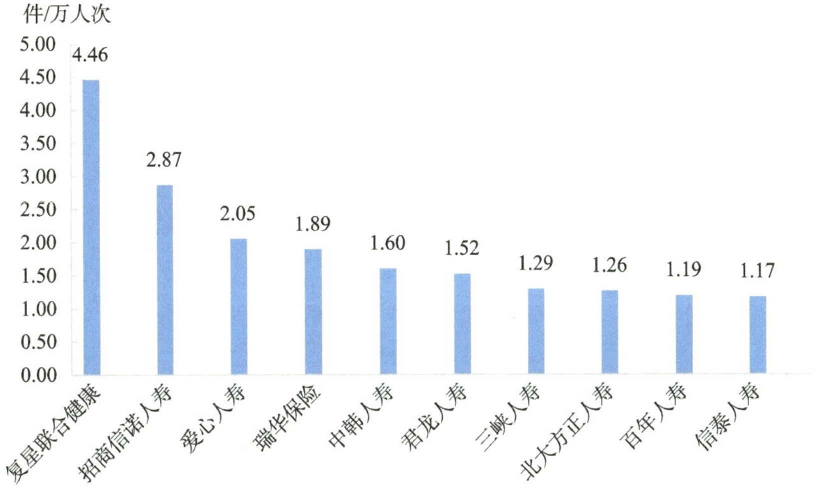

图 6－9　2022 年万人次投诉量排名前 10 的保险公司

三、投诉涉及的主要事由

2022 年度在涉及人身保险公司投诉中，销售纠纷有 36136 件，占人身险公司投诉总量的 51.11%。人身保险公司销售纠纷投诉量居前的为：平安人寿（11158 件）、太平洋人寿（3762 件）、中国人寿（3199 件）、泰康人寿（2993 件）、新华人寿（2376 件），具体如图 6－10 所示。其中人民人寿 2022 年度的投诉事由缺少第四季度数据。

2022 年度在涉及人身保险公司投诉中，退保纠纷有 19083 件，占人身险公司投诉总量的 26.99%。人身保险公司理赔纠纷投诉量居前的为：平安人寿 5098 件、中国人寿 1911 件、太平洋人寿 1813 件、泰康人寿 1669 件、新华人寿 1346 件，具体如图 6－11 所示。其中人民人寿 2022 年度的投诉事由缺少第四季度数据。

四、投诉涉及的主要险种

在涉及人身保险公司的投诉中，普通人寿保险纠纷 32934 件，占人身保险公

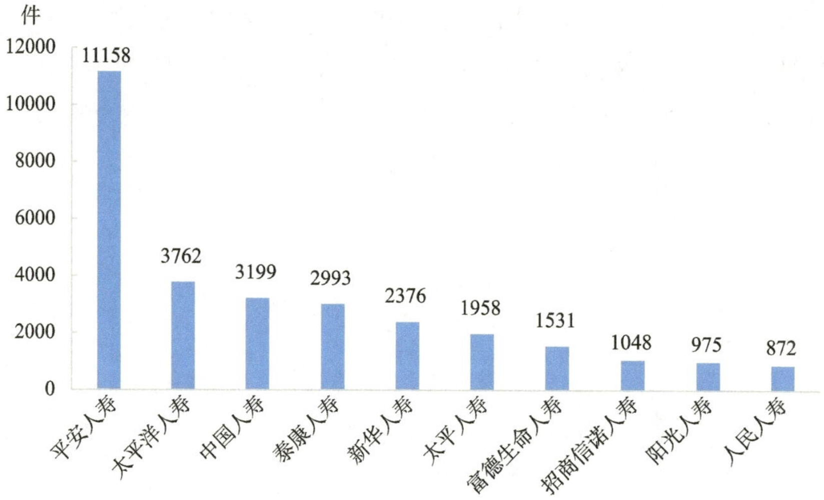

图 6－10　2022 年销售纠纷投诉量居前 10 的人身保险公司

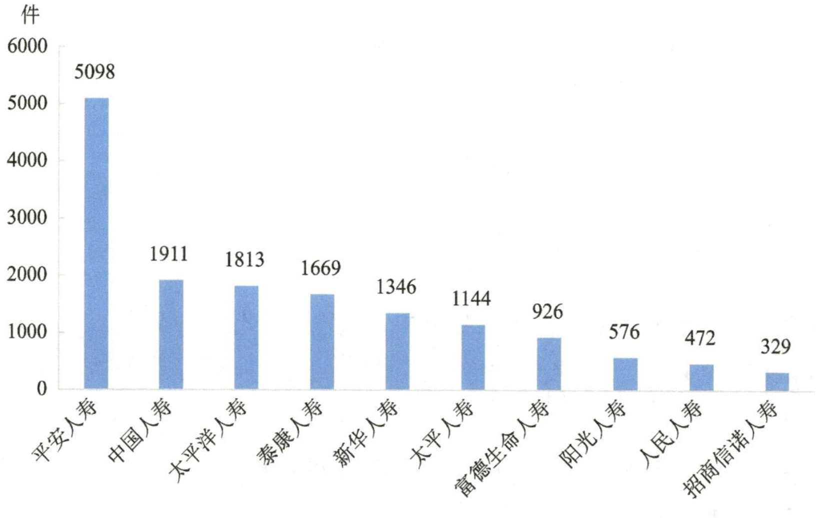

图 6－11　2022 年理赔纠纷投诉量居前 10 的人身保险公司

司投诉总量的 46.58%；疾病保险纠纷 15013 件，占比 21.23%。人身保险公司普通人寿保险纠纷投诉量前 5 的为：平安人寿（11373 件）、中国人寿（3078 件）、太平洋人寿（3074 件）、泰康人寿（2463 件）以及太平人寿（1672 件）。人身保险公司疾病保险纠纷投诉量居前 5 的为：平安人寿（2897 件）、新华人寿（1735 件）、中国人寿（1265 件）、太平洋人寿（1261 件）以及泰康人寿（1114 件）。

第七章　中国财产保险产品和服务分析

第一节　中国财险市场份额分析

一、原保费收入下的市场份额

我国财险市场经过多年竞争、融合和调整，已经形成一定的格局，如车险业务主要被市场上的“老三家”占据市场份额。相比 10 年前，市场主体已经相对增加，但是市场的集中度仍然很高，市场竞争方式多为低费率竞争。同时，险种结构失衡，财险业务主要集中在车险、责任险和农险，根本原因还是在于财险产品更新较慢，且新产品“搭便车”现象泛滥，难以区分市场主体的差异性，以及人们的风险管理意识不够等。财险保险人的勘察、专业评估程度参差不齐，免赔责任未能阐明清晰，拒赔事件较多。此外，相关的法律法规与监管标准都不够完善，业务流程混乱，导致问责机制不够清晰，限制了信用保证保险等的发展。

2022 年财产险公司原保费收入总额为 14867 亿元，较 2021 年增加了 8.71%。近 5 年，财险公司保费增速呈现出放缓趋势，2021 年保险行业仍受到新冠疫情的冲击，增速下降幅度较大，尽管增长率极低，但仍保持增长态势。2017 ~2022 年财险公司原保费收入及同比增长率如表 7 -1、图 7 -1 所示。

表 7 -1　　2017 ~2022 年财险公司原保费收入总额及同比增长率

年份	原保费收入总额（亿元）	同比增长率（%）
2017	10541	13.76
2018	11756	11.52
2019	13016	10.72
2020	13584	4.36
2021	13676	0.68
2022	14867	8.71

资料来源：银保监会统计数据。

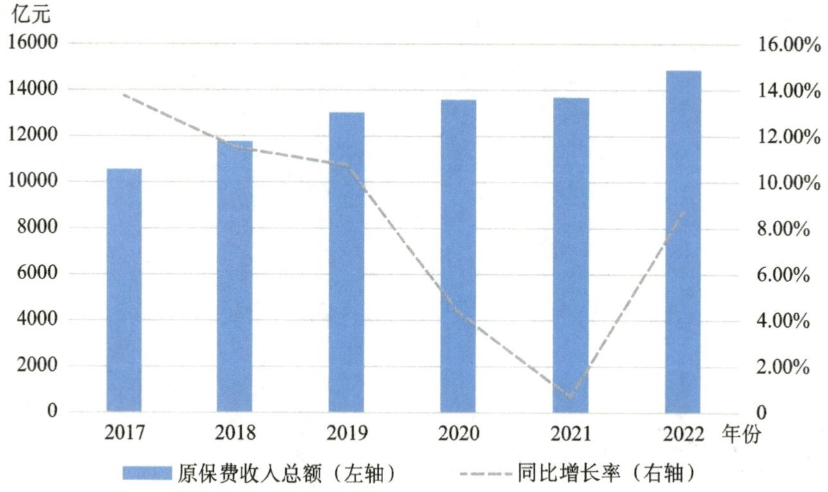

图7－1　财产险公司2017～2022年原保费收入及同比增长率

表7－2为2022年原保费收入排名前5的财险公司在2020～2022年的市场份额。按原保险保费收入划分市场占有率，2022年市场占有率居前10名的保险公司有：人保财险、平安财险、太平洋财险、国寿财险、中华联合、大地财险、阳光财险、太平财险、众安财险和华安财险。2022年，人保财险、平安财险和太平洋财险依旧分列前3，市场占有率分别达到32.79%、20.05%和11.46%。而其余的7家位列前10的财险公司的市场占有率则在1%～7%，如表7－2所示。

表7－2　2022年原保费收入排名前5的财险公司在2020～2022年的市场份额

排名	公司名称	2020年		2021年		2022年	
		金额（亿元）	占比（%）	金额（亿元）	占比（%）	金额（亿元）	占比（%）
1	人保财险	4320.19	31.80	4495.33	32.87	4854.34	32.65
2	平安财险	2858.54	21.04	2701.13	19.75	2980.38	20.05
3	太平洋财险	1467.18	10.80	1526.43	11.16	1690.72	11.37
4	国寿财险	863.96	6.36	916.06	6.70	981.67	6.60
5	中华联合	527.15	3.38	557.17	4.07	603.19	4.06

资料来源：Wind数据库。

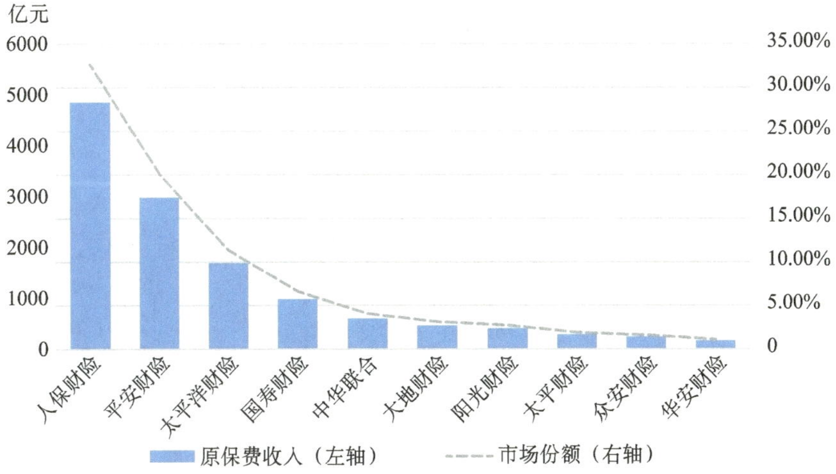

图 7－2　2022 年居前 10 的财产险公司原保费收入及所占市场份额

与往年情况类似，2022 年，从行业集中度来看，财产险市场依旧呈现寡头主导格局：保费规模排名前 10 的保险公司，原保费收入总计达 13704.34 亿元，合计占全行业的 85.45%，而其中排名前 3 的人保财险、平安财险和太平洋财险遥遥领先，3 家公司合计占全行业之比高达 64.30%；与此同时，排 10 名之后的财产险公司的市场份额则无一高于 1%。

图 7－3 显示了排名前 5 的财险公司 2020～2022 年的原保费收入市场份额，可以直观地看出，市场排名前列的财险公司市场份额都很稳定：其中人保财险的市场份额一骑绝尘，基本稳定在 33% 左右；同时，平安财险的原保费收入市场份额在 2021 年较 2020 年有小幅的下降，但也稳定在 20% 左右，并在 2022 年出现小幅回升。太平洋财险自 2020 年以来保持着上升趋势，在近 3 年其市场份额每一年均较前年增长 3% 左右。总体来看，各大财险公司的市场份额都很稳定，这主要是由补偿性保险和短期保险的性质决定的，公司很难通过类似于“投连险”的投资功能来大规模地吸引顾客，集中抢占市场。

二、分地区财产险保费占比

我国银保监会对各省份的保费进行了统计和排名。各省份保费收入排名显示，2022 年我国财产保险保费收入排名前 10 的省份分别是：广东、江苏、浙江、山东、四川、河北、河南、上海、安徽和北京。2021 年和 2022 年我国财产险市

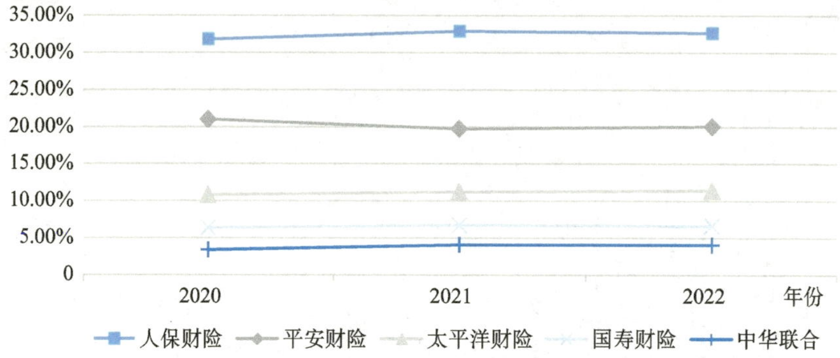

图 7-3　排名前 5 的财险公司 2019~2021 年的原保费收入市场份额

场份额排名前 10 的省份如表 7-3 所示。

表 7-3　　2021 年和 2022 年财产险市场份额排名前 10 的省份

地区	2021 年保费收入（亿元）	占比（%）	2022 年保费收入（亿元）	占比（%）
广东	1019	8.73	1148	9.03
江苏	1002	8.59	1124	8.85
浙江	745	6.38	819	6.45
山东	668	5.72	721	5.67
四川	557	4.78	598	4.70
河北	545	4.67	591	4.65
河南	550	4.71	579	4.56
上海	524	4.49	555	4.36
安徽	437	3.74	487	3.83
北京	443	3.80	479	3.77
合计	6490	55.61	7100	55.86

资料来源：银保监会统计数据。

如图 7-4 所示，2022 年财产险保费收入前 10 名的省份与 2021 年相同，有变化的地方包括：河北省超过河南省位列第 6，安徽省超过北京位列第 9。另外，可以发现，财产保险保费收入体量较大的地区在特征上与人身保险类似，其主要集中在北上广等经济发达地区以及山东、河南等人口基数大的地区，排名前 10 的省份就集中了全国一半以上的财产险保费收入，合计占比达 55.86%。

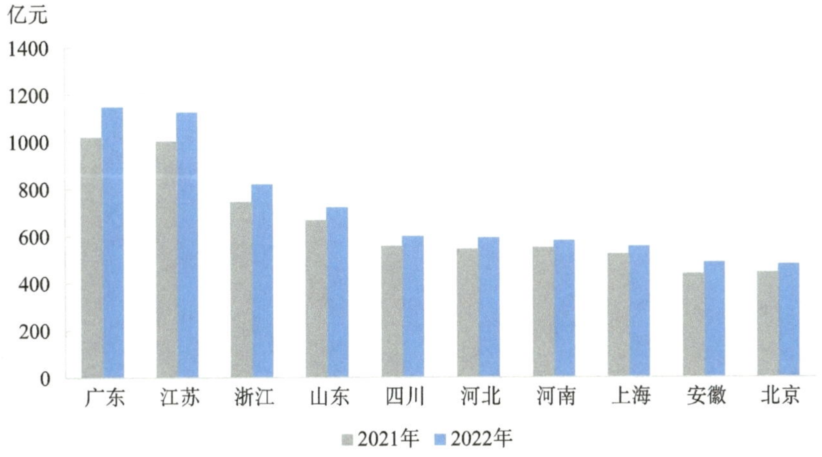

图 7-4　2021 年和 2022 年财产险市场份额排名前 10 的省份保费收入

第二节　财产保险公司产品结构分析

一、财产险保费收入增长

2022 年，财产险业务原保险保费收入 12712 亿元（不含健康险、意外险），同比增长 8.92%。从财险公司的原保费收入结构来看，机动车辆保险、健康险、责任保险以及农业保险的保费收入表现依然稳定，2022 年，这四个主要险种的原保险保费收入合计达 12157.13 亿元，占财险公司原保险保费收入的 81.78%。

2022 年，机动车辆保险原保险保费收入为 8210.18 亿元，同比增长 5.63%，占财产险业务的比例为 64.58%，占财产险公司业务的比例为 55.23%。责任保险原保险保费收入为 1147.5 亿元，同比增长 12.67%，占财产险业务的比例为 9.03%，占财产险公司业务的比例为 7.72%。农业保险原保险保费收入为 1219.35 亿元，同比增长 24.95%，占财产险业务的比例为 9.59%，占财产险公司业务的比例为 8.20%。保证保险原保险保费收入为 551.73 亿元，同比增长 5.86%，占财产险业务的比例为 4.34%，占财产险公司业务的比例为 3.71%。企业财产保险原保险保费收入为 553.38 亿元，同比增长 6.47%，占财产险业务的比例为 4.35%，占财产险公司业务的比例为 3.72%。

2007～2022年财险各主要产品保费收入占财险业务总保费收入的比重情况如图7－5所示。2012～2022年财险各险种保费收入同比增速情况如图7－6所示。

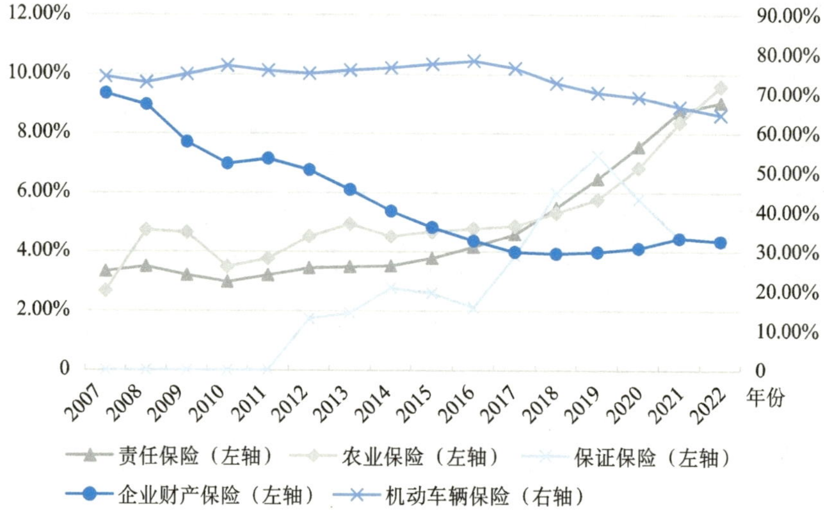

图7－5　2007～2022年财险各主要产品保费收入占财险业务总保费收入的比重

资料来源：国家金融监督管理总局统计数据、中国金融与经济社会发展统计数据库、Wind数据库。

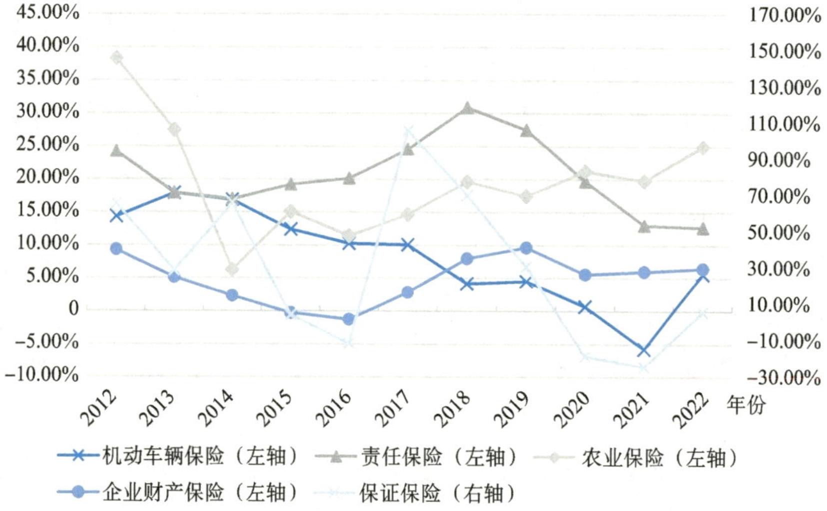

图7－6　2012～2022年财险各险种保费收入同比增速

资料来源：国家金融监督管理总局统计数据、中国金融与经济社会发展统计数据库、Wind数据库。

从 2007 ~2022 年财险各主要产品保费收入在财险业务总保费收入的占比情况可以很清楚地看到，机动车辆保险的保费收入占比一直最高，但近 6 年呈现逐年下降的趋势，2020 至今均略低于 70%；保证保险的保费收入占比总体呈现上升趋势，近几年有所下降；企业财产保险的保费收入占比总体呈现下降趋势，但近 4 年又有所上升，而责任保险和农业保险的保费收入占比一直保持着持续增长的态势。

从 2012 ~2022 年财险各险种保费收入同比增速情况来看，机动车辆保险的同比增速总体呈现下降趋势，2021 年首次出现了负增长，但 2022 年已回升至 5.63%；责任保险的同比增速总体上较为平稳，近 4 年逐年下降；农业保险的同比增速波动较大，但近几年维持在较高水平，开始稳步扩张；保证保险的同比增速波动极大，前些年一直保持着较高的增速，2017 年甚至超过了 100%，2021 年，受 P2P 暴雷、疫情等负面影响干扰，行业收入快速下降，新冠疫情冲击带来的赔付压力，导致保证保险增速急剧下降，2020 年、2021 年都出现了负增长，但由于经济逐渐回暖，同时 2022 年稳外贸政策提出扩大出口信用保险对中小微外贸企业的覆盖面，2022 年保费收入比 2021 年同比增长 5.86%；而企业财产保险近几年的同比增速变化不大，整体呈现出稳步增长的趋势。

从占比水平和同比增速水平上一起来看各险种的情况可以发现，两者并不是正向的关系，占比高的增速不一定高，增速不断上升的占比也可能下降，这种情况的出现与每年财产保险的总保费规模和结构有关。

二、车险综改初见成效，车险保费收入正增长，中小险企亟待转型

从各家财险公司产品结构来看，虽然机动车辆保险的产品种类在各公司有所不同，但纵观历史数据，车险在财险公司的地位始终保持稳定。2022 年保费收入排名前 3 的财产险公司主要业务保费收入及其占各公司总保费收入的情况。如表 7 -4 所示。

排名前 3 的财险公司中，机动车辆保险保费收入占各公司原保费收入总额的比重最高。尽管 2022 年各公司的机动车辆保险保费收入较 2021 年均有所下降，但其占各公司总保费的比重仍保持在 55% 以上，所以机动车辆保险的保费收入变化对公司总保费收入变化的影响很大。机动车辆保险保费收入 2007 ~2022 年

表7－4 2022年保费收入排名前3的财产险公司主要业务保费收入及其占比

保险公司	机动车辆保险（亿元）	占比（%）	责任险（亿元）	占比（%）	农险（亿元）	占比（%）	保证险（亿元）	占比（%）
人保财险	2711.60	55.86	337.72	6.96	520.54	10.72	52.94	1.09
平安财险	2012.98	67.54	217.83	7.31	57.25	1.92	219.63	7.37
太平洋财险	979.92	57.96	150.07	8.88	137.53	8.13	76.92	4.55

在总保费收入中的占比变化和增长速度的变化情况如图7－7所示。

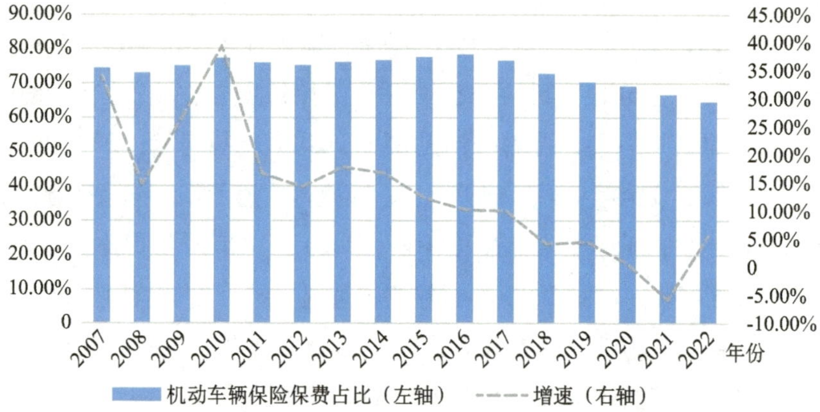

图7－7 2007～2022年车险业务占比及车险保费增速情况

可以看到，机动车辆保险的占比自2016年起有所下降，推动全行业调整优化业务结构，保费增速则在2010年后持续下降。这一下降主要是受到自2015年以来商车费改的影响：商车费改试点地区单均保费下降，然而车险综合费用率明显升高。商车费改引起的行业手续费竞争实际上是使中介渠道受益、车险客户总体受损的恶性价格竞争，这导致受制于有限的经营网点和过高的渠道成本的中小产险公司严重亏损。

2020年9月，银保监会先后颁布并正式实施《关于实施车险综合改革的指导意见》和《示范型商车险精算规定》，实行“降价、增保、提质”。车险综合改革叠加新冠疫情、车辆销售下滑等原因，导致机动车辆保险的保费收入在2021年首次出现了负增长。但进入2022年后，保障程度明显提高，保障责任更为全面，同时随着新能源汽车保有量的高速增长，以及新能源汽车专属保险产品推出，2022年机动车辆保险的保费收入再次回到正增长。截至2022年6月底，消费者车均保费为2784元，较改革前大幅下降21%，87%的消费者保费支出下降，为车险消费者减少支出2500亿元以上。2022年，车险综合费用率降至26.3%，同比下降近8个百分点；同时由于疫情原因出行普遍减少，综合赔付率整体下降至68.8%，同比下降近5个百分点。2022年“老三家”的车险保费收入均呈现正增长趋势，虽然幅度较小，车险业务承保利润合计达到109.32亿元，远优于行业平均水平，而中小险企盈利者则寥寥无几。图7-8展示了机动车辆保险综合成本率在2015~2022年的变化情况。可以看到，2022年车险行业的综合成本率为97%，相较于近5年明显回落，与2021年同期同比下降3.8个百分点，效益水平提升明显。

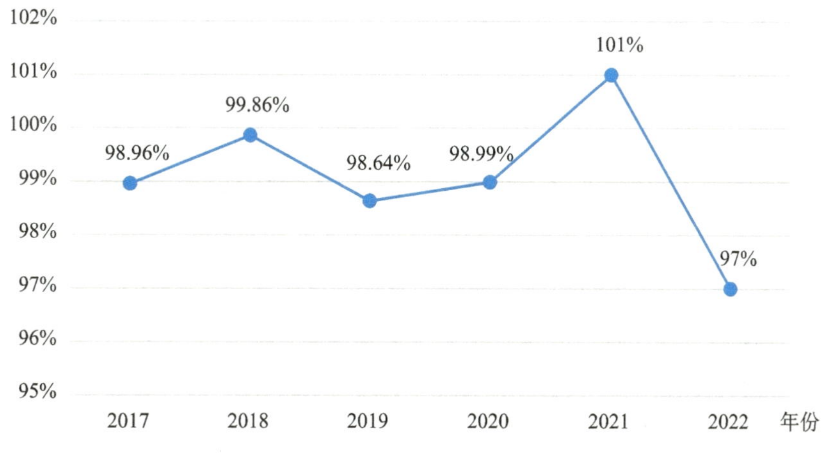

图7-8 2017~2022年机动车辆保险综合成本率

改革实施两年多来，车险“降价、增保、提质”的阶段性目标基本实现，消费者普遍获益，行业持续发展动力有效增强。2022年，虽然疫情原因导致出行减少，年度综合赔付率下降，但综合费用率的下降展示了车险行业低费用高赔付的整体趋势。2022年，车险行业的承保利润较2021年大幅增长，“老三家”的车险承保利润占比较大，部分中部财险公司实现扭亏为盈，但对经营成本较高的中小公司而言，车险承保亏损仍较大。预计在2023年，防疫政策调整后的后疫情时代，人们出行增多后，车险赔付会出现一定程度的回升，中小企业会受到较大冲击。从长期来看，市场多元化、费率市场化的改革目标对车险市场的健康运行和险企的可持续发展都具有显著的积极作用。

2022 年 12 月 30 日，《中国银保监会关于进一步扩大商业车险自主定价系数浮动范围等有关事项的通知》发布，提出车险综合改革实施以来，车险市场平稳有序，财产保险公司经营水平显著提升，为继续健全以市场为导向、以风险为基础的车险条款费率形成机制，优化车险产品供给，扩大车险保障覆盖面，实现车险服务质的有效提升和量的合理增长，推进车险高质量发展，通知将进一步扩大财产保险公司定价自主权，商业车险自主定价系数浮动范围扩大为［0.5－1.5］。这项通知意味着，在未来，低风险车主购买车险可能缴纳更低的保费，财险公司可以对本公司的实际情况进行调整。可以预见，在 2023 年 6 月新规实施后，低保费高赔付的车险要求会更落到实处。

三、农业保险保障水平进一步提升，政策支持效果明显

农业保险在我国是一个特殊的险种，由于难以估计其标的物发生灾害的概率，且其出险一般来自自然灾害，造成的损失较广、难以止损，容易对农村居民的生活乃至社会经济整体造成严重影响，因此财政一般会对农业保险进行一定的补贴。

2004 年之前的 10 年我国农业保险一直处在萎缩状态。2004 年中央一号文件《中共中央 国务院关于促进农民增加收入若干政策的意见》出台，农业保险发展被纳入了国家战略，随后 3 家专业性农业保险公司成立，地方政府支持开展多形式农业保险试点工作。2006 年，国务院提出政策性农业保险“三个补贴”，从表 7－5 中能看出这三年的探索取得了一定的效果。我国农业保险从 2007 起逐步取得成绩，2007 年，中央财政将“农业保险保费补贴”列入预算科目，列出 10 亿元的财政预算，此后补贴逐年增多。从 2004 年起，农业保险保费占财产保险保费比重呈上升趋势，各级财政对农业保险保费补贴将近 80%。2007～2020 年，我国农业保险为投保农户提供的损失赔偿从 32.8 亿元增加到 616.59 亿元。2007～2017 年，投保农户从 0.498 亿户次增加到 2.13 亿户次。2006～2017 年，提供农业保险服务的保险机构从 5 家增长到 31 家，农业保险品种从 2007 年的 6 个增加到 2016 年的 211 个。所有这些成就都源于中央和地方各级财政的支持与投入。

表 7－5　　2005～2022 年我国农业保险发展情况统计

年份	财产保险原保费收入（亿元）	农业保险原保费收入（亿元）	农业保险原保费收入同比增长率（%）	各级政府提供的农业保险保费补贴（亿元）	农业保险保费收入占财产保险保费收入的比例（%）	农业保险赔款总额（亿元）	农业保险简单赔付率（%）
2005	1229.86	7.29	93.4	–	0.6	5.67	77.8
2006	1509.43	8.46	16.0	–	0.6	5.91	69.9
2007	1997.74	51.80	512.3	20.50	2.6	29.75	57.4
2008	2336.71	110.70	113.7	78.44	4.7	64.14	57.9
2009	2875.83	133.90	21.0	99.7.0	4.7	95.20	71.1
2010	3895.64	135.70	1.3	101.50	3.5	96.00	70.7
2011	4617.82	173.80	28.1	131.30	3.8	81.78	47.1
2012	5330.96	240.13	38.2	182.72	4.5	131.34	54.7
2013	6481.16	306.70	27.7	234.95	4.7	194.94	63.6
2014	7203.38	325.70	6.2	250.70	4.5	205.80	63.2
2015	7994.97	374.90	15.1	147.30	4.7	237.10	63.2
2016	8724.50	417.70	11.4	158.30	4.8	299.24	71.6
2017	9834.70	479.10	14.7	362.69	4.9	333.40	69.6
2018	10770.70	572.70	19.6	199.34	5.3	394.31	68.9
2019	11649.00	672.50	17.4	538.00	5.8	527.87	78.5
2020	11928.58	814.93	21.2	310.20	6.8	592.52	72.7
2021	11670.62	975.85	19.8	333.45	8.4	720.19	73.8
2022	12712.38	1219.35	24.95	434.53	9.6	–	–

资料来源：银保监会统计数据、国家统计局。

图 7－9 更加直观地体现了农业保险保费的增长与中央财政对农业保险的补贴情况。从图中我们可以粗略地看到政府对农险的补贴趋势与农险保费收入变化趋势很相似。最初财政对保费的补贴占据了农业保险收入的大部分份额，然而在之后的年份，它们之间的差距越来越大。同时，在农险保费收入增速变缓前，政府对其补贴的增速有所滞缓，直至 2010 年农险保费收入增速再次提高，政府的补贴立刻尾随增加。从中可以总结出，我国财政对农业保险的补贴并不过于盲目。

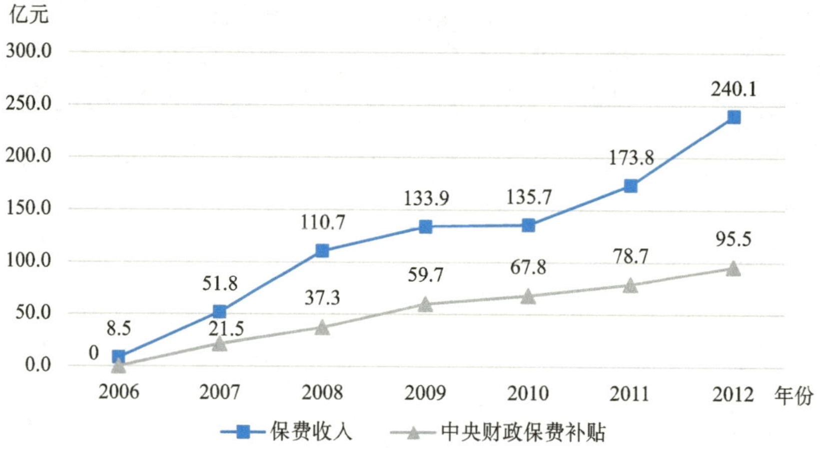

图7－9　2006～2012年农业保险保费收入与中央财政对保费的补贴

表7－5显示，我国农业保险原保费收入额度逐年增长，2011年，农业保险的原保费收入达到173.8亿元，一年后又大幅上升至240.13亿元，增速极快。从2013年开始我国农业保险原保费收入持续保持高速增长，到2020年达到814.93亿元，赔款支出达到616.59亿元，农业保险保费收入占财产保险保费收入的比重达到6.8%。2020年的中央一号文件在“强化农村补短板保障措施”部分，也首次提出了要“抓好农业保险保费补贴政策落实”，财政支持力度进一步加大。2022年，中央财政拨付保费补贴434.53亿元，同比增长30.3%。2022年的中央一号文件在“强化乡村振兴金融服务”部分，再次提出了要“积极发展农业保险和再保险”。银保监会围绕服务农业现代化、助力乡村振兴、保证粮食安全，持续深化供给侧结构性改革，不断完善农业保险制度机制。2022年，我国农业保险保费收入达到1219.35亿元，同比增长24.95%，占财产保险保费收入的比重继续上升至9.6%，总计为1.67亿户次农户提供风险保障金额达5.46万亿元。农业保险进一步发挥了支农、惠农、富农、强农作用，在服务乡村振兴战略和国家粮食安全战略方面发挥了重要作用。

农业保险的经营不仅涉及保险公司的经营效益，还关系到财政支出的效率，因此，高效的补贴机制和充分的再保险安排有利于农业保险的持续健康经营。

为鼓励农民积极投保，政府实施差异化保费补贴机制，我国可以参考美国基于保险险种、保障水平和保险单位三个指标确定保费补贴比例。不同保险产品面临的风险损益不同，需要给予差异化的保费补贴。例如，产量保险产品的保费补贴水平高于收入保险产品，团体保险产品的保费补贴水平高于个体保险产品。对于不同保障水平的农业保险，美国政府对保障水平越高的险种保费的补贴比例越低，如对于最低保障水平的巨灾保险保费补贴比例就比较高。关于按照保险单位的差异化进行保费补贴，2008 年美国农业法案将保险单位作为决定保费补贴比例的新标准，从而进一步细化了保费的差异化补贴。为进一步做好农业保险保费补贴工作，提升财政资金使用绩效，推动农业保险加快高质量发展，2021 年 12 月 31 日，我国财政部修订颁布了新的《中央财政农业保险保费补贴管理办法》。2022 年 2 月 24 日，中国银保监会发布《农业保险承保理赔管理办法》，指导保险行业协会出台分险种承保理赔管理规范，进一步完善农业保险制度体系，推动农业保险更好地服务我国“三农”事业。

2003 年，中共中央提出“积极发展财险、人身保险和再保险市场”，那时我国的再保险市场刚刚起步，农业再保险市场仍然一片空白。表 7 – 6 列出了我国农业再保险市场的发展历程。

表 7 – 6　　农业再保险市场的发展历程

年份	事件
2004	初步形成，建立全国农业再保险体系
2005	先建立农业再保险保障体系，通过集合相关保险及再保险公司的力量共担风险，最大限度转移，分散农业风险
2007	中再集团与多个农业保险承保主体签订农业再保险合作框架协议，浙江、海南等省政府与当地农业保险承保主体达成了封顶赔付和超额分担协议
2008	着眼点在“建立”，农业再保险比例分保合同的安排从理论探讨走向实际操作，以超赔保障为普遍需求，比例分保由市场、政府分担超赔的再保险体系已经初显雏形
2009	北京市农村工作委员会和中再集团、瑞在北京分公司签署了再保险协议，转移北京市政府承担的政策性农业保险超赔风险，创我国政府出资直接购买商业保险之先河
2010	着眼点在“健全”，农业再保险进入总结、提高阶段
2011	《中国保险业发展“十二五”规划纲要》提出加快推动建立国家政策支持的农业再保险体系和地震、洪水等巨灾风险再保险体系
2012	中央一号文件指出，健全农业再保险体系，逐步建立中央财政支持下的农业大灾风险转移分散机制，农业保险正沐浴和煦的政策春风

续表

年份	事件
2013	《农业保险条例》在确立全国农业保险制度的同时，把确定各地农业保险经营模式的权利交给了省、自治区、直辖市
2014	中国农业保险再保险共同体（CARP）正式成立，农共体由人保财险等23家具有农业保险经营资质的保险公司和中国财产再保险公司共同发起组建
2015	中国农业保险再保险共同体承保能力扩大到2400亿元，可满足国内96%以上的分保需求
2016	财政部关于印发《中央财政农业保险保险费补贴管理办法》的通知（财金〔2016〕123号），为促进农业保险持续健康发展，完善农村金融服务体系，国家支持在全国范围内建立农业保险制度，加强中央财政农业保险保险费补贴资金管理，更好服务“三农”，制定本办法
2018	《关于将三大粮食作物制种纳入中央财政农业保险保险费补贴目录的有关通知》提出将对水稻、小麦、玉米的制种和种子生产环节中的各类风险进行保费补贴，补贴比例依照地区而异
2019	《关于加快农业保险高质量发展的指导意见》提出2022年以及2030年发展目标，且在再保险方面要完善大灾风险分散机制，增加农业再保险供给，扩大农业再保险承保能力，完善再保险体系和分保机制
2020	中国银保监会发布《关于进一步加大“三区三州”深度贫困地区银行业保险业扶贫工作力度的通知》《关于做好2020年银行业保险业服务“三农”领域重点工作的通知》，提出深入推进保险扶贫，扶贫专属农业保险产品持续增加、贫困户农业风险保障金额持续增长的要求
2021	国务院《关于全面推进乡村振兴加快农业农村现代化的意见》中，明确提出要健全农业再保险制度，中国农业再保险股份有限公司在年初正式成立，成为国内唯一一家专业的农业再保险公司
2022	《中共中央、国务院关于做好2022年全面推进乡村振兴重点工作的意见》中提出，强化乡村振兴金融服务，加强农村金融知识普及教育和金融消费权益保护，积极发展农业保险和再保险财政部关于印发《中央财政农业保险保费补贴管理办法》的通知（财金〔2021〕130号），发布日期2022年6月23日。为进一步做好农业保险保费补贴工作，提升财政资金使用绩效，推动农业保险加快高质量发展，结合近年来工作实践和新形势新要求，财政部对2016年制定的《中央财政农业保险保险费补贴管理办法》进行了修订，形成了新的《中央财政农业保险保费补贴管理办法》

我国农业再保险虽是一个由政府主导、市场逐步参与、多方协助的农业再保险体系，但仍然存在许多亟须完善的方面，如法律的缺失、技术的滞后、再保险

主体的不足等。在这些方面我们应加强与国际再保险市场的交流，增强与国外机构的合作，提高农业巨灾风险的分散能力。

四、保证保险规模扩大

2018 年 10 月 17 日，银保监会发布《关于开展信用保证保险业务专项自查工作的通知》，组织开展信保业务专项自查工作，此举为贯彻落实党中央、国务院关于加强金融风险防控工作的重要决策部署，防范化解信用保险和保证保险业务风险，强化保险公司主体责任，评估《信用保证保险业务监管暂行办法》执行效果。目前，我国大部分财险公司均开展了信用保证保险业务，但其规模只占财险公司整体业务中很小的一部分。2015 年以来，信用保证保险市场需求增加，专业参与者不断加入，专业信用保证保险公司阳光信保于 2016 年成立，专注于信用保证保险领域的第一家相互保险社——众惠财产相互保险社于 2017 年成立。同时，由于互联网的介入，信用保证保险开始与各种形态结合，通过互联网渠道嵌入场景进行销售，例如个人贷款保证保险、企业贷款保证保险等，客观上有效降低了个人及企业的融资成本。2012～2022 年我国保证保险发展情况如表 7－7 所示。

表 7－7　　2012～2022 年我国保证保险发展情况统计

年份	财产险公司原保费收入（亿元）	保证保险保费收入（亿元）	保证保险保费收入占总保费收入的比例（%）	总赔款及给付（亿元）	保证保险赔款及给付（亿元）	保证保险赔款占总赔款的比例（%）
2012	5530.0	93.50	1.691	2897.0	9.3	0.321
2013	6481.0	120.37	1.857	3556.0	16.5	0.465
2014	7544.0	199.90	2.650	3968.0	29.1	0.733
2015	8423.0	208.10	2.471	4448.0	63.7	1.432
2016	9265.7	184.10	0.199	5045.6	65.1	1.290
2017	10541.4	379.20	3.597	5495.8	77.8	1.416
2018	11756.5	645.10	5.487	6455.0	234.6	3.634
2019	13016.0	844.00	6.484	7279.0	376.7	5.175
2020	13584.0	688.57	5.069	7880.0	559.1	7.095
2021	13676.0	521.20	3.811	8848.0	397.4	4.491
2022	14867	551.73	3.711	9078.15	–	–

资料来源：银保监会统计数据、国家统计局。

在之前的几年，保证保险以其保费的高增速，一度成为财险公司非车险业务中保费收入最高的险种，被视为未来的行业增长点。但随之而来的是不断的“暴雷”潮。前有长安责任等险企因承保P2P履约保证保险遭遇平台暴雷而陷入困境，后有新冠疫情期间行业违约率上升导致多家险企赔付压力大增。据银保监会的信息，2022年保证保险是除车险、涉及新冠疫情相关保险等财产险其他保险外收到投诉最多的险种，众惠相互保险、阳光信保的亿元保费投诉量分列财险公司第1和第3。

“暴雷潮”的发生，也引起了监管部门的注意。2020年5月，银保监会发布《信用保险和保证保险业务监管办法》，确定将对融资性保证险业务进行重点监管。在承保条件上，压缩融资性信保业务余额，而给予普惠型小微企业贷款承保更多倾斜；在公司经营上，加强企业相关业务的内控管理要求。以规范市场导向，避免之前高速增长时期盲目扩张、强制搭售、追偿不当等问题再次出现，促进信保业务持续健康发展。2022年4月6日，《中国银保监会办公厅关于2022年进一步强化金融支持小微企业发展工作的通知》（以下简称《通知》）发布，鼓励银行保险机构在工程建设、招投标等领域为符合条件的小微企业提供保函和保证保险产品，减轻企业保证金占款压力。《通知》的发布，对中小型险企发展保证保险提供了方向。

从保费收入和保险赔付角度来看，2012～2019年保证保险的保费收入从93.5亿元上升到844亿元。但随着信保业务监管政策落地，险企主动收缩融资性保证保险规模，2020年保证保险的保费收入回调，大幅下降至688.57亿元，同比降低18.38%。2021年保费收入继续下降，下降幅度达到24.31%。2022年，随着信保行业圆满完成扩面降费的普惠金融发展任务，扭转了连续两年的负增长局面，保费收入上升至551.73亿元，同比增长5.86%。从具体公司来说，2021～2022年“老三家”的保证保险业务发展情况如表7－8所示，可以看到，三家企业的保证保险业务在2022年都实现了增长。其中人保财险保费大幅上涨，但承保利润下降；太平洋财险的保证保险保费小幅上涨，承保利润也有所上升，而平安财险虽然保费上涨，其承保利润却由正转负。但可见，保证保险相关监管政策的出台有所成效，得益于宏观经济复苏，消费金融业务迎来转机。

表 7-8　　2021~2022 年"老三家"保证保险业务发展情况

公司	2021 年保费收入（亿元）	2022 年保费收入（亿元）	保费增速（%）	2021 年承保利润（亿元）	2022 年承保利润（亿元）
人保财险	28.40	52.94	86.41%	17.62	11.58
平安财险	180.98	219.34	21.2%	28.10	-90.13
太平洋财险	72.53	76.92	6.05%	2.66	2.86

从保证保险的市场结构来看，截至 2022 年 7 月，在银保监会备案的开展保证保险业务的财产保险公司共有 70 余家，其中险种数量较多的公司是老牌的资金规模较大的财产保险公司，包括人保、国寿、太平洋、长安、中华联合、大地以及紫金财险，保证保险产品数量都在 30 个以上，其中人保财险经营的保证保险产品有 124 种，国寿财险经营的保证保险产品有 170 种。从保证保险的类型上来看，大部分涉及了履约保证保险和贷款保证保险，2019 年履约保证保险的市场占有率达 37%，贷款保证保险占 19%，两者占据保证保险险种数目的一半以上，如图 7-10 所示。我国有超过 1800 万家的民营及中小企业，涉及实体经济的各个领域，是我国近几年乃至之后一段时期扶持发展的对象。很多企业无法满足银行的贷款要求，要解决这些企业的融资难问题，可以借助保证保险的增信融资功能进行担保，这也为保证保险的发展提供了巨大的潜在需求。

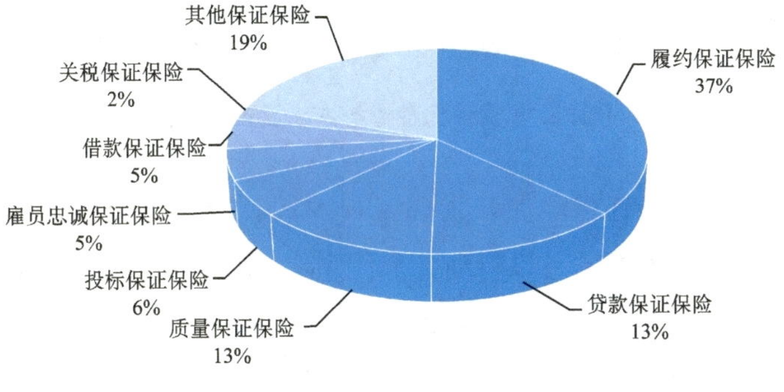

图 7-10　2019 年市场上保证保险产品比例

如今，保证保险占财险公司业务的比重已不足 4%。离开了前几年盲目追捧、无序扩张的环境，对于保证保险自身的发展同样利大于弊。可以说，以更加规范健康的方式发展，保证保险依然未来可期。

五、新规助推责任保险规范发展

近年来，责任保险在我国快速发展，其在服务实体经济、参与社会治理、化解社会风险中发挥了重要作用。产险公司大多在研究如何降低对车险业务的过度依赖，大力发展非车险业务，以平衡业务结构。在非车险业务中，责任保险的发展值得一提。2022 年，责任保险保费收入达到 1147.5 亿元，同比增长 12.67%，占财险业务保费收入的比例为 9.03%。在非车险业务中，2022 年保费收入占比最高的为农险，第二高的为责任保险，应用范围广、涉及领域众多。2012 ~ 2022 年责任保险业务占比及责任保险保费增速情况如图 7 – 11 所示。

图 7 – 11　2012 ~ 2022 年责任保险业务占比及责任保险保费增速情况

图 7 – 11 截取了责任保险保费收入 2012 ~ 2022 年在总保费收入中的占比变化和增长速度的变化情况。可以看到，责任保险的保费收入占比一直保持着持续增长的态势。得益于法治环境持续改善，安全生产责任、环境污染责任等产品快速发展，责任保险保费收入逐年上升，十年来保费增速平均在 20% 左右。2014 ~ 2017 年，保费增速迅猛，到 2018 年达到 30.9% 的高点，但之后保费增速逐年降低，2022 年责任保险保费增速降至 12.67%，为近十年最低。

2021 ~ 2022 年“老三家”（大保财险、平安财险、太平洋财险）的责任保险业务发展情况如表 7 – 9 所示。可以看到，2022 年三家公司的责任保险保费收入总和达705.62亿元，占到了约61%的市场份额，说明市场集中度较高，大型财险公司的责任保险保费规模优势明显，三家公司责任保险的保费增速都较快。但是即使是人保财险、平安财险这样的大型险企，其责任保险业务承保利润在2022年也为负值。可见，当前的业务模式难以为继。

表7-9　　2021年和2022年“老三家”责任保险业务发展情况

公司	2021年保费收入（亿元）	2022年保费收入（亿元）	保费增速（%）	2021年承保利润（亿元）	2022年承保利润（亿元）
人保财险	331.34	337.72	1.9%	-16.43	-31.53
平安财险	198.75	217.83	9.6%	-8.2	-90.13
太平洋财险	109.48	150.07	37.08%	1.04	0.15

我国责任保险在快速发展的同时，也存在责任保险边界不断扩大、社会对责任保险的理解存在偏差、市场行为不规范、保险服务性质及形式有待规范等问题。为了规范责任保险发展，一系列监管政策陆续出台。2017年，《安全生产责任保险实施办法》发布；2020年年底，《责任保险业务监管办法》发布，针对责任保险现存的问题进行了严格规定，以规范责任保险承保边界、市场经营行为、保险服务，强化内控管理。2021年年初，《中华人民共和国民法典》正式施行，其中的侵权责任编对原《侵权责任法》的一些条文进行了修改，完善了我国的侵权责任法律制度，这为责任保险的经营提供了良好的外部环境和法律基础，使得责任与损失的确定有了更加明确的依据，催生了责任保险市场新的产品需求。

尽管目前责任保险已经成为我国非车险业务中保费收入占比最高的险种，但与一些发达国家责任保险40%~50%的占比相比，仍有较大差距。伴随着各项新规的出台，政府鼓励各行业运用责任保险管理风险及相应纠纷，网络安全责任险、知识产权责任险等创新型产品不断涌现，未来责任保险必将持续、健康、高质量地发展。

第三节　财产保险公司服务及消费者投诉分析

截至2023年6月，银保监会披露了2022年第一、二、三、四季度的保险消费投诉情况。本部分将使用公开披露的数据，对 2022 年财险公司的服务及消费者投诉情况进行总结。

一、财产险公司服务当前存在的问题

第一，我国财产险市场主体为了增强竞争力，采用降低费率、扩大责任范围等方式，导致保费充足率下降。同时，由于价格竞争引起财产险的风险管理能力降低，对承保标的的防灾防损等服务措施跟进不到位。

第二，自然灾害、大型公共灾害事故频繁发生，保险公司难以根据现有风险敞口进行有效的经验分析、更新对灾害发生概率的预测。

当然，由于财险标的多样性，风险因素也各异，每个行业甚至每一种标的的风险状况可能都不尽相同。大型保险公司对标的的风险管理服务形式一般是由总公司统一组织内外的风险管理专家集中研究，制定出相应的防灾防损实施模板，并在整个系统内推广，但该方法的局限性在于或多或少会有遗漏的风险种类或服务内容，且实际操作中也容易产生偏差。对于小型的财产险承包人而言，资金规模和风险规模都有限，很难对全公司面对的所有业务风险进行全面掌握，这时候就需要专业的评估机构，如再保险人、经纪人、公估人、专业咨询公司等风险管理专家根据保险人的实际需求，辅助其进行风险的专业量化和预防。但是其缺陷是各个主体机构与委托方之间可能为维护自身利益而导致逆选择问题，小型保险人没有把握风险管理的核心技术将限制其提高市场份额和实现进一步的战略目标的能力。

二、财产险公司投诉情况及事由

（一）财产险公司投诉情况

2022 年，中国银保监会及其派出机构共接收涉及保险公司的保险消费投诉 110014 件，与 2021 年的保险消费投诉件数相比下降 32.59%。其中，投诉中涉及财产保险公司 39316 件，较上年下降 40.52%，占比 35.74%；涉及人身保险公司 70698 件，较上年下降 27.19%，占比 64.26%。可以看到尽管财险公司的被投诉数量与人身险公司相比相对较少，并出现了更大幅度的下降。

2022 年，财产保险公司亿元保费投诉量中位数为 16.60 件/亿元（由四个季度数据加总得到）。其中，亿元保费投诉量居前 10 的为：众惠相互保险（1728.26 件/亿元）、安达保险（443.38 件/亿元）、阳光信保（334.13 件/亿元）、众安在线财险（63.72 件/亿元）、现代财险（58.95 件/亿元）、海峡保险（58.16 件/亿元）、鑫安车险（51.28 件/亿元）、前海财险（47.85 件/亿元）、久隆财险（38.06 件/亿元）、泰康在线财险（36.64 件/亿元）。

2022 年投诉总量居前 10 的财产险公司如图 7－12 所示，2022 年亿元保费投诉量前 10 的财险公司如图 7－13 所示，2022 年财产险保费规模居前 10 的公司的亿元保费投诉量如图 7－14 所示。

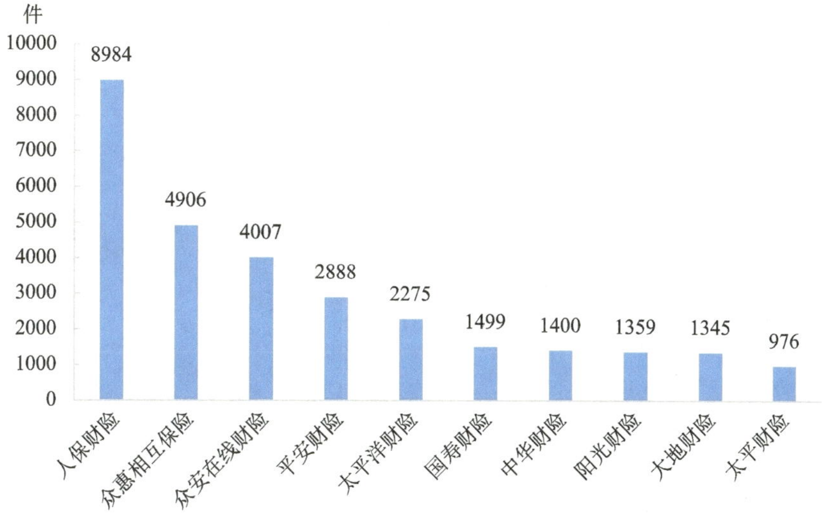

图 7－12　2022 年投诉总量居前 10 的财产险公司

从图 7－12 和图 7－13 可以看出，投诉总量排名前 10 的保险公司与亿元保费投诉量平均值排名前 10 的保险公司出入较大。显然，由于投诉总量与总体保单数量即总体保费体量直接相关，以投诉总数来判定保险公司的服务质量是失之偏颇的。

对比图 7－13 和图 7－14 可以看到，除众惠相互保险外，2022 年财产险保费规模排名前 10 的财产险公司的亿元保费投诉量并不算太高，这说明大型财险公司的服务质量都在行业中相对较有保障；但也有包括众安在线财险在内的几家公司投诉量处于平均值以上的水平，这也说明公司经营情况的好坏与投诉量之间没有必然的联系，即使投诉量与亿元保费投诉量都处于低水平，也不能反映出这家

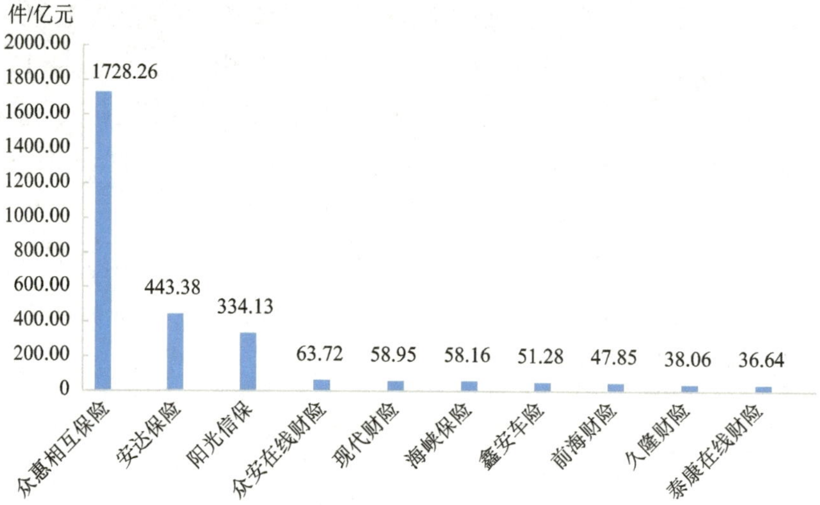

图7－13　2022年亿元保费投诉量居前10的财险公司

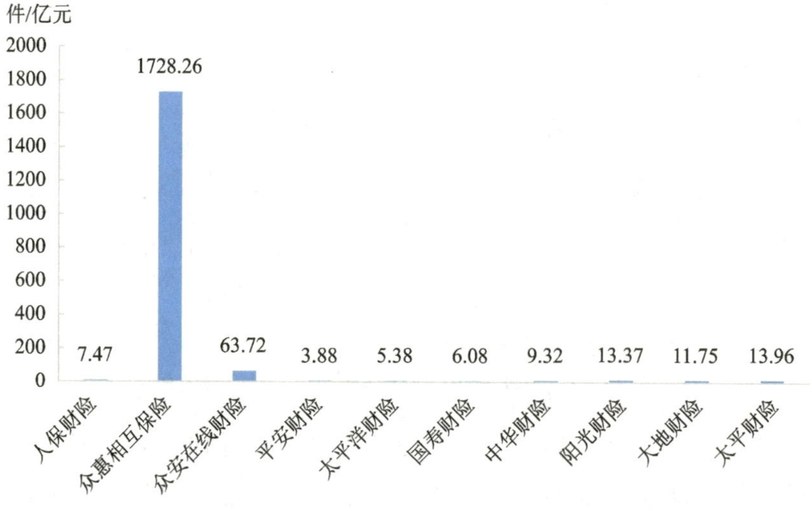

图7－14　2022年财产险保费规模居前10的公司亿元保费投诉量

公司的服务水平很高，因为这可能只代表着该公司的保单规模太小。显然，这两个统计值只能作为方向性的参考，如果能够将投诉量与保单数量相对应，也许能在一定程度上增添说服力。

（二）投诉涉及的主要事由

银保监会公开数据显示，理赔纠纷和销售纠纷是财产险投诉的两大主要问题。2022 年，在涉及财产保险公司的投诉中，理赔纠纷共 30430 件，占财产保险公司投诉总量的 77.40%。财产保险公司理赔纠纷投诉量居前 5 的包括：人保财险（6460 件）、众惠相互保险（4799 件）、众安在线财险（3407 件）、太平洋财险（1587 件）、平安财险（1582 件）。具体如图 7－15 所示。

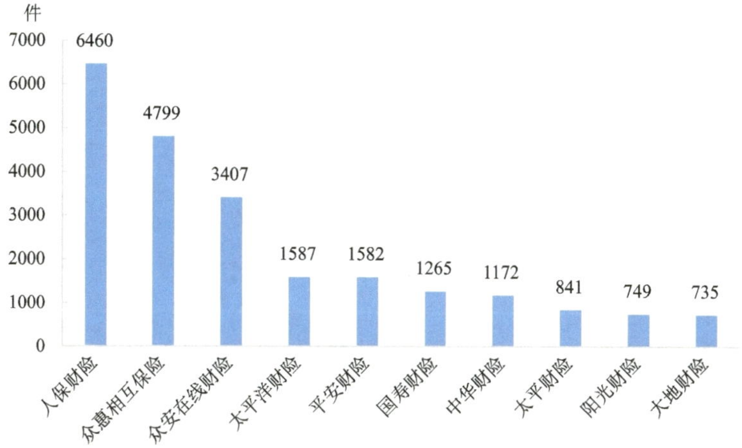

图 7－15　2022 年理赔纠纷投诉量居前 10 的财产保险公司

在涉及财产保险公司的投诉中，销售纠纷共 3126 件，占财产保险公司投诉总量的 7.95%。财产保险公司销售纠纷投诉量居前 5 的包括：人保财险（844 件）、平安财险（680 件）、阳光财险（259 件）、众安在线财险（255 件）、大地财险（227 件）。具体如图 7－16 所示。

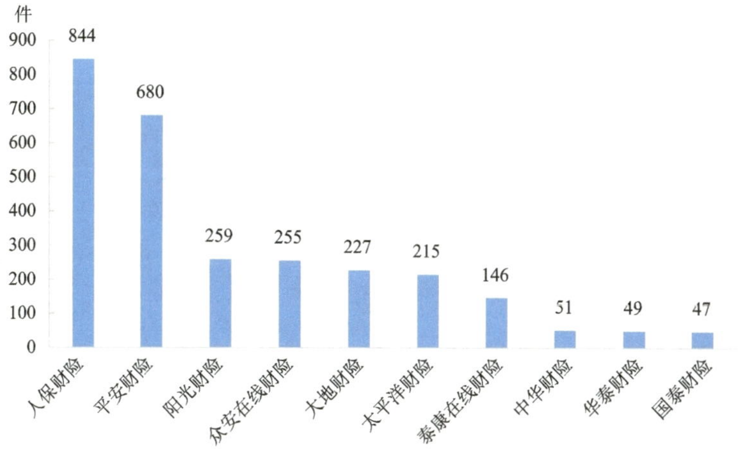

图 7－16　2021 年销售纠纷投诉量居前 10 的财产保险公司

第四部分 社会保险

第八章　社会保险制度

第一节　社会保险制度概述

国家建立基本养老保险、基本医疗保险、工伤保险、失业保险、生育保险等社会保险制度，保障公民在年老、疾病、工伤、失业、生育等情况下依法从国家和社会获得物质帮助的权利。社会保险制度坚持广覆盖、保基本、多层次、可持续的方针，社会保险水平应当与经济社会发展水平相适应。

一、社会保险制度的内容

社会保险由基本养老保险、基本医疗保险、工伤保险、失业保险、生育保险等构成，是社会保障制度的核心组成部分。社会保险与商业保险、政策保险相联系，共同构成大保险体系。

（一）基本养老保险

基本养老保险是国家通过立法对劳动者因达到规定的年龄，按国家规定解除劳动义务后，给他们提供一定的物质帮助以维持其基本生活水平的一种社会保险制度。

（二）基本医疗保险

基本医疗保险是指社会劳动者因为疾病、受伤等原因需要诊断、检查和治疗时，由国家和社会为其提供必要的医疗服务和物资帮助的一种社会保险制度。

（三）失业保险

失业保险是指根据政府法令举办的，以失业为给付条件，由国家按劳动法规定在一定期限内对失业者发放失业救济金的社会保险制度。

（四）工伤保险

工伤保险是指劳动者因工作原因受伤、患病、致残乃至死亡，暂时或永久丧失劳动能力时，从国家和社会获得医疗、生活保障及必要的经济补偿的社会保险制度。

（五）生育保险

生育保险是妇女劳动者因妊娠、分娩等导致不能工作，收入暂时中断，由国家和社会给予医疗保健服务和物质帮助的一种社会保险制度。

二、社会保险的原则

在现代社会保险发展历程中，形成了一些基本原则，这些原则在指导建立和发展社会保险事业时发挥着重要作用。

（一）强制性原则

强制性原则是指凡属于法律规定范围内的劳动者都必须无条件地参加社会保险，并按规定履行缴纳保险费的义务，这是社会保险的首要原则。

强制性对社会保险自身发展具有重要意义。首先，由于在广泛范围内实施强制保险，被保险人基数庞大，可以使大数定律充分发挥作用，风险得以分散。其次，限制了逆向选择的发生。这里所谓的逆向选择，是指低风险的劳动者不愿意参加保险，在无法区分的情况下，使参加保险者都是高风险者。而强制保险在一定范围内要求所有劳动者都必须参加，这就有效地防止了逆向选择。

社会保险的强制性特点，一般是通过国家立法和国家强制征收社会保险费来具体体现的。社会保险的缴费标准和待遇项目、保险金的给付标准等均按国家和地方政府的法律、法令统一确定，劳动者对于是否参加社会保险和投保的项目以及待遇标准等均无权任意选择和更改。

（二）基本保障性原则

在把社会保险放在社会保障体系中考察时，一般认为应采取三种不同的保障方法来满足三个不同层次的需求，即：用社会救济来满足公民最低生活水平的要求，用社会保险来满足劳动者基本生活水平的要求，而用社会福利的形式来提高公民的生活质量。将社会保险定位在满足基本生活需求的层面上，是同社会保险的性质相适应的。在劳动者部分或全部丧失劳动能力或者失业时，由国家通过法律保证而获得物质生活权利，提供切实可靠的基本生活保障。

（三）公平性原则

公平与效率问题一直是实行市场经济国家面临的选择难题。社会保险通过国民收入的再分配而实现，社会保险费的筹集通常是由国家、企业和个人共同按比例负担，并非完全由个人负担，国家对亏损部分给予财政补贴，保障的水平以劳动者丧失劳动能力时的基本生活需要为标准，采取的是有利于低收入劳动者的原则。商业保险的保险费全部由投保人按合同负担，保障水平完全取决于被保险人缴纳保险费的多少和实际受损的性质与程度，严格按对等原则来确立。商业保险也讲公平，但这种公平是针对保险合同的公平，是投保人与保险人之间的对等公平，而社会保险是一种社会公平，这与社会保险的基本目标——维持社会生产正常进行，保障社会生活稳定是相适应的。

三、社会保险的功能

社会保险的功能体现在维系社会稳定、促进劳动力再生产、促进社会公平、促进经济发展、增强凝聚力等方面。

（一）维持社会稳定

在现代社会大生产和分工协作的条件下，社会保险的目的是维持社会稳定，使老有所养、病有所医，保障劳动者及其家庭的基本生活，消除社会不安定因素，减少社会震荡，所以有时称社会保险为社会的“减震器”和“防护网”。此外，社会保险在最终实现社会主义的生产目的，促进经济的发展、政治的安定，实现公民的宪法权利等方面也有重大贡献。

（二）保证劳动力再生产的顺利进行

劳动者因疾病、伤残、失业而失去正常的劳动收入，会使劳动力再生产过程处于不正常的状况，通过社会保险的经济补偿，使劳动力的再生产过程得以延续，从而使社会化大生产得以顺利进行。人作为劳动者，对生产起着决定性作用，物质资料的再生产要求劳动力再生产与之相适应。劳动收入是家庭的主要收入来源，当劳动者遭遇各种风险而丧失劳动能力时，家庭的保障功能大大削弱了，这样势必影响劳动力的供应。因此，只有国家出面干预，以失业保险、生育保险等强制保险的方式，集聚众多的经济力量，才能使劳动力再生产得以顺利进行。

（三）促进社会财富的公平分配

由于社会保险是国民收入再分配的渠道之一，可以起到调节社会成员收入悬殊差距的作用，有利于实现社会财富的公平分配。社会保险的分配原则以公平为主，兼顾效率，对高收入者的社会保险待遇要有一定的限制，对低收入者的生活要给予保证。凡是领取的社会保险金达不到基本保障线的，要提高到基本保障线以上，以缩小社会保险金水平的差距。

（四）有利于发展社会经济

通过社会保险而聚集起来的雄厚的社会保险基金可以对经济发展起到一定的支撑作用。社会保险具有储蓄性的特点，通过劳动者、企业和国家三方出资的形式，形成了规模巨大的社会保险基金收入。随着社会保险基金的膨胀，其投资规模也不断扩大，这使社会保险基金成为影响一国经济运行的不可忽视的力量。社会保险制度的运行对储蓄、投资、财政金融状况乃至国际经济活动均会产生重要的影响。通过强化社会保险基金的管理，提高其投资经营效果，注重投资方向与结构的调整，将有利于促进经济发展，促进国家基础产业的成长，促进金融市场的发展与完善。注重社会保险基金对经济的促进作用，已成为许多国家社会保险制度改革发展的新特点。

（五）增强社会凝聚力

社会保险是互助共济的经济形式，有助于经济和谐和社会文明的进步发展。社会保险是国家和社会为劳动者提供的基本生活保障，实行“多人为众，众为一人”的互济原则，依靠社会群体的力量，把分散、弱小的经济力量组织起来，以发挥社会经济的互助互济作用，分散劳动者个人的风险事故压力，而这种互助互济的经济行为又促进了在公共道德标准上集体主义的演进。同时，社会保险起到团结劳动者、增强社会凝聚力的作用，相互依赖的经济社会现实无疑又将促进人类自身社会化程度的提高和群体内的和谐相处。

四、社会保险与商业保险的区别

（一）保险的目的不同

社会保险作为政府的一项社会政策，其基本目的在于使劳动者的生活获得基本保障。这种“政策性”特征决定了它不以营利为目的，而以社会效益为主，运作过程中有明显的行政强制性特点。政府是社会保险的实施者，对其财务盈亏负有最后责任，发生亏损时则由国家财政拨款弥补，使被保险人有永久获得保障的权利。而商业保险首先是一种商业活动，人们自愿投保，没有任何强制性，是以营利为主要目的的企业经营活动。保险公司是自负盈亏的经济实体，作为企业，其经营的首要目的就是经济效益。因此，保险人要精确地计算风险发生的概率，确定合理的保险费率，积极运用保险基金。当然，商业保险业务客观上也有很好的社会效益，对稳定社会有积极的意义。

（二）权利与义务关系不同

社会保险的权利与义务关系建立在劳动关系的基础之上，只要劳动者履行了为社会劳动的义务，就能获得自身及其供养的直系亲属享有相关社会保险待遇的权利，劳动者缴纳一定的保险费，但给付金额与其所缴纳的保费无绝对联系，而以被保险人基本生活需要为标准。社会保险的权利与义务关系并不对等，个人应缴纳保费的多少并不取决于将来给付的多少或风险程度的高低，而是决定于投保人当时的收入水平。而商业保险的权利义务建立在合同关系上，是一种自由契约关系，保险人严格遵循商业盈利性原则。被保险人享有保险金额的多少取决于根据风险率计算出来的保险费数额的多少和投保期限的长短，即保险公司与投保人之间的权利与义务关系是一种等价交换的对等关系，表现为多投多保、少投少保、不投不保，二者呈正相关。

（三）经办主体和管理特征不同

社会保险的经办主体是政府或由政府指定的专门的职能部门，它除了管理社会保险基金的征集和给付之外，还要管理与之相关的其他活动，如负责某些服务工作等；由于社会保险的政策性和“人、财、物”的统一管理，决定了国家财政对其负有最后保证责任。而商业保险经营主体主要是以营利为目的的商业保险公司，商业保险业务的开展，在法律规定的范围之内，可以由保险双方自行订立条款，保险公司自主经营、自负盈亏，国家财政不以任何形式负担其保险金给付的开支需求。

（四）实施方式不同

社会保险主要采取强制方式实施，属于强制保险。凡属于社会保险范围的保险对象，无论其是否愿意，都必须参加，并缴纳保费；当被保险人在遇到生育、年老、疾病、伤残、失业等情况而没有收入时，政府必须按法定标准给付，这种强制性保证了社会保险的大规模，有效地减少了逆向选择。而商业保险一般采取自愿原则，属于自愿保险，投保人是否投保、投保什么险种、投保多少等，由投保人自行决定。

（五）保险关系建立的依据不同

社会保险中的保险人与被保险人之间保险关系主要以有关的社会保险法律法规和社保政策为依据，如保险对象、保险资金来源、保费负担、受益人的资格、给付标准等均由法律法规和政策规定，双方当事人不能另有约定。而商业保险人和投保人之间保险关系的建立，在有关商业保险法规允许的范围内完全依据保险合同的签订。通过保险合同确定双方的权利义务关系，如保险人可因投保人不履行缴纳保险费的义务而有权停止被保险人或受益人在保险合同中享有的权利。

（六）保险的资金来源不同

社会保险的资金来源主要有政府财政拨款、企业缴纳保险费、劳动者个人缴纳保险费三个渠道，是集国家、企业、个人等社会各方面力量来保障社会成员的基本生活要求。而商业保险的资金只能来源于保险客户所缴保险费，虽然通过对保险资金的运用可以获得一定的投资收益，但是保险公司管理费用却需要保险客户承担。

（七）保险给付标准依据和保障水平不同

社会保险的给付标准主要取决于能否提供满足基本生活需要的保障水平，其保障水平一般在贫困线以上，达到基本保障水准，过高则会产生依赖和懒惰的副作用。社会保险统一的基本保障水平，有利于低收入阶层、遗属及退休者。商业保险给付标准与所缴保费之间有密切联系，奉行多投多保、少投少保的原则，保险水平高低悬殊，明显有利于高收入阶层提高自己的生活保障水平。

（八）保险对象不同

社会保险的保险对象是社保法规规定的劳动者，有的国家扩展到全体公民，社会化程度高。因为社会保险是为了实施社会政策，解决社会问题，而少数人之间的问题不能成为社会问题，也无所谓社会政策。商业保险的保险对象灵活，不论是劳动者还是非劳动者，都可由个人根据需要投保，但在事实上，劳动者，尤其是低收入的劳动者往往无力参加。

（九）与财税的关系不同

国家对社会保险承担最后的保证责任。国家财政对社会保险有拨款义务，这是国家财政收入分配职能的重要表现，而国家对商业保险的经营并不承担任何责任。而且商业保险公司同一般的工商企业一样要向国家缴纳税金，一般情况下，国家不会给商业保险公司财政拨款和财政补贴。

第二节　基本养老保险

基本养老保险是社会保险的重要组成部分，是防范和化解年老风险的制度安排。基本养老保险制度是基本养老保险覆盖范围、基金来源、资格条件、待遇计发等一系列规定的总称。

中国基本养老保险制度，由企业职工基本养老保险、机关事业单位工作人员养老保险和城乡居民基本养老保险构成。按规定参加基本养老保险的职工和居民，符合相应的年龄与缴费条件的，可以享有相应的基本养老保险待遇。

一、制度类型

中国基本养老保险的制度类型为社会保险与社会救助结合。

职工基本养老保险制度（包括企业职工基本养老保险制度和机关事业单位工作人员养老保险制度）实行“社会统筹（保险）与个人账户”相结合。单位缴费形成社会统筹基金，体现互助共济；个人缴费计入个人账户，实现部分积累。

城乡居民基本养老保险实行“个人缴费、集体补助和政府补贴”相结合。政府补贴体现普惠与公平，个人缴费体现权利与义务相关联。

政府对参加城乡居民基本养老保险的低收入、无收入者给予全额或差额资助，对生活困难的老年人给予直接救助。

二、覆盖范围

企业职工参加职工基本养老保险，机关事业单位工作人员参加机关事业单位工作人员养老保险，由用人单位和职工共同缴纳基本养老保险费。

各类灵活就业人员可以参加职工基本养老保险，也可以参加城乡居民基本养老保险，由个人缴纳基本养老保险费。

年满16周岁（不含在校学生），非国家机关和事业单位工作人员及不属于职工基本养老保险制度覆盖范围的城乡居民，可以在户籍地（或居住地）参加城乡居民养老保险。

在中国境内就业的外国人按规定参加职工基本养老保险，在内地（大陆）就业的港澳台居民按规定参加职工基本养老保险。

在内地（大陆）居住且办理港澳台居民居住证的未就业港澳台居民，按规定参加城乡居民基本养老保险。

三、参保地点

企业职工和机关事业单位工作人员应当在就业地参保。城乡居民可以在户籍地参保，取得居住证的居民也可以在居住地参保。

四、统筹层次

统筹层次是指基本养老保险基金统一收支的行政区域。如果在全国一级实现了基本养老保险基金统一收支，就认为统筹层次为全国统筹；如果在省一级实现了基本养老保险基金统一收支，就认为统筹层次为省级统筹；如果在地市一级实现了基本养老保险基金的统一收支，就认为统筹层次为地市级统筹。

职工基本养老保险基金与机关事业单位养老保险基金实行省级统筹，逐步实行全国统筹。城乡居民基本养老保险基金实行省级统筹。

五、缴费办法

缴费办法分为职工缴费、单位缴费、灵活就业人员（含个体劳动者）缴费、城乡居民缴费等情形，涉及缴费主体、缴费周期、缴费基数、平均工资、缴费基数上下限、缴费比率、缴费税收减免等规定。

（一）基本规定

单位（包括企业、机关、事业单位）和职工（包括企业职工、机关事业单位工作人员）共同缴纳职工基本养老保险费。城乡居民基本养老保险实行个人缴费、集体补助、政府补贴相结合。

（二）职工缴费

职工以上一年度的月平均工资作为个人缴纳基本养老保险费的基数（以下简称缴费工资基数），按当地规定的比例按月缴纳基本养老保险费。职工缴纳基本养老保险费的比例一般为缴费工资基数的 8%（2006 年 1 月 1 日起），职工个人缴纳的基本养老保险费不计征个人所得税。月平均工资应按国家统计局规定的列入工资总额统计的项目计算，其中包括工资、奖金、津贴、补贴等收入。单位支付给劳动者个人的丧葬抚恤救济费、生活困难补助费、计划生育补贴等不属于工资统计范围。职工月平均工资低于当地职工平均工资 60% 的，按 60% 计算缴费工资基数；超过当地职工平均工资 300% 的部分不计入缴费工资基数，也不计入计发养老金的基数。

自 2019 年 5 月 1 日起，各省以本省城镇非私营单位就业人员平均工资和城镇私营单位就业人员平均工资加权计算的全口径城镇单位就业人员平均工资，核定职工基本养老保险个人缴费基数上下限。调整就业人员平均工资计算口径后，各省要制定基本养老金计发办法的过渡措施，确保退休人员待遇水平平稳衔接。

已离退休人员不缴纳基本养老保险费。

（三）单位缴费

单位以职工工资总额（或全部职工缴费工资基数之和）为缴费工资基数，按当地规定的缴费比例按月缴纳基本养老保险费。当地规定缴纳基本养老保险费的比例一般为 16%（2019 年 5 月 1 日起），单位缴纳的基本养老保险费在税前列支。

（四）个体劳动者缴费

城镇个体工商户和灵活就业人员参加基本养老保险的缴费工资基数为当地上

年度在岗职工平均工资（2019 年 5 月 1 日前），缴费比例为 20%，其中 8% 记入个人账户，退休后按企业职工基本养老金计发办法计发基本养老金。自 2019 年 5 月 1 日起，个体工商户和灵活就业人员参加企业职工基本养老保险，可以在本省全口径城镇单位就业人员平均工资的 60% 至 300% 之间选择适当的缴费基数。城镇个体工商户和灵活就业人员一般应按月缴纳养老保险费，也可按季、半年、年度合并缴纳养老保险费。个体劳动者缴纳的基本养老保险费不计征个人所得税。

（五）城乡居民缴费

城乡居民选择不同缴费档次，按年缴纳居民基本养老保险费。参加城乡居民养老保险人员的缴费档次标准为每年 100 元、200 元、300 元、400 元、500 元、600 元、700 元、800 元、900 元、1000 元、1500 元、2000 元 12 个档次，省（区、市）人民政府可以根据实际情况增设缴费档次，最高缴费档次标准原则上不超过当地灵活就业人员参加职工基本养老保险的年缴费额。

有条件的村集体经济组织应当对参保人缴费给予补助。

六、政府资助

中国政府对职工基本养老保险、城乡居民基本养老保险进行资助，体现政府在社会保险方面承担的资金支持责任。

单位职工（包括国有企业职工、机关事业单位工作人员和军队转业人员）参加基本养老保险前，视同缴费年限期间应当缴纳的基本养老保险费由政府承担。

基本养老保险基金出现支付不足时，政府给予补贴。

单位缴纳的基本养老保险费在税前列支，个人缴纳的养老保险费不计征个人所得税，个人账户利息免征利息税。

社会保险机构的运行费用由政府预算拨付。

政府对符合领取城乡居民养老保险待遇条件的参保人全额支付基础养老金。地方人民政府对城乡居民基本养老保险参保人的缴费给予补贴，对选择最低档次标准缴费的，补贴标准不低于每人每年 30 元。

地方人民政府为重度残疾人等缴费困难群体代缴部分或全部最低标准的城乡居民基本养老保险费。

七、个人账户

职工基本养老保险费由单位和职工个人共同缴纳，单位缴费计入统筹基金，职工缴费计入个人账户。

单位和职工个人共同缴纳职工基本养老保险费的年限，称为“缴费年限”（或实际缴费年限）。实行个人缴费制度前，职工的连续工龄可视同缴费年限。

职工个人账户储存额，每年参考银行同期存款利率计算利息，免征利息税。个人账户储存额只用于职工养老，一般不得提前支取（出国定居等可以提前支取）。职工调动时，个人账户全部随同转移。职工或退休人员死亡，个人账户中的个人缴费部分可以继承。

个体劳动者等灵活就业人员，按缴费工资基数的20%缴纳职工基本养老保险费，其中8%计入个人账户，12%计入统筹基金。

城乡居民基本养老保险参保人员个人缴费、政府缴费补贴等计入个人账户。个人账户储存额按国家规定计息。参保人死亡，个人账户资金余额可以依法继承。

八、权益转接

个人跨统筹地区就业的，其基本养老保险关系随本人转移，缴费年限累计计算。个人达到法定退休年龄时，基本养老金分段计算、统一支付。

跨统筹地区转移职工基本养老保险关系时，个人账户资金按规定全部随同转移，统筹基金转移12%。当男满50岁、女满40岁时，不再转移职工基本养老保险关系，在新就业地区建立临时账户（按组织程序调动人员的养老保险关系转接不受年龄限制）。

符合退休条件时，职工基本养老保险关系在户籍地的，在户籍地办理退休；职工基本养老保险关系不在户籍地，在缴费年限达10年及以上的工作地办理退休；职工基本养老保险关系不在户籍地，有两个以上地区的缴费年限达到10年及以上的，在缴费时限长的地区办理退休；职工基本养老保险关系不在户籍地，有两个地区的缴费年限在10年及以上且相等的，在最近缴费的地区办理退休；如果没有缴费年限10年及以上的地区，将资金归集到户籍地，在户籍地办理退休。

个人既参加职工基本养老保险，又参加居民基本养老保险，在退休时需要按以下规定进行衔接：参保人员从城乡居民基本养老保险转入城镇职工基本养老保险的，城乡居民基本养老保险个人账户全部储存额并入城镇职工基本养老保险个人账户，城乡居民基本养老保险缴费年限不合并计算或折算为城镇职工基本养老保险缴费年限。参保人员从城镇职工基本养老保险转入城乡居民基本养老保险的，城镇职工基本养老保险个人账户全部储存额并入城乡基本居民养老保险个人账户，参加城镇职工基本养老保险的缴费年限合并计算为城乡居民基本养老保险的缴费年限。

参加城乡居民基本养老保险的人员，在缴费期间户籍迁移、需要跨地区转移城乡居民基本养老保险关系的，可转移个人账户全部储存额，缴费年限累计计算；已经按规定领取城乡居民基本养老保险待遇的，不论户籍是否迁移，其基本养老保险关系不转移。

九、按月领取基本养老金资格条件

（一）达到法定退休年龄时领取养老待遇——正常退休（或正常领取待遇）的条件

参加职工基本养老保险的个人（包括企业职工和机关事业单位工作人员）男满 60 岁，女干部满 55 岁，女工人满 50 岁（个体工商户、灵活就业人员和农民合同制职工的女退休年龄为 55 岁），累计缴费满 15 年的，按月领取基本养老金。缴费年限不足 15 年时，可以按规定顺延缴费至 15 年后领取养老待遇。

参加城乡居民基本养老保险的个人，年满 60 周岁、累计缴费满 15 年，且未领取国家规定的基本养老保障待遇的，可以按月领取城乡居民基本养老保险待遇。

（二）低于法定退休年龄时领取养老待遇——提前退休的条件

公务员工作年限满 30 年的；或距国家规定的退休年龄不足 5 年，且工作年限满 20 年的公务员；

从事井下、高空、高温、繁重体力劳动和其他有害健康工种的职工，男年满 55 周岁，女年满 45 周岁，连续工龄或工作年限满 10 年的职工；

男年满50周岁，女年满45周岁，连续工龄或工作年限满10年的，经医院证明，并经劳动鉴定委员会确认，完全丧失劳动能力的职工；

因工致残，经医院证明（并经劳动鉴定委员会确认）完全丧失工作能力的职工。

（三）高于法定退休年龄时领取养老待遇——延迟退休的条件

党政机关、人民团体中的正、副县处级及相应职务层次的女干部，事业单位中担任党务、行政管理工作的相当于正、副处级的女干部和具有高级职称的女性专业技术人员，年满60周岁退休。

高级专家确因工作需要，身体能够坚持正常工作，征得本人同意，副教授级高级专家经批准可延长至65周岁退休，教授级高级专家经批准可延长至70周岁退休；院士年满70周岁退休，个别确因国家重大项目特殊需要，可适当延长退休年龄，最多延长至75周岁。

十、基本养老金计算办法

职工（包括企业职工与机关事业单位工作人员）基本养老金由统筹养老金、过渡养老金和个人账户养老金组成。按新人、中人、老人的不同情形，采用相应的养老金计算办法。

居民基本养老金由基础养老金与个人账户养老金构成。中央确定基础养老金最低标准，建立基础养老金最低标准正常调整机制，地方人民政府可以根据实际情况适当提高基础养老金标准，个人账户养老金为个人账户储存额除以计发月数。

十一、遗属津贴与病残津贴

参加职工基本养老保险的个人，因病或者非因工死亡的，其遗属可以领取丧葬补助金和抚恤金（如果因工死亡按工伤保险条例规定领取遗属待遇）；在未达到法定退休年龄时因病或者非因工致残完全丧失劳动能力的，可以领取病残津贴。所需资金从基本养老保险基金中支付。有条件的地方政府可以为城乡居民养老保险参保人提供丧葬补助金。

十二、养老待遇调整

国家根据职工平均工资增长、物价上涨等情况，按规定调整基本养老保险待遇水平。

十三、基本养老保险基金管理

基本养老保险基金，坚持以收定支、收支平衡、适当结余的原则进行筹集与使用，加强预算管理，存入财政专户，专款专用。

十四、基本养老保险组织管理

人力资源和社会保障部负责基本养老保险政策的制定与总体监管，地方人力资源与社会保障行政部门负责基本养老保险政策的贯彻落实。

地方养老保险经办机构负责养老保险业务的经办服务。各级税务部门负责社会保险费的征缴，各级财政和审计部门负责养老保险基金的监督与审计。

第三节　基本医疗保险

基本医疗保险是社会保险的重要组成部分，是防范和化解疾病风险的制度安排。基本医疗保险制度是基本医疗保险覆盖范围、基金来源、资格条件、就医服务、费用报销等一系列规定的总称。

中国基本医疗保险由职工基本医疗保险和城乡居民基本医疗保险构成。按规定参加基本医疗保险的职工和居民在生病就诊时可以享受相应的基本医疗保险待遇。

一、制度类型

中国基本医疗保险的制度类型为社会保险与社会救助结合。

职工基本医疗保险实行社会统筹与个人账户相结合。城乡居民基本医疗保险实行个人缴费与政府补助相结合。

政府对参加城乡居民基本医疗保险的低收入、无收入者给予全额或差额资助，对因医疗费用支出生活困难者给予直接救助。

二、覆盖范围

职工（包括企业职工和机关事业单位工作人员）参加职工基本医疗保险，由用人单位和职工共同缴纳基本医疗保险费。

各类灵活就业人员可以参加职工基本医疗保险，也可以参加城乡居民基本医疗保险，由个人缴纳基本医疗保险费。

不属于职工基本医疗保险制度覆盖范围的中小学阶段的学生（包括职业高中、中专、技校学生）少年儿童和其他非从业城乡居民都可自愿参加城乡居民基本医疗保险。

各类全日制普通高等学校（包括民办高校）科研院所（以下统称高校）中接受普通高等学历教育的全日制本专科生、全日制研究生可以参加城乡居民基本医疗保险。

在中国境内就业的外国人按规定参加职工基本医疗保险，在内地（大陆）就业的港澳台居民按规定参加职工基本医疗保险。

在内地（大陆）居住且办理港澳台居民居住证的未就业港澳台居民，按规定参加城乡居民基本医疗保险。

在内地（大陆）就读的港澳台大学生，与内地（大陆）大学生执行同等医疗保障政策，按规定参加高等教育机构所在地城乡居民基本医疗保险。

三、参保地点

职工（包括企业职工和机关事业单位工作人员）在就业地参保；城乡居民可以在户籍地参保；取得居住证的居民可以在户籍地参保，也可以在居住地参保。

四、统筹层次

职工基本医疗保险原则上以地级市以上行政区为统筹单位，并逐步实行省级统筹。

城乡居民医疗保险制度原则上实行市（地）级统筹，各地区要统一待遇政策、基金管理和信息系统。鼓励有条件的地区实行省级统筹。

五、缴费办法

单位（包括企业、机关、事业单位，下同）和职工（包括企业职工、机关事业工作人员，下同）共同缴纳职工基本医疗保险费，城乡居民基本医疗保险实行“个人缴费与政府补助”为主的筹资方式，鼓励集体、单位或其他社会经济组织给予扶持或资助。

（一）职工缴费

职工以上一年度的月平均工资作为个人缴纳基本医疗保险费的基数（以下简称缴费工资基数），按当地规定的比例按月缴纳基本医疗保险费。职工缴纳基本医疗保险费的比例一般为缴费工资基数的2%（各个统筹地区规定不同），职工个人缴纳的基本医疗保险费不计征个人所得税。个人缴费计入个人账户。

月平均工资应按国家统计局规定列入工资总额统计的项目计算，其中包括工资、奖金、津贴、补贴等收入。单位支付给劳动者个人的丧葬抚恤救济费、生活困难补助费、计划生育补贴等不属于工资统计范围。

职工月平均工资低于当地职工平均工资60%的，按60%计算缴费工资基数；超过当地职工平均工资300%的部分不计入缴费工资基数。

自2019年5月1日起，各省以本省城镇非私营单位就业人员平均工资和城镇私营单位就业人员平均工资加权计算的全口径城镇单位就业人员平均工资，核定职工基本医疗保险个人缴费基数上下限。

已离退休人员或达到规定缴费年限正常退休人员不缴纳基本医疗保险费。

（二）单位缴费

单位以职工工资总额（或全部职工缴费工资基数之和）为缴费工资基数，按当地规定的缴费比例按月缴纳基本医疗保险费。当地规定缴纳基本医疗保险费的比例一般为6%（各个统筹地区规定不同），单位缴纳的基本医疗保险费在税前列支。

（三）个体劳动者缴费

城镇个体工商户和灵活就业人员参加基本职工医疗保险的缴费基数为当地上

年度在岗职工平均工资（2019 年 5 月 1 日前），缴费费率原则上按照当地的缴费率确定。也可以从统筹基金起步，可参照当地基本医疗保险建立统筹基金的缴费水平确定缴费费率。

自 2019 年 5 月 1 日起，个体工商户和灵活就业人员参加职工基本医疗保险，可以在本省全口径城镇单位就业人员平均工资的 60% 至 300% 之间选择适当的缴费基数。

城镇个体工商户和灵活就业人员一般应按月缴纳医疗保险费，也可按灵活的方式合并缴纳医疗保险费。

个体劳动者缴纳的基本医疗保险费不计征个人所得税。

（四）城乡居民缴费办法

城镇（乡）居民基本医疗保险实行按年度定额缴费，以家庭缴费为主，政府给予适当补助。参保居民按规定缴纳基本医疗保险费，享受相应的医疗保险待遇，有条件的用人单位可以对职工家属参保缴费给予补助。国家对个人缴费和单位补助资金制定税收鼓励政策。

六、政府资助

国家对社会保险事业提供经费保障承担弥补社会保险基金缺口的责任，对社会保险实行税收优惠政策，政府对城乡居民基本医疗保险进行补助。

七、个人账户

职工基本医疗保险个人账户简称为个人账户，是指个人缴费与单位划转（从单位缴费中划拨一部分资金纳入个人账户）形成的个人用于医疗的账户。该账户的资金可以用来看门诊，也可用来支付符合规定的其他需要自付的医疗费用。职工基本医疗保险基金实行社会统筹和个人账户相结合。个人缴费全部计入个人账户，个人账户支付门诊费用及其他相关费用，个人账户余额可以结转与继承。城乡居民基本医疗保险不建立个人账户。

随着《国务院办公厅关于建立健全职工基本医疗保险门诊共济保障机制的指导意见》（国办发〔2021〕14 号）在全国范围内部署，个人账户的计入办法得以改进：在职职工个人账户由个人缴纳的基本医疗保险费计入，计入标准原则上控制在本人参保缴费基数的2%，单位缴纳的基本医疗保险费全部计入统筹基金（原来规定单位缴费的30%不再纳入个人账户）；退休人员个人账户原则上由统筹基金按定额划入，划入额度逐步调整到统筹地区根据本意见实施改革当年基本养老金平均水平的2%左右。个人账户的具体划入比例或标准，由省级医保部门会同财政部门按照以上原则，指导统筹地区结合本地实际研究确定。调整统筹基金和个人账户结构后，增加的统筹基金主要用于门诊共济保障，提高参保人员门诊待遇。

改革后，个人账户使用范围也得到改善。个人账户可主要用于支付参保人员在定点医疗机构或定点零售药店发生的政策范围内自付费用。也可以用于支付参保人员本人及其配偶、父母、子女在定点医疗机构就医发生的由个人负担的医疗费用，以及在定点零售药店购买药品、医疗器械、医用耗材发生的由个人负担的费用。但是个人账户不得用于公共卫生费用、体育健身或养生保健消费等不属于基本医疗保险保障范围的支出。

八、职工基本医疗保险待遇的享受条件与标准

职工基本医疗保险参保缴费人员享受职工基本医疗保险待遇。达到职工基本医疗保险规定缴费年限的退休职工不再缴费并享受基本医疗保险待遇，未达到国家规定年限的，可以缴费至国家规定年限。

职工、灵活就业人员中断缴纳医疗保险费的，未缴费期间不享受基本医疗保险待遇。基本医疗保险关系跨统筹地区转移接续人员，中断缴费3个月以内的，可以补缴费用，按规定享受基本医疗保险待遇。灵活就业人员首次参加职工基本医疗保险，可规定其参加基本医疗保险到开始享受相关医疗保险待遇的期限。

个人账户支付门诊费用和其他自费费用，统筹基金支付住院与门诊大病费用。设立统筹基金支付的起付线和最高支付限额，起付线为统筹地区职工平均工资的10%左右，最高支付限额为统筹地区职工平均工资的6倍左右，起付线以下的费用个人自付，起付线与最高支付限额之间的大部分费用由统筹基金支付，最高支付限额以上的费用通过补充保险、商业保险加以解决。

九、城乡居民基本医疗保险待遇的享受条件与标准

城乡居民基本医疗保险参保缴费人员享受城乡居民基本医疗保险待遇，未缴

费期间不享受基本医疗保险待遇。

十、基本医疗保险药品目录、诊疗项目目录与服务设施标准

符合基本医疗保险药品目录、诊疗项目目录、医疗服务设施标准以及急诊抢救的医疗费用，按照国家规定从基本医疗保险基金中支付。

十一、基本医疗保险费用结算

参保人员医疗费用中，应当由基本医疗保险基金支付的部分，由社会保险经办机构与医疗机构、药品经营单位直接结算。

各统筹地区要根据当地实际和基本医疗保险基金支出管理的需要，制定基本医疗保险费用结算办法。结算办法应包括结算方式和标准、结算范围、结算程序、审核办法和管理措施等内容。

基本医疗保险费用的具体结算方式，应根据社会保险经办机构的管理能力以及定点医疗机构的类别确定，可采取总额预付结算、服务项目结算、服务单元结算等方式，也可以多种方式结合使用。

十二、权益转接

参加职工基本医疗保险的个人跨统筹地区就业时，基本医疗保险关系随本人转移，缴费年限累计计算。

参加城乡居民基本医疗保险的个人跨统筹地区迁徙时（包括户籍变更或居住地变更等），基本医疗保险关系随本人转移。

十三、异地就医

参加基本医疗保险的下列人员，可以申请办理跨省异地就医住院医疗费用直接结算：一是异地安置退休人员，即退休后在异地定居并且户籍迁入定居地的人员；二是异地长期居住人员，即在异地居住生活且符合参保地规定的人员；三是常驻异地工作人员，即用人单位派驻异地工作且符合参保地规定的人员；四是异地转诊人员，即符合参保地转诊规定的人员。

十四、基本医疗保险基金管理

基本医疗保险基金，坚持以收定支、收支平衡、略有结余的原则进行筹集与使用，加强预算管理，存入财政专户，专款专用。

十五、基本医疗服务管理

社会保险经办机构根据管理服务的需要，可以与医疗机构、药品经营单位签订服务协议，规范医疗服务行为。基本医疗保险的医疗服务机构通过自愿申请和多方评估确定。

十六、基本医疗保险组织管理

国家医疗保障主管部门负责基本医疗保险政策的制定与总体监督，地方医疗保障部门负责基本医疗保险政策的贯彻落实。

地方医疗保险经办机构负责医疗保险的经办业务，各级税务部门负责社会保险费征缴，各级财政和审计部门负责医疗保险基金监督与审计。

第四节　失业保险、工伤保险、生育保险

一、失业保险

失业保险是社会保险的重要组成部分，是防范和化解失业风险的制度安排。失业保险制度是失业保险覆盖范围、基金来源、资格条件、待遇计发等一系列规定的总称。

按照失业保险制度要求，用人单位和职工按规定缴纳失业保险费，职工一旦失业，将按规定享受失业保险待遇。

（一）覆盖范围

职工应当参加失业保险，由用人单位和职工按照国家规定共同缴纳失业保险费，符合条件的职工享受失业保险待遇。

在中国境内就业的外国人按规定参加失业保险，在内地（大陆）就业的港澳台居民按规定参加失业保险。

（二）缴费办法

用人单位和职工个人按规定缴纳失业保险费。按照《失业保险条例》规定，职工按本人缴费工资基数的1%缴费，用人单位按缴费工资总额的2%缴费。单位缴费工资总额为参保职工本人缴费工资基数的总和。

职工本人缴费工资基数通常为本人上年平均工资。本人缴费工资基数的上限为所在省、自治区、直辖市上年平均工资（指本省城镇非私营单位就业人员平均工资和城镇私营单位就业人员平均工资加权计算的全口径城镇单位就业人员平均工资，下同）300%，下限为所在省、自治区、直辖市上年平均工资的60%。

各统筹地区缴费费率存在一定差别，正在全国范围内逐步统一。

（三）政府资助

国家对社会保险事业提供经费保障，对社会保险实行税收优惠政策。统筹地区的失业保险基金不敷使用时，由失业保险调剂金调剂与地方财政补贴。

（四）统筹层次

失业保险基金逐步实行省级统筹，具体时间、步骤由国务院规定。失业保险基金在直辖市实行全市统筹。省、自治区人民政府决定实行省级统筹的，人力资源社会保障部门要在省（自治区）内统一失业保险参保范围和参保对象，统一失业保险费率政策，统一失业保险缴费基数核定办法，统一失业保险待遇标准确定办法，统一失业保险经办流程和信息系统。未实行失业保险基金省级统筹的，要提高到市级统筹①。

（五）资格条件

所在单位和本人已按照规定履行失业保险缴费义务满1年，非因本人意愿中断就业，已办理失业登记，并有求职要求的失业人员可以领取失业保险金。

（六）领取期限

失业保险金领取期限根据单位和职工缴纳失业保险费期限的长短，确定一次

① 资料来源：《人力资源社会保障部 财政部 国家税务总局关于失业保险基金省级统筹的指导意见》（人社部发〔2019〕95号）。

领取失业保险金的期限最长不超过 24 个月。自 2019 年 12 月起，延长大龄失业人员领取失业保险金期限，对领取失业保险金期满仍未就业且距法定退休年龄不足 1 年的失业人员，可继续发放失业保险金至法定退休年龄①。

（七）失业保险金标准

失业保险金的标准由省自治区直辖市人民政府确定，不得低于城市居民最低生活保障水平。

（八）医疗保险待遇

失业人员在领取失业保险金期间，参加职工基本医疗保险，由失业保险基金缴纳基本医疗保险费，失业人员患病就诊时享受基本医疗保险待遇。

（九）丧葬费与抚恤金

失业人员在领取失业保险金期间死亡的，参照当地对在职职工死亡的规定，向其遗属发放一次性丧葬补助金和抚恤金。

（十）失业保险关系转接

职工跨统筹地区就业时转移失业保险关系，累计计算缴费年限。

（十一）保险基金管理

失业保险基金由单位缴费、职工缴费、政府补贴、利息等构成，用于失业保险金、医疗补助金、丧葬费、抚恤金、培训补贴等项目的支付。失业保险基金存入财政专户，专款专用，按规定计算利息。

（十二）失业保险组织管理

国家人力资源和社会保障相关部门负责失业保险政策制定与总体监管，各地人力资源和社会保障主管部门落实失业保险政策，进行具体监管。

各级社会保险经办机构负责失业保险基金管理和失业保险待遇发放，各级税务部门负责失业保险费征缴，各级财政和审计部门负责失业保险基金监督与审计。

二、工伤保险

工伤保险是社会保险的重要组成部分，是防范和化解因工伤残风险的制度安

① 资料来源：《人力资源社会保障部 财政部关于扩大失业保险保障范围的通知》（人社部发〔2020〕40 号）。

排。工伤保险制度是工伤保险覆盖范围、基金来源、资格条件、工伤认定、劳动能力鉴定、待遇计发、待遇调整等规定的总称。

（一）覆盖范围

工伤保险覆盖各类用人单位，由用人单位缴纳工伤保险费，职工个人不缴纳工伤保险费，符合条件的职工享受工伤保险待遇。

在中国境内就业的外国人按规定参加工伤保险，在内地（大陆）就业的港澳台居民按规定参加工伤保险。

（二）缴费办法

用人单位应当按照本单位职工工资总额，根据社会保险经办机构确定的费率缴纳工伤保险费。用人单位缴纳工伤保险费的数额为工资总额与费率之积。

（三）政府资助

国家对社会保险事业提供经费保障，对社会保险实行税收优惠政策，政府对工伤基金支付缺口予以垫付。

（四）统筹层次

工伤保险基金逐步实行省级统筹，具体时间步骤由国务院决定。

（五）资格条件

职工因工作原因受到事故伤害或者患职业病，且经工伤认定的，享受工伤保险待遇。

（六）工伤认定

职工发生事故伤害或被诊断、鉴定为职业病后，只有通过工伤认定，方能享受工伤待遇。

（七）工伤排除

故意犯罪、自残自杀等情形不能认定为工伤。

（八）劳动能力鉴定

职工发生工伤，经治疗伤情相对稳定后存在残疾、影响劳动能力的，应当进行劳动能力鉴定，进入残疾等级评定程序。

（九）工伤基金支付项目

职工因工作原因遭受事故伤害或者患疾病被认定为工伤的，由工伤保险基金支付“医疗康复费用、伙食补助费、交通食宿费、器具费、护理费、伤残补助费、伤残津贴、医疗补助金、死亡补助金、劳动力能力鉴定费”等项目。

（十）单位支付的项目

职工因工作原因遭受事故伤害或者患职业病，单位支付工资福利、伤残津贴、伤残就业补助金等项目。

（十一）工伤医疗待遇

职工因工作原因遭受事故伤害或者患职业病进行治疗，享受医疗费、伙食补助费、食宿交通费等工伤医疗待遇。

（十二）工伤停工留薪待遇

工伤职工因就医治疗而停止工作期间，原工资福利由单位按月支付，需要护理的由单位负责。

（十三）工伤职工护理待遇

经工伤认定的工伤职工，生活需要护理的，享受医疗期间的护理待遇与评残后的生活护理费待遇。

（十四）工伤分级伤残待遇

1. 一级至四级

职工因工致残被鉴定为一级至四级伤残的，保留劳动关系，退出工作岗位享受以下待遇：

从工伤保险基金按伤残等级支付一次性伤残补助金，标准为：一级伤残为27个月的本人工资，二级伤残为25个月的本人工资，三级伤残为23个月的本人工资，四级伤残为21个月的本人工资；

从工伤保险基金按月支付伤残津贴，标准为：一级伤残为本人工资的90%，二级伤残为本人工资的85%，三级伤残为本人工资的80%，四级伤残为本人工资的75%。伤残津贴实际金额低于当地最低工资标准的，由工伤保险基金补足差额；职工因工致残被鉴定为一级至四级伤残的，由用人单位和职工个人以伤残津贴为基数，缴纳基本医疗保险费。

2. 五级至六级

职工因工致残被鉴定为五级、六级伤残的，享受以下待遇：

从工伤保险基金按伤残等级支付一次性伤残补助金，标准为：五级伤残为18个月的本人工资，六级伤残为16个月的本人工资；保留与用人单位的劳动关系，由用人单位安排适当工作。难以安排工作的由用人单位按月发给伤残津贴，标准为：五级伤残为本人工资的70%，六级伤残为本人工资的60%，并由用人单位按照规定为其缴纳应缴纳各项社会保险费。伤残津贴实际金额低于当地最低工资标准的，由用人单位补足差额。经工伤职工本人提出，该职工可以与用人单位解除或者终止劳动关系，由工伤保险基金支付一次性工伤医疗补助金，由用人单位支付一次性伤残就业补助金。一次性工伤医疗补助金和一次性伤残就业补助金的具体标准由省、自治区、直辖市人民政府规定。

3. 七级至十级

职工因工致残被鉴定为七级至十级伤残的，享受以下待遇：

从工伤保险基金按伤残等级支付一次性伤残补助金，标准为：七级伤残为13个月的本人工资，八级伤残为11个月的本人工资，九级伤残为9个月的本人工资，十级伤残为7个月的本人工资；劳动、聘用合同期满终止，或者职工本人提出解除劳动、聘用合同的，由工伤保险基金支付一次性工伤医疗补助金，由用人单位支付一次性伤残就业补助金。一次性工伤医疗补助金和一次性伤残就业补助金的具体标准由省、自治区、直辖市人民政府规定。

4. 工亡待遇

职工因工死亡，其近亲属按照下列规定从工伤保险基金领取丧葬补助金、供养亲属抚恤金和一次性工亡补助金：丧葬补助金为6个月的统筹地区上年度职工月平均工资；供养亲属抚恤金按照职工本人工资的一定比例发给由因工死亡职工生前提供主要生活来源、无劳动能力的亲属，标准为：配偶每月40%，其他亲属每人每月30%，孤寡老人或者孤儿每人每月在上述标准的基础上增加10%，核定的各供养亲属的抚恤金之和不应高于因工死亡职工生前的工资，供养亲属的具体范围由国务院社会保险行政部门规定；一次性工亡补助金标准为上一年度全国城镇居民人均可支配收入的20倍。

（十五）工伤事故中的第三方责任

由于第三人的原因造成工伤，第三人不支付工伤医疗费用或者无法确定第三人的，由工伤保险基金先行支付。工伤保险基金先行支付后，有权向第三人追偿。

三、生育保险

生育保险是社会保险的重要组成部分，是防范和化解公民生育风险的制度安排。生育保险制度是生育保险覆盖范围、基金来源、资格条件、待遇计发、待遇调整等规定的总称。

（一）覆盖范围

生育保险覆盖各类用人单位，由用人单位缴纳生育保险费，职工个人不缴纳生育保险费，符合条件的职工享受生育保险待遇。

（二）缴费办法

职工应当参加生育保险，由用人单位按照国家规定缴纳生育保险费，职工不缴纳生育保险费。

（三）资格条件

用人单位已经缴纳生育保险费的，其职工享受生育保险待遇；职工未就业配偶按照国家规定享受生育医疗费用待遇。所需资金从生育保险基金中支付。

（四）生育保险待遇项目与支出渠道

1. 生育保险待遇的项目

生育保险待遇包括生育医疗费用和生育津贴。其中，生育医疗费用包括女职工因怀孕、生育发生的检查费、接生费、手术费、住院费、药费和计划生育手术费。生育津贴是指根据国家法律、法规规定对职业妇女因生育休产假而离开工作岗位期间，给予的生活费用，是对工资收入的替代。因此，在实行生育保险社会统筹的地区，由生育保险基金按本单位上年度职工月平均工资的标准支付，支付期限一般与产假期限相一致，期限不少于98天。

2. 生育保险待遇支出渠道

《中华人民共和国社会保险法》规定，生育保险待遇所需资金从生育保险基金中支付。改革开放前，女职工生育期间的产假工资和医疗费用都由本单位负担。改革开放后，不同的社会分工和行业特点造成女职工分布不均匀，有的企业女职工人数占职工总数60%以上，导致企业负担畸轻畸重，使女职工较多的企业不能平等地参与市场竞争。为了降低成本，企业在招用员工时往往倾向于排斥妇女，造成妇女平等就业权受到损害特别是一些效益不好的企业，无力保障女职工生育期间待遇的兑现，使女职工的合法权益得不到保障。为了适应市场经济体制和现代企业制度的要求，在总结各地探索经验的基础上，劳动部颁布《企业职工生育保险试行办法》，将生育保险由用人单位负责管理转变为实行生育保险社会统筹。实践证明，生育保险基金社会统筹，体现了全社会共担风险的大数法则，有利于在市场经济体制下均衡不同单位和行业负担的职工生育成本，充分发挥对妇女劳动者的保护功能。

（五）职工未就业配偶的生育医疗费用待遇

职工未就业配偶按照国家规定享受生育医疗待遇。

（六）职工生育医疗费用待遇

生育医疗费用包括：生育的医疗费用，计划生育的医疗费用，法律、法规规定的其他项目费用。

（七）生育保险与职工基本医疗保险合并实施

生育保险费与职工基本医疗保险费合并征缴，生育保险待遇从基本医疗保险基金中支付。

第九章　社会保险基金

社会保险基金包括基本养老保险基金、基本医疗保险基金、工伤保险基金、失业保险基金、生育保险基金。其中，基本养老保险基金包括职工基本养老保险基金与城乡居民基本养老保险基金，基本医疗保险基金包括职工基本医疗保险基金和城乡居民基本医疗保险基金。2019 年始，职工基本医疗保险与生育保险合并实施，生育保险基金的收支包含在职工基本医疗保险基金中，本章将不再单独分析生育保险基金的收支情况。

第一节　社会保险基金概况[①]

根据 2020 ~ 2022 年的统计数据，社会保险参保人数持续增长。这表明越来越多的人享受社会保险待遇，全民参保意识增强，社会保障体系进一步完善。

一、社会保险参保人数

（一）2020 年参保情况

2020 年年末，全国参加基本养老保险人数为 99865 万人，比 2019 年年末增加 3111 万人。2020 年年末全国参加职工基本养老保险人数为 45621 万人，比 2019 年年末增加 2133 万人。其中，参保职工为 32859 万人，参保离退休人员为 12762 万人，分别比上年年末增加 1681 万人和 452 万人。年末职工基本养老保险

① 社会保险数据以人力资源和社会保障事业发展统计公报、医疗保障事业发展统计公报中的养老保险、医疗保险、失业保险、工伤保险、生育等数据为基础，结合各年度统计年鉴数据。

执行企业制度参保人数为39908万人，比上年年末增加2003万人；年末城乡居民基本养老保险参保人数为54244万人，比上年年末增加978万人，其中，实际领取待遇人数为16068万人。

2020年年末，全国参加基本医疗保险人数为136131万人，比上年年末增加724万人。其中，参加职工基本医疗保险人数为34455万人，比上年年末增加1530万人；参加城乡居民基本医疗保险人数为101676万人，比上年年末减少807万人。在参加职工基本医疗保险人数中，参保职工为25429万人，参保退休人员为9026万人，分别比上年年末增加1205万人和326①万人。

2020年年末，全国参加失业保险人数为21689万人，比上年年末增加1147万人。年末全国领取失业保险金人数为270万人，比上年年末增加42万人，同时全年共为515万名失业人员发放了不同期限的失业保险金，比上年增加54万人。

2020年年末，全国参加工伤保险人数为26763万人，比上年年末增加1285万人。其中，参加工伤保险的农民工8934万人，比上年末增加318万人。全年认定（视同）工伤人数为112万人，比上年末减少了1.3万人。全年评定伤残等级人数为60.4万人，比上年减少0.3万人。全年享受工伤保险待遇188万人次，比上年减少6万人次。

2020年，全国参加生育保险23567万人，比上年增长10.0%。享受各项生育保险待遇1167万人次，比上年增加30.4万人次，比上年增长2.7%。生育保险人均生育待遇支出为21973元，比上年增长8.2%。

（二）2021年参保情况

2021年年末，全国参加基本养老保险人数为102871②万人，比上年年末增加3007万人。全国参加职工基本养老保险人数为48074万人，比上年年末增加2453万人。其中，参保职工为34917万人，参保离退休人员为13157万人，分别比上年年末增加2058万人和395万人。年末职工基本养老保险执行企业制度参保人数为42228万人，比上年末增加2320万人。2021年年末城乡居民基本养老保险参保人数为54797万人，比上年年末增加554万人。其中，实际领取待遇人

① 资料来源：《2020年度全国基本医疗保障事业发展统计公报》。

② 资料来源：《2020年度人力资源和社会保障事业发展统计公报》《2021年度人力资源和社会保障事业发展统计公报》《2022年度人力资源和社会保障事业发展统计公报》。

数为 16213 万人。

2021 年年末，参加全国基本医疗保险以下简称（“基本医保”）人数为 136297① 万人，参保率稳定在 95% 以上，基本实现人员全覆盖。2021 年，参加医保职工为 35431 万人，比上年增长 2.8%。其中在职职工为 26106 万人，比上年增长 2.7%；退休职工为 9324 万人，比上年增长 3.3%。在职退休比为 2.80，同比略微下降。企业、机关事业、灵活就业等其他人员这三类参保人（包括在职职工和退休人员）分别为 24043 万人、6535 万人、4853 万人，分别比上年增加 726 万人、148 万人、101 万人，分别占参保总人数的 67.9%、18.4% 和 13.7%，如表 9－1、图 9－1 所示，构成比例与上年基本持平。职工基本医疗保险统账结合和单建统筹参保人员分别为 32714 万人、2717 万人，分别占职工基本医疗保险参保总人数的 92.3% 和 7.7%。2021 年，参加全国城乡居民基本医疗保险（以下简称“城乡居民基本医疗保险”）人数为 100866 万人，比上年减少 0.8%。其中成年人、中小学生儿童、大学生分别为 74305 万人、24568 万人、1993 万人，分别比上年下降 0.9%、0.2%、3.0%，分别占参保总人数的 73.7%、24.4%、2.0%。

表 9－1　2020 年和 2021 年职工基本医疗保险参保人员情况　单位：万人

项目	企业	机关事业	灵活就业等其他人员
2020 年	23317	6387	4751
2021 年	24043	6535	4853
2021 年增加	726	148	102

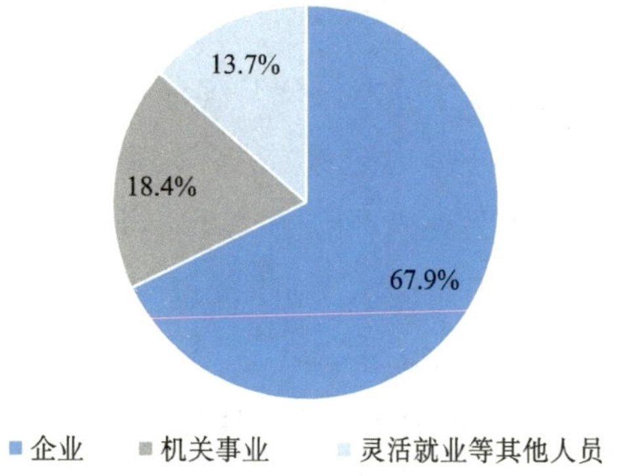

图 9－1　2021 年职工基本医疗保险参保人员情况

① 资料来源：《2021 年度全国基本医疗保障事业发展统计公报》。

2021年年末，全国参加失业保险人数为22958万人，比上年年末增加1268万人。2021年年末，全国领取失业保险金人数为259万人，比上年年末减少11万人。全年共为608万名失业人员发放了不同期限的失业保险金，比上年增加93万人。

2021年年末，全国参加工伤保险人数为28287万人，比上年年末增加1523万人。截至2021年年末，全国新开工工程建设项目工伤保险参保率为99%。全年认定（视同）工伤人数为129.9万人，评定伤残等级人数为77.1万人。全年有206万人次享受工伤保险待遇。

2021年，全国参加生育保险23752万人，比上年增长0.8%。享受各项生育保险待遇1321万人次，比上年增加154万人次，比上年增长13.2%。生育保险人均生育待遇支出为22261元，比上年增长1.3%。

（三）2022年参保情况

2022年年末，全国参加基本养老保险人数为105307万人，比上年年末增加2436万人。2022年年末全国参加职工基本养老保险人数为50355万人，比上年年末增加2281万人。其中，参保职工为36711万人，参保离退休人员为13644万人，分别比上年年末增加1794万人和487万人。年末职工基本养老保险执行企业制度参保人数为44402万人，比上年年末增加2174万人。2022年年末城乡居民基本养老保险参保人数为54952万人，比上年年末增加155万人。其中，实际领取待遇人数为16464万人。

2022年，参加全国基本医疗保险（以下简称“基本医保”）人数为134592①万人，参保率稳定在95%以上。其中，参加医保职工为36243万人，比上年增加813万人，增长2.3%。其中，在职职工为26604万人，比上年增长1.9%；退休职工为9639万人，比上年增长3.4%。在职退休比为2.76，较上年下降0.04。企业、机关事业、灵活就业等其他人员这三类参保人（包括在职职工和退休人员）分别为24400万人、6572万人、5272万人，分别比上年增加356万人、37万人、420万人，分别占参保总人数的67.3%、18.1%和14.6%，构成比例与上年基本一致，如表9-2、图9-2、图9-3所示。职工保统账结合和单建统筹参保人员分别为33591人、2652万人，分别占职工基本医疗保险参保总人数的

① 资料来源：《2022年度全国医疗保障事业发展统计公报》。

92.7%和7.3%。2022年，参加全国城乡居民基本医疗保险（以下简称“城乡居民基本医疗保险”）人数为98349万人，比上年减少2.49%。其中成年人、中小学生、大学生分别为72056万人、24359万人、1935万人，分别比上年减少3%、0.9%、2.9%，分别占参保总人数的73.26%、24.77%、1.97%。

表9-2　2021年和2022年职工基本医疗保险参保人员情况　单位：万人

项目	企业	机关事业	灵活就业等其他人员
2021年	24043	6535	4853
2022年	24400	6572	5272
2022年增加	357	37	419

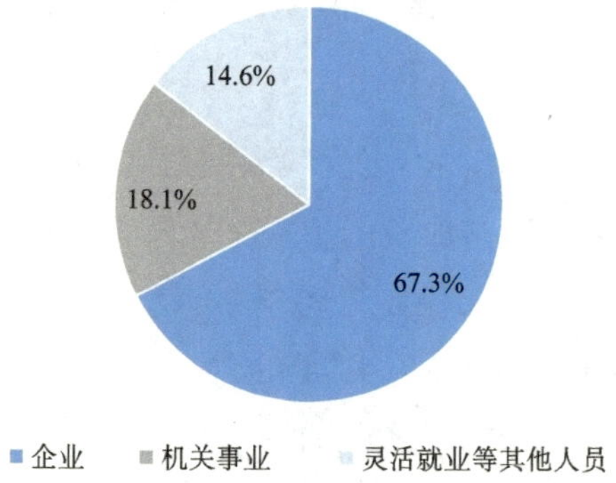

图9-2　2022年职工基本医疗保险参保人员情况

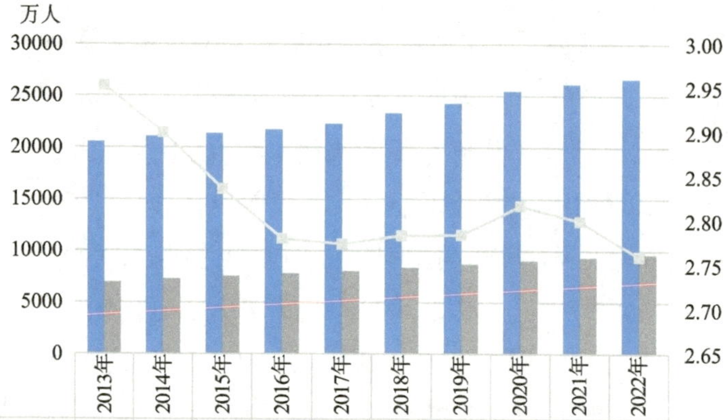

	2013年	2014年	2015年	2016年	2017年	2018年	2019年	2020年	2021年	2022年
在职参保人数	20501	21041	21362	21720	22288	23308	24224	25429	26106	26604
退休参保人数	6942	7255	7531	7812	8034	8373	8700	9026	9324	9639
在职退休比	2.95	2.90	2.84	2.78	2.77	2.78	2.78	2.82	2.80	2.76

图9-3　2013~2022年职工基本医疗保险参保人员情况

2022 年年末，全国参加失业保险人数为 23807 万人，比上年年末增加 849 万人。年末全国领取失业保险金人数为 297 万人，比上年年末增加 38 万人。全年共为 616 万名失业人员发放了不同期限的失业保险金，比上年增加 8 万人。

2022 年年末，全国参加工伤保险人数为 29117 万人，比上年年末增加 830 万人。截至 2022 年年末，全国新开工工程建设项目工伤保险参保率为 99.6%。全年认定（视同）工伤人数为 126.4 万人，评定伤残等级人数为 79.5 万人。全年有 204 万人次享受工伤保险待遇。

2022 年，全国参加生育保险 24621 万人，比上年增加 870 万人，增长 3.7%。享受各项生育保险待遇 1769 万人次，比上年增加 448 万人次，比上年增长 34.0%，2022 年生育保险基金支出 951.35 亿元。

总体来看，2020 ~2022 年五项社会保险参保人数呈增长态势，如图 9 –4 所示。其中，工伤保险参保人数增长态势明显，近五年来平均增长率为 5.1%。工伤保险是企业和职工发展的重要保障，越来越多的企业为正式职工提供工伤保险。医疗保险参保人数增长率较低，平均增长率接近于 0%，应当与医疗保险基本实现全覆盖有关。

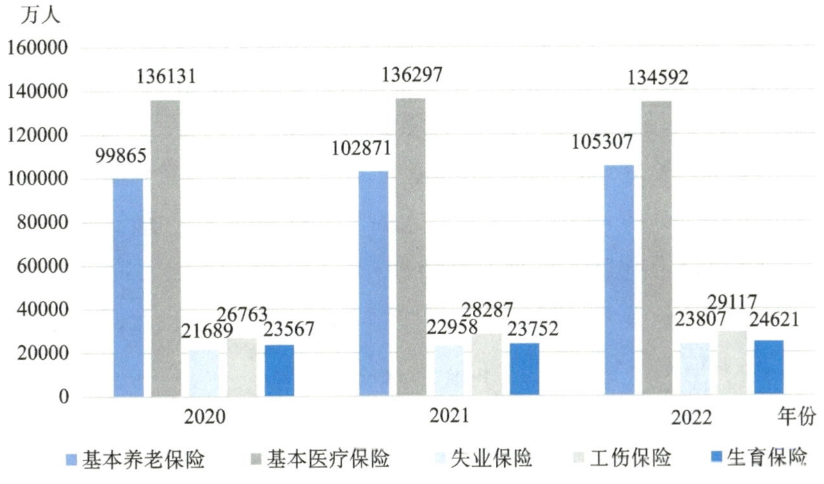

图 9 –4　2020 ~2022 年五项社会保险参保人数

二、社会保险基金收入

（一）2020 年社会保险基金收入

2020 年，五项社会保险基金收入合计为 75513① 亿元，比上年减少 8037 亿元，降幅为 9.6%。其中，基本养老保险基金收入为 49229 亿元，占基金总收入的 65.2%，比上年减少 7796 亿元，降幅为 13.7%；基本医疗保险基金（含生育保险）收入为 24846 亿元，占基金总收入的 32.9%，比上年增长 425 亿元，增长率为 1.7%；工伤保险基金收入为 486 亿元，占基金总收入的 0.6%，比上年减少了 333 亿元，降幅为 40.7%；失业保险基金收入为 952 亿元，占基金总收入的 1.3%，比上年减少 332 亿元，降幅为 25.9%。

2020 年，由于新冠疫情的影响，各项社会保险基金收入出现较明显下降。为应对新冠疫情，减轻企业负担，中央实行了阶段性减免企业社会保险费的措施，并于 2020 年 2 月公布了《关于阶段性减免企业社会保险费有关问题的实施意见》。自 2020 年 2 月起，企业基本养老保险、失业保险、工伤保险三项社会保险开始执行减免政策，虽然该政策使当年度社会保险基金收入出现明显下降趋势，但对于稳就业、稳企业发挥了重要作用。

（二）2021 年社会保险基金收入

2021 年，五项社会保险基金收入合计为 96933 亿元，比上年增加 21420 亿元，增长 28.4%。其中，基本养老保险基金收入为 65793 亿元，占基金总收入的 67.9%，比上年增长 16564 亿元，增长率为 33.6%；基本医疗保险基金（含生育保险）收入为 28728 亿元，占基金总收入的 29.6%，比上年增长 3882 亿元，增长率为 15.6%；工伤保险基金收入为 952 亿元，占基金总收入的 1.0%，比上年增长 466 亿元，增长率为 96%；失业保险基金收入为 1460 亿元，占基金总收入的 1.5%，比上年增长 508 亿元，增长率为 53.4%。

（三）2022 年社会保险基金收入

2022 年，五项社会保险基金收入合计 102504② 亿元，比上年增加 5571 亿

---

① 资料来源：《2020 年度人力资源和社会保障事业发展统计公报》《2021 年度人力资源和社会保障事业发展统计公报》《2022 年度人力资源和社会保障事业发展统计公报》《中国统计年鉴 2022》。

② 资料来源：《中国统计年鉴 2022》。

元，增长5.7%。其中，基本养老保险基金收入为68933亿元，占基金总收入的67.2%，比上年增长3140亿元，增长率为4.8%；基本医疗保险（含生育保险）基金收入为30922亿元，占基金总收入的30.2%，比上年增长2194亿元，增长率为7.6%；工伤保险基金收入为1053亿元，占基金总收入的1.0%，比上年增长101亿元，增长率为10.6%；失业保险基金收入为1596亿元，占基金总收入的1.6%，比上年增长136亿元，增长率为9.3%。

总体来看，2020~2022年社会保险基金总收入呈增长态势，如图9-5所示，但增长率波动较大，其中只有基本医疗保险基金收入增长率在这三年里均为正数，其他三类保险基金增长率都在2020年出现断崖式下跌，增长率为负，如图9-6所示。2021年五项社会保险基金收入都表现出大幅增长，2022年各项社会保险基金收入增长回归正常。

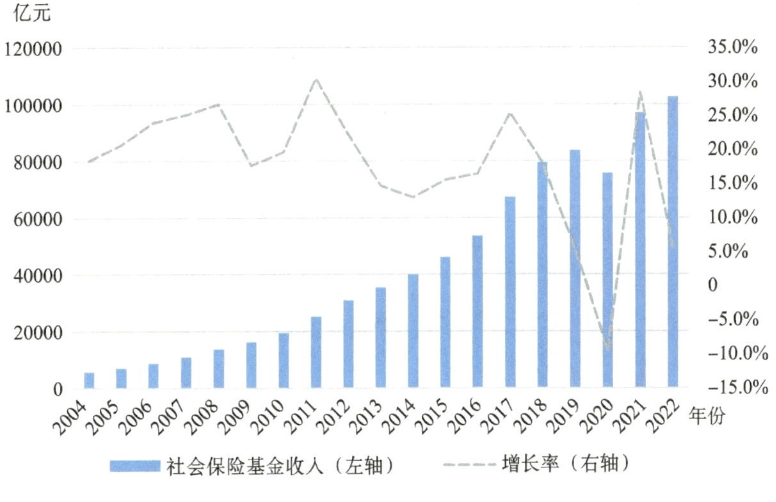

图9-5 我国2004~2022年社会保险基金总收入、增长率变化趋势

三、社会保险基金支出

（一）2020年社会保险基金支出

2020年，社会保险基金支出合计达786812[①]亿元，比上年增加3265亿元，

① 资料来源：《2020年度人力资源和社会保障事业发展统计公报》《2021年度人力资源和社会保障事业发展统计公报》《2022年度人力资源和社会保障事业发展统计公报》《中国统计年鉴2022》。

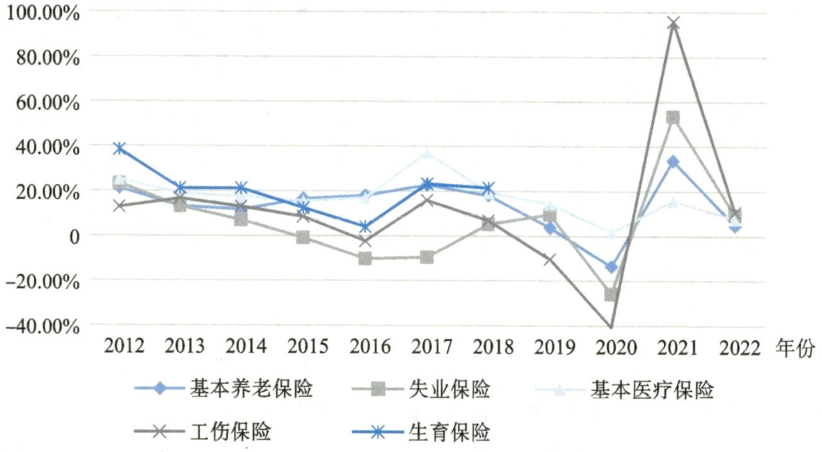

图9－6　我国2012～2022年五险基金收入增长率变化趋势

增长4.3%。2020年，基本养老保险基金支出达54657亿元，比上年增加2314亿元，增长4.4%；基本医疗保险基金（含生育保险）支出21032亿元，比上年增加178亿元，增长0.9%；失业保险基金支出2103亿元，比上年增加770亿元，增长57.8%；工伤保险基金支出达820亿元，比上年增加3亿元，增长0.4%。

（二）2021年社会保险基金支出

2021年，社会保险基金支出合计达86735亿元，比上年增加9923亿元，增长13.0%。2021年基本养老保险基金支出达60197亿元，比上年增加5540亿元，增长10.1%；基本医疗保险基金（含生育保险）支出达24048亿元，比上年增加3016亿元，增长14.3%；失业保险基金支出达1500亿元，比上年减少603亿元，减少28.7%；工伤保险基金支出达990亿元。比上年增加170亿元，增长20.7%。

（三）2022年社会保险基金支出

2022年社会保险基金支出合计达90719①亿元，比上年增加3984亿元，增长4.6%。2022年基本养老保险基金支出达63079亿元，比上年增加2882亿元，

---

①　资料来源：《2020年度人力资源和社会保障事业发展统计公报》《2021年度人力资源和社会保障事业发展统计公报》《2022年度人力资源和社会保障事业发展统计公报》《中国统计年鉴2022》。

增长4.8%；基本医疗保险基金（含生育保险）支出达24597亿元，比上年增加549亿元，增长2.3%；工伤保险基金支出达1025亿元，比上年增加35亿元，增长3.5%；失业保险基金支出达2018亿元，比上年增加518亿元，2022年失业保险基金支出增幅最高，同比增长34.5%。这说明我国经济技术高速增长，失业保险制度正在不断完善，参保人数正不断扩大，基金收入和支出正在逐年上升。

总体来看，2020～2022年社会保险总支出呈增长态势，如图9－7所示，增长率整体呈下降趋势，于2021年出现上升，至2022年继续下降。其中，除失业保险基金支出增长率是下降的，其他四类保险基金增长率都上升，如图9－8所示。2021年失业保险基金支出为1500亿元，增长率为－28.7%。

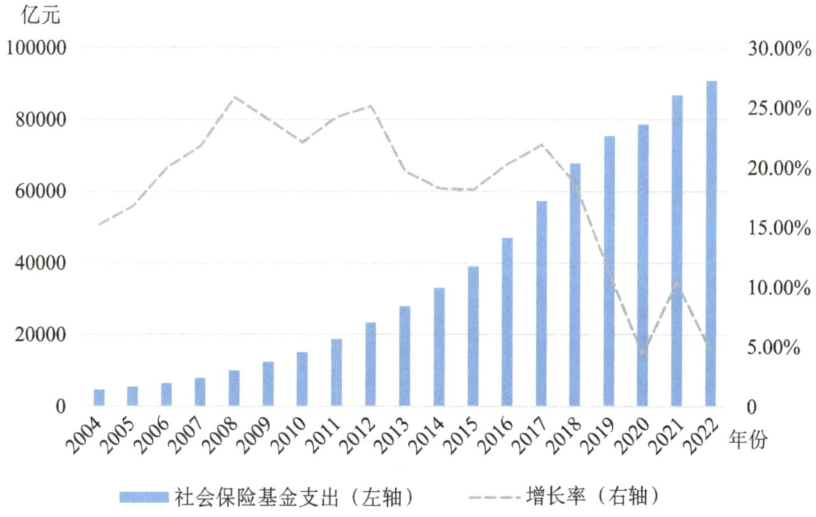

图9－7　我国2004～2022年社会保险基金总支出、增长率变化趋势

四、社会保险基金结存

2020～2022年，社会保险基金管理稳量求质，运行基本平稳。社保基金总体收大于支，累计结存持续增加，规模可观，具备较强的支撑能力。但由于新冠疫情影响，2020年社会保险基金出现了收不抵支的情况，基金累计结存略有减少，如图9－9所示。但由于地区间经济发展不平衡，同样存在着基金结存不均衡的结构性矛盾。近两年来，人力资源社会保障部通过实施全民参保登记计划，

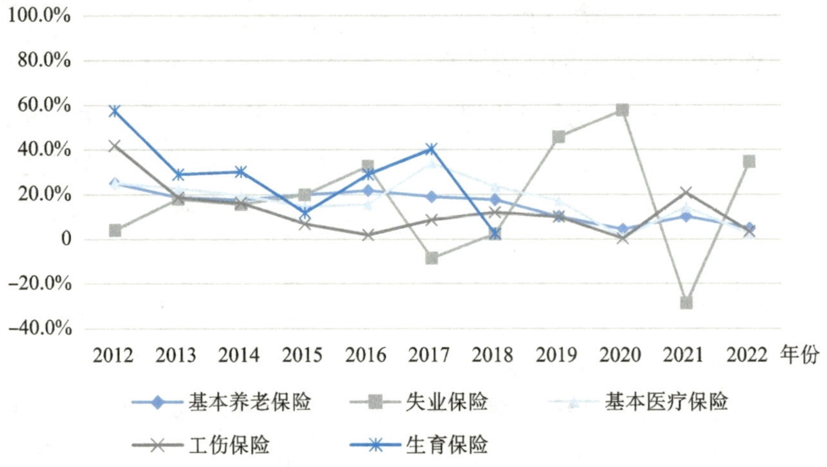

图9-8 我国2012~2022年五险基金支出增长率变化趋势

扩大覆盖范围；加大财政投入，保障基金运行；提升统筹层次，均衡地区差异；拓宽投资渠道，壮大基金规模；通过发展多层次养老保险体系等措施来平衡地区差异，提高了基金的可持续运行能力。

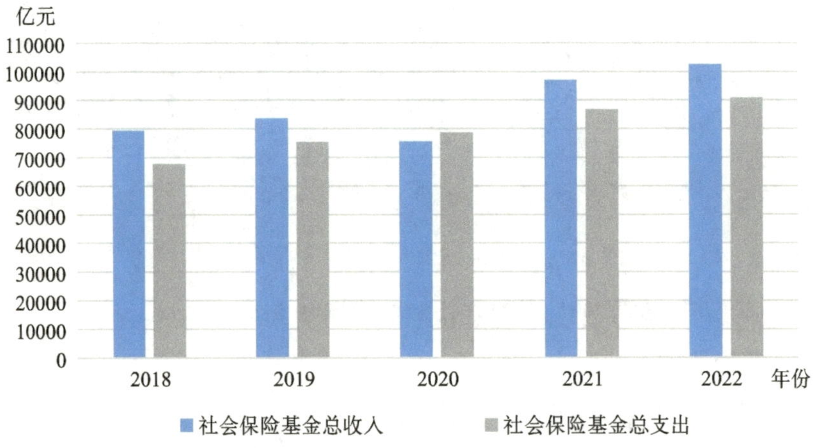

图9-9 2018~2022年社会保险基金收支情况①

2020年，社会保险基金总收入为75513亿元，总支出为78612亿元，年度结存为-3099亿元，累计结存为94378.7亿元。2021年社会保险基金总收入为

① 资料来源：《2022年度人力资源和社会保障事业发展统计公报》《中国统计年鉴2022》。

96937 亿元，总支出为 86735 亿元，年度结存为 10202 亿元，累计结存为 104872.1 亿元。2022 年，社会保险基金总收入为 102504 亿元，总支出为 90719 亿元，年度结存为 11785 亿元，累计结存为 116822 亿元。2020～2022 年，社会保险基金累计结存和增长率均持续上升，2020 年社会保险基金结存增长率为 -2.7%，2021 年为 11.1%，与 2020 年相比上升幅度明显，如图 9-10 所示。

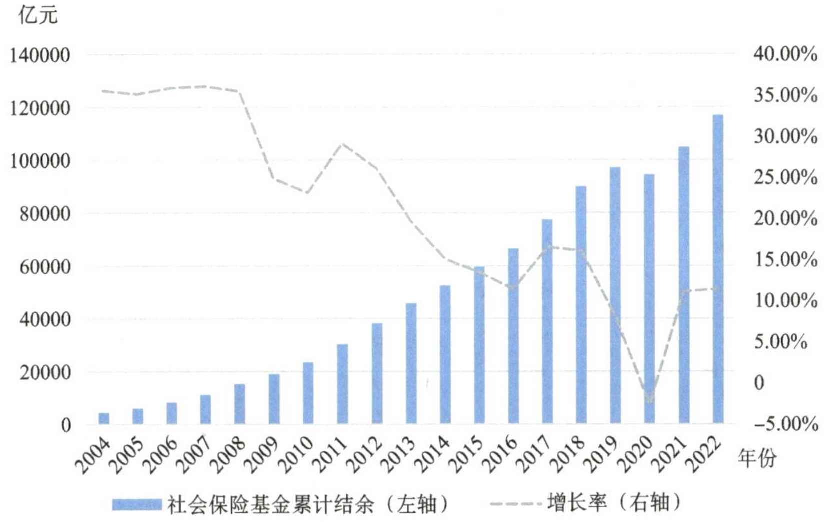

图 9-10　我国 2004～2022 年社会保险基金结存、增长率变化趋势①

通常情况下，充足的基金结存能为我国社会经济发展提供充足的物质帮助，有利于社会保障制度的稳定，但过多的失业保险资金结存则凸显了失业保险保障力度不够等一系列问题。

第二节　基本养老保险基金分析

我国基本养老保险基金由职工基本养老保险基金与城乡居民基本养老保险基金构成，职工基本养老保险基金主要由单位和个人缴费构成，城乡居民基本养老保险基金主要由财政补贴与个人缴费构成。

① 资料来源：《中国统计年鉴 2022》。

一、城乡居民基本养老保险基金收支分析

城乡居民基本养老保险金由基础养老金和个人账户养老金两部分构成，其中，基础养老金来自中央和地方各级财政补贴；个人账户养老金来自参保人每年所缴纳的养老保险费用。

2020 年，城乡居民基本养老保险基金收入为 4853 亿元，比上年增加 746 亿元，增长 18.2%。2020 年，城乡居民基本养老保险基金支出为 3355 亿元，比上年增加 241 亿元，增长 7.7%。

2021 年，城乡居民基本养老保险基金收入为 5339 亿元，比上年增加 486 亿元，增长 10.0%。2021 年，城乡居民基本养老保险基金支出为 3715 亿元，比上年增加 360 亿元，增长 10.7%。

2022 年，城乡居民基本养老保险基金收入为 5609 亿元，比上年增加 270 亿元。增长 5.1%。2022 年，城乡居民基本养老保险基金支出为 4044 亿元，比上年增加 329 亿元，增长 8.9%。

总体来看，2020～2022 年城乡居民基本养老保险基金收入呈增长态势，如图 9－11 所示，增长率总体呈明显下降趋势，平均增长率为 11.1%。2020～2022 年城乡居民基本养老保险基金支出呈增长态势，如图 9－12 所示，增长率略有波动且小幅上升，平均增长率为 9.1%。

二、职工基本养老保险基金收支分析

职工基本养老保险的缴纳比例是：职工所在单位缴纳 16%（2018 年以前为不超过 20%），职工个人缴纳 8%。单位缴费计入统筹基金，个人缴费计入个人账户。

2020 年，职工基本养老保险基金总收入为 44376 亿元，比上年减少 8542 亿元，下降 16.1%；职工基本养老保险基金总支出为 51301 亿元，比上年增加 2073 亿元，增长 4.2%。年末职工基本养老保险基金累计结存为 48317 亿元，较上年减少 6306 亿元，下降 11.5%。2020 年，职工基本养老保险基金中央调剂比例提高到 4.0%，基金调剂规模为 7400 亿元。

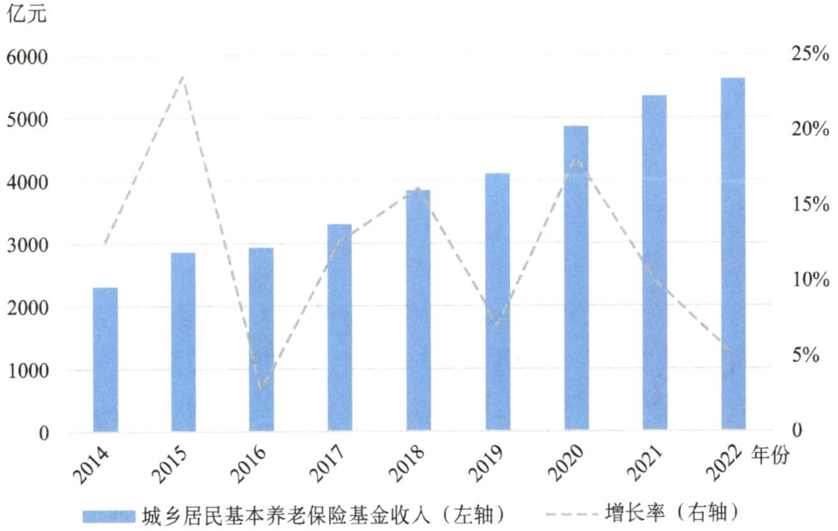

图 9－11　2020～2022 年城乡居民基本养老保险基金收入及增长率变化趋势①

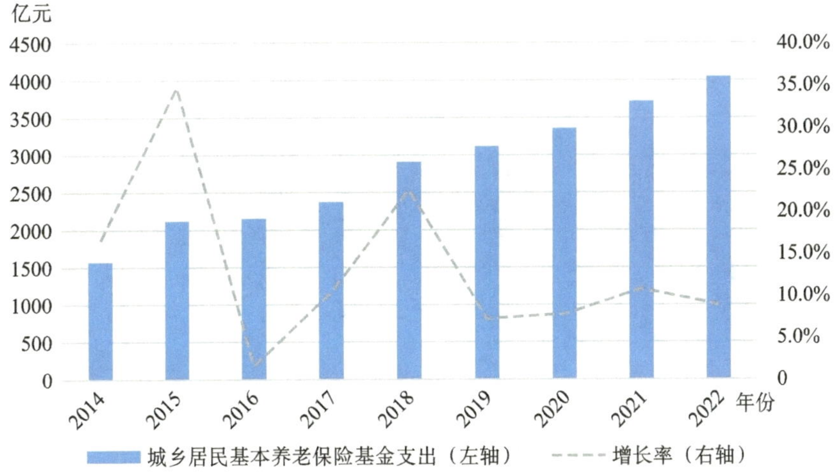

图 9－12　2020～2022 年城乡居民基本养老保险基金支出及增长率变化趋势②

2021 年，职工基本养老保险基金总收入为 60455 亿元，比上年增加 16079 亿元，增长 36.2%；职工基本养老保险基金总支出为 56481 亿元，比上年增加

① 资料来源：《中国统计年鉴 2022》。
② 资料来源：《中国统计年鉴 2022》。

5180亿元，增长10.1%。年末职工基本养老保险基金累计结存为52574亿元，较上年增加4257亿元，增长8.8%。

2022年，职工基本养老保险基金总收入为63324亿元①，比上年增加2869亿元，增长4.7%；职工基本养老保险基金总支出为59035亿元，比上年增加2554亿元，增长4.5%。年末职工基本养老保险基金累计结存56890亿元，较上年增加4316亿元，增长8.2%。

总体来看，2020～2022年职工基本养老保险基金收入呈增长态势，如图9－13所示，增长率波动幅度较大，总体呈上升趋势，平均增长率为8.3%。2020年职工基本养老保险基金收入增长率首次呈负数，为－16.1%，2021年增长率达到新高，为36.2%。2020～2022年职工基本养老保险基金支出呈增长态势，如图9－14所示，平均增长率为6.3%，2021年职工基本养老保险基金支出增长率较高，2020年与2022年增长率相对持平。

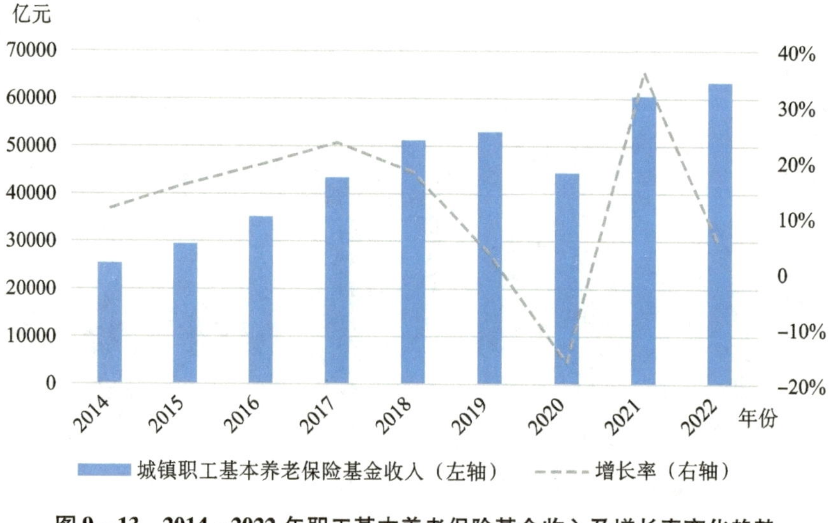

图9－13　2014～2022年职工基本养老保险基金收入及增长率变化趋势

① 资料来源：《2020年度人力资源和社会保障事业发展统计公报》《2021年度人力资源和社会保障事业发展统计公报》《2022年度人力资源和社会保障事业发展统计公报》《中国统计年鉴2022》。

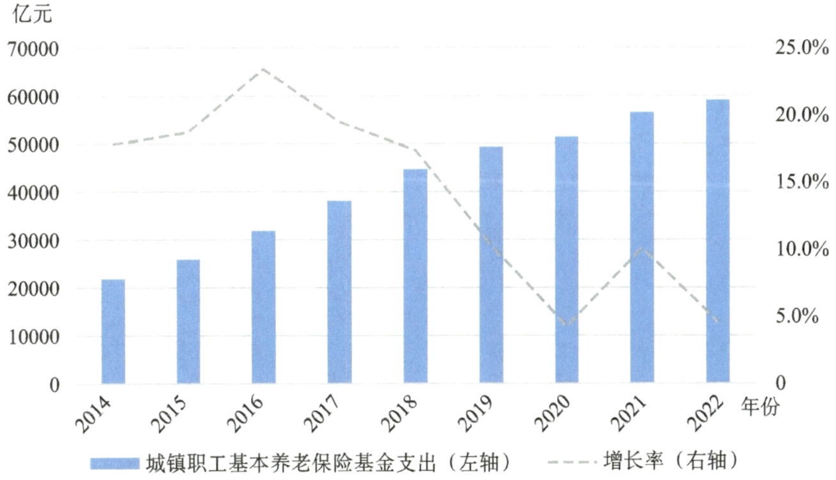

图9-14　2014~2022年职工基本养老保险基金支出及增长率变化趋势

三、基本养老保险基金结存分省份分析

（一）城乡居民基本养老保险基金结存省份分布

城乡居民养老保险支付主要靠财政，自身缴费无法满足当年的给付，城乡居民养老保险的覆盖人群大于职工的参保人数，但结存总体偏少。2020年城乡居民基本养老保险基金年度结存为1498①亿元，比上年增加505亿元；累计结存为9759亿元，较上年增加1510亿元，增长18.3%。2021年城乡居民基本养老保险基金年度结存为1624亿元，比上年增加126亿元；累计结存为11396亿元，较上年增加1637亿元，增长16.8%。2022年城乡居民基本养老保险基金年度结存1565亿元，比上年减少59亿元；累计结存为12962亿元，较上年增加1566亿元，增长13.7%。

从城乡居民基本养老保险基金累计结存省份分布来看，2020年排名前6的省份为山东、江苏、四川、河南、广东和安徽，2021年排名前6的省份为山东、江苏、四川、河南、安徽、河北。两个年度的累计结存排名前6的省份除个别省份如河北、云南的排名有所升降外，总体稳定。两个年度6省合计累计结存分别为

① 资料来源：《2020年度人力资源和社会保障事业发展统计公报》《2021年度人力资源和社会保障事业发展统计公报》《2022年度人力资源和社会保障事业发展统计公报》《中国统计年鉴2022》。

4429 亿元和 5227 亿元，分别占总结存的 45.4% 和 45.9%。其他 25 个省份合计结存分别占总结存的 54.6% 和 54.1%。基金结存地区间分布较不均衡，东部发达省份及人口大省结存较多，如表 9－3 所示。

表 9－3 2020 年和 2021 年分省份城乡居民基本养老保险基金结存 单位：亿元

省份	2020 年		2021 年	
	年度结存	累计结存	年度结存	累计结存
北京	4.6	170.0	9.9	179.9
天津	17.1	296.4	26.7	323.1
河北	76.3	485.0	91.1	576.2
山西	35.9	269.8	49.0	318.8
内蒙古	22.9	124.2	24.8	148.9
辽宁	8.3	88.2	4.7	92.9
吉林	13.2	85.7	13.8	99.4
黑龙江	16.6	116.3	20.4	136.7
上海	8.9	89.4	2.2	91.5
江苏	98.4	788.3	105.2	893.4
浙江	96.0	250.5	99.9	354.4
安徽	106.9	588.6	137.6	726.2
福建	35.5	231.0	30.6	261.6
江西	52.1	305.4	45.7	351.1
山东	165.2	1290.7	215.1	1506.1
河南	85.5	641.1	98.7	739.8
湖北	71.4	445.2	80.6	525.8
湖南	47.2	411.0	82.4	493.4
广东	17.8	475.1	31.3	506.4
广西	43.8	234.1	42.5	276.5
海南	11.9	113.5	17.2	130.7
重庆	17.9	171.7	20.1	191.9
四川	101.4	632.5	153.1	785.5
贵州	18.3	154.0	33.3	187.3
云南	193.5	487.3	56.2	553.9
西藏	5.0	33.9	5.3	39.2

续表

省份	2020年		2021年	
	年度结存	累计结存	年度结存	累计结存
陕 西	43.0	300.1	40.7	340.8
甘 肃	44.7	250.0	48.5	297.9
青 海	12.8	59.7	6.3	66.0
宁 夏	5.9	43.0	8.2	51.2
新 疆	20.2	127.1	22.7	149.8

资料来源：《中国统计年鉴2022》。

（二）职工基本养老保险基金结存地区分布

2020年，职工基本养老保险基金年度结存为-6925亿元①，较2019年减少10615亿元，年度结存由正转负；职工养老保险基金累计结存为48317亿元，较2019年减少6306亿元，下降了11.5%。

2021年，职工基本养老保险基金年度结存为3974亿元，较2020年增加10899亿元，年度结存由负转正；职工养老保险基金累计结存为52574亿元，较2020年增加4257亿元，增长了8.8%。

2022年，职工基本养老保险基金年度结存为4289亿元，较2021年增加315亿元，增长7.9%；职工养老保险基金累计结存为56890亿元，较2021年增加4316亿元，增长了8.2%。

2020~2021年职工基本养老保险基金结存地区分布极不平衡。从基金年度结存地区分布来看，2020年，由于新冠疫情影响，仅有6个省份当年度结存非赤字，25个省份为赤字，赤字数量为7719亿元。2020年度结存排名前6的省份分别为广东、北京、江苏、四川、浙江和湖南，年度结存总额30024亿元，占该年职工养老保险基金年度结存总额（48195亿元）的62.3%。2021年职工基本养老保险基金赤字省份数量有所减少，从25个减少为12个，但这不意味着基金赤字问题的改善，我国仍然面临越来越严重的基金收支不平衡和赤字问题，且这一现状短时间内难以改变。

从基金累计结存地区分布来看，因疫情影响和社会保险费缓缴等因素，2020

① 资料来源：《中国统计年鉴2022》。

年养老保险基金累计结存较上年下降了11.5%，降幅明显，多数省份基金的累计结存出现一定程度降幅，但也有部分省份（北京、广东、湖南、云南、西藏、新疆）累计结存略有增加，其中，广东省累计结存增幅最大，增加545亿元，累计结存为12338亿元。

2020年，累计结存排名前6的省份分别为广东、北京、江苏、四川、浙江和湖南，6省累计结存总和为30024亿元，占2020年全国职工基本养老保险基金累计结存的62.3%。

2021年，累计结存排名前6的省份分别为广东、北京、江苏、四川、安徽和浙江，六省累计结存总和为33017亿元，占2021年累计结存的62.9%。

职工基本养老保险基金结存地区分布极不平衡，大多集中在东部地区，不同地区差异明显，如表9-4所示。

表9-4　2020年和2021年分省份职工基本养老保险基金结存　单位：亿元

省份	2020年		2021年	
	年度结存	累计结存	年度结存	累计结存
北京	207.3	5763.3	1191.1	6517.4
天津	-206.7	358.6	-36.1	326.6
河北	-298.0	641.6	-65.9	623.6
山西	-178.7	1505.4	28.7	1595.5
内蒙古	-273.8	407.8	-184.6	336.3
辽宁	-923.0	226.3	-735.6	143.5
吉林	-305.9	341.2	-193.5	369.6
黑龙江	-610.8	-368.9	-632.3	-372.3
上海	-945.7	1214.1	157.5	1225.0
江苏	-548.2	4231.8	384.5	4414.4
浙江	-1018.2	2457.8	-248.5	2128.3
安徽	-50.6	1863.3	262.0	2129.5
福建	-97.5	710.2	137.9	707.2
江西	-140.3	724.0	57.8	842.5
山东	-670.9	1475.7	-28.9	1385.6
河南	-260.5	1078.7	21.8	1131.3
湖北	-240.8	963.2	0.1	1104.3
湖南	2.5	1864.9	-14.6	1864.4
广东	544.5	12338.3	2628.6	14110.1

续表

省份	2020 年		2021 年	
	年度结存	累计结存	年度结存	累计结存
广 西	-135.4	631.3	82.5	718.3
海 南	-34.0	248.8	70.2	318.6
重 庆	-82.6	1025.9	297.7	1335.2
四 川	-442.7	3367.4	250.5	3717.2
贵 州	-15.7	878.4	152.8	1031.2
云 南	15.3	1340.5	184.6	1555.7
西 藏	13.9	185.1	32.1	217.2
陕 西	-60.3	747.7	95.5	851.2
甘 肃	-112.7	376.6	-39.3	378.1
青 海	-41.9	23.3	-18.7	26.4
宁 夏	-24.3	241.9	-11.9	230.8
新 疆	4.2	1330.3	151.1	1493.7

资料来源：《中国统计年鉴 2022》。

第三节 医疗保险基金分析

医疗保险作为基本的民生工程，其运行的可持续性直接关乎公众利益。目前，我国医疗保险基金收支稳定，但总体支出增幅大于收入增幅。医保基金的支出具有刚性，加上人口老龄化的加速，且欺诈骗取医疗保障基金事件仍有发生，医保基金压力进一步增大。2019 年 3 月，国务院办公厅印发《关于全面推进生育保险和职工基本医疗保险合并实施的意见》，两项保险合并实施的总体思路是“保留险种、保障待遇、统一管理、降低成本”。

一、城乡居民基本医疗保险基金收支分析

2020 年，城乡居民基本医疗保险基金收入 9115 亿元，比上年增长 6.3%；城乡居民基本医疗保险基金支出 8165 亿元，比上年增长 -0.3%。2020 年，城乡居民基本医疗保险基金当期结存 949 亿元，累计结存 6077 亿元。2020 年，城乡居民基本医疗保险人均筹资 833 元。2020 年，城乡居民基本医疗保险基金收入占

基本医疗保险基金总收入的36.7%；2020年，城乡居民基本医疗保险基金支出占基本医疗保险基金总支出的38.8%。

2021年，城乡居民基本医疗保险基金收入为9724亿元，比上年增长6.7%；城乡居民基本医疗保险基金支出为9296亿元，比上年增长13.9%。2021年，城乡居民基本医疗保险人均筹资为889元，比上年增加56元，增长6.7%①。2021年，城乡居民基本医疗保险基金收入占基本医疗保险基金总收入的33.9%；2021年，城乡居民基本医疗保险基金支出占基本医疗保险基金总支出的38.7%。

2022年，城乡居民基本医疗保险基金收入10129亿元，比上年增长4.2%；城乡居民基本医疗保险基金支出9353亿元，比上年增长0.6%。2022年，城乡居民基本医疗保险基金当期结存775.46亿元，累计结存7534.13亿元。2022年城乡居民基本医疗保险基金收入占基本医疗保险基金总收入的32.8%；2022年城乡居民基本医疗保险基金支出占基本医疗保险基金总支出的38.0%。

总体来看，城乡居民基本医疗保险基金收入和支出稳步增长，但增长率逐步趋缓。2016年对城镇居民基本医疗保险和新型农村合作医疗两项制度进行了整合，建立统一的城乡居民基本医疗保险制度。因此2017年的基金收支与2016年相比有一个巨大的增幅，自2018年以后逐步稳定，如图9－15、图9－16所示。

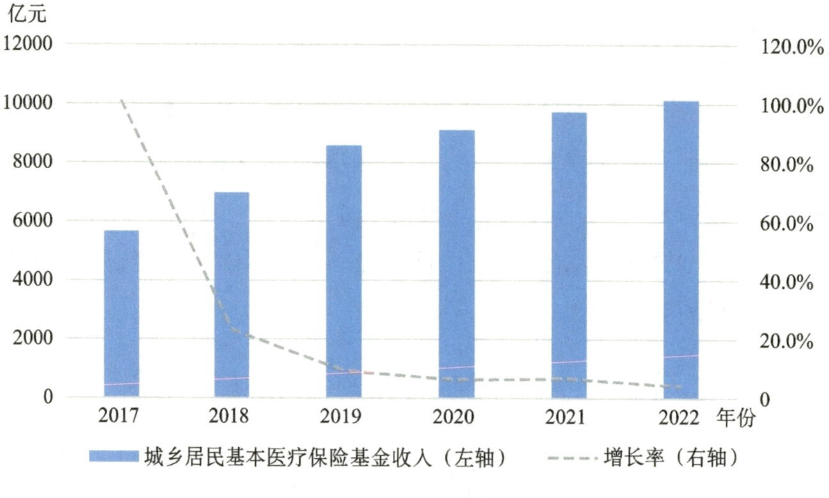

图9－15　城乡居民基本医疗保险基金收入与增长率趋势

① 资料来源：《2021年度全国医疗保障事业发展统计公报》。

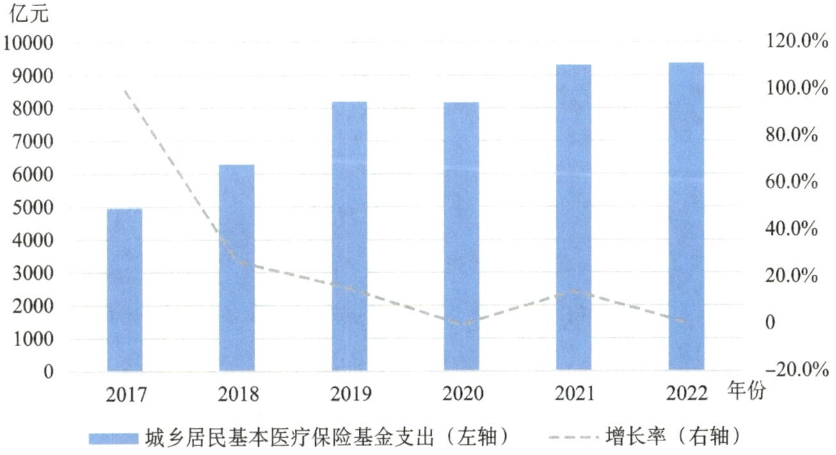

图 9-16 城乡居民基本医疗保险基金支出与增长率趋势

二、职工基本医疗保险基金收支分析

2020 年，职工基本医疗保险基金（含生育保险）收入 15732 亿元，比上年减少 0.7%。职工基本医疗保险基金（含生育保险）支出 12867 亿元，比上年增长 1.6%。2020 年，职工基本医疗保险统筹基金（含生育保险）收入 9145 亿元，比上年减少 8.6%；职工基本医疗保险统筹基金（含生育保险）支出 7931 亿元，比上年减少 0.1%；职工基本医疗保险统筹基金（含生育保险）当期结存 1214 亿元，累计结存（含生育保险）15327 亿元。2020 年，职工基本医疗保险个人账户收入 6587 亿元，比上年增长 12.8%；职工基本医疗保险个人账户支出 4936 亿元，比上年增长 4.5%；职工基本医疗保险个人账户当期结存 1650 亿元，累计结存 10096 亿元。2020 年职工基本医疗保险基金收入占基本医疗保险基金总收入的 63.3%，2020 年职工基本医疗保险基金支出占基本医疗保险基金总支出的 61.2%。

2021 年，职工基本医疗保险基金（含生育保险）收入为 19003 亿元，比上年增长 20.8%；职工基本医疗保险基金（含生育保险）支出为 14746 亿元，比上年增长 14.6%。2021 年，职工基本医疗保险统筹基金（含生育保险）收入 11864 亿元，比上年增长 29.8%；职工基本医疗保险统筹基金（含生育保险）支出 9321 亿元，比上年增长 17.5%。2021 年，职工基本医疗保险个人账户收入为

7139 亿元，比上年增长 8.4%；职工基本医疗保险个人账户支出为 5425 亿元，比上年增长 9.9%。2021 年，职工基本医疗保险基金收入占基本医疗保险基金总收入的 66.1%；2021 年，职工基本医疗保险基金支出占基本医疗保险基金总支出的 61.3%。

2022 年，职工基本医疗保险基金（含生育保险）收入为 20793 亿元，比上年增长 9.4%；职工基本医疗保险基金（含生育保险）支出为 15244 亿元，比上年增长 3.3%。2022 年，职工基本医疗保险统筹基金（含生育保险）收入 13160.17 亿元，比上年增长 10.9%；职工基本医疗保险统筹基金（含生育保险）支出 9558.40 亿元，比上年增长 2.5%；职工基本医疗保险统筹基金（含生育保险）当期结存 3601.77 亿元，累计结存（含生育保险）21393.11 亿元。2022 年，职工基本医疗保险个人账户收入 7633.10 亿元，比上年增长 6.9%；职工基本医疗保险个人账户支出 5685.39 亿元，比上年增长 4.7%；职工基本医疗保险个人账户当期结存 1947.71 亿元，累计结存 13712.65 亿元。2022 年，职工基本医疗保险基金收入占基本医疗保险基金总收入的 67.2%；2022 年，职工基本医疗保险基金支出占基本医疗保险基金总支出的 62.0%。

总体来看，城镇职工基本医疗保险基金收支呈缓步上升的趋势，增长率略有波动上升，然后呈下降趋势，如图 9－17、图 9－18 所示。

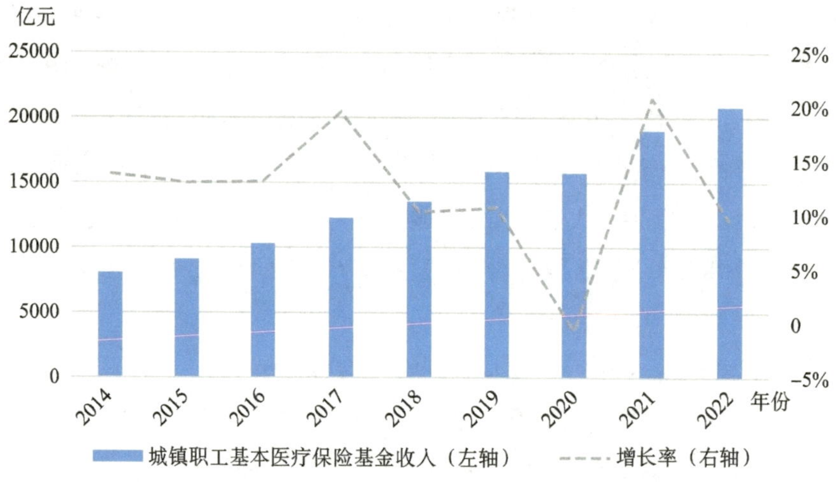

图 9－17　城镇职工基本医疗保险基金收入及增长率趋势

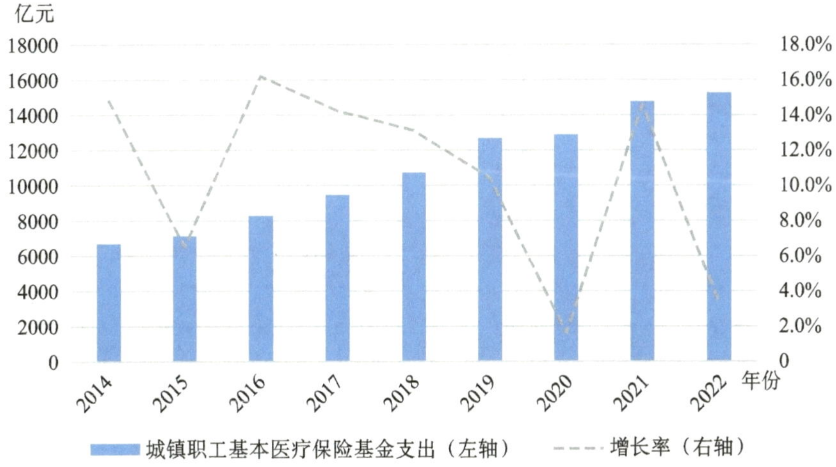

图 9-18 城镇职工基本医疗保险基金支出及增长率趋势

三、基本医疗保险基金结存分地区分析

2020 年年末，基本医疗保险基金累计结存为 31500 亿元①（含城乡居民基本医疗保险基金累计结存 6077 亿元），其中职工基本医疗保险（以下简称职工基本医疗保险）个人账户累计结存 10096 亿元。2021 年年末，基本医疗保险基金累计结存为 36156 亿元②（含城乡居民基本医疗保险基金累计结存 6717 亿元）。

（一）城乡居民基本医疗保险基金结存的地区分布

从城乡居民基本医疗保险基金累计结存地区分布来看，2020 年排名前 6 的省份分别为广东、四川、山东、广西、河南和江西。6 省份合计结存为 2392 亿元，占总结存的 39.4%，占比接近 2020 年城乡居民基本医疗保险累计结存的一半。

从城乡居民基本医疗保险基金累计结存地区分布来看，2021 年排名前 6 的省份分别为广东、四川、山东、广西、河南和河北。6 省份合计结存为 2691 亿元，占总结存的 40.1%，占比接近 2021 年城乡居民基本医疗保险累计结存的一半，各省份城乡居民基本医疗保险累计结存分布不平衡，如表 9-5 所示。

① 资料来源：《2020 年度全国医疗保障事业发展统计公报》。
② 资料来源：《2021 年度全国医疗保障事业发展统计公报》。

表 9－5　2020 年和 2021 年分省份城乡居民基本医疗保险基金结存　单位：亿元

省份	2020 年		2021 年	
	年度结存	累计结存	年度结存	累计结存
北 京	31.5	54.3	6.8	61.1
天 津	0.4	101.4	-8.0	93.5
河 北	28.2	261.3	53.2	316.9
山 西	14.8	135.6	27.5	163.1
内蒙古	26.8	97.8	19.3	117.1
辽 宁	61.3	199.9	1.9	201.8
吉 林	42.3	117.1	10.3	128.8
黑龙江	45.0	190.3	2.1	192.3
上 海	13.1	23.9	3.4	27.3
江 苏	22.1	254.2	22.7	276.9
浙 江	72.2	239.0	25.3	260.9
安 徽	27.5	236.0	-0.8	235.2
福 建	7.2	102.9	6.6	109.6
江 西	22.2	286.4	12.1	298.5
山 东	56.6	435.9	-11.7	423.9
河 南	23.9	294.5	2.5	320.1
湖 北	17.3	277.2	11.3	288.4
湖 南	18.5	248.6	44.5	293.1
广 东	68.4	483.7	56.2	728.9
广 西	24.9	410.3	-9.8	400.5
海 南	4.2	44.4	18.2	62.5
重 庆	16.6	180.5	-10.1	170.4
四 川	54.6	481.5	19.5	501.1
贵 州	57.1	242.7	25.0	267.6
云 南	33.0	209.4	30.7	240.0
西 藏	10.7	10.7	8.7	19.4
陕 西	81.5	163.2	1.9	165.1
甘 肃	24.9	89.7	28.2	117.9
青 海	10.6	45.6	1.0	46.5
宁 夏	7.1	34.6	3.0	37.5
新 疆	25.2	123.9	26.7	150.7

资料来源：《中国统计年鉴 2022》。

（二）职工基本医疗保险基金结存的地区分布

2020 年，职工基本医疗保险基金累计结存为 25423 亿元，较上年增加 2869 亿元，增长 12.7%。从职工基本医疗保险基金累计结存地区分布来看，2020 年排名前 6 的省份分别为上海、广东、浙江、江苏、四川和北京。2020 年 6 省份合计结存为 13399 亿元，占总结存的 52.7%，超过了其他 25 个省份合计结存。职工基本医疗保险基金结存地区间分布很不均衡，东部沿海发达省份的基金累计结存较多。

2021 年职工基本医疗保险基金累计结存为 29440 亿元，较上年增加 4017 亿元，增长 15.8%。从职工基本医疗保险基金累计结存地区分布来看，2021 年排名前 6 的省份分别为上海、广东、浙江、江苏、四川和北京。6 省份合计结存为 15500 亿元，占总结存的 52.6%，超过了其他 25 个省份合计结存。各地区的职工基本医疗保险基金分布不够均衡，如表 9－6 所示。

表 9－6　2020 年和 2021 年分省份职工基本医疗保险基金结存　单位：亿元

省份	2020 年		2021 年	
	年度结存	累计结存	年度结存	累计结存
北京	213.5	1299.4	313.6	1613.1
天津	29.6	311.7	62.5	374.3
河北	101.2	922.1	145.9	1068.1
山西	44.8	432.0	78.3	508.7
内蒙古	60.0	408.7	70.7	479.4
辽宁	69.5	569.8	109.7	679.5
吉林	37.0	363.4	50.3	413.7
黑龙江	85.9	517.9	71.9	589.8
上海	263.2	3183.6	692.5	3876.0
江苏	191.6	2049.3	299.5	2348.9
浙江	282.6	2223.7	374.9	2599.3
安徽	40.2	542.6	89.7	632.3
福建	63.1	764.0	90.1	854.0
江西	45.8	389.2	43.3	432.5
山东	71.4	1229.8	105.6	1335.4
河南	93.8	758.9	121.3	880.2

续表

省份	2020 年		2021 年	
	年度结存	累计结存	年度结存	累计结存
湖 北	146.4	656.5	129.0	754.3
湖 南	76.3	662.1	105.3	767.4
广 东	267.2	3180.9	317.6	3313.3
广 西	48.7	449.9	63.5	513.4
海 南	18.0	177.7	37.6	215.3
重 庆	53.5	334.4	110.9	445.3
四 川	194.5	1461.6	287.7	1749.4
贵 州	46.1	305.6	74.0	379.6
云 南	81.1	524.3	89.5	613.8
西 藏	22.8	137.0	37.9	174.8
陕 西	79.6	541.6	64.0	605.5
甘 肃	34.5	202.8	55.7	258.5
青 海	18.7	140.7	28.0	168.7
宁 夏	14.8	117.4	23.4	140.7
新 疆	69.0	564.6	112.0	676.5

资料来源：《中国统计年鉴 2022》。

第四节　失业保险、工伤保险基金分析

一、失业保险基金收支分析

（一）失业保险基金收支分析

2020 年，失业保险基金收入为 951.5 亿元①，比上年减少 332.7 亿元，增长率为 -25.91%；失业保险基金支出为 2103 亿元，比上年增加 769.8 亿元，增长幅度为 57.74%。2021 年，失业保险基金收入为 1459.6 亿元，比上年增加 508.1

① 资料来源：《2020 年度人力资源和社会保障事业发展统计公报》《2021 年度人力资源和社会保障事业发展统计公报》《2022 年度人力资源和社会保障事业发展统计公报》《中国统计年鉴 2022》。

亿元，增长率为 53.4%；失业保险基金支出为 1500 亿元，比上年减少 603 亿元，下降幅度为 28.67%。2022 年，失业保险基金收入为 1590 亿元，比上年增加 130.4 亿元，增长率为 8.93%；失业保险基金支出为 2010.7 亿元，比上年增加 510.7 亿元，增长幅度为 34.05%，如图 9－19、图 9－20 所示。

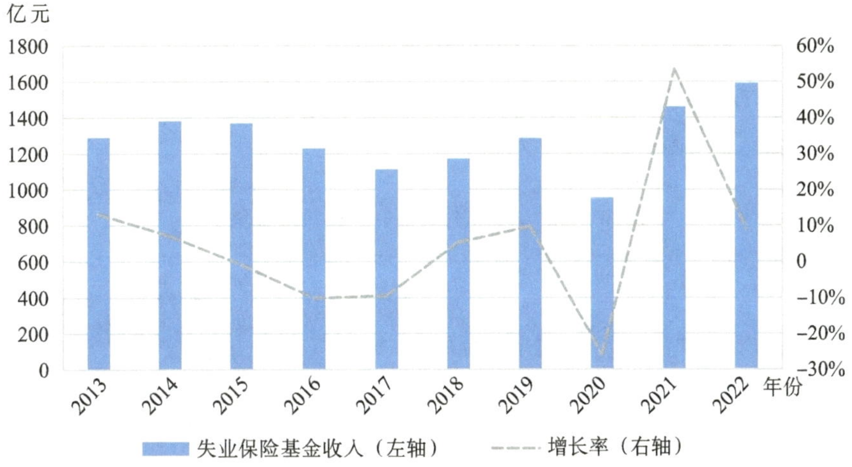

图 9－19 2013～2022 年失业保险基金收入及增长率变化趋势

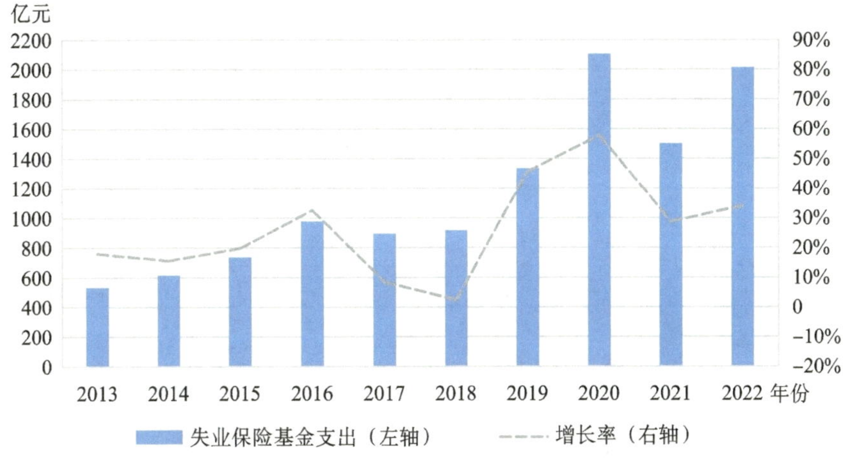

图 9－20 2013～2022 年失业保险基金支出及增长率变化趋势

（二）失业保险基金结存分析

2020 年失业保险基金年度结存为－1151.5 亿元，支出大于收入，2020 年年末累计结存为3354.1亿元。2021年失业保险基金年度结存为-40.4亿元，支出大于收入，2021年年末累计结存为3312.5亿元。2022年失业保险基金年度结存为-422亿元，支出大于收入，2022年年末累计结存为2891亿元。

2020年，失业保险基金累计结存排名前6的省份为：广东、江苏、山东、四川、浙江和辽宁，6省合计结存为1400.3亿元，占总结存的41.75%。2021年，失业保险基金累计结存排名前6的省份为：广东、江苏、浙江、四川、山东和山西，6省合计结存为1406.6亿元，占总结存的42.46%。可见失业保险基金结存地区间分布较不均衡，如表9-7所示。

表9-7　2020年和2021年分省份失业保险基金结存　单位：亿元

省份	2020年		2021年	
	年度结存	累计结存	年度结存	累计结存
北京	-83.8	141.7	-27.8	113.9
天津	-8.4	48.5	-5.0	43.6
河北	-14.2	132.0	9.3	141.3
山西	-11.7	152.3	10.1	162.4
内蒙古	-5.3	113.9	3.6	117.5
辽宁	-73.5	160.2	-42.0	118.1
吉林	-26.9	83.1	-5.3	77.8
黑龙江	-20.2	108.3	0.9	109.2
上海	-64.3	28.3	23.0	51.3
江苏	-100.1	249.6	-1.2	248.3
浙江	-81.5	166.9	32.8	199.7
安徽	-11.0	73.7	13.9	87.6
福建	-48.2	98.9	-14.3	84.5
江西	-7.2	68.6	-2.4	66.2
山东	-75.7	176.5	1.9	178.4
河南	-58.0	99.0	-17.9	81.2
湖北	-29.9	132.6	-24.1	107.5
湖南	-15.4	108.0	5.4	113.5
广东	-158.0	473.0	-34.2	438.8
广西	-27.4	89.0	3.9	92.9
海南	-7.6	22.5	-1.6	21.0
重庆	-28.9	32.7	9.2	42.0

续表

省份	2020 年		2021 年	
	年度结存	累计结存	年度结存	累计结存
四 川	-80.5	174.1	4.9	179.0
贵 州	-9.5	63.9	-2.0	61.9
云 南	-22.7	97.0	-2.5	94.5
西 藏	3.4	22.0	3.3	25.3
陕 西	-66.9	51.1	0.8	51.9
甘 肃	-5.9	69.5	3.9	73.4
青 海	-5.5	17.5	7.3	24.8
宁 夏	-5.1	27.5	-4.4	23.1
新 疆	-1.8	72.2	9.9	82.1

资料来源：《中国统计年鉴 2022》。

二、工伤保险基金分析

（一）工伤保险基金收支分析

工伤保险基金支出包括工伤保险待遇支出、劳动能力鉴定费支出、工伤预防费支出、转移支出和其他支出。其中，工伤保险待遇支出又包括医疗待遇支出、伤残待遇支出、工亡待遇支出、康复待遇支出等。

2020 年，工伤保险基金收入为 486.3 亿元，比上年减少 40.65%；工伤保险基金支出为 820.3 亿元，比上年增长 0.42%。2020 年年末，工伤保险基金累计结存 1449.3 亿元（含储备金 174 亿元）。2021 年，工伤保险基金收入为 951.9 亿元，比上年增长 95.74%；工伤保险基金支出为 990.2 亿元，比上年增长 20.71%。2021 年年末，工伤保险基金累计结存 1411.2 亿元（含储备金 164 亿元）。2022 年，工伤保险基金收入为 1053 亿元，比上年增长 10.62%；工伤保险基金支出为 1025.1 亿元，比上年增长 3.52%。2022 年年末，工伤保险基金累计结存 1440 亿元[①]（含储备金 127 亿元），如图 9-21、图 9-22 所示。

---

① 资料来源：《2020 年度人力资源和社会保障事业发展统计公报》《2021 年度人力资源和社会保障事业发展统计公报》《2022 年度人力资源和社会保障事业发展统计公报》《中国统计年鉴 2022》。

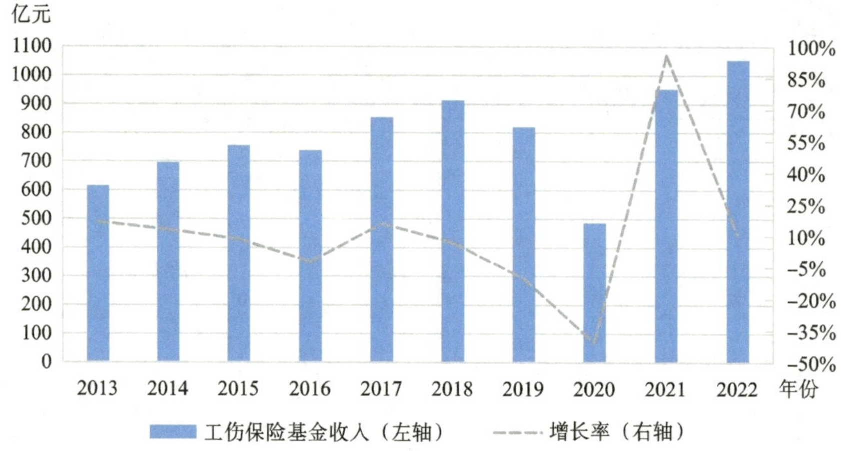

图9-21　2013~2022年工伤保险基金收入及增长率变化趋势

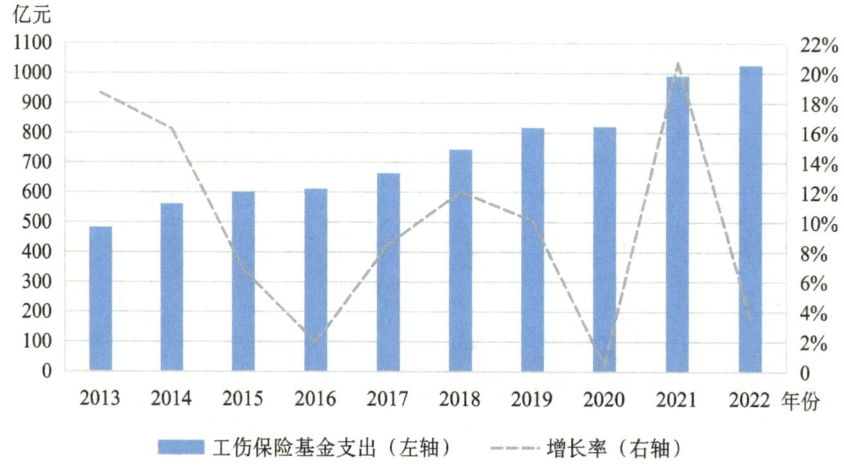

图9-22　2013~2022年工伤保险基金支出及增长率变化趋势

（二）工伤保险基金结存地区分布

2020年工伤保险基金年度结存为-334亿元，较上年减少336.5亿元，2020年年末累计结存为1449亿元。2021年工伤保险基金年度结存为-38亿元，较上年增加295.6亿元，2021年年末累计结存为1411亿元。2022年工伤保险基金年度结存为28亿元，较上年增加66.3亿元，2022年年末累计结存为1440亿元。

从工伤保险基金累计结存地区分布来看，2020年工伤保险基金累计结存排名前6的省份为：广东、江苏、山东、湖南、浙江和四川，6省合计结存为

684.5亿元，占总结存的47.24%，占比接近2020年总结存的一半。2021年工伤保险基金累计结存排名前6的省份为：广东、江苏、山东、湖南、四川和浙江，6省合计结存为632.4亿元，占总结存的44.81%。工伤保险基金结存地区间分布较不均衡，东部沿海省份的结存相对较多，如表9－8所示。

表9－8　2020年和2021年分省份工伤保险基金结存　单位：亿元

省份	2020年		2021年	
	年度结存	累计结存	年度结存	累计结存
北京	-16.6	41.4	-4.5	36.9
天津	-6.2	11.4	1.2	12.7
河北	-16.9	35.6	11.0	46.7
山西	-16.3	41.2	-4.9	36.3
内蒙古	-5.3	40.4	-3.5	37.6
辽宁	-8.8	42.8	9.9	52.7
吉林	-2.4	35.2	0.7	35.9
黑龙江	-2.6	28.7	3.3	32.0
上海	-18.0	43.8	-1.4	42.4
江苏	-40.2	121.2	-0.2	121.0
浙江	-23.5	77.1	-6.1	71.0
安徽	-9.5	37.5	-4.7	32.7
福建	-13.8	49.0	-1.1	48.0
江西	-1.6	53.2	-0.2	52.9
山东	-25.9	93.8	-4.0	89.9
河南	-9.6	60.6	1.3	61.9
湖北	-9.5	39.8	-2.6	36.8
湖南	-8.5	87.3	-0.5	86.8
广东	-42.7	232.1	-41.3	190.8
广西	-3.1	48.0	-0.3	47.7
海南	-0.3	18.2	1.1	19.3
重庆	-7.9	4.5	2.8	7.4
四川	-10.9	73.0	0.0	72.9
贵州	-8.6	12.3	1.9	14.2
云南	-6.9	21.1	-0.3	20.8

续表

省份	2020 年		2021 年	
	年度结存	累计结存	年度结存	累计结存
西 藏	0.2	6.8	0.4	7.3
陕 西	-5.9	35.5	3.5	38.9
甘 肃	-2.8	15.6	2.2	17.8
青 海	-1.4	10.4	-0.7	9.7
宁 夏	-2.5	9.2	-0.2	9.0
新 疆	-5.9	22.4	-1.1	21.3

资料来源：《中国统计年鉴 2022》。

第五部分

业界天地与社会责任

第十章　中国保险公司的社会责任评价

第一节　保险（集团）公司社会责任的概念与分析方法

一、研究背景

“企业社会责任”（Corporate Social Responsibility，CSR）最早由学者 Oliver Sheldon 于 1924 年提出，但是直到 20 世纪末才引入到中国。因此，对我国企业来说，企业社会责任还是一个新生事物。我国现代保险业起步较晚，但是保险公司承担社会责任具有内在必然性，这是由保险的性质与职能所决定的（李勇杰，2009；卓志等，2009）。保险的本质是“经济保障”，体现的是“我为人人，人人为我”的互助共济的分配关系（魏华林等，2011）。保险除了具有经济补偿和分散风险的基础职能外，还发挥着社会管理功能（吴定富，2004）。因此，保险公司应积极履行社会责任。

2005 年，中国平安保险（集团）股份有限公司发布《企业公民报告》，拉开了我国保险公司主动承担社会责任的序幕。此后，中国人寿保险股份有限公司、中国人民保险集团股份有限公司、中国太平洋保险（集团）股份有限公司等多家保险（集团）公司也开始发布企业社会责任报告。值得一提的是，中国保险行业协会于 2011 年首次披露了 68 家保险公司社会责任报告。2014 年，中国保监会发布了《中国保险业社会责任白皮书》，这是首份展示全行业履行社会责任状况的报告；2015 年 12 月，出台《关于保险业履行社会责任的指导意见》，旨在进一步提升保险业社会责任水平。由此可以看出，我国保险业已经开始关注并主动承担社会责任，但是从总体上讲，我国保险业社会责任仍处于起步阶段。在中国社会科学院发布的《中国企业社会责任研究报告（2015）》中，保险业社会责任发展指数排在倒数第 5 名，而排名最靠前的中国人寿保险股份有限公司在 300

强榜单中仅排名79。由此可见，我国保险业在履行社会责任上仍任重而道远。从历年中国保险行业协会披露的所有68份社会责任报告可以看出，不同保险公司对社会责任的认知程度是不同的，从而导致报告篇幅差异悬殊，披露内容参差不齐，这不利于利益相关者对报告的使用与管理，也不利于进一步增强我国保险业社会责任意识和愿望（郝臣等，2015）。因此，建立科学的社会责任评价体系显得十分必要。

2019年9月29日，中国保险行业协会正式发布《2019中国保险业社会责任报告》，这是中国保险业协会首次组织编写行业社会责任报告，该报告从服务大局、回归本源、改革创新、保护生态和以人为本五个角度切入，全面梳理保险业2019年的履责实践与绩效。2022年年初，中国保险行业协会又发布了《2020年中国保险业社会责任报告》，该报告围绕服务国家战略、保证民生安康、践行“双碳”目标、强化风险防控、推进改革创新、推动国际合作、倡导人文关怀七个方面对2020年中国保险业履行社会责任进行分析，用丰富的数字和真实案例，全面梳理保险业2020年的履责实践与成绩。保险行业定期编写并发布保险行业社会责任报告是主动披露保险机构社会责任信息，树立良好社会形象的重要举措，从保险业服务国家、社会、行业、环境、个人等方面，全方位展现保险业履行社会责任的实践成就。

本书正是在此背景下，基于“利益相关者原则”对我国保险公司社会责任评价体系进行探讨，以增强我国保险公司的社会责任意识，实现企业和社会的可持续发展。

二、保险公司社会责任的定义

1924年，学者Oliver Sheldon首次提出“企业社会责任”的概念，认为企业不应该仅仅追求经济利益，也应该主动承担包含道德因素在内的社会责任，为社区提供服务（Oliver，1924）。Howard R. Bowen被认为是“企业社会责任之父”，他在1953年《企业家的社会责任》一书中首次对企业社会责任进行了系统的阐述，他认为企业社会责任是企业家按照社会所期望的目标或价值观来制定政策和实施计划的义务（Howard，1953）。此后，学术界对企业社会责任进行了更为广泛和深入的研究，特别是20世纪80年代以后，利益相关者理论被引入到企业社会责任的研究中，使企业社会责任研究得到进一步的丰富和完善，出现了大量的研究成果。Modic（1988）、Clarkson（1995）、Waddock 和 Graves（1997）、Matten 和 Crane（2005）等都认为企业社会责任是企业对各利益相关者的责任，包括对消费者、员工、环境、社区等的责任。

我国学者对企业社会责任的研究始于 20 世纪 90 年代。1990 年，袁家方出版了我国首本有关企业社会责任的专著，他在书中将企业社会责任定义为“企业在争取自身的生存与发展的同时，面对社会需要和各种社会问题，为维护国家、社会和人类的根本利益，必须承担的义务”（袁家方，1990）。此后，众多学者在西方学者研究的基础上，结合中国国情，对企业社会责任有更多的认识和理解，初步取得了共识，即一致认为企业社会责任是指企业在追求股东利润最大化之外，还应对其他利益相关者的利益承担责任和义务，以实现社会的可持续发展（刘俊海，1999；杨瑞龙和周业安，2000；卢代富，2002；李立清和李燕凌，2005；田虹，2006；姜启军和顾庆良，2008；黎友焕，2010；刘建梅，2012；孙红梅等，2014；洪旭，2015；郑浪晴，2021）。

然而，学术界对保险公司社会责任并未有一个明确的、较为广泛接受的定义。本书基于利益相关者理论，认为保险（集团）公司社会责任是指保险（集团）公司在寻求股东利润最大化之外，还应对其他利益相关者（员工、客户等）的利益承担责任和义务，以实现企业和社会的可持续发展。

三、保险公司社会责任评价模型与评价方法

企业社会责任评价模型有很多，根据 Reed 等（1990）的研究，至少有 14 种企业社会责任评价模型。目前，比较流行的方法主要有三种：“金字塔”模型、“三重底线”模型、“利益相关者”模型。“金字塔”模型是由 Carroll（1979，1983，1991，1999）提出的，该模型包含经济责任、法律责任、伦理责任和慈善责任（自愿责任）。Aupperle 等（1985）、Maignan 和 Ferrell（2000）、Marín（2012）、Mustafa（2012）、蔡月祥（2011）等学者基于金字塔模型构建了企业社会责任评价指标体系。郭浩（2018）基于金字塔模型理论将现代企业承担的道德、法律和经济三大方面责任扩展为 8 项具体指标，对保险类上市公司的企业社会责任信息披露进行评分。“三重底线”模型是以 Elkington（1997）提出的“三

重底线”理论为基础来构建企业社会责任评价体系，该理论强调企业在经营过程中必须满足经济底线、环境底线和社会底线。道琼斯可持续发展世界指数和《可持续发展报告指南》G4 版都是基于“三重底线”模型来构建指标体系。黄群慧等（2015）对三重底线进行改进，构建基于责任管理、市场责任、社会责任、环境责任“四位一体”的评价体系。“利益相关者”模型是以利益相关者理论为基础来构建企业社会责任评价体系。Clarkson（1995）、Turker（2009）、Harrison 和 Wicks（2013）、刘淑华（2015）等学者基于利益相关者理论构建企业社会责任指标体系。虽然这些研究成果在选择利益相关者方面存在细微差异，但是基本可以归纳为以下维度，即股东、员工、客户、社区、政府等。这三个模型各有利弊，相较而言，“利益相关者”模型的评价维度较为清晰，能准确地回答“企业应该为谁承担责任”这一重要问题，而“三重底线”模型和“金字塔”模型对企业社会责任概念的界定存在模糊性（肖红军等，2014）。因此，本书基于“利益相关者”模型构建评价指标体系。

保险公司除了具有一般企业的特征外，还具有产品的无形化、被保险人是重要的利益相关者、保险资金的运用等特点，发挥着经济补偿、资金融通和社会管理等功能。保险公司的这些特点和功能决定了传统的企业社会责任评价体系并不完全适用于保险公司，因此有些学者根据保险公司的特点对传统指标体系进行了改进。他们基于“金字塔”模型（谭中明和陈渊，2009）、“三重底线”模型（武晨凤，2010；成敏，2012）、“利益相关者”模型（王蕾，2010；谢彩玲，2011）、平衡计分卡模型（邓启稳，2010）等构建保险公司社会责任评价指标体系。总体上讲，这些指标体系覆盖范围较为全面，但是可操作性较差，数据获取难度较高，从而导致推广价值不高。因此，有必要基于可得性、客观性、均衡性等原则构建我国保险公司社会责任评价指标体系。

目前，对于保险公司社会责任的评价非常少，主要有谢彩玲（2011）运用层次分析法研究了中国人寿和中国平安企业社会责任绩效，但是层次分析法的主观性较强，专家对行业的认知程度会直接影响最终的结果。除了层次分析法，因子分析方法和主成分分析法也是常用的、公认度较高的综合评价方法，此方法在社会责任评价中被多次使用（陈晶晶，2010；洪旭等，2011；阳秋林等，2012；赵天燕等，2012；吴金娜，2013）。

本书综合以上各类文献，基于“利益相关者原则”，尽量注重原理清晰明了、主观性较小、从而避免人为因素的影响，因此本书采用主成分分析方法、因子分析方法等对保险公司社会责任进行综合评价。

四、指标设立和赋值

保险（集团）公司社会责任报告是研究保险（集团）公司社会责任履行情况的重要资料。本书基于各保险（集团）公司披露的 2020 年年度信息披露报告、社会责任报告、各公司官网披露的社会公益活动等，从内容、相关活动的次数、公司级别等几个方面就社会责任的评价指标进行构建和赋值，以此来反映各保险（集团）公司对社会责任的重视程度。

指标的设定主要参考全球报告倡议组织（GRI）《可持续发展报告指南》G4 版、原中国保监会发布的《关于保险业履行社会责任的指导意见》等相关文件和内容，以及各（集团）公司社会责任报告的实际发布情况，进行设立。

第二节 中国保险公司的社会责任评价

根据中国银行保险监督管理委员会网站，截至 2022 年 12 月 31 日，中国人身险公司共有 93 家，其中中资公司 64 家，外资保险公司 29 家。

国寿存续、国寿养老、长江养老、新华养老、人保养老仅经营养老保障管理业务、企业年金、职业年金等业务，暂不经营负债型的人寿保险业务，不适用偿付能力的监管要求，这 5 家养老保险公司不予评价。

没有披露 2022 年年度信息披露报告或者只是披露内容不完整的有 17 家公司：天安人寿、富德生命人寿、大家人寿、恒大人寿、恒安标准养老、中融人寿、华夏人寿、君康人寿、和谐健康、华汇人寿、大家养老、上海人寿、珠江人寿、合众人寿、昆仑健康、前海人寿、国民养老。

排除上述 22 家公司后，最后，课题组共对 71 家人身险公司进行社会责任评价分析。

根据中国银行保险监督管理委员会网站，截至 2022 年 12 月 31 日，中国共有88家财产险公司，其中中资财险公司有67家，外资财险公司有21家。

在这88家财产保险公司中，未披露2022年年度信息披露报告或者年度信息披露报告不完整或所披露数据不能满足我们进行保险公司价值成长性评价分析的有15家公司：出口信用、瑞再企商、大家财险、天安财险、东海航运、易安财险、劳合社、安心财险、太平科技、凯本财险（中国）、安达财险、融盛财险、现代财险、长安责任、融通财险。

最后，课题组共对73家财产保险公司进行社会责任评价。

目前，对于保险公司社会责任的评价研究还非常少。我们在搜集整理有关数据时，发现很多保险公司对于社会责任的数据信息披露不够重视，我们难以根据各方面的公开数据和资料对保险公司进行社会责任进行分析和评价。最后，基于数据资料的公开性和可得性原则，我们分别对71家人身保险公司和73家财产保险公司进行社会责任的评价分析。

一、数据信息来源

保险公司社会责任评价的数据主要来源于各保险公司的年度信息披露报告和社会责任报告、各公司官方网站信息、历年的《中国保险年鉴》以及原保监会、保险学会、保险行业协会官网信息等，即全部数据都是来源于公开渠道。

二、我国保险公司社会责任评价指标体系

（一）指标构建①

本书基于可得性、客观性、均衡性等原则，根据保险公司的特点，构建保险公司社会责任的评价指标。共包括股东责任、员工责任、客户责任、政府责任、社区责任5个一级指标，来反映保险公司社会责任的不同方面，并在一级指标下设立46个二级指标。由于人身保险公司和财产保险公司在社会责任的表现方面存在一些差异，需要对两者进行分开评价，因此评价指标体系也存在一定差异。下文所涉评价指标若无特别说明，则该指标既适用于人身保险公司，也适用于财产保险公司（指标的定义略，部分指标的定义可以参考第四章、第五章的相关内

① 此处的保险公司社会责任指标构建，财产险公司与人身险公司的一级指标完全一致，二级指标略有不同，对此感兴趣的读者可以与主编联系。

容。感兴趣的专家学者也可以和课题组联系）。

1. **股东责任**

保险公司对股东的责任主要体现保障公司的资产质量与实现利润最大化，因此设立总资产收益率、净资产收益率、资本管理系数、资产保值增值率、净利润、净利润增长率、认可资产增长率、净资产周转率等二级指标。

2. **员工责任**

保险公司对员工的责任主要体现在提供舒适的工作环境，按时发放足额的工资福利以及提供学习晋升机会等方面，因此设立人均薪酬、员工获利水平、人均净利润、人均薪酬增长率、人均综合收益、薪酬净资产比等二级指标构成。

3. **客户责任**

从广义上讲，保险公司的客户包括投保人、被保险人、受益人、保单持有人等。保险公司对客户的责任主要体现在产品和服务上，即产品是否能够满足客户的需求，服务是否让客户满意。因此设立退保率、综合赔付率、偿付能力充足率、亿元保费投诉量、综合费用率、流动性比率等二级指标。

4. 政府责任

保险公司对政府的责任主要体现在遵纪守法、按时纳税和带动社会就业三个方面。因此设立纳税额、纳税增长率、人均纳税额、资产税费比、已缴税费占比、职工人数、就业人数增长率等二级指标。

5. **社区责任**

保险公司对社区的责任主要体现在支持公益事业、环境友好、社会责任意识三个方面，因此保险公司设立万张保单投诉量、违规指数①、万人次投诉量、人均违规度、人均福利等二级指标。

（二）数据处理与评价方法

为了保证评价结果的科学性和客观性，需要对原始数据进行线性标准化处理。根据指标性质，可以分为越大越好型指标、越小越好型指标和取中间某值最好。越大越好型指标（如总资产收益率、净资产收益率等指标）采用函数进行转换；越小越好型指标（如综合费用率、被罚款次数等指标）采用函数进行转

① 违规指数根据中国银保监会发布的对保险公司的行政处罚情况进行评分得到。

换；对于取中间值最好的指标，通过设立分段函数进行函数转换。经过转换使得所有数据均在0～1之间。

本书采用主成分分析与因子分析方法进行保险公司社会责任综合评价。具体内容参见《2021中国保险公司竞争力与投资价值评价研究报告》第二章的相关内容介绍。以后随着相关工作的开展以及与业界的沟通联系，评价指标、评价分析方法等也会逐步改进完善。

三、特别说明

本书分析都是采用公开发布的披露数据进行分析，我们根据实质重于形式的原则，对发现个别公司披露数据存在错误或异样的年报信息进行调整或者在涉及该指标时进行批注说明。

本书分析采用的数据皆来源于已公开的资料或课题组成员的个人分析，但我们不保证上述信息的完整与准确性，中国精算研究院不因使用本报告而产生的一切后果承担责任，只以此作为学术研究以及学界和业界的信息交流与参考。同时本书分析为课题组成员的个人观点，并不代表中国精算研究院的观点。有关问题的来源、讨论或争议，请使用电话或电子邮件的方式与我方联系。

第三节　中国人身保险公司社会责任评价的结果与分析

在确定了指标和提取数据后，为了保证对人身保险公司社会责任评价的客观性和科学性，首先根据指标的正向和逆向进行数据的预处理，使处理后的全部指标数据为正向，即其数据愈大愈好；其次，指标数据中有些是比率指标，有些是数值指标，为了避免“以大欺小”以及避免指标单位对评价结果的影响，我们对全部数据进行归一化处理，即全部指标数据都在0～1间取值；最后，在运用主成分分析与因子分析方法进行社会责任评价时，我们是对全部二级指标数据进行分析处理，因此二级指标与一级指标的隶属关系不影响对人身保险公司社会责任的评价结果。

为了便于对人身保险公司的社会责任履行情况进行比较，我们综合运用主成分分析方法、因子分析方法，依据各人身保险公司社会责任评价指标的表现，对各保险公司的社会责任履职情况进行评价，根据各公司的得分情况，分别评为AAA、AA和A三级。

一、2022年人身保险公司社会责任评价的得分与排名

进行数据预处理后，我们根据71家人身保险公司的45个二级指标数据（为了比较科学地反映保险公司的社会责任，我们对部分指标进行了加权），综合运用主成分分析与因子分析方法，得到一个71×47数据矩阵，共选取17个主成分，其累计解释率达到86.16%，每个主成分都是这17个二级指标的线性组合。其中最高分为1000分，最低分为400分。

2022年中国人身保险公司社会责任评价主成分分析的碎石图如图10－1所示。

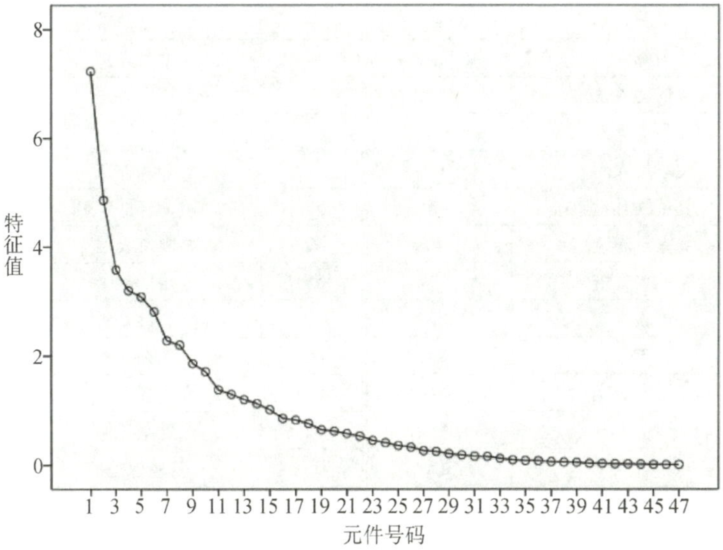

图10－1　2022年中国人身保险公司社会责任评价主成分分析碎石图

根据各公司的得分确定其社会责任评价级别，得分在800（含）~1000分为AAA级；得分在600（含）~800（不含）分为AA级；得分在400（含）~600（不含）分为A级。

2022年人身保险公司社会责任评价的得分与排名最终评价结果如表10－1所示。

表 10-1　　我国人身保险公司社会责任评级情况

序号	公司	级别	序号	公司	级别
1	中国人寿	AAA	37	太保安联健康	AA
2	人保健康	AAA	38	工银安盛	AA
3	平安人寿	AAA	39	中华人寿	AA
4	泰康养老	AAA	40	陆家嘴国泰	AA
5	信泰人寿	AAA	41	农银人寿	AA
6	小康人寿	AAA	42	光大永明	AA
7	太保寿险	AAA	43	同方全球人寿	AA
8	太平人寿	AAA	44	恒安标准	AA
9	人保寿险	AAA	45	英大人寿	AA
10	横琴人寿	AAA	46	弘康人寿	AA
11	中银三星	AAA	47	长城人寿	AA
12	新华人寿	AAA	48	招商仁和	AA
13	友邦人寿	AAA	49	国华人寿	AA
14	泰康人寿	AAA	50	东吴人寿	AA
15	鼎诚人寿	AAA	51	招商信诺	AA
16	中邮人寿	AAA	52	中荷人寿	AA
17	信美人寿	AAA	53	长生人寿	AA
18	幸福人寿	AA	54	中德安联	AA
19	华贵人寿	AA	55	渤海人寿	AA
20	复星联合健康	AA	56	财信吉祥人寿	AA
21	太平养老	AA	57	中英人寿	A
22	北京人寿	AA	58	瑞华健康	A
23	国联人寿	AA	59	和泰人寿	A
24	百年人寿	AA	60	瑞泰人寿	A
25	平安健康	AA	61	华泰人寿	A
26	建信人寿	AA	62	君龙人寿	A
27	中意人寿	AA	63	复星保德信	A
28	中宏人寿	AA	64	海保人寿	A
29	中信保诚人寿	AA	65	国宝人寿	A
30	利安人寿	AA	66	北大方正人寿	A
31	阳光人寿	AA	67	三峡人寿	A
32	爱心人寿	AA	68	汇丰人寿	A
33	国富人寿	AA	69	中韩人寿	A
34	交银康联	AA	70	平安养老	A
35	民生人寿	AA	71	德华安顾	A
36	大都会人寿	AA			

71 家人身保险公司中社会责任评级分别为：AAA 级 17 家，AA 级 39 家，A 级 15 家。2022 年我国人身保险公司在履行社会责任方面的评价中，被评为 AAA 级别的公司数量较上一年增加 1 家，评为 AA 级的公司较上一年减少 8 家；在参评的公司中，中国人寿、人保健康、平安人寿位列前 3 名，紧随其后有 14 家公司均被评为 AAA 级。

二、分项指标分析

以下各分项指标的评价中，最高分设为 100 分，最低分设为 40 分。

（一）股东责任分析

评价结果如表 10 –2 所示。

表 10 –2　2022 年我国人身保险公司股东责任排名与得分情况（前 20 名）

排名	公司名称	得分	排名	公司名称	得分
1	平安健康	100.0	11	国联人寿	80.5
2	泰康人寿	87.5	12	新华人寿	80.3
3	中国人寿	86.3	13	国宝人寿	79.6
4	复星联合健康	84.0	14	太平养老	77.5
5	平安人寿	83.9	15	友邦人寿	77.5
6	信美人寿	83.1	16	君龙人寿	77.2
7	中银三星	82.5	17	财信吉祥人寿	77.0
8	太保寿险	82.2	18	华贵人寿	76.9
9	同方全球人寿	82.2	19	太保安联健康	76.6
10	人保健康	81.9	20	太平人寿	76.4
整体平均值			73.3		
整体标准差			7.9		
整体中位数			73.5		
超过平均值的数量与比例			36；50.7%		

表 10 –2 给出了股东责任排名前 20 的公司名称与得分，以及全部参评公司（共 71 家人身保险公司）的均值、标准差和中位数。从表 10 –2 中可以看出，我国人身保险公司股东责任方面，平安健康位居第一、泰康人寿、中国人寿分别位居第二和第三。股东责任整体平均分为 73.3 分，超过平均值（73.3）的企业共

有36家，占比50.7%，说明我国人身保险公司股东责任得分比较均匀，位于均值以上与均值以下得分的公司数目基本相等，从整体标准差（7.9）也可以看出人身险公司在履行股东责任方面的差异较小，而且从中位数（73.5）可知得分主要位于中间分段。

（二）员工责任分析

评价结果如表10－3所示。

表10－3　2022年我国人身保险公司员工责任排名与得分情况（前20名）

排名	公司名称	得分	排名	公司名称	得分
1	太平养老	100.0	11	中国人寿	83.8
2	平安人寿	90.7	12	华泰人寿	83.3
3	太平人寿	90.1	13	三峡人寿	83.1
4	人保寿险	89.4	14	瑞泰人寿	82.6
5	人保健康	88.9	15	平安养老	82.1
6	信美人寿	88.3	16	中信保诚人寿	81.9
7	平安健康	87.2	17	鼎诚人寿	81.6
8	太保安联健康	86.7	18	复星联合健康	81.4
9	同方全球人寿	85.7	19	友邦人寿	81.2
10	泰康养老	83.9	20	新华人寿	80.9
整体平均值			72.9		
整体标准差			11.9		
整体中位数			74.5		
超过平均值的数量与比例			40；56.3%		

表10－3给出了员工责任排名前20的公司名称与得分，以及全部参评公司（共71家人身保险公司）的均值、标准差和中位数。从表10－3中可以看出，我国人身保险公司员工责任方面，太平养老位居第一，平安人寿、太平人寿分别排名第二、第三。超过平均值（72.9分）的企业共有40家，占比56.3%，说明我国人身保险公司员工责任得分在平均值以下的占多数，而且从中位数（74.5分）可知得分主要位于低分段；整体标准差（11.9）说明不同人身保险公司在履行员工责任面存在的整体差异较大。

（三）客户责任分析

评价结果如表 10－4 所示。

表 10－4　2021 年我国人身保险公司客户责任排名与得分情况（前 20 名）

排名	公司名称	得分	排名	公司名称	得分
1	小康人寿	100.0	11	中宏人寿	87.7
2	中荷人寿	97.3	12	英大人寿	87.5
3	中邮人寿	95.6	13	友邦人寿	87.3
4	中银三星	93.1	14	横琴人寿	86.5
5	中国人寿	92.9	15	新华人寿	86.4
6	农银人寿	92.9	16	太保寿险	86.1
7	民生人寿	90.8	17	建信人寿	86.0
8	泰康养老	90.2	18	华贵人寿	85.3
9	交银康联	90.1	19	信泰人寿	84.7
10	中意人寿	89.8	20	国富人寿	83.4
整体平均值			74.7		
整体标准差			12.7		
整体中位数			75.6		
超过平均值的数量与比例			36；50.7%		

表 10－4 给出了客户责任排名前 20 的公司名称与得分，以及全部参评公司（共 71 家人身保险公司）的均值、标准差和中位数。从表 10－4 中可以看出，我国人身保险公司客户责任方面，小康人寿位居第一，紧随其后的是中荷人寿（97.3 分）和中邮人寿（95.6 分）。71 家人身险公司的均值 74.7 分，超过平均值的公司有 36 家，比例为 50.7%，说明我国人身保险公司客户责任得分比较均匀地在分布平均值，整体标准差为 12.7，说明不同人身保险公司在履行客户责任方面差距较大。

（四）政府责任分析

评价结果如表 10－5 所示。

表10－5 2022年我国人身保险公司政府责任排名与得分情况（前20名）

排名	公司名称	得分	排名	公司名称	得分
1	太保寿险	100.0	11	华泰人寿	85.4
2	新华人寿	96.8	12	人保寿险	85.1
3	人保健康	96.8	13	小康人寿	84.5
4	民生人寿	89.4	14	平安健康	82.2
5	中国人寿	89.2	15	横琴人寿	82.1
6	太平人寿	89.2	16	利安人寿	81.7
7	中邮人寿	87.5	17	爱心人寿	81.5
8	太平养老	87.2	18	中银三星	81.4
9	幸福人寿	86.2	19	陆家嘴国泰	81.3
10	平安人寿	85.5	20	北大方正人寿	81.0
整体平均值			74.7		
整体标准差			12.9		
整体中位数			78.8		
超过平均值的数量与比例			43；60.6%		

表10－5给出了政府责任排名前20的公司名称与得分，以及全部参评公司（共71家人身保险公司）的均值、标准差和中位数。从表10－5中可以看出，我国人身保险公司政府责任方面，太保寿险位居第一，新华人寿、人保健康分别排名第二、第三。在政府责任方面，行业平均值为74.7，超过平均值的企业共有43家，占比达到60.6%。中位数得分78.8分，大于平均值4分左右；整体标准差12.9分，说明不同人身保险公司在履行政府责任面存在的整体差异较大。

（五）社区责任分析

评价结果如表10－6所示。

表10－6给出了社区责任排名前20的公司名称与得分，以及全部参评公司（共71家人身保险公司）的均值、标准差和中位数。从表10－6中可以看出，我国人身保险公司社区责任方面，排名第一的是中信保诚人寿，太保寿险、太保安联健康分别排名第二、第三。行业整体平均值为71.2，超过平均值的企业共有34家，占比47.9%，不到参评的人身险公司的一半。从中位数（70.7）可知得分主要位于低分段，整体标准差14.9，说明各公司之间的得分差别较大。

表 10－6　2021 年我国人身保险公司社区责任排名与得分情况（前 20 名）

排名	公司名称	得分	排名	公司名称	得分
1	中信保诚人寿	100.0	11	人保健康	90.2
2	太保寿险	96.9	12	中宏人寿	88.0
3	太保安联健康	96.9	13	国富人寿	85.9
4	鼎诚人寿	95.6	14	新华人寿	85.8
5	太平人寿	94.0	15	汇丰人寿	84.3
6	泰康养老	93.9	16	泰康人寿	84.0
7	太平养老	93.6	17	横琴人寿	83.5
8	幸福人寿	93.3	18	平安养老	82.4
9	民生人寿	90.3	19	光大永明	80.5
10	人保寿险	90.2	20	建信人寿	80.2
整体平均值			71.2		
整体标准差			14.9		
整体中位数			70.7		
超过平均值的数量与比例			34；47.9%		

第四节　中国财产保险公司社会责任评价的结果与分析

在确定了指标和提取数据后，为了保证对财产保险公司社会责任评价的客观性和科学性，首先，根据指标的正向和逆向，进行数据的预处理，使处理后的全部指标数据为正向，即其数据愈大愈好；其次，指标数据中有些是比率指标，有些是数值指标，为了避免“以大欺小”以及避免指标单位对评价结果的影响，我们对全部数据进行归一化处理，即全部指标数据都在 0～1 间取值；最后，在运用主成分分析与因子分析方法进行社会责任评价时，我们对全部二级指标数据进行分析处理，因此二级指标与一级指标的隶属关系不影响对财产保险公司社会责任的评价结果。

一、2022 年财产保险公司社会责任评价的得分与排名

数据预处理后，我们根据 73 家财产保险公司的 43 个二级指标数据（我们对

部分指标进行了加权），综合运用主成分分析与因子分析方法，得到一个“73×46”数据矩阵，共选取16个主成分，其累计解释率达到85.66%，每个主成分都是这15个二级指标的线性组合。2022年中国财产保险公司社会责任评价主成分分析的碎石图如图10－2所示。

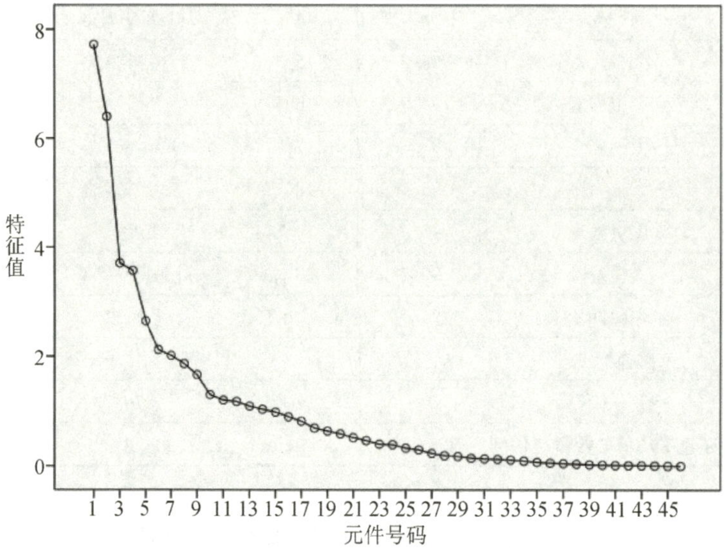

图10－2　2022年中国财产保险公司社会责任评价主成分分析碎石图

对各财险公司进行社会责任评价时，设定最高分为1000分，最低分为400分。

然后根据各公司的得分确定其社会责任评价级别，得分在800（含）～1000分，为AAA级；得分在600（含）～800（不含）分为AA级；得分在400（含）～600（不含）分为A级。

最终评价结果如表10－7所示。

从表10－7中可以看出，2022年我国财产保险公司在履行社会责任方面，人保财险、平安财险、太保财险位列前三，评级为AAA。财产险公司被评为AAA级的有32家，AA级的有39家，其余2家为A级。评级为AAA的财产险公司数量较上年有所减少，同时，被评为AA级的财产险公司较上年有所增加。

表 10－7　　2021 年我国财产保险公司社会责任评级情况

序号	公司名称	评级	序号	公司名称	评级
1	人保财险	AAA	38	中原农险	AAA
2	平安财险	AAA	39	黄河财险	AAA
3	太保财险	AAA	40	鼎和财险	AAA
4	中远海自保	AAA	41	锦泰财险	AAA
5	安信农险	AAA	42	中意财险	AAA
6	建信财险	AAA	43	安盛天平	AAA
7	久隆财险	AAA	44	史带财产	AAA
8	美亚保险	AAA	45	华农财险	AAA
9	东京海上	AAA	46	鑫安汽车	AA
10	爱和谊	AAA	47	都邦财险	AA
11	国任财险	AAA	48	中航安盟	AA
12	中银财险	AAA	49	阳光农险	AA
13	阳光财险	AAA	50	永诚财险	AA
14	安华农险	AAA	51	前海联合	AA
15	太平财险	AAA	52	安诚财险	AA
16	中石油专属保险	AAA	53	紫金财险	AA
17	三井住友	AAA	54	浙商财险	AA
18	中华联合	AAA	55	三星财险	AA
19	苏黎世保险	AAA	56	大地财险	AA
20	中煤财险	AAA	57	众诚财险	AA
21	国寿财险	AAA	58	华泰财险	AA
22	亚太财险	AAA	59	恒邦财险	AA
23	渤海财险	AAA	60	铁路自保	AA
24	众安财险	AAA	61	富邦财险	AA
25	日本财险	AAA	62	泰山财险	AA
26	英大财险	AAA	63	长江财险	AA
27	国泰财险	AAA	64	汇友互助	AA
28	中路财险	AAA	65	诚泰财险	AA
29	华海财险	AAA	66	北部湾财险	AA
30	利宝互助	AAA	67	粤电自保	AA
31	燕赵财险	AAA	68	海峡金桥	AA
32	珠峰财险	AAA	69	合众财险	AA
33	泰康在线	AA	70	富德财险	AA
34	永安财险	AA	71	日本兴亚	AA
35	华安财险	AA	72	阳光信用	A
36	安联财险	AA	73	众惠相互	A
37	国元农险	AA			

二、分项指标分析

对各公司的社会责任分项指标进行评价时，取最高分为100分，最低分为40分。

（一）股东责任分析

评价结果如表10-8所示。

表10-8　2022年我国财产保险公司股东责任排名与得分情况（前20名）

排名	公司名称	得分	排名	公司名称	得分
1	人保财险	100.0	11	英大财险	72.8
2	太保财险	93.4	12	利宝互助	72.8
3	平安财险	89.4	13	国泰财险	71.2
4	华泰财险	83.0	14	华安财险	70.8
5	爱和谊	79.7	15	珠峰财险	69.2
6	阳光财险	78.9	16	华海财险	69.1
7	中华联合	75.7	17	华农财险	68.9
8	国元农险	75.0	18	中原农险	68.9
9	阳光农险	74.6	19	国任财险	68.2
10	太平财险	74.4	20	国寿财险	68.0
整体平均值			62.7		
整体标准差			11.8		
整体中位数			62.9		
超过平均值的数量与比例			37；50.7%		

表10-8给出了股东责任排名前20的公司名称与得分，以及全部参评公司（共73家财产保险公司）的均值、标准差和中位数。从表10-8中可以看出，我国财产保险公司股东责任方面，人保财险、平安财险、富邦财险名列前3，得分都在95分以上，第3名的富邦财险与第4名的太保财险分差很小。78家财险公司股东责任评价的平均值为70.7，超过平均值的有42家，超过半数，而且从中位数71.1可知得分主要位于中间分段。整体标准差12.3，说明不同财险公司在履行股东责任方面有一定差异，但差异不大。

（二）员工责任分析

评价结果如表 10－9 所示。

表 10－9　2021 年我国财产保险公司员工责任排名与得分情况（前 20 名）

排名	公司名称	得分	排名	公司名称	得分
1	中远海自保	100.0	11	安华农险	63.2
2	安信农险	98.9	12	中石油专属保险	62.4
3	久隆财险	93.9	13	黄河财险	62.3
4	建信财险	81.7	14	粤电自保	62.1
5	平安财险	76.0	15	史带财产	62.1
6	中银财险	75.0	16	燕赵财险	61.7
7	美亚保险	73.3	17	安盛天平	61.0
8	中煤财险	71.5	18	汇友互助	58.9
9	鑫安汽车	68.1	19	阳光信用	58.8
10	苏黎世保险	67.6	20	人保财险	58.2
整体平均值			54.7		
整体标准差			12.7		
整体中位数			50.9		
超过平均值的数量与比例			28；38.4%		

表 10－9 给出了员工责任排名前 20 的公司名称与得分，以及全部参评公司（共 73 家财产保险公司）的均值、标准差和中位数。从表 10－9 中可以看出，2022 年我国财产保险公司在履行员工责任方面，中远海自保得分最高，第二名的安信农险与第三名的久隆财险有 5 分之差。整体平均分仅 54.7 分，超过平均分的企业有 28 家，占比 38.4%。这表明财产险公司在员工责任方面重视程度较低，整体得分偏低。标准差为 12.7，说明各家财险公司具有一定的差距。

（三）客户责任分析

评价结果如表 10－10 所示。

表 10－10 给出了客户责任排名前 20 的公司名称与得分，以及全部参评公司（共 73 家财产保险公司）的均值、标准差和中位数。从表 10－10 中可以看出，我国财产保险公司客户责任方面，中远海自保位居第一，国泰财险和众诚财险分别排二、三名。产险公司客户责任平均得分为 61.1，超过平均分的占比 52.1%，略高于一半。中位数为 61.6，说明得分主要位于低分段。整体标准差为 9.9，说明不同保险公司的差异程度不大。

表 10-10 2022 年我国财产保险公司客户责任排名与得分情况（前 20 名）

排名	公司名称	得分	排名	公司名称	得分
1	中远海自保	100.0	11	三星财险	70.3
2	国泰财险	78.0	12	中华联合	69.7
3	众诚财险	76.6	13	国寿财险	69.5
4	建信财险	75.3	14	中原农险	69.0
5	富德财险	74.5	15	紫金财险	68.8
6	阳光财险	72.9	16	渤海财险	67.7
7	国任财险	72.9	17	史带财产	67.2
8	安华农险	72.4	18	华安财险	67.1
9	中航安盟	72.0	19	国元农险	66.9
10	人保财险	71.5	20	合众财险	66.7
整体平均值			61.1		
整体标准差			9.9		
整体中位数			61.6		
超过平均值的数量与比例			38；52.1%		

（四）政府责任分析

评价结果如表 10-11 所示。

表 10-11 2022 年我国财产保险公司政府责任排名与得分情况（前 20 名）

排名	公司名称	得分	排名	公司名称	得分
1	人保财险	100.0	11	渤海财险	69.5
2	太保财险	94.0	12	苏黎世保险	69.5
3	英大财险	79.1	13	中远海自保	69.2
4	平安财险	78.2	14	国寿财险	69.1
5	鼎和财险	75.9	15	中石油专属保险	68.7
6	太平财险	74.8	16	美亚保险	65.9
7	阳光财险	74.5	17	华安财险	65.8
8	爱和谊	73.6	18	久隆财险	65.7
9	中华联合	72.1	19	众安财险	65.6
10	铁路自保	69.5	20	三井住友	65.4
整体平均值			62.6		
整体标准差			8.9		
整体中位数			60.7		
超过平均值的数量与比例			26；35.6%		

表 10 - 11 给出了政府责任排名前 20 的公司名称与得分，以及全部参评公司（共 73 家财产保险公司）的均值、标准差和中位数。从表 10 - 11 中可以看出，我国财产保险公司政府责任方面，人保财险、太保财险和英大财险分别排名第一、第二、第三。超过平均值的企业共有 26 家，占全部参评财险公司的 35.6%，中位数为 60.7，说明产险公司得分主要位于低分段。整体标准差为 8.9，说明不同产险公司在履行政府责任方面整体差异不大。

（五）社区责任分析

评价结果如表 10 - 12 所示。

表 10 - 12 2022 年我国财产保险公司社区责任排名与得分情况（前 20 名）

排名	公司名称	得分	排名	公司名称	得分
1	人保财险	100.0	11	大地财险	80.5
2	众安财险	92.8	12	太保财险	80.5
3	东京海上	90.3	13	浙商财险	80.3
4	建信财险	89.8	14	恒邦财险	79.3
5	亚太财险	87.7	15	安信农险	78.4
6	中路财险	86.8	16	安华农险	78.3
7	平安财险	85.2	17	都邦财险	78.1
8	永安财险	84.8	18	前海联合	77.7
9	爱和谊	84.1	19	黄河财险	75.8
10	国任财险	83.5	20	中华联合	75.8
整体平均值			70.9		
整体标准差			10.4		
整体中位数			70.5		
超过平均值的数量与比例			31；42.5%		

表 10 - 12 给出了社区责任排名前 20 的公司名称与得分，以及全部参评公司（共 73 家财产保险公司）的均值、标准差和中位数。从表 10 - 12 中可以看出，人保财险排名第一，众安财险、东京海上位列第二、第三。社区责任排名前 20 名的财险公司中，全部得分超过 75 分，表现优良。整体平均值为 70.9，得分超过平均值的险企占比为 42.5%，中位数为 70.5，说明得分主要位于低分段。整体标准差为 10.4，说明不同财产保险公司在履行社区责任具有一定的差异。

第十一章　保险机构的发展与社会责任

坚持稳中求进　加快变革创新

——奋力推动太平再保险（中国）高质量发展再上新台阶

庞　卫[①]

党的二十大提出以中国式现代化全面推进中华民族伟大复兴的宏伟蓝图，当中孕育着巨大的发展空间和战略机遇。保险业作为重要金融力量，在服务国家战略、服务实体经济、服务民生保障，不断满足人民美好生活需要等领域发挥着越来越重要的作用，而再保险作为整个金融保险价值链上的重要一环，在为经济社会运行和社会风险治理提供风险减量服务方面具有不可替代的作用，也是联系国内国际保险市场、促进“双循环”格局构建的天然纽带。

面对新时代、新机遇、新挑战，太平再保险（中国）有限公司［以下简称“太平再（中国）”或“公司”］不断深化对金融央企政治属性的认识，深入贯彻落实党中央决策部署，积极发挥再保险功能作用，紧扣各项发展战略目标，坚持稳中求进，加快变革创新，塑造发展优势，加强市场布局，努力推动公司高质量发展，在服务国家战略、支持实体经济、助力新发展格局构建中贡献更多太平力量。

---

① 庞卫，男，中国人民大学金融学本科学历。现任太平再保险（中国）有限公司董事、党委书记、总经理、合规负责人、首席风险官。历任中国人民保险公司再保部干部、中保再保险有限公司法定业务部财产险处处长、中国财产再保险股份有限公司业务管理部副总经理、中国财产再保险有限责任公司副总经理、党委委员等职务。

一、践行央企担当，坚定价值导向，增厚高质量发展底色

作为我国持续经营历史最为悠久的民族保险品牌，中国太平保险集团有限责任公司，简称“中国太平”，于1929年在上海创立，是我国唯一一家管理总部在境外的中管金融企业。90余年来，中国太平始终与国家风雨同路，与时代命运与共。在不同的历史时期，一代代太平人矢志不渝，为党和国家事业拼搏奋斗，走出了一条中国民族保险业的发展振兴之路。

中国太平源自太平保险、中国保险、民安保险三大民族品牌，1956年根据国家统一部署，中国保险、太平保险停办国内业务，专营港澳和海外保险业务，承担服务港澳同胞和海外侨胞，为国内社会主义建设积累外汇资金的重要使命。1980年，太平再保险公司在香港设立，成为我国第一家中资再保险公司。1999年所有境外国有保险机构划归中国保险股份有限公司管理。2001年以太平品牌在境内复业。2009年统一“中保”“太平”“民安”三大品牌，更名为中国太平保险集团公司。2012年列入中央管理，升格为副部级金融央企。2013年完成重组改制和整体上市，正式更名为中国太平保险集团有限责任公司。

“十四五”以来，中国太平秉承“央企情怀、客户至上、创新引领、价值导向”的战略要求，实施高质量发展战略，发挥跨境经营优势，构建“医康养生态圈”和“金融科技生态圈”，提升核心竞争力，取得积极成效。2022年，中国太平总保费达2275亿元，总资产突破1.2万亿元，管理资产规模超过2.1万亿元，成为一家拥有50多万名内外勤员工、24家子公司和2000余家各级营业机构的大型跨国金融保险集团，连续六年跻身《财富》世界500强。

作为太平集团旗下的专业再保险子公司，太平再（中国）自2016年开业以来，积极践行金融央企的使命担当，在推进业务稳健发展的同时，积极发挥再保险的功能作用和自身专业优势，服务国家战略和民生保障，助力再保行业高质量发展。

（一）公司经营稳中有进，发展质效稳步提升

2022年，公司实现保费收入72.46亿元，同比增长31.77%，其中非寿险分保费收入65.90亿元，同比增长28.06%；寿险分保费收入6.56亿元，同比增长85.85%。实现净利润1.46亿元，同比增长18.51%，自成立起连续七年实现盈

利，公司承保质量持续改善，投资收益保持稳定，经营发展保持良好势头。

（二）强化责任担当，全力服务国家重大战略实施

2022 年，公司广泛参与粤港澳大湾区财险客户各类合约业务，保费规模超 7 亿元；通过临分方式为大湾区客户提供再保险有效保险金额达 118 亿元，其中为深圳地铁工程险项目提供 19.5 亿元临分承保能力。为安诚保险独家定制工程险方案，为川渝地区的相关工程建设提供有力再保支持，助力“成渝双城经济圈”建设。进一步加大乡村振兴支持力度，成功达成与中农再的通盘业务合作，实现农险保费 7.15 亿元。积极发展绿色保险，参与多笔海上风电、抽水蓄能电站等再保险业务，独家支持安盛天平新能源车险业务，为重庆、长春、无锡、广州等地的轨道交通建设提供再保险保障，大力支持绿色低碳发展。

（三）积极发挥再保险功能作用，大力支持稳住经济大盘

2022 年，公司累计处理各类型赔款 2000 余笔，持续关注 2021 年河南暴雨、2022 年四川泸定地震等重大灾害事故，积极发挥再保险社会稳定器作用。参与国内首单针对疫情复工复产保险设计的再保险合约业务——人保疫情防控复工复产再保合约，降低小微企业、个体工商户涉疫损失，切实助企纾困。为多家直保客户的建筑工程保证保险业务提供再保支持，减轻建筑工程企业的保证金占用负担，缓解企业资金压力。加大健康险参与力度，公司健康风险再保险分保费收入增速超 100%，为国泰产险少儿重疾险和母婴疾病医疗险、安盛个人综合住院医疗险、众安少儿重疾险、恒安标准人寿老年防癌产品、国富人寿“惠桂保”普惠型补充医疗保险等健康险业务提供再保支持，助力健康中国建设。参与各主要直保客户的巨灾超赔合约，防范化解社会风险。运用保险资金，加大对非金融类企业债券配置力度，全年累计投资企业债 4.54 亿元，满足非金融企业直接融资需求。同时，积极履行纳税义务，按时申报缴纳各项税费，年内公司累计缴纳各项企业税款 3.99 亿元，为稳住经济大盘积极贡献力量。

二、深化变革创新，强化专业赋能，加快生态圈建设布局

“十四五”以来，太平再（中国）始终立足客户需求，在提供基础承保能力支持的同时，深化“科技赋能”与“变革创新”双轮驱动，与广大客户携手并肩，加快布局发展新赛道，加快构建创新生态圈，在新能源车、智能网联汽车、

网络安全、绿色低碳、健康养老、“一带一路”等重点领域，务实深耕，潜心探索，切实加强产品创新能力和客户服务能力建设，探索“再保 + 产品 + 服务”新模式，努力构建新的价值增长曲线，着力培育高质量发展新动能。

（一）积极参与行业研究，助力再保行业高质量发展

2022 年，公司积极参与“一带一路”再保险共同体、“地震共同体”和“集成电路保险共同体”，配合共同体及执行机构完成各项工作，助力中国企业走出去，防范巨灾风险，保障产业链、供应链安全稳定。参与制定国内首份再保险理赔流程指引，规范再保险摊赔实务要求。参与住建部“我国工程质量保险制度设计和实施路径研究”课题，提交阶段性成果。与国家气象中心合作，共同打造公司气象灾害风险分析平台，进一步提升公司在气象灾害领域的产品创新和客户服务能力。

（二）推进校企研究合作，打造行业专业智库品牌

2022 年，公司与复旦大学合作设立中国亚太再保险研究中心，建立研究中心管理运作机制，有序推进《上海国际再保险中心建设评价及国际比较研究》《网络安全保险研究》《智能网联汽车保险研究》3 个首批重点研究课题的研究工作，并在第四届陆家嘴国际再保险会议上成功举办智能网联汽车保险分论坛，加强研究成果推广运用，积极扩大行业影响力。

（三）发挥科技支撑作用，切实推动科技创新转型

2022 年，公司持续完善信息科技治理体系，进一步发挥信息科技对业务创新的支撑作用，以信息化手段为依托，重点针对智能网联汽车的系统和保险创新开展专题技术研究，探索智能网联汽车保险产品的研发创新和服务体系构建，进一步优化智能网联汽车保险风险模型工具。扎实推进“一带一路”风险灾害分析平台、再保险业务辅助评估系统等业务支持系统开发建设，不断提升公司经营管理工作的数字化、智能化水平。

三、坚持客户至上，推动共同发展，实现同客户相伴成长

客户至上、共同发展是太平再（中国）矢志不渝的价值追求。作为支撑公司长期稳健发展的基石，太平再（中国）近年来全力推进客户服务体系重塑，不断深化客户需求调研，打造统一的客户服务前台，致力于为客户提供一站式服

务和综合解决方案。公司客户服务的系统性、针对性、有效性得到显著提升。

（一）坚持承保服务并举，客户服务品质显著提升

2022年，公司启动实施合约、临分融合发展，形成统一的客户服务前台，提供一站式服务和综合解决方案。深入开展客户调研，深度了解客户再保服务需求，理性判断自身优劣势，制定符合客观实际、满足市场未来发展趋势的客户服务策略。克服疫情阻隔，创新客户交流方式，一对一开展客户交流活动，举办首届青年论坛活动。在保持已有业务首席地位的基础上，新增安诚财险非水比例合约首席，进一步提升公司市场影响力。公司前五大客户合约保费分布更加均衡，重点利润客户的业务规模进一步提升。

（二）加快寿险业务布局，推动业务结构均衡发展

与非寿险业务相比，公司寿险业务起步较晚。2022年，公司重点加强寿险业务布局，着力完善寿险业务管理体系，聚焦利润、效益型保障类业务，积极拓展创新型产品和服务方案，加强对于重疾险、短期健康险的市场分析，研究开发老年特定疾病保险、费率可调长期医疗险，向客户提供新规意外险定价及再保支持。同时，强化产寿协同，为产险健康险业务提供技术支持，努力推动业务结构均衡发展。

（三）加强分支机构建设，持续完善市场布局

2022年，公司以上海分公司为支点，积极参与上海国际再保险中心建设，持续加大对上海分公司的资源投入力度，优化管理方式，加强产寿联动，优化业务结构，提升分公司业务创新能力和客户服务能力，加快创新业务布局，推动智能网联汽车保险产品的创新研究和试点应用在上海落地，更好服务属地客户。

未来，太平再（中国）将以太平集团高质量发展战略为引领，积极践行“共享太平”发展理念，持续健全客户服务体系，完善市场布局，把握客户需求，努力打造具备“价值+成长”的科技型再保险公司，在为广大客户持续创造价值的同时，为服务国家战略、支持行业发展，不断做出新的贡献。

坚持会员为中心和数字化战略，打造中国特色相互保险发展样本
——信美人寿相互保险社

杨　帆[①]

党的二十大报告中，“人民”作为报告的关键词、高频词，充分彰显了人民立场，就是以人民为中心，人民至上，不断实现人民对美好生活的向往。对于保险行业而言，相互制作为保险的起源，正是极大程度发挥了“以人民（会员）为中心”的特性，是我国保险业多层次市场体系的重要组成部分。

相互保险组织介于公益与商业化之间，通过商业化的运作，达到最终服务并回馈会员的企业形态，其发展与成熟有助于推动我国保险业供给改革的深化。作为我国相互保险组织之一，信美人寿相互保险社（以下简称“信美相互人寿”或“信美”）自2017年开业起，始终以“数字化+相互制”为定位，深化“产销分离”模式，坚持“全面数字化”和“以会员为中心”两大底层战略。经过六年多的创新拼搏，已从初创阶段步入稳步成长阶段，正在走出一条高质量、差异化相互制发展之路。

截至2023年上半年，信美相互人寿资产总额为356.39亿元，较2022年年末增长26%；2023年上半年实现原保险保费收入42.11亿元，同比增长101%；持续实现当年盈利，净利润4778万元，会员总数突破10万人大关。与此同时，信美相互人寿自2020年起，连续三个会计年度实现当年盈利，并于2022年实现累计盈利。

① 杨帆，信美人寿相互保险社创始人、董事长；中央财经大学经济学学士和保险学硕士，英国伦敦城市大学卡斯商学院保险风险管理学硕士，英国皇家保险学会会员，英国特许保险人。曾获“2021年度卓越董事长”“中国保险40年—特别致敬40中国保险人”“2018年度保险风云人物”等荣誉称号。1992年至2015年先后在中国人民保险公司、中国保监会办公厅任职，曾任中国保险（欧洲）控股公司执行董事、副总经理，香港中国保险集团公司董办总经理兼总办总经理，太平养老保险公司执行董事、总经理，泰康养老保险公司执行董事、总裁。

（一）夯实相互制根基：以会员为中心，多层次服务会员

与股份制保险公司相比，相互保险社最大的特色在于公司没有股东，购买一年期以上产品的客户即为会员，会员共同参与公司治理，享有盈余分配的权利。信美始终以“会员共同所有、会员参与管理、会员共享盈余”为核心，将“会员为中心”作为底层战略。“会员代表大会”是信美的最高权利机构，公司重要的决策都是通过定期召开会员代表大会来决定。

此外，为完善会员参与管理的机制，信美在 App 上线会员“顾问团”版块，会员们通过信美相互 App，可以 7×24 小时在线就信美经营中自己关心的事项提问，也可以就信美的长远发展提出建议，亦可提供业务与服务资源等等，如图 11－1 所示。真正实现了让会员在线参与管理，为信美的经营发展建言献策。

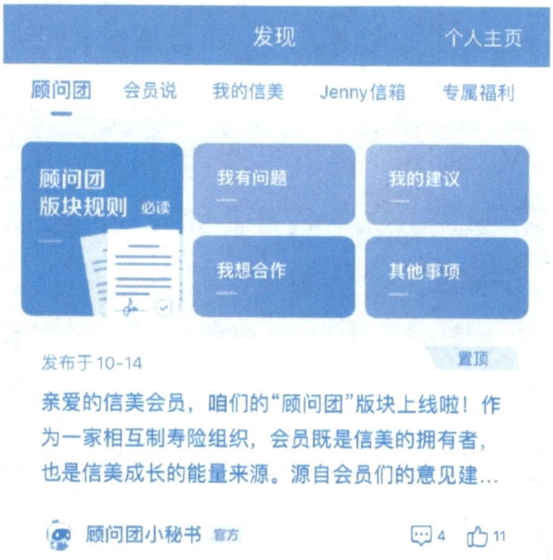

图 11－1　信美相互 App

在服务会员方面，通过风云会系列活动、会员服务体系全面升级，为会员提供全方位、多元化的服务与体验。

为积极应对人口老龄化国家战略，满足会员的康养需求，以轻资产布局 T（旅居养老）、H（居家养老）、H（住院养老）康养生态战略，于 2023 年上半年正式发布“信·美好”康养体系品牌，包括“信·美好旅居”“信·舒适居家”“信·心安医养”三项服务子品牌，如图 11－2 所示。

图 11－2　信美康养品牌体系

自 2022 年 7 月在三亚发起旅居养老首发共创团以来，信美通过与会员共同探讨、共同创造的形式，真实了解会员的旅居康养需求，打造美好的养老生活方式。历经一年时间打磨，信美旅居养老产品围绕“医食住行乐学”六个方面进行模块化设计，通过“优质旅居基地＋贴心旅居管家”的组合，为会员提供具有信美特色的高品质旅居养老服务体验，如图 11－3 所示。目前，信美首批旅居养老基地已覆盖海南、浙江、云南、江苏、广西等地，未来三年将努力实现超过 30 个旅居养老基地合作。

图 11－3　信美旅居养老服务

在以轻资产模式入局康养的过程中，为了能让康养服务更好地落地，信美筛选专业、理念一致的合作伙伴，在上下游协同共建高效反应机制，始终坚持以提升康养服务的体验与品质为首位，最大程度满足会员的服务诉求。

目前，信美已与1600多家医疗、健康机构合作，为会员提供私人医生、视频医生、就诊绿通等全方位医疗健康服务，累计服务会员超7000人次；并搭建国际医疗服务平台，满足会员海外医疗需求。未来也将进一步整合资源，不断提升服务的供给能力，以满足不同会员多样化的服务需求。

（二）深化数字化战略，持续助力降本增效

在监管部门发布的《保险科技“十四五”发展规划》《关于银行业保险业数字化转型的指导意见》一系列政策推动下，银行保险业的数字化转型也逐步由浅入深、由点及面、由理论步入实践，且在实践检验中不断丰富完善，正在进入“加速跑”的新阶段。

诞生于互联网新时代的信美相互人寿，自2015年筹建起，就坚持数字化建设，做面向未来的公司，搭建以会员为核心的组织架构、系统架构、服务体系。在全面实现全景在线化、实时数据化两个阶段之后，信美正通过构建数据模型、智能分析系统、开放式系统架构，稳步迈向数据智能化的3.0阶段。以产品化思维及以数据为驱动的思维模式提升技术与管理、业务与服务的融合程度；完善全面的数据治理体系，提升数据应用质效和智能应用赋能；夯实数字化平台的运行底座，提升安全性、稳定性及灵活性，打造信美数字化核心竞争力，如图11-4所示。

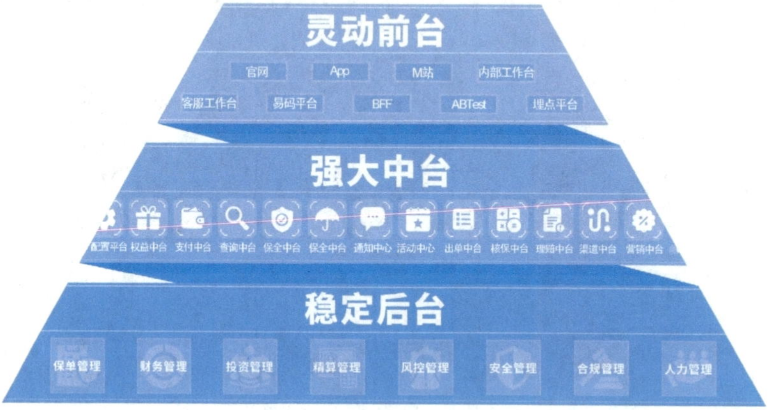

图11-4 信美智能化数据体系

经过多年的深耕迭代，信美取得了诸多数字化成果：上线经纪云 SaaS 服务平台，为产品、技术、运营、数据赋能，提升渠道服务与运营效率；发布“数据指标字典”，升级“经营管理驾驶舱”，提升数据分析质量和数字化管理能力；自研推出“易码”保险低代码平台，助力互联网运营开发成本降低 50%；上线法律合规数字化看板和舆情数字化系统，利用大数据、人工智能等数字化技术对合规风险进行智能化监控、识别和分析，全面提升合规风险监测预警智能化水平。在数字科技的加持下，投保、保全、理赔、续期等保单服务已实现全线上化，截至 2023 年上半年，智能客服人工替代率 88.10%，客户满意度达 98.98%，健康服务 95% 以上会员可实现全线上使用。

通过数字化不断迭代优化，助力降本增效，打造“轻型、敏捷型”组织，让业务增长的同时，费用得到有效控制。自开业以来信美全社员工不到 300 人，人均产能持续增长，大约是行业人均产能的 3 倍。

（三）弘扬互助精神，践行社会责任

“互助共济”“帮助人”是信美一直坚守的初心。在稳健发展的同时，信美和所有会员始终也在履行点滴善事，践行社会责任。承载全体会员爱心使命，信美于 2019 年年末分别与上海真爱梦想公益基金会、北京新阳光慈善基金会成立“真爱梦想—信美相互少年成长基金”“新阳光—信美相互少儿救助基金”。

在全体会员监督和共同参与下，三年多以来，信美与公益合作伙伴成立的公益专项基金支持血液病患儿及欠发达地区学生综合教育发展，截至 2022 年年末，所资助“新阳光病房学校”共开展了 3500 多节不同类型课程，帮助接近 30000 人次白血病等血液肿瘤患儿在治疗期间依旧可以学习新知识，结交新朋友，为枯燥无味的病房生活增添乐趣。此外，为了让欠发达地区学生可以更自信、从容、有尊严地成长，专项基金分别在四川大凉山、甘肃陇南、江西德兴学校里建设“梦想中心”教室，通过逻辑思维、科技、社会实践等多种课程，全面提升学生素养教育。

不仅如此，2023 年 2 月，信美还在 App 上线“积分献爱心”版块，为全体信美用户和会员提供了一个可持续、可参与、可追溯的公益阵地，信美会员和用户不仅可以通过积分献出爱心，也可以全面了解信美公益项目进展与落地，如图 11－5 所示。“积分献爱心”里的爱心项目，全部来自信美相互人寿合作公益机

构。这里有帮助支持白血病等血液肿瘤儿童的“大病患儿入院包”“新阳光病房学校”；也有帮助欠发达地区孩子走出家乡的“去远方”项目支持、促进全面发展的“科技拓展包”等。为帮助欠发达地区孩子们走出校门，2023 年 8 月，信美还资助来自青海的两支“去远方”小队，分别来到北京、上海开展暑期研学活动，引导孩子们全方位锻炼综合技能，自主探索广阔未知世界。

图 11－5　信美 App“积分献爱心”版块

秉承公开、透明的原则，信美持续通过公益季报、年报等形式，披露公益项目的进展，感召更多爱心人士加入其中，让每一份善意都不被辜负，让每一份捐赠都不留遗憾。

信心和信任是保险行业发展的基石。展望未来，信美将严格落实监管政策，树立正确的经营思想，保持坚韧、严控风险、依法合规、稳中求进，坚持“全面数字化”和“会员为中心”两大底层战略，结合自身相互制禀赋及数字化能力积累，增强产品创新能力、发挥差异化服务优势，提升多元场景下专业效能，为会员创造长期价值。

提高核心竞争力　增强核心功能

——英大泰和财产保险股份有限公司推动高质量发展

张国兴①

一、公司 2022 年经营发展情况

2022 年是党的二十大胜利召开之年，是向第二个百年奋斗目标进军和实施“十四五”规划的关键之年。面对复杂多变的外部形势，英大泰和财产保险股份有限公司（以下简称“英大财险”）深入学习宣传贯彻党的二十大精神，立足央企特色和能源资源禀赋，坚持稳中求进工作总基调，牢牢把握“服务主业、服务实业、以融强产、创造价值”发展定位，高质量服务实体经济、全面深化改革、全方位防控风险，保持稳健发展势头。

（一）经营态势健康良好，“十四五”蓝图稳步推进

2022 年，英大财险实现原保险保费收入 115.88 亿元，同比增长 9.37%，利润总额 19.50 亿元，盈利能力在非上市险企中排名第一，保持开业以来连续第 14 个完整经营年度实现盈利，经营业绩再创历史新高。注册资本金增至 66 亿元，连续四年保持惠誉“A”级，展望“稳定”。第五年取得保险公司法人机构经营评价 A 级，偿付能力风险管理能力评价、风险综合评级、公司治理评估结果居行业前列。

（二）始终“胸怀大局”，助力实现中国式保险业现代化

英大财险进一步深化对金融央企政治属性的认识，坚持服务实体经济，切实找准保险行业在实现中国式现代化中的职能定位，融入服务经济社会大局发展之

---

① 张国兴，男，正高级会计师，复旦大学工商管理硕士，现任英大泰和财产保险股份有限公司总经理、党委副书记，具有丰富的金融保险行业经验。历任中国电力财务有限公司华东分公司党组书记、副总经理，中国电力财务有限公司人力资源部主任，英大国际信托有限责任公司党组成员、纪检组长、工会主席等职务。

中，加大服务中国式现代化的保障能力。

一是聚焦主责主业达到新高度。英大财险持续把满足电力可靠供应和新型电力建设风险需求作为根本，不断强化在电力能源保险领域的专业优势。全面承保电网主业单位企财险、机损险、供电责任险等传统险种，确保资产足额投保。加强对新型电力系统建设的研究分析，预判电网安全运行、绿色转型等方面的潜在风险，推广营业中断保险、环境污染保险、充电桩保险、职业责任保险、公用事业企业经营责任保险等新险种，实施多险种、全流程、全覆盖保障。加大对基础设施建设和重大项目的保险保障力度，按照“三预三到三确保”理赔服务模式，主动提供防灾防损服务，从简单的“险后”补偿向“险前”预警、“险中”响应转变，从风险等量管理向风险减量管理转变。

二是增进民生福祉实现新提升。英大财险落实国家服务“六稳六保”的稳经济工作要求，聚焦重点群体、重点领域，积极发展普惠金融。围绕能源产业链供应链中小企业经营发展需求，运用保险手段实现投标保证金、履约保证金、质保金替代，切实减轻企业资金负担和经营成本。2022 年，服务供应商企业 4.13 万家，提供保障 33.57 万次，替代保证金金额 359.01 亿元，为企业节约资金成本约 14.36 亿元。结合新市民群体在安居乐业、就业创业、入学养老等方面的迫切保险需求，加大健康险、医疗险等产品创新。加大对高危行业的保险保障力度，2022 年，为电力项目施工人员提供保险保障 3.71 万次，保险金额近万亿元。

三是推动绿色发展取得新突破。英大财险积极落实《银行业保险业绿色金融指引》要求，着力开展一批具有示范性、特色化的绿色保险实践。积极参与张北风光储输示范工程、陆上和海上风电，累计承保近 40 个生物质发电项目；为特高压线路、抽水蓄能电站提供约数百亿元的工程险和责任险风险保障。英大财险积极探索环境保护、气候治理、绿色技术攻关等方面问题，在重庆、湖北、江苏，英大财险与电网企业积极推广港口岸电综合保险，助力节约船舶能源成本，全力践行长江保护计划；在福建，围绕“电烤烟”项目推进产品责任和公用事业企业经营责任保险合作，进一步满足烤烟产业绿色转型需求，优化乡村经济生态。英大财险还提前布局绿色建筑性能责任保险业务，开发重点新材料首批次应用保险等绿色产品，为能源转型、绿色科技、节能减排提供专业可靠的保险解决方案和风险管控工具。

（三）强基固本成效明显，公司发展行稳致远

2022 年，英大财险以“十四五”规划为指引，明确中长期发展目标、路径，持续优化公司治理架构，有力推进公司章程修订，完成监事会换届。严守风险底线，更新风险偏好体系，严格执行监管制度要求，不断加强反洗钱管理，全面梳理公司经营管理中的潜在风险点和内控薄弱环节，切实提升风险防控三道防线的独立性、协同性和有效性。开展“合规管理强化年”活动，大力弘扬“基业长青，法治先行”的法治文化，推动“合规人人有责、合规创造价值、合规提升质效”的合规理念内化于心、外化于行。

二、公司高质量发展任务

（一）战略目标

面向“十四五”发展目标，英大财险将准确把握高质量发展理念、坚持服务电网主业、服务能源行业、服务绿色低碳发展，健全具有高度适应性、竞争力、普惠性的保险服务体系，基本建成国内领先、国际知名的能源特色财产保险企业。产融协同不断深化，融融协同显著增强，金融科技协同相得益彰，能源金融特色优势更为彰显；改革发展实现新突破，业务布局、资本结构更加优化，管理体制、协同机制更加完善，市场化发展程度进一步提高；风险防控达到新高度，坚决守住不发生重大风险的底线。力争实现综合竞争力和市场份额位于行业第二集团前列，形成能源领域专业优势。

（二）工作举措

一是坚持服务大局，全力做好实体经济保障。积极融入国家重大战略，围绕服务实体经济、保障能源安全等方面，深化供给侧结构性改革，丰富优化特色产品体系和特色服务供给结构，深入推进嵌入式发展。围绕新型电力系统建设，创新发展全流程、全产品线的风险减量管理模式，将风险减量管理理念落实到经营管理的每个环节中。以能源“双碳”转型需求为导向，推进落实公司“碳达峰、碳中和”重点任务清单，构建绿色保险服务体系、加强绿色保险和绿色投资风险防范、倡导绿色生产生活方式，争做保险业服务“双碳”的先行者。

二是坚持特色发展，全力增强价值贡献能力。挖掘拓展能源电力行业及其他相关潜力行业保险服务需求，利用产业链金融平台为能源上下游企业提供“保险 +”

创新增值服务，不断提高服务标准和质量，持续提升客户获得感和满意度。牢固树立质效发展价值观，坚持成本意识、效益意识，加大业务结构调整力度，大力推进降本增效、增收节支，在压降理赔成本、严控人力成本、降低固定成本、抓好反欺诈工作等方面持续做“减法”；在优化资源配置、培育业务新增长点、加快产品研发落地、提升保险资金运用能力等方面持续做“加法”，切实提高公司经营效率与效益。

三是坚持改革创新，全力提升经营管理活力。巩固国企改革三年行动成果，做好改革“后半篇文章”。落实《银行业保险业绿色金融指引》要求，推动公司绿色金融服务模式和运营模式转型升级。加快推进数字化转型，全面提升全业务、全流程、全要素数字化支撑能力。深度积累和利用数据资源，做到发展上精准投入，注重产出；管理上创新方式，优化提升；流程上精简步骤，提高效率；服务上缩小时空，增进体验。

四是坚持合规经营，全力筑牢合规管理防线。健全公司治理与风险治理相结合的“双翼治理”管控机制，统筹推进“三道防线”联防联动。加强对行业风险的分析研判，不断完善风险处置机制，增强风控工作的全局性、系统性和前瞻性。完善偿付能力风险管理体系，提高从源头防范化解风险的能力。

五是坚持党建引领，全力提高管党治党水平。坚持把旗帜鲜明讲政治作为第一要求，不断提高政治判断力、政治领悟力、政治执行力，不折不扣贯彻落实党中央决策部署。以深入学习宣传贯彻党的二十大精神为主线，以“党建+”和共产党员服务队为抓手，实现党建强、业务强“双强”目标。加强意识形态和宣传思想工作，不断在凝聚职工群众力量上求突破。

党的二十大为英大财险下一步工作指明了前进方向，我们将在习近平新时代中国特色社会主义思想指引下，坚持党对金融工作的坚强领导，坚持金融工作的政治性、人民性，坚持走中国特色的金融发展之路，埋头苦干、锐意进取、再接再厉，为全面建成社会主义现代化强国贡献力量！

穿越周期、韧性前行：一家保险业垂直新媒体的7年实践与观察

——慧保天下

胡　琼①

“慧保天下”作为一家垂直于保险行业的新媒体，自2016年成立以来，坚持原创、深度、专业内容的生产，写作内容涵盖保险监管政策解读、保险机构业务动向报道、战略趋势研判、专家观点等，公众号累计发布原创文章超2100篇，入驻今日头条、新浪、搜狐、网易等网站，累计阅读量过亿。其精准面向保险中高端从业人员，受众主要来自监管层、保险公司、保险中介公司、保险科技企业及健康养老、汽车后市场等相关产业链，目前已有超40万垂直领域高端用户。

“慧保天下”连续主办六届慧保天下年度保险大会，每届规模都在500人以上，汇聚保险领军人物、各方行业专家，全方位探讨保险业重点问题，共商行业发展大计，搭建了保险业最有影响力的交流平台。

自2017年以来，慧保天下便将精选文章整理成册公开发行，形成《保险新时代》系列图书，以此来记录保险业的变迁与发展，目前累计销售数万册，成为读者深入了解保险业的必读书籍之一。

作为行业的观察者，慧保天下创始人兼CEO胡琼女士，2005年毕业于中央财经大学后，历任《保险经理人》杂志社记者、编辑部主任、主编等职位，而后创办了“慧保天下”，带领团队以严谨专业的笔触讲述保险业的商业逻辑；从行业洞察者的视角出发，她过往6年连续为行业发展寄语献策，共同见证并助力推动保险业的高质量发展，如图11－6所示。

① 胡琼，慧保天下创始人兼CEO，2005年毕业于中央财经大学后，专注于做保险行业的观察者，历任《保险经理人》杂志社记者、编辑部主任、主编等职位。她于2015年年底，创办保险领域的垂直新媒体“慧保天下”（原名“燕梳新青年”），目前已经有30多万高端粉丝的关注。

图 11－6 “慧保天下”大会现场

当前，中国已经是世界第二保险大国。凡是过去，皆为序章。自 1980 年恢复国内保险业务以来，中国保险业是怎样一步步走到今天的？我们认为，可以从“财险的盈亏周期更迭”“寿险产品演进”来分别观察财险和寿险的发展轨迹。都说要“回归”，我们认为，不仅仅要回归，还要重构，重新定义！都说要发挥保险的保障功能，我们认为，保险就是要提高社会和人民群众的保障水平，而不是把保险产品作为聚拢资金并为己所用的工具，通俗点讲，就是不能拿保险敛财。

随着国际政治经济形势的变化，百年未有之大变局影响下，我国外部宏观的大环境不容乐观，直接表现在保费上，保险业的新旧动能青黄不接，传统业务光吆喝不赚钱，创新业务有些饥不择食，技术能力不够，多家机构卷入各类互联网创新风波，保险业作为风险管理的“专家”，审慎经营的理念和形象远远不足。

保险业正在变得不可知。以前大多是拼资源的时代，各路英雄各展神通；中间穿插一段抖机灵的时代，一批资本想走捷径弯道超车，结果全数偃旗息鼓。与之相伴的，是一批批熟悉的名字从舞台上渐次走向幕后。如今，保险业正在进入由“头脑”、思想来推动前进的时代。是继续强化金融资本的属性，还是更多向技术层面走，保险已处在行业发展的十字路口。但在人工智能时代，未来的保险业，一定不是靠人力驱动，也不一定是靠资本驱动，但肯定是靠技术驱动。保险业的不可知，需要公司运营者在现实与理想、当下与长远之间抉择。更大的看点，也许在于技术资本和金融资本的对决。未来朦胧，当下毅行，行业的顶尖人士已经在思考、在布局、在行动，迎接扑面而来的挑战。

新冠疫情重塑了全球经济社会的运行模式，世界经历了百年未有之大变局，为世界带来了各种不确定性。如果说 2020 年是疫情突如其来，反应过激，2021 年及以后，其影响则是持续发酵，由表及里。在全球经济如此高度关联的今天，任何一个国家、一个行业、一家公司都不可能置身事外。

得益于有效的疫情防控策略，中国成为世界上少有的风平浪静之地。但国内经济本身处在由高速度向高质量转轨过程中，挑战着各行业发展空间，考验着各公司发展战略。具体到保险业，年初的开门红受阻，保费连续几个月负增长，代理人数量迅速脱落，车险彻底进入红海比拼，监管导向持续趋严，一个个不期而至的变化，让整个行业应对起来顾此失彼。毕竟过去 40 余年的超高速增长已经有了经营惯性和心理依赖，对于当前复杂严峻的形势必然认识不够、应对不足。

国家经济金融政策的变化也在影响着保险业，伴随着限制资本无序扩张的政策出台，互联网保险的热潮逐步褪去，平台流量的业务逻辑已经受到严格限制，通过资本市场押注高估值这条路也愈发逼窄。行业有踟蹰，也有进击，头部企业更多是在厉兵秣马，在新发展格局下，向数字化要产能，向长寿时代求价值，成为行业里提及率较高的两个热点。

《易经·系辞》认为“形而上者谓之道，形而下者谓之器”。“慧保天下”认为，阅读文章、掌握信息本身重要，但更重要的是切实坚定意志信念。在市场动荡、矛盾多发期，能够坚守本心、专心致志、向上走一步并不容易，需要付出更多才能维持过去哪怕是正常的水准。而如果急功近利，交差了事，只要把标准降低到市场平均之下即可。见天地，见众生，见自己，在不确定性之下，不少人会犹豫是否要付出最大努力，中国保险市场已经出现内卷零和博弈的些许苗头。

保险业的发展掌握在所有保险人手里，道路曲折但前途光明，每个人每前进一分，就多一分把握住机遇的几率，当机会来临，主动点燃内在的能量，就能扭转命运的走向。保险业的命运就是所有保险人命运的最大集合。面对未来的不确定性，唯一确定的就是走好当下每一步路，以确定性的奋斗去应对不确定性的明天。

保险业的未来显然不轻松。朝阳行业的定位还在，但没有了整体划一的保费增长步伐，保费、利润、策略、道路分化愈发严重，协同共进分享市场红利早已不在；创新模式的余威还有，但许多成型的经验和做法已经被打破：信仰地产神话的等来了巨额的亏损计提，相信营销转型的被迫放慢脚步甚至重拾银保业务这把利器。大多保险人还在坚守，但面对日益复杂困难的局面，一些人心态上更加焦虑和无助，一些人对前景更加迷茫和彷徨，原有的经验和设想不再适应今天，何去何从却无锦囊妙计。

作为行业观察者，“慧保天下”对保险业的“难”感触颇深。保险业在急剧变化，找寻出路，慧保天下则是理性报道，积极发声，不单是记录变化，还试图为行业的健康发展贡献一份心力，起到独立媒体观察者的独特作用。我们始终用专业眼光洞悉市场动向和未来趋势，始终力图准确阐述监管政策重点和理念逻辑，助推市场和监管达成共识同频共振。

“难”字之下，信念却不可少。未来，“慧保天下”一如既往地在观察、研判、思索保险业，把“难”的情况、对“难”的思索以及行业战“难”斗“难”的坚毅和劲头写进了文章里，用一次次的思想碰撞来寻找行业发展的真经，用一篇篇的文章解析为保险业发展冲关来注脚。又到岁末年关，又到总结之时，不变的是，“慧保天下”依照惯例出版新一年精选集，以此记录纪念2022年的行业事件和奋斗心力；变化的是，今年的合集文章更加精炼，观点更加积极，不做虚谈，但求实务。

我们更加注重对业务转型的研究和探讨，这是行业发展的未来。比如我们探讨了带病体投保的健康险新蓝海、重疾型长护险的大前景、养老金融的方向与路径、新能源车险的真机会与伪命题，研讨未来，是为了低谷之后的反弹积蓄力量。

我们更加注重对监管政策的解读和辨析，这是行业发展的规矩。2022年是监管由整到治的一年，多方面的政策纷纷出台，为监管制度补短板的同时，引领行业发展方向的作用愈发凸显。当然不管市场环境如何变幻，强监管严监管的态势已成，这是行业发展的最重要逻辑。能否深刻理解监管政策，能否提前做好前瞻布局，已经成为保险公司经营管理的一个关键能力。

我们更加注重对发展创新标杆的介绍褒扬，更加乐于展示长期主义的理念和方法以及对行业发展引领性、激励性大事件、大趋势。信心比黄金还要珍贵，变局之时更要倡导深刻洞察下的变革创新或坚定不移：既有坚信传统模式在一定条件下仍有市场机会的“按兵不动”者，也有认为触礁在即必须转大弯且转急弯的“休克疗法”者；既有横向扩张版图，通过构建健康养老服务生态反哺保险主业，也有深耕渠道价值，通过产品渠道的重新定位重塑营销体系……

越是艰难处，越要有迎难而上的勇气！刚刚结束的中央经济工作会议定调了2023 年的经济工作，提出“不断增强经济社会发展的动力和活力”，努力、有力、着力、潜力……连用 42 个“力”表征了发展经济的决心。

伴随着中国式现代化提上日程，坚守政治性、人民性、专业性的保险业发展之路也是明晰的。从服务中国式现代化的视角看，面向未来，保险业的增长驱动力将来自两个方面：一是行业转型“换挡”的内在需要带来的驱动力；二是高质量发展下个人、社会、产业三者背后新动能带来的驱动力。

沉舟侧畔千帆过，病树前头万木春。注定我们面对的将是一个百年未有之大变局下的大变革、大转型、大动荡、大有可为的大时代。没有一个冬天不可逾越，没有一个春天不会来临。

胡琼在春天等你，如图 11 －7 所示。

图 11 －7　胡琼女士

资管产品与金融业增值税问答
——北京智方圆税务师事务所有限公司

王冬生[①]　马雯丽　曾春娟　孙延玲

随着资管产品自2018年1月1日开始征收增值税，资管产品增值税以及与之有关的金融业增值税，一直是征纳双方关注的热点问题。我们结合给客户服务过程中遇到的问题，精选部分有代表性的32个问题，给出自己的专业分析，供大家参考。

现行的资管产品和金融业增值税政策，很多是沿用以往营业税的规定，本文作者王冬生曾经在财政部税政司负责营业税的税政工作多年。因此，在对有关问题进行分析时，在基于法规的基础上，多少有些法理方面的解释。金融业比较复杂，本文的分析和意见，难免有不当之处，敬请批评指正。

一、问题的分类：法规问题和理解问题

二、征纳的原则：基本原则和具体原则

三、资管产品增值税问答

四、金融业增值税问答

对具体问题分析之前，先做一些基础性的分析。

一、问题的分类：法规问题和理解问题

征纳双方遇到的不知如何处理的涉税问题，尽管各种各样，但是就问题的根源看，可以分为两类：法规问题、理解问题。少数是法规问题，多数是理解问题。

法规问题，是指税法规定确实不清楚，根据法规无法得出如何处理的结论。比如：

① 北京智方圆税务师事务所有限公司董事长兼总经理，中国注册税务师，中国人民大学经济学博士，财政部企业内控咨询专家，全国税务领军人才专家导师，wangdongsheng@ cstcta. com。

买卖债券如何计算价差？是按照全价计算还是按照净价计算？债券持有期间的利息，是计提就缴纳增值税？还是收到才缴纳增值税？

赎回基金份额，是否可以按照持有到期处理，不视同转让，不计算价差缴纳增值税？

这些问题，根据现有法规，确实难以得出结论。法规不清楚，需要从法规的法理、法规的精神等方面进行分析，一般可以得出恰当的结论。

理解问题，是指税法规定是清楚的，只是对税法的理解和应用出了偏差，导致产生本不应出现的涉税问题。这类问题非常多，在下面的问答中，会有大量的分析。

二、征纳的原则：基本原则和具体原则

无论是税务局的征税，还是纳税人的纳税，如果能遵循以下原则，可以避免很多分歧，有助于建立和谐的征纳关系。

一项基本原则：税法是判定征税和纳税的唯一标准。

六项具体原则：法规法理精神原则、税法高于情理原则、形式重于实质原则、优惠不得比照原则、民事尊重征纳原则、税法独立实施原则。

（一）税法是征税和纳税的唯一标准

税法是征税和纳税的唯一标准，估计不会有人反对。但是实际操作时，往往脱离税法的规定，从会计准则、行业法规、情理和道理等方面，分析纳税义务。由于标准不一，角度不一，导致征纳双方各吹各的号，各唱各的调，产生很多分歧。

比如，许多央企为离退休人员发放的补贴，能否在所得税税前扣除？这是一个争议已久的问题。支持扣除的人认为，给离退休的员工发放补贴，于情合情，于理合理。反对扣除的人认为，离退休人员已经不参加经营活动，这笔支出与应税收入没有直接关系。

支持的人，是从情和理的角度看待扣除问题，反对的人，是从税法规定的角度看问题。如果都根据税法的规定，看这一问题，分歧可能会少一些。

税务局是公权部门，对公权而言，法无授权则不可为，在没有过硬征税依据的情况下，不应征税。

（二）法规法理精神原则

这一原则实际是法规、法理、精神三结合原则。判定纳税义务，先看法规，如果法规不清楚，再看法理，常用的法理是，税不重征，税不漏征。如果法理也不清楚，再看法规的精神。精神并不虚无缥缈，精神一般体现在文件第一段的第一句话，财政部和总局制定的文件，第一段的第一句一般是："为了什么什么，经国务院批准，如之何……"，为了什么什么，实际就是文件的精神。如果以鼓励为目的，从宽掌握，更符合文件的精神。如果以打击或限制为目的，从严掌握，更符合文件的精神。

下面，我们将应用这一原则，分析债券如何纳税，分析赎回基金份额是否是转让金融商品。

（三）税法高于情理原则

在征税或纳税时，经常遇到法和理的矛盾，法和情的矛盾，合法就不合理，合情就不合法。这时怎么办呢?

税务局应依法征税，如果按情理征税，这税就没法征了。可以在税法的框架内，尽量帮助纳税人解决困难。同时，积极向上级部门反映问题，推动税法合情合理。

（四）形式重于实质原则

实质重于形式是会计的一项基本准则。但是在判定纳税义务时，形式重于实质，法律形式、交易形式决定纳税义务。比如，资管产品的管理人，运营资管产品，尽管从实质上，资管产品的所有权不是管理人的，赚了钱也不是管理人的，但是，管理人用资管产品买卖金融商品，就产生纳税义务。因为管理人的纳税义务，与资金来源没有关系。税法没有规定，管理人用受托管理的资产，从事各种投资活动，就可以不纳税。如果脱离法律形式，根据实质判定纳税义务，由于对实质的理解可能五花八门，征纳双方矛盾重重。

（五）优惠不得比照原则

税法首先规定纳税义务，其次才规定减免税权利。税务局是征税的，不是免税的。税收优惠都是有条件的，只有严格符合优惠的条件，才可以享受税收优惠。不能因为感觉自己和优惠的条件差不多，就可以享受优惠，税收优惠不能比照。

（六）民事尊重征纳原则

这一原则是指，民事关系尊重征纳关系，不能因为民事关系，就否定征纳关系。以代持为例，A 公司代 B 公司持有 C 公司股权，A 公司转让 C 公司股权，是否要计算股权转让所得纳税？当然要计算所得，缴纳所得税。A 公司转让股权，与税局形成征纳关系。A 公司与 B 公司是民事关系，A 公司不能因为与 B 公司的民事关系，就否定与税局的征纳关系。

民事尊重征纳还有另外一层意思，民事主体不应要求税法解决民事关系，比如资管产品的增值税如何在委托人和管理人之间分担，就不是税法该解决的问题。

（七）税法独立实施原则

所谓税法独立实施，是指在判定纳税义务时，严格依照税法的标准，其他法律不能超越税法。税法与其他类型的法律，尤其是商法、民法等，各司其职，共同维护社会秩序，不能因为纳税人依照其他法律从事经济活动，就否认税法的作用。比如 2017 年热点之一的德发税案，律师就以德发公司按照拍卖法转让房产为由，否认税务局有调整价格补税的权力，尽管转让价格低于市场价 50% 以上。

税法不影响拍卖法的实施，无权撤销当事人依据拍卖法形成的交易，但是可以依照税法，调整价格，补征税款，不能因为符合拍卖法，就否认税法的作用。

三、资管产品增值税问答

（1）如果一基金公司发行了一个资产管理计划，用其向客户募集的资金，购买银行发行的理财产品，这种情况下，资管产品的纳税人为基金公司还是发行银行？

答：资管产品是资产管理计划，资管产品的管理人是基金公司，运营资管产品的纳税人，当然是基金公司。

（2）如果银行发行了一个信托产品，该行将自客户募集的资金交托给信托公司进行投资，这种情况下，资管产品的纳税人为该银行还是信托公司？

答：都是，这种情况，实际是双重委托受托。

第一次委托：客户购买信托产品，银行是信托产品的管理人。

第二次委托：银行将信托资金，交由信托公司管理，信托公司也是管理人。

信托公司在运营资管产品时，信托公司是纳税人。

银行自信托公司取得收益时，银行也是资管产品纳税人。如果银行与信托公司签署的协议，是保本的，则银行取得的收益，按照利息缴纳增值税。

如果客户购买信托产品时，按照协议，也是保本的，客户的收益也按照利息缴纳增值税。

这样导致重复征税。但由于利息的进项税不得抵扣，本来就是重复的。

（3）保险机构作为投资管理人管理的企业年金计划、职业年金、养老金产品、投连险产品等是否属于资管产品范围？能否享受按照3%简易征收的待遇？

答：不行。

财税〔2017〕56号文第一条，采用正列举的方式，明确了资管产品管理人和资管产品的范围，该条最后一句话是："财政部和税务总局规定的其他资管产品管理人及资管产品。"因此，凡是不在56号文列举范围的资管产品和管理人，不得享受按照3%简易征收的待遇。

如果认为自己管理的资管产品，也应享受简易征收的待遇，可以向财政部和税务总局申请，增列名单。

（4）QDII等机构通过资管产品投资境外资产，资管产品运营取得的收益是否需要缴纳增值税？是否可以适用简易计税方法？

答：征税，不能按照简易计税方法。

投资境外，首先是看境外投资的增值税规定，也就是营改增36号文的附件四《跨境应税行为适用增值税零税率和免税政策的规定》，附件四没有对给境外提供金融服务免税和简易征收的规定，应按照一般规定计算缴纳增值税。

国家鼓励货物或服务出口，但是还没有鼓励资金出口，境内银行自境外取得的利息收入，一直是征税的。

（5）有的资管产品没有有效期，但是可以随时赎回，赎回时是否可视为持有到期？不按转让金融商品征税？如果合同中没有约定到期日，但是规定了终止条件，在满足终止条件的情况下强制赎回，这种情况是否可以视为持有至到期？

答：应该可以。因为，赎回不符合金融商品转让的定义。

根据营改增36号文附件一的税目注释，"金融商品转让，是指转让外汇、有价证券、非货物期货和其他金融商品所有权的业务活动。”转让金融商品所有权，前提是转让前存在所有权，转让后也存在所有权。赎回资管产品，实际是相应的份额灭失了，所有权不存在了，因此，不是转让所有权，不能按照转让金融商品征税。既然灭失了，实际也就是到期了，按照到期处理，更符合税法的规定。

终止条件，实际也是到期条件，满足终止条件强制赎回，应该视为到期，不是转让。

为什么金融商品持有到期不征税，到期前转让就征税呢？在潜意识中，还是认为应该鼓励投资，抑制投机。持有到期，是投资。到期前转让，有投机嫌疑。

（6）在判定合同是否保本时，是只看合同中是否有保本字眼即可判定，还是需要根据资管产品具体的运营方式决定？

答：是否保本，可以说是“股”和“债”的本质区别。

按照财税〔2016〕140号的规定：“保本收益，是指合同中明确承诺到期本金可全部收回的投资收益。金融商品持有期间（含到期）取得的非保本的上述收益，不属于利息或利息性质的收入，不征收增值税。”

如果有直接明了的保本规定，当然就可以判定为保本。

即使没有明确的保本字样，但是根据合同条款，只要投资人有追回本金的权力，发行人或第三方有归还本金的义务，投资人的收益，就是保本收益，就是利息性质的收益，就应缴纳增值税。

（7）对于资管产品投资人而言，如资管合同中的第三方担保、回购承诺，资管产品的优先、劣后分级设定是否影响对投资人纳税义务的判定？

答：是。

如果根据合同约定，投资人的本金不受损失，比如由第三方担保或由发行方按照投资额回购，则投资人的本金可实际得到保护，其投资收益，应按利息处理。

（8）资管产品是否可以适用金融机构待遇？管理人能否以资管产品的名义开具发票？

答：不可以。

资管产品不是增值税纳税人，不存在享受金融机构待遇的问题，也不能以资管产品的名义，开具增值税发票。

（9）采用摊余成本核算的资管产品，计算利息收入的销项税时，计算基数是否包含摊销的债券溢折价？

答：计算销项税时，不应包括摊销的债券溢价或折价。

应该按照债券面值和票面利率计算的，发行方应该以实际支付的利息计算销项税。

根据增值税关于销售额的规定，“销售额，是指纳税人发生应税行为取得的全部价款和价外费用，财政部和国家税务总局另有规定的除外。”因此，销售额不是纳税人自己根据财务制度调整的销售额。

（10）资管产品运营业务适用简易计税3%征收率，意味着形成一块“税收洼地”？

答：有区别才有政策，有区别就有筹划的空间。政策的区别待遇，为纳税人筹划提供了空间，实际形成政策洼地。

（11）同业身份的套用，可免增值税？例如，管理人属于金融机构，则其管理的产品是否可以套用其身份，从而享受同业往来免税的待遇？

答：是，尽管“套用”的说法，不准确。

因为管理人是纳税人，管理人在运营资管产品时，可以享受有关的优惠政策。当然，委托人与不通过管理人，自己运营相比，可能缴纳更多的税，从这个角度看，“套用”的说法，也有一定道理。

（12）如资管计划人与投资者签订的资管计划合同书中，不承诺本金收回，但资产管理人将资金用于受让大额存单收益权等资产，并向融资方收取利息，该利息费用的发票是由投资者还是资产管理人开具？

答：资产管理人是纳税人，利息收入尽管最终归属投资人或委托人，但是应由管理人开具发票。

发票是商事活动的凭证，谁提供服务，谁确认收入，谁有纳税义务，谁开具发票。

反过来也一样，谁开具发票，谁就确认收入，谁就有纳税义务。

（13）由于资管产品管理人与资管产品收益的纳税人为同一纳税主体，应如何解决管理人从产品中收取管理费的重复征税问题？管理人是否可以向自己开票？

答：现在无法解决。

管理人运营资管产品，比如买卖金融商品，取得100万元价差收益，按照3%简易征收，计算缴纳增值税，但可能因此取得管理费收入10万元，也缴纳增值税，而且按照6%缴纳，确实存在重复征税问题。

之所以存在这一问题，是因为一项交易，派生出两类业务。在买卖金融商品这一项交易中，有应该缴纳增值税的转让金融商品行为，还有应该缴纳增值税的资产管理行为，导致分别征税。

管理人不能就管理费给自己开票，因为管理费的承担者是委托人，开票也应该开给委托人。如果给自己开票，抵扣进项税，类似虚开发票，别打这主意。

（14）对于某些定向或通道类产品，由于受投资现金流影响，只有在投资收回或按规定付息的时间才有现金，而增值税是按月缴纳，这与资管产品本身的某些特性不匹配，如何处理？可否等现金收回后申报并缴纳？

答：申报和缴纳税款，是两回事。增值税的纳税期限是按月缴纳或按季缴纳，但是只有在产生纳税义务的前提下，才需要实际缴纳税款。

（15）管理人是该选择汇总核算还是分别核算，如果汇总核算，如何避免不同资管产品的正差和负差税负不公平问题？

答：从降低税负的角度，建议选择汇总核算，这样盈亏可以及时、充分互抵，达到降低税负的效果。

由于管理人受托管理的每个资管产品，都是一个独立的会计主体，为了避免有负差的资管产品，替有正差的资管产品承担税款的问题，可以在一年结束后，把实际缴纳的增值税，在有正差的资管产品中分担，按照各自的正差占全部正差的比例，分担增值税。没有正差的资管产品，不分担增值税。这样就可以在依法节税的同时，相对公平地处理税负分担问题。

（16）如果资管产品在2018年1月1日以前已进入清算期，但是清算尚未结束，在2018年1月1日后的清算过程中取得的收益，是否需要缴纳增值税？

答：目前没有清算期取得收益，免征增值税的规定，清算期的收入，当然应依法缴纳增值税。纳税人在注销的过程中，增值税和所得税，都是要依法计算纳税。

（17）对资管产品管理人2018年1月1日前运营过程中产生的应税行为，不再缴纳，操作上应如何划断？比如是否可对 2017 年 12 月 31 日所有应税收入，按权责发生制给予确认，而不是按收付实现制？

答：如何操作，看纳税义务发生时间，如果纳税义务发生在 2018 年 1 月 1 日之前，就不再缴纳增值税，如果发生在之后，就依法纳税。至于如何判定纳税义务发生时间，根据实际情况和营改增纳税义务发生时间的具体规定，分析判定。

（18）资管产品于执行日期后一次性收取全部利息收入，按权责发生制于执行日期前计提的收入是否需要缴纳增值税？取得的利息收入是按照实际收到时点缴税，还是自执行日期起的计提额进行计算缴纳？

答：财税〔2017〕90 号文，规定得很清楚，提供贷款服务，以 2018 年 1 月 1 日起产生的利息及利息性质的收入为销售额。

（19）资管产品在公开市场从事股票、债券、金融衍生品买卖时，买入时间早于执行日期而卖出时间晚于执行日期的，买入价如何确定？截至 2017 年 12 月 31 日产生的浮盈是否可免于征税？

答：财税〔2017〕90 号文，规定得也很清楚。

管理人转让 2017 年 12 月 31 日前取得的股票（不包括限售股）、债券、基金、非货物期货，可以选择按照实际买入价计算销售额，或者以 2017 年最后一个交易日的股票收盘价（2017 年最后一个交易日处于停牌期间的股票，为停牌前最后一个交易日收盘价）、债券估值（中债金融估值中心有限公司或中证指数有限公司提供的债券估值）、基金份额净值、非货物期货结算价格作为买入价计算销售额。

由于转让金融商品的销售额是卖出价减去买入价，90 号文允许纳税人在计算价差时，作为抵减项的购入价，多了一个选项。在计算销售额时，卖出价可以减去当初的实际买入价，也可以选择减去 2017 年最后一天的价格，这样就把浮盈可能征税的问题，解决了。

四、金融业增值税问答

（1）股息所得，股权转让所得，是否征收增值税？

答：不征。

股息所得、非上市公司的股权转让所得，没有征收增值税的依据，不在增值税征收范围，不征收增值税。

（2）私募证券投资基金是否可以适用证券投资基金的增值税政策？

答：可以。

按照营改增有关规定，转让金融商品免增值税的范围，包括“证券投资基金（封闭式证券投资基金，开放式证券投资基金）管理人运用基金买卖股票、债券。”

上述规定，并没有排除私募证券投资基金，私募基金可以享受上述免税待遇。

（3）商品期货、黄金合约属于非金融商品或非金融衍生品，投资商品期货、黄金合约的差价是否可以免征增值税？

答：可以。

按照有关规定，金融商品转让，是指转让外汇、有价证券、非货物期货和其他金融商品所有权的业务活动。其他金融商品转让包括基金、信托、理财产品等各类资产管理产品和各种金融衍生品的转让。

商品期货、黄金合约不属于应该征收增值税的金融商品范围。

（4）各类票据、仓单、提货单等是否属于金融商品范围？

答：不是。

金融商品范围有明确的界定，与货物有关的票据、仓单、提货单，都不是金融商品。

（5）收益权互换、收益权转让等是否作为转让金融商品缴纳增值税？

答：不征。

转让收益权，不属于金融商品转让，不应征收增值税。甚至转让收益权，都没有征收增值税的依据，也不应征收增值税。

根据税目注释，“金融商品转让，是指转让外汇、有价证券、非货物期货和其他金融商品所有权的业务活动。

其他金融商品转让包括基金、信托、理财产品等各类资产管理产品和各种金融衍生品的转让。”

收益权不在金融商品范围，转让收益权，并没有转让所有权，所以，不应按照转让金融商品征税。

（6）对于可转换债券、可分离债券和可交换债券，如何确认增值税的计税基础？

答：增值税没有计税基础的概念，这是企业所得税的说法。如果问题是，转让可转换债券时，计算价差如何确定买入价，应该是购入时，实际支付的价款。

（7）转让债券计算价差时，是按照全价计算还是按照净价计算？持有期间的利息是计提就纳税？还是实际收到才纳税？

答：现行法规没有规定，需要结合法理分析。按照税不重征、税不漏征的原则，处理此问题。

如果按全价计算价差，则持有期间，收到利息才纳税。

如果按净价计算价差，则持有期间，计提利息就纳税。

如果按全价计算价差，则持有期间收到利息，才纳税，不然就重复征税。因为，如果持有债券期间，计提利息就征税，计提的利息没有实际收到，在转让时，就会将这部分利息计入转让价格，在计算价差时，又被计入价差中，再征一次税。这就重复征税了。所以，如果是全价计算价差，则持有期间的利息，实际收到才纳税。

如果按净价计算价差，则持有期间，计提利息就纳税，不然就漏征税。持有债券期间，计提利息时如果不纳税，由于按净价计算价差，持有期间计提的利息，尽管在转让时可以收到，但是价差中，并不包括这部分利息，计提时不纳税，价差又不包括，也不纳税，导致漏征税款。因此，如果按照净价计算价差，则持有期间的利息，计提就纳税。

（8）在计算转让金融商品的销售额时，是否将持有金融商品期间取得的股息、利息自购买价中减去？也就是加到价差上征税？

答：不减。

现行规定与营业税的规定不同，没有在计算价差时，将持有期间取得的利息和股息，自购买价中减掉，也就是加到价差上征税的规定。

股息不在增值税征收范围，取得时不征收，转让股票时，也不征收，比较合理。

利息在债券持有期间，就已经缴纳增值税，转让时，再征收，就重复征税了。

增值税的规定，与营业税相比，更加合理。

（9）在交易所交易的买入返售金融商品，无法判断交易对手是金融机构，是否可以享受金融同业往来免税政策？

答：不可以。

即使自己是金融机构，如果交易对手不是，或不知道是不是金融机构，不能享受金融同业往来免税政策。

金融同业往来利息收入免税的政策，前提是金融机构之间的往来。一方不是金融机构，不能享受免税优惠。

同业往来优惠，营业税就免。其道理在于，融入资金的金融机构，一般会将资金借贷出去，获取利息，缴纳营业税。为了避免重复征收营业税，金融同业之间因资金借贷取得的利息，免征营业税。

（10）股票质押买入返售，是交易双方以股票等金融商品作为权利质押的一种资金融通业务，是否也可作为金融同业往来利息收入，免于征收增值税？

答：如果交易双方都是金融机构，应该可以。

根据金融同业往来利息免税有关法规的结构和逻辑，可以得出上述结论。

36 号文附件三《营业税改征增值税试点过渡政策的规定》明确了金融同业往来利息收入，免征增值税。金融同业往来的范围，包括以下 4 种情况：

①金融机构与人民银行之间的资金往来。

②银行联行往来业务。同一银行系统内部不同行、处之间所发生的资金账务往来业务。

③金融机构间的资金往来业务。是指经人民银行批准，进入全国银行间同业拆借市场的金融机构之间通过全国统一的同业拆借网络进行的短期（一年以下含一年）无担保资金融通行为。

④金融机构之间的转贴现业务。

后来又在不同的文件中，明确哪些业务按金融同业往来处理。

财税〔2016〕46 号文规定，金融机构间的质押式买入返售金融商品取得的利息收入，属于金融同业往来利息收入。“质押式买入返售金融商品，是指交易双方进行的以债券等金融商品为权利质押的一种短期资金融通业务。”

财税〔2016〕70号文，又进一步明确下列交易，属于金融同业往来。包括：同业存款、同业借款、同业代付、买断式买入返售金融商品、持有金融债券、同业存单。

商业银行购买央行票据、与央行开展货币掉期和货币互存等业务属于金融机构与人民银行所发生的资金往来业务。

境内银行与其境外的总机构、母公司之间，以及境内银行与其境外的分支机构、全资子公司之间的资金往来业务属于银行联行往来业务。

根据以上规定，36号文附件三对金融同业往来做了原则性的规定，46号文和70号文，又在原则性规定的基础上，明确了哪些交易属于金融同业往来，但是，并没有规定列举之外的交易，不能享受金融同业往来优惠。另外，46号文规定的质押式买入返售金融商品，也没有限于债券。因此，金融机构间开展的股票质押买入返售，可作为金融同业往来利息收入，免于征收增值税。

（11）对于属于金融机构的资产管理人，其运用资产管理产品（证券投资基金包括特定客户产品）过程中，向其他金融提供贷款服务取得利息收入，可以享受金融机构往来利息免税？

答：同业往来的第3种情况是："金融机构间的资金往来业务。是指经人民银行批准，进入全国银行间同业拆借市场的金融机构之间通过全国统一的同业拆借网络进行的短期（一年以下含一年）无担保资金融通行为。"如果符合这一规定，就可以免税，不然，不能免税。

（12）金融机构（例如保险机构）投资金融机构管理的资管产品所取得的利息或价差，是否可以按照金融同业利息处理？

答：由于免税的规定比较严格，不能笼统地说，行还是不行。应根据当事双方间的合同，有关规定，具体分析是否可以按照同业往来免税。

从同业往来免税的精神看，同业往来免税的目的是避免重复征税，既然金融同业之间除资金往来外，还有资管产品等金融商品的往来，同样适用免税政策，道理上是应该的，应积极向主管部门反映此事，争取政策更加合理。

（13）ABS按债券在交易所或银行间市场交易，持有该券取得的收益是否可以按照债券利息处理？如果发行方为金融机构，那么该券符合金融债的定义，金融机构投资ABS，可否享受金融机构往来利息收入免税政策？

答：资产支持证券，收益一般是利息收入。如果符合规定，可以免税。根据财税〔2016〕70号文，金融机构持有金融债券的利息收入，视为同业往来的利息收入。

但是，金融债券的定义：是指依法在中华人民共和国境内设立的金融机构法人在全国银行间和交易所债券市场发行的、按约定还本付息的有价证券。

大　事　记

（2022 年 1 月到 2022 年 12 月）

一、重大监管活动

1. 2022 年 1 月 7 日，中国银保监会发布《金融租赁公司项目公司管理办法》，本办法自印发之日起施行，《中国银监会关于金融租赁公司在境内保税地区设立项目公司开展融资租赁业务有关问题的通知》（银监发〔2010〕2 号）同时废止。

2. 2022 年 1 月 10 日，中国银保监会令 2022 年第 1 号公布《银行保险机构关联交易管理办法》，自 2022 年 3 月 1 日起施行。

3. 2022 年 1 月 12 日，中国银保监会发布《关于精简保险资金运用监管报告事项的通知》。

4. 2022 年 1 月 18 日，中国银保监会令第 3 号公布《保险公司非现场监管暂行办法》，自 2022 年 3 月 1 日起施行。

5. 2022 年 1 月 15 日，中国银保监会发布《关于规范银行服务市场调节价管理的指导意见》，自 2022 年 5 月 1 日起施行。

6. 2022 年 1 月 10 日，中国银保监会发布《关于银行业保险业数字化转型的指导意见》。

7. 2022 年 1 月 30 日，中国人民银行、中国银行保险监督管理委员会发布《关于保障性租赁住房有关贷款不纳入房地产贷款集中度管理的通知》。

8. 2022 年 1 月 21 日，中国银保监会发布《融资租赁公司非现场监管规程》，本规程自印发之日起施行，施行后不再报送《中国银保监会办公厅关于加强小额贷款公司等六类机构监管联系和情况报告的函》（银保监办便函〔2018〕1952 号）中《融资租赁公司月度情况表》。

9. 2022年2月17日，中国银保监会发布《农业保险承保理赔管理办法》，自2022年4月1日起施行。

10. 2022年2月16日，中国银保监会、住房和城乡建设部发布《关于银行保险机构支持保障性租赁住房发展的指导意见》。

11. 2022年3月4日，中国银保监会、中国人民银行发布《关于加强新市民金融服务工作的通知》。

12. 2022年3月2日，中国银保监会发布《保险公司非寿险业务准备金管理办法实施细则（1-7号）》，本细则自印发之日起施行，原中国保险监督管理委员会发布的《保险公司非寿险业务准备金管理办法实施细则（试行）》（保监发〔2005〕10号）、《关于加强机动车交通事故责任强制保险业务责任准备金评估工作有关要求的通知》（保监产险〔2006〕680号）、《非寿险业务准备金评估工作底稿规范》（保监发〔2010〕54号）、《保险公司非寿险业务准备金回溯分析管理办法》（保监发〔2012〕46号）、《关于编报保险公司非寿险业务准备金评估报告有关事项的通知》（保监产险〔2012〕651号）同时废止。

13. 2022年3月28日，中国银保监会发布《全国银行业保险业法治建设实施方案》。

14. 2022年4月2日，中国银保监会发布《关于2022年银行业保险业服务全面推进乡村振兴重点工作的通知》。

15. 2022年4月6日，中国银保监会发布《关于2022年进一步强化金融支持小微企业发展工作的通知》。

16. 2022年4月15日，中国银保监会发布《关于金融支持货运物流保通保畅工作的通知》。

17. 2022年4月7日，国家发展改革委办公厅、银保监会办公厅发布《关于加强信用信息共享应用推进融资信用服务平台网络建设的通知》。

18. 2022年4月15日，中国银保监会、交通运输部发布《关于银行业保险业支持公路交通高质量发展的意见》。

19. 2022年4月26日，人民银行、银保监会联合发布《关于全球系统重要性银行发行总损失吸收能力非资本债券有关事项的通知》。

20. 2022年4月28日，中国银保监会发布《关于规范和促进商业养老金融业务发展的通知》。

21. 2022年5月9日，中国银保监会发布《保险资金委托投资管理办法》，本办法自发布之日起施行，《保险资金委托投资管理暂行办法》（保监发〔2012〕60号）同时废止。

22. 2022年4月24日，中国银保监会发布《关于保险资金投资有关金融产品的通知》，《中国保监会关于保险资金投资有关金融产品的通知》（保监发〔2012〕91号）和《中国银保监会办公厅关于保险资金投资债转股投资计划有关事项的通知》（银保监办发〔2020〕82号）同时废止。

23. 2022年5月6日，中国银保监会印发《关于银行业保险业支持城市建设和治理的指导意见》。

24. 2022年5月15日，中国人民银行、中国银行保险监督管理委员会发布《关于调整差别化住房信贷政策有关问题的通知》。

25. 2022年5月13日，中国银保监会发布《商业银行预期信用损失法实施管理办法》。

26. 2022年5月11日，中国银保监会发布《关于印发保险业标准化“十四五”规划的通知》。

27. 2022年6月1日，中国银保监会关于印发《银行业保险业绿色金融指引》的通知，本指引自公布之日起实施。

28. 2022年5月27日，中国银保监会发布《关于加强保险机构资金运用关联交易监管工作的通知》。

29. 2022年6月2日，中国银保监会发布《关于进一步做好受疫情影响困难行业企业等金融服务的通知》。

30. 2022年7月1日，中国银保监会发布2022年规章立法工作计划。

31. 2022年6月20日，中国银保监会、中国人民银行发布《关于进一步促进信用卡业务规范健康发展的通知》，本通知自公布之日起施行。过渡期为本通知实施之日起2年，存量业务不符合本通知规定的，应当在过渡期内完成整改，并在6个月内按照本通知要求完成业务流程及系统改造等工作，改造后新增业务应当符合本通知规定。

32. 2022年6月17日，中国银保监会发布《金融资产投资公司资本管理办法（试行）》，本办法自印发之日起施行。

33. 2022年7月4日，中国银保监会发布《关于进一步推动金融服务制造业高质量发展的通知》。

34. 2022年7月12日，中国银保监会发布《关于加强商业银行互联网贷款业务管理 提升金融服务质效的通知》，商业银行互联网贷款存量业务过渡期至2023年6月30日。过渡期内，商业银行互联网贷款新增业务应当符合《商业银行互联网贷款管理暂行办法》《中国银保监会办公厅关于进一步规范商业银行互联网贷款业务的通知》和本通知要求。

35. 2022年3月11日，中国银保监会、上海市人民政府印发《中国（上海）自由贸易试验区临港新片区科技保险创新引领区工作方案》。

36. 2022年7月28日，中国银保监会发布《保险资产管理公司管理规定》，自2022年9月1日起施行，《保险资产管理公司管理暂行规定》（保监会令〔2004〕2号）、《关于调整〈保险资产管理公司管理暂行规定〉有关规定的通知》（保监发〔2011〕19号）、《关于保险资产管理公司有关事项的通知》（保监发〔2012〕90号）同时废止。

37. 2022年8月10日，中国人民银行、中国银行保险监督管理委员会发布《关于保险公司发行无固定期限资本债券有关事项的通知》，本通知自2022年9月9日起实施。

38. 2022年8月22日，中国银保监会发布《理财公司内部控制管理办法》，本办法自公布之日起施行。过渡期为本办法施行之日起6个月。不符合本办法规定的，应当在过渡期内完成整改。

39. 2022年8月5日，中国银保监会办公厅、商务部办公厅发布《关于开展铁路运输单证金融服务试点更好支持跨境贸易发展的通知》。

40. 2022年9月2日，中国银保监会发布《中国银保监会关于修改部分行政许可规章的决定》，自2022年10月8日起施行。

41. 2022年9月20日，中国银保监会、中国人民银行联合印发《关于推动动产和权利融资业务健康发展的指导意见》。

42. 2022年10月13日，中国银保监会发布《企业集团财务公司管理办法》，本办法自2022年11月13日起施行。原《企业集团财务公司管理办法》（中国银行业监督管理委员会令2006年第8号)、《企业集团财务公司风险监管指标考核暂行办法》(银监发〔2006〕96号)同时废止。

43. 2022年10月28日，中国银保监会印发《财产保险灾害事故分级处置办法》，本办法自发布之日起实施，此前关于财产保险灾害事故处置的要求与本办法不一致的，以本办法为准。

44. 2022年10月26日，中国银保监会发布《保险保障基金管理办法》，本办法自2022年12月12日起施行，原中国保险监督管理委员会、财政部、中国人民银行2008年9月11日发布的《保险保障基金管理办法》(中国保险监督管理委员会令2008年第2号)同时废止。

45. 2022年11月12日，中国银保监会、住房和城乡建设部、人民银行发布《关于商业银行出具保函置换预售监管资金有关工作的通知》。

46. 2022年11月11日，中国银保监会发布《人身保险产品信息披露管理办法》，本办法自2023年6月30日起施行。《人身保险新型产品信息披露管理办法》(中国保险监督管理委员会令2009年第3号)、《关于执行〈人身保险新型产品信息披露管理办法〉有关事项的通知》(保监发〔2009〕104号)和《关于〈人身保险新型产品信息披露管理办法〉有关条文解释的通知》(保监寿险〔2009〕1161号)同时废止。

47. 2022年11月17日，中国银保监会发布《关于印发商业银行和理财公司个人养老金业务管理暂行办法的通知》，本办法自印发之日起施行。

48. 2022年11月11日，人民银行、银保监会修订发布《商业汇票承兑、贴现与再贴现管理办法》，本办法自2023年1月1日起施行。《商业汇票承兑、贴现与再贴现管理暂行办法》(银发〔1997〕216号文印发)、《中国人民银行关于切实加强商业汇票承兑贴现和再贴现业务管理的通知》(银发〔2001〕236号)同时废止。

49. 2022年11月21日，中国银保监会发布《关于保险公司开展个人养老金业务有关事项的通知》。

50. 2022年2月11日，中国银保监会发布《关于加强金融租赁公司融资租赁业务合规监管有关问题的通知》。

51. 2022年11月28日，中国银保监会修订发布《银行保险机构公司治理监管评估办法》，本办法自发布之日起施行。《银行保险机构公司治理监管评估办法（试行）》（银保监发〔2019〕43 号）同时废止。

52. 2022 年 11 月 17 日，中国银保监会、国家互联网信息办公室、工业和信息化部、市场监管总局联合发布《关于规范“银行”字样使用有关事项的通知》。

53. 2022 年 11 月 28 日，中国银保监会制定发布《商业银行表外业务风险管理办法》，本办法自 2023 年 1 月 1 日起实施，《商业银行表外业务风险管理指引》（银监发〔2011〕31 号）同时废止。

54. 2022 年 11 月 30 日，中国银保监会发布《外国银行分行综合监管评级办法（试行）》，本办法自印发之日起施行。《中国银监会办公厅关于印发外国银行分行综合监管评级（ROCA + S）规程（试行）的通知》（银监办发〔2013〕294 号）同时废止。

55. 2022 年 12 月 26 日，中国银行保险监督管理委员会令 2022 年第 9 号公布《银行保险机构消费者权益保护管理办法》，本办法自 2023 年 3 月 1 日起施行。

56. 2022 年 12 月 27 日，中国银保监会发布《关于进一步规范汽车金融业务的通知》。

57. 2022 年 12 月 30 日，中国银保监会发布《一年期以上人身保险产品信息披露规则》，本规则自 2023 年 6 月 30 日起施行。

58. 2022 年 12 月 25 日，中国银保监会发布《银行保险监管统计管理办法》，本办法自 2023 年 2 月 1 日起施行。《银行业监管统计管理暂行办法》（中国银行业监督管理委员会令 2004 年第 6 号）、《保险统计管理规定》（中国保险监督管理委员会令 2013 年第 1 号）同时废止。

59. 2022 年 12 月 30 日，中国银保监会发布《关于扩大商业车险自主定价系数浮动范围等有关事项的通知》，中国银保监会发布《关于进一步扩大商业车险自主定价系数浮动范围等有关事项的通知》。

二、保险行业要闻

1. 2022 年 1 月 4 日，中国保险行业协会发布《保险行业反保险欺诈组织工作指引（试行）》。

2. 2022年1月11日，中国保险行业协会网站发布：为破解农民工“忧薪”难题，保护农民工工资权益，人社部、银保监会等7部门联合发布的《工程建设领域农民工工资保证金规定》已于2021年11月1日起正式实施。

3. 2022年1日13日，中国保险行业协会在京发布《保险行业基于容器的云计算平台架构》《面向保险行业的微服务架构技术能力要求》《保险行业基于容器的云计算平台成熟度模型》《保险行业应用开发的微服务架构成熟度模型》四项保险行业云计算相关标准。

4. 2022年1月14日，中国保险行业协会网站发布：中国保险行业协会发布《2020中国保险业社会责任报告》。

5. 2022年1月18日，中国保险行业协会发布《晶体硅光伏组件承保验厂评估规范》标准。

6. 2022年1月20日，中国保险行业协会网站发布：中国保险行业协会发布“中国保险业2021年度十件大事”。

7. 2022年1月20日，中国保险行业协会网站发布：中国保险行业协会发布“中国保险业2021年度好新闻”。

8. 2022年1月18日，中国保险行业协会召开党史学习教育总结会议。

9. 2022年1月26日，中国保险行业协会网站发布：中国保险行业协会召开《商业健康保险目录的标准制定与长期发展》课题成果研讨会。

10. 2022年1月28日，中国保险行业协会网站发布：2020年度保险公司法人机构经营状况数据解读。

11. 2022年3月14日，中国保险行业协会网站发布：湖北保险业多措并举推进服务“适老化”，为了深入贯彻落实国家关于切实解决老年人运用智能技术困难的相关文件精神，提升湖北保险机构适老化服务水平，为老年群体保险消费者提供更便捷、更高效、更专业、更贴心的保险服务，让银发一族在金融信息化发展中有更多获得感、幸福感、安全感，湖北保协在湖北银保监局的指导下，牢固树立以人民为中心的工作理念，在2021年“3·15”期间向行业发布《积极开展老年群体保险消费者权益保护工作的倡议书》，2021年年底发布《加强和改进辖内银行保险机构适老化服务标准化建设》的相关通知。

12. 2022年3月15日，中国保险行业协会网站发布：中国保险行业协会党委委员、副秘书长马晓伟就保险业协会消保工作开展有关情况答记者问。

13. 2022年3月15日，中国保险行业协会网站发布：中国首家全国性保险经纪试水独立代理人模式。

14. 2022年3月21日，中国保险行业协会发布《2021年度人身险公司互联网保险业务经营情况分析报告》。

15. 2022年3月21日，中国保险行业协会发布《2021年度寿险电话营销行业经营情况分析报告》。

16. 2022年3月23日，中国保险行业协会与中国汽车维修行业协会在京联合发布《事故汽车维修工时测定规范 第3部分：拆装工时》《汽车覆盖件低碳维修技术规范 第1部分：塑料件》《汽车覆盖件低碳维修技术规范 第2部分：金属件》《汽车覆盖件低碳维修技术规范 第3部分：汽车玻璃》四项标准。

17. 2022年3月31日，中国保险行业协会发布《商业健康保险目录的标准制定与长期发展》课题报告。

18. 2022年4月14日，中国保险行业协会网站发布：中国保险行业协会启动2022年“保险有未来，就业大舞台”线上招聘公益活动。

19. 2022年4月20日，中国保险行业协会网站发布：创新种植险，力保春耕种。

20. 2022年4月28日，中国保险行业协会发布：《电动摩托车承保实务（试行)》。

21. 2022年5月6日，中国保险行业协会发布《关于保险业全力支持货运物流保通保畅工作的倡议书》。

22. 2022年5月12日，中国保险行业协会发布《关于充分发挥专业优势全力做好2022年防灾减灾工作的倡议书》。

23. 2022年5月13日，中国保险行业协会发布《2021年互联网财产保险发展分析报告》。

24. 2022月5月18日，中国保险行业协会网站发布：“5·15打击和防范经济犯罪宣传日”知识普及系列之“识别非法集资 远离套路陷阱”。

25. 2022年5月26日，中国保险行业协会网站发布：中国保险行业协会深入开展保险行业线上招聘系列活动及人才供需对接就业育人项目。

26. 2022年6月2日，中国保险行业协会网站发布：中国保险行业协会召开第五届理事会第六次理事会会议。经理事会成员审议、监事会成员监督，会议全票通过《关于提名于华担任中国保险行业协会会长的提案》《中国保险行业协会2021年度工作报告及2022年度工作计划》《中国保险行业协会2021年度财务收支决算及2022年度财务预算情况的报告》《关于确定中国保险行业协会2022年度会费基本服务项目清单的提案》《关于中国保险行业协会向定点帮扶对象划拨帮扶资金的提案》《关于审议〈保险公司投资管理能力自律管理准则（试行）〉的提案》6项审议议题。

27. 2022年6月6日，中国保险行业协会发布《2021年银行代理渠道业务发展报告》。

28. 2022年6月8日，中国保险行业协会发布《保险公司投资管理能力信息披露自律管理准则（试行）》。

29. 2022年6月10日，中国保险行业协会发布《关于发挥保险功能作用 进一步做好受疫情影响困难行业企业等保险服务的倡议书》。

30. 2022年6月6日，中国保险行业协会第六次会员大会选举于华担任协会会长。

31. 2022年6月28日，中国保险行业协会、中国保险资产管理业协会联合举办保险资金运用关联交易政策专题培训会。

32. 2022年7月11日，中国保险行业协会网站发布：中国保险行业协会（以下简称“保险业协会”）围绕2022年全国防灾减灾日“减轻灾害风险 守护美好家园”的主题，印发《关于充分发挥专业优势全力做好2022年防灾减灾工作的倡议书》。

33. 2022年7月18日，中国保险行业协会编撰出版《2021年度保险诉讼典型案例报告》。

34. 2022年7月27日，中国保险行业协会反保险欺诈专业委员会常务委员会2022年度半年工作会议在京召开。

35. 2022年8月3日，中国保险行业协会编撰出版《中国保险科技发展报告（2021）》。

36. 2022年8月11日，稳就业、促民生——中国保险行业协会携手“就业在线”举办保险行业专场直播带岗招聘活动。

37. 2022年8月12日，中国保险行业协会向社会发布2021年度交强险经营情况。

38. 2022年8月18日，中国保险业行业协会召开地方协会专委会2022年度工作会议。

39. 2022年8月23日，中国保险行业协会建立反保险欺诈行业交流平台。

40. 2022年8月29日，中国保险行业协会网站发布：中国保险行业协会关于机动车辆安全统筹的风险提示。

41. 2022年8月24日，中国保险行业协会党委书记、会长于华会见银保监会培训中心主任康华平一行。

42. 2022年9月3日，2022中国保险业高质量发展论坛以“发挥保险保障功能 服务经济社会高质量发展”为题在北京首钢园区举行。

43. 2022年9月5日，中国保险行业协会网站发布：首届中国保险业高质量发展论坛成功在京举办 北京将打造面向全球的保险业发展高地。

44. 2022年9月9日，中国保险行业协会与瑞士再保险瑞再研究院联合发布《中国商业护理保险发展机遇》研究报告。

45. 2022年9月14日，中国保险行业协会著作出版《保险公司个人信息保护实务研究》。

46. 2022年9月7日，中国银保监会培训中心赴中保教育咨询（北京）有限公司开展联合党日活动。

47. 2022年9月7日，中国保险行业协会召开《中国金融制度与体系》行业培训教材审定会。

48. 2022年9月27日，中国保险行业协会发布《2022年上半年互联网财产保险发展分析报告》。

49. 2022年10月9日，中国保险行业协会编撰出版《2021年中国保险行业人力资源报告》。

50. 2022年9月27日，中国保险行业协会在京召开第三届养老保险专业委员会换届会议。

51. 2022年9月26日，中国保险行业协会健康险专委会在京召开“商业健康险与医药行业融合创新高端闭门会暨商保目录二期启动会”。

52. 2022 年 10 月 16 日，中国保险行业协会组织集中收听收看习近平总书记在中国共产党第二十次代表大会。

53. 2022 年 10 月 31 日，中国保险行业协会发布《保险销售从业人员销售能力资质分级体系建设规划》。

54. 2022 年 11 月 17 日，中国保险行业协会发布《2021 中国保险业社会责任报告》。

55. 2022 年 11 月 28 日，中国保险行业协会组织召开党的二十大精神宣讲培训会议。

56. 2022 年 12 月 4 日，中国保险行业协会网站发布：深入学习贯彻党的二十大精神以习近平法治思想为指导推进法治中国建设。

57. 2022 年 12 月 22 日，中国保险行业协会正式发布《中国保险行业协会能繁母猪养殖保险行业示范条款》《中国保险行业协会育肥猪养殖保险行业示范条款》《中国保险行业协会森林保险行业示范条款》三个示范条款。

58. 2022 年 12 月 22 日，中国保险行业协会网站发布：中国保险行业协会就能繁母猪、育肥猪养殖保险和森林保险行业示范条款发布答记者问。

59. 2022 年 12 月 23 日，中国保险行业协会正式发布《中国保险行业协会种植业保险承保理赔服务规范》《中国保险行业协会养殖业保险承保理赔服务规范》《中国保险行业协会森林保险承保理赔服务规范》三个服务规范。

60. 2022 年 12 月 23 日，中国保险行业协会网站发布：中国保险行业协会就种植业保险、养殖业保险及森林保险承保理赔服务规范发布答记者问。

61. 2023 年 1 月 10 日，中国保险行业协会发布“中国保险业 2022 年度十件大事”。

62. 2023 年 1 月 10 日，中国保险行业协会发布“中国保险业 2022 年度好新闻”。

63. 2022 年 12 月 29 日，中国保险行业协会举办保险机构资金运用关联交易信息披露专题公益培训。

三、保险行业公告通知

1. 2022 年 1 月 28 日，中国保险行业协会网站发布：中国保险行业协会关于

2020 年度保险公司法人机构经营评价结果的公告。

2. 2022 年 3 月 9 日，中国保险行业协会网站发布：2022 年中国保险行业协会 Oracle 维保服务项目比选公告。

3. 2022 年 3 月 18 日，中国保险行业协会网站发布：中国保险行业协会出版《2021 保险科技发展蓝皮书》项目比选公告。

4. 2022 年 3 月 23 日，中国保险行业协会网站发布：保险公司投资管理能力建设情况通报。

5. 2022 年 4 月 2 日，中国保险行业协会网站发布：中国保险行业协会出版《2021 年中国保险行业人力资源报告》项目比选公告。

6. 2022 年 5 月 30 日，中国保险行业协会网站发布：中国保险行业协会关于财险行业扎实推动稳经济各项政策落地见效的通知。

7. 2022 年 7 月 1 日，中国保险行业协会网站发布：保险行业助力高校毕业生就业倡议书。

8. 2022 年 7 月 8 日，中国保险行业协会网站发布：中国保险行业协会设备维保服务和 IPv6 网络改造设备采购项目比选公告。

9. 2022 年 7 月 20 日，中国保险行业协会网站发布：中国保险行业协会出版《2021 保险科技发展蓝皮书》项目比选结果公告。

10. 2022 年 7 月 20 日，中国保险行业协会网站发布：中国保险行业协会出版《2022 年度保险诉讼典型案例报告》项目比选公告。

11. 2022 年 7 月 26 日，中国保险行业协会网站发布：中国保险行业协会 2022 年 Oracle 维保服务项目比选结果公告。

12. 2022 年 8 月 8 日，中国保险行业协会网站发布：中国保险行业协会出版《中国保险业发展报告（2021）》项目比选公告。

13. 2022 年 8 月 22 日，中国保险行业协会网站发布：中国保险行业协会设备维保服务和 IPv6 网络改造设备采购项目成交结果公告。

14. 2022 年 8 月 24 日，中国保险行业协会网站发布：中国保险行业协会《中国保险业发展报告（2021）》出版项目废选公告。

15. 2022 年 8 月 25 日，中国保险行业协会网站发布：中国保险行业协会出版《中国保险业发展报告（2021）》项目比选公告。

16. 2022 年 10 月 14 日，中国保险行业协会网站发布：中国保险行业协会出版《中国保险业发展报告（2021）》项目比选结果公告。

17. 2022 年 10 月 28 日，中国保险行业协会网站发布：中国保险行业协会电脑设备采购比选公告。

18. 2022 年 11 月 2 日，中国保险行业协会网站发布：中国保险行业协会出版《保险行业消费者权益保护典型案例》项目比选公告。

19. 2022 年 11 月 12 日，中国保险行业协会网站发布：关于网络系统维护的通知。

20. 2022 年 11 月 14 日，中国保险行业协会网站发布：中国保险行业协会办公软件采购比选公告。

21. 2022 年 11 月 14 日，中国保险行业协会网站发布：中国保险行业协会网络安全服务项目采购比选公告。

22. 2022 年 11 月 16 日，中国保险行业协会网站发布：中国保险行业协会电脑设备采购项目废选公告。

23. 2022 年 11 月 29 日，中国保险行业协会网站发布：中国保险行业协会办公软件和网络安全服务采购比选延期公告。

24. 2022 年 12 月 5 日，中国保险行业协会网站发布：中国保险行业协会出版《保险机构内部审计》图书项目比选公告。

25. 2022 年 12 月 20 日，中国保险行业协会网站发布：中国保险行业协会出版《保险机构内部审计》图书项目比选延期公告。

26. 2022 年 12 月 21 日，中国保险行业协会网站发布：中国保险行业协会“农业保险综合信息服务网站”项目采购比选公告。

27. 2022 年 12 月 27 日，中国保险行业协会网站发布：关于印发《中国保险行业协会能繁母猪养殖保险行业示范条款》等三个农业保险行业示范条款的通知。

28. 2022 年 12 月 27 日，中国保险行业协会网站发布：关于印发《中国保险行业协会种植业保险承保理赔服务规范》等三个服务规范的通知。

四、重大关联交易信息

（一）保险资产管理有限公司

中国人寿资产管理有限公司：

1. 关于签署《2022—2024年度中国人寿品牌建设费用分担协议》重大关联交易的披露公告 2022－01－19

2. 关于与寿险公司签署债券分销关联交易框架协议的重大关联交易的披露公告 2022－01－19

中国人保资产管理有限公司：

1. 中国人保资产管理有限公司关于与中国人民财产保险股份有限公司重大关联交易的公告 2022－09－15

2. 中国人保资产管理有限公司关于与中国人保香港资产管理有限公司重大关联交易公告 2022－10－20

3. 中国人保资产管理有限公司关于与中国人民健康保险股份有限公司重大关联交易的公告 2022－11－24

4. 中国人保资产管理有限公司关于与中国人民人寿保险股份有限公司重大关联交易的公告 2022－12－29

中再资产管理股份有限公司：

1. 关于中再资产管理股份有限公司与中国再保险（集团）股份有限公司重大关联交易的信息披露公告 2022－01－12

2. 关于中再资产管理股份有限公司与中国再保险（集团）股份有限公司境外资产委托管理重大关联交易的信息披露公告 2022－01－12

3. 关于中再资产管理股份有限公司与中国财产再保险有限责任公司重大关联交易的信息披露公告 2022－01－12

4. 关于中再资产管理股份有限公司与中国财产再保险有限责任公司境外资产委托管理重大关联交易的信息披露公告 2022－01－12

5. 关于中再资产管理股份有限公司与中国人寿再保险有限责任公司重大关联交易的信息披露公告 2022－01－12

6. 关于中再资产管理股份有限公司与中国人寿再保险有限责任公司境外资

产委托管理重大关联交易的信息披露公告 2022－01－12

7. 关于中再资产管理股份有限公司与中国人寿再保险有限责任公司资负联动资产委托管理重大关联交易的信息披露公告 2022－01－12

8. 关于中再资产管理股份有限公司与中国大地财产保险股份有限公司重大关联交易的信息披露公告 2022－01－12

9. 关于中再资产管理股份有限公司与中国再保险（香港）股份有限公司资产委托管理重大关联交易的信息披露公告 2022－01－14

10. 关于中再资产管理股份有限公司与中晖宁基私募基金管理有限责任公司签署《减资协议》重大关联交易的信息披露公告 2022－07－08

11. 关于中再资产管理股份有限公司与中国大地财产保险股份有限公司重大关联交易变更的信息披露公告 2022－12－02

阳光资产管理股份有限公司：

1. 关于阳光资产管理股份有限公司与阳光人寿保险股份有限公司累计关联交易金额达到重大关联交易标准的信息披露公告 2022－04－28

2. 阳光资产管理股份有限公司关于与阳光保险集团股份有限公司签订《委托投资管理合同》暨统一交易协议的重大关联交易信息披露公告 2022－06－14

3. 阳光资产管理股份有限公司关于与阳光财产保险股份有限公司签订《委托投资管理合同》暨统一交易协议的重大关联交易信息披露公告 2022－06－14

4. 阳光资产管理股份有限公司关于与阳光人寿保险股份有限公司签订《委托投资管理合同》暨统一交易协议的重大关联交易信息披露公告 2022－06－14

5. 阳光资产管理股份有限公司关于与阳光信用保证保险股份有限公司签订《委托投资管理合同》暨统一交易协议的重大关联交易信息披露公告 2022－06－14

6. 关于阳光资产管理股份有限公司与北京阳光融和置业有限公司签订租赁合同的重大关联交易信息披露公告 2022－06－14

7. 关于阳光资产管理股份有限公司与阳光人寿保险股份有限公司累计关联交易金额达到重大关联交易标准的信息披露公告 2022－07－28

8. 关于阳光资产管理股份有限公司与阳光人寿保险股份有限公司累计关联交易金额达到重大关联交易标准的信息披露公告 2022－11－18

9. 关于阳光资产管理股份有限公司与阳光财产保险股份有限公司累计关联交易金额达到重大关联交易标准的信息披露公告 2022－12－22

太平资产管理有限公司：

1. 太平资产管理有限公司关于一级投标上海农村商业银行股份有限公司二级资本债券重大关联交易信息披露公告（2022 年第 2 号）2022－03－18

2. 太平资产管理有限公司与太平人寿保险有限公司 2022 年产品管理费累计重大关联交易第一次信息披露公告（2022 年第 5 号）2022－05－17

3. 太平资产管理有限公司与太平人寿保险有限公司 2022 年产品管理费累计重大关联交易第二次信息披露公告（2022 年第 9 号）2022－08－12

4. 太平创新投资管理有限公司关于发起设立太平科创私募投资基金的重大关联交易信息披露公告（2022 年第 10 号）2022－08－12

新华资产管理股份有限公司：

1. 关于与新华人寿保险股份有限公司签订《2022—2023 年中投资委托管理及咨询服务协议》涉及重大关联交易的信息披露公告 2022－02－10

2. 关于与新华人寿保险股份有限公司签订《新华－西安电子谷基础设施债权投资计划受托合同》涉及重大关联交易的信息披露公告 2022－03－04

3. 关于新华人寿保险股份有限公司申购“新华资产－明义十二号资产管理产品”涉及重大关联交易的信息披露公告 2022－03－11

4. 关于新华人寿保险股份有限公司申购“新华资产－明义十八号资产管理产品”涉及重大关联交易的信息披露公告 2022－08－23

5. 关于新华人寿保险股份有限公司申购“新华资产－明义二十二号资产管理产品”涉及重大关联交易的信息披露公告 2022－08－23

6. 新华资产管理股份有限公司关于与新华人寿保险股份有限公司签订《房屋租赁合同》涉及重大关联交易的信息披露公告 2022－09－21

7. 关于新华人寿保险股份有限公司申购“新华资产－明义二十三号资产管理产品”涉及重大关联交易的信息披露公告 2022－12－19

8. 关于新华人寿保险股份有限公司申购“新华资产－明义二十一号资产管理产品”涉及重大关联交易的信息披露公告 2022－12－23

泰康资产管理有限责任公司：

1. 泰康资产管理有限责任公司关于认购华泰－杭州上品不动产债权投资计划的重大关联交易信息披露公告 2022－01－13

2. 泰康资产管理有限责任公司关于与泰康伟业投资有限公司 2021 年度第 1 次累计重大关联交易信息披露公告 2022－01－17

3. 泰康资产管理有限责任公司关于与泰康养老保险股份有限公司 2021 年度第 3 次累计重大关联交易信息披露公告 2022－01－17

4. 泰康资产管理有限责任公司关于与泰康养老保险股份有限公司签订《委托服务协议》重大关联交易信息披露公告 2022－01－20

5. 泰康资产管理有限责任公司关于与泰康人寿保险有限责任公司签订《泰康人寿委托投资资产管理费及投资咨询服务费协议（2022 年至 2024 年）》重大关联交易信息披露公告 2022－01－20

6. 泰康资产管理有限责任公司关于与泰康资产管理（香港）有限公司签订《港股通组合投资顾问费协议》重大关联交易信息披露公告 2022－01－20

7. 泰康资产管理有限责任公司关于与泰康人寿保险有限责任公司 2021 年度第 5 次累计重大关联交易信息披露公告 2022－02－15

8. 泰康资产管理有限责任公司关于与泰康养老保险股份有限公司 2021 年度第 4 次累计重大关联交易信息披露公告 2022－02－15

9. 泰康资产有限责任公司关于 2022 年度公开市场业务重大关联交易的信息披露公告 2022－02－15

10. 泰康资产管理有限责任公司关于与泰康人寿保险有限责任公司 2021 年度第 5 次累计重大关联交易信息披露公告 2022－02－15

11. 泰康资产管理有限责任公司关于与泰康养老保险股份有限公司 2021 年度第 4 次累计重大关联交易信息披露公告 2022－02－15

12. 泰康资产管理有限责任公司关于 2022 年度公开市场业务重大关联交易的信息披露公告 2022－02－15

13. 泰康资产管理有限责任公司关于受让生命资产－保利宏和不动产债权投资计划的重大关联交易信息披露公告 2022－02－22

14. 泰康资产管理有限责任公司关于与泰康伟业投资有限公司签订《泰康集

团大厦办公楼租赁合同》重大关联交易信息披露公告 2022－02－22

15. 泰康资产管理有限责任公司关于与泰康人寿保险有限责任公司 2022 年度第 1 次累计重大关联交易信息披露公告 2022－04－21

16. 泰康资产管理有限责任公司关于与泰康养老保险股份有限公司 2022 年度第 1 次累计重大关联交易信息披露公告 2022－04－21

17. 泰康资产管理有限责任公司关于认购中意－西安保利广场不动产债权投资计划的重大关联交易信息披露公告 2022－06－17

18. 泰康资产管理有限责任公司关于与泰康保险集团股份有限公司 2022 年度第 1 次累计重大关联交易信息披露公告 2022－06－30

19. 泰康资产管理有限责任公司关于与泰康人寿保险有限责任公司 2022 年度第 2 次累计重大关联交易信息披露公告 2022－08－09

20. 泰康资产管理有限责任公司关于与泰康养老保险股份有限公司 2022 年度第 2 次累计重大关联交易信息披露公告 2022－09－19

21. 泰康资产管理有限责任公司关于认购阳光－保利中油广场不动产债权投资计划的重大关联交易信息披露公告 2022－09－28

22. 泰康资产管理有限责任公司关于认购招商信诺资管－天悦商业不动产债权投资计划的重大关联交易信息披露公告 2022－09－28

23. 泰康资产管理有限责任公司关于与泰康人寿保险有限责任公司 2022 年度第 3 次累计重大关联交易信息披露公告 2022－11－08

24. 泰康资产管理有限责任公司关于与泰康保险集团股份有限公司签署《IT 共享服务统一交易协议》信息披露公告 2022－11－18

25. 泰康资产管理有限责任公司关于向泰康保险集团股份有限公司派发股利的重大关联交易信息披露公告 2022－11－25

26. 泰康资产管理有限责任公司关于与泰康人寿保险有限责任公司 2022 年度第 4 次累计重大关联交易信息披露公告 2022－12－15

27. 泰康资产管理有限责任公司关于与保利发展控股集团股份有限公司 2022 年度第 1 次累计重大关联交易信息披露公告 2022－12－15

太平洋资产管理有限责任公司：

太平洋资产管理有限责任公司关于 2023 年度销售保险资产管理产品重大关

联交易的信息披露公告（2022－32）2022－12－30

平安资产管理有限责任公司：

1. 关于中国平安财产保险股份有限公司投资平安资产保险资管产品暨第一次累计重大关联交易的信息披露公告 2022－01－07

2. 关于与平安科技（深圳）有限公司、深圳平安通信科技有限公司签署信息技术服务协议暨重大关联交易情况的信息披露公告 2022－01－07

3. 太平洋资产管理有限责任公司关于 2022 年度销售保险资产管理产品重大关联交易的信息披露公告（2022－1）2022－01－11

4. 关于与中国平安人寿保险股份有限公司签署委托投资管理合同之补充协议 I 暨重大关联交易情况的信息披露公告 2022－01－20

5. 关于与众安在线财产保险股份有限公司签署委托投资管理合同暨重大关联交易的信息披露公告 2022－01－20

6. 关于与中国平安财产保险股份有限公司签署委托投资管理合同补充协议 V 暨重大关联交易情况的信息披露公告 2022－04－13

7. 关于平安资产管理有限责任公司资金运用类重大关联交易的信息披露公告 2022－04－22

8. 关于与中国平安人寿保险股份有限公司签署委托投资管理合同暨重大关联交易的信息披露公告 2022－06－01

9. 关于与中国平安人寿保险股份有限公司签署委托投资管理合同之补充协议 I 暨重大关联交易的信息披露公告 2022－06－21

10. 关于与中国平安人寿保险股份有限公司签署写字楼租赁合同补充协议暨重大关联交易的信息披露公告 2022－06－28

11. 关于中国平安人寿保险股份有限公司投资平安资产保险资管产品暨累计重大关联交易的信息披露公告 2022－10－14

12. 太平洋资产管理有限责任公司关于 2023 年度销售保险资产管理产品重大关联交易的信息披露公告（2022－32）2022－12－30

民生通惠资产管理有限公司：

1. 关于民生通惠资产管理有限公司与民生人寿保险股份有限公司签订《统一交易协议》及《投资委托管理协议》的重大关联交易信息披露 2022－03－18

2. 民生通惠资产管理有限公司关于与民生人寿保险股份有限公司 2022 年度第一次累计重大关联交易信息披露公告 2022 - 06 - 22

3. 民生通惠资产管理有限公司关于与民生人寿保险股份有限公司 2022 年度第二次累计重大关联交易信息披露公告 2022 - 11 - 07

华泰资产管理有限公司：

华泰资产管理有限公司关于与华泰保险集团股份有限公司重大关联交易的信息披露公告 2022 - 12 - 19

光大永明资产管理股份有限公司：

1. 重大关联交易信息〔2022〕001 号：关于光大永明资产管理股份有限公司与中国光大银行股份有限公司续作同业借款资金的重大关联交易公告 2022 - 01 - 06

2. 重大关联交易信息〔2022〕002 号：关于光大永明资产管理股份有限公司与光大理财有限责任公司 2021 年累计重大关联交易公告 2022 - 01 - 21

3. 重大关联交易信息〔2022〕003 号：关于光大永明资产管理股份有限公司与光大永明人寿保险有限公司签订委托投资管理协议的重大关联交易信息披露公告 2022 - 04 - 06

4. 重大关联交易信息〔2022〕004 号：关于光大永明资产管理股份有限公司与中国光大银行股份有限公司续作同业借款资金的重大关联交易公告 2022 - 08 - 02

5. 重大关联交易信息〔2022〕005 号：关于光大永明资产管理股份有限公司与光大兴陇信托有限责任公司 2022 年累计重大关联交易的公告 2022 - 08 - 02

6. 重大关联交易信息〔2022〕006 号：关于光大永明资产永聚固收 143 号和 160 号固定收益类资产管理产品买入中金公司持有的资产支持证券的重大关联交易信息披露公告 2022 - 08 - 11

7. 重大关联交易信息〔2022〕007 号：关于光大永明资产永聚固收 130 号固定收益类资产管理产品买入中金公司持有的资产支持票据的重大关联交易信息披露公告 2022 - 08 - 11

8. 重大关联交易信息〔2022〕008 号：关于光大永明资产永聚固收 139 号固定收益类资产管理产品买入中金公司作为对手方的资产支持票据的关联交易信息

披露公告 2022 -08 -11

9. 重大关联交易信息〔2022〕009 号：关于光大永明资产永聚固收 157 号固定收益类资产管理产品买入中信建投持有的资产支持票据的重大关联交易信息披露公告 2022 -08 -11

10. 重大关联交易信息〔2022〕010 号：关于光大永明资产管理股份有限公司与光大理财有限责任公司 2022 年累计重大关联交易信息披露公告 2022 -08 -18

11. 重大关联交易信息〔2022〕011 号：关于光大永明资产管理股份有限公司与光大永明人寿保险有限公司 2022 年累计重大关联交易信息披露公告 2022 -08 -18

12. 重大关联交易信息〔2022〕012 号：关于光大永明资产永聚固收 159 号固定收益类资产管理产品买入中金公司持有的资产支持票据的重大关联交易信息披露公告 2022 -08 -31

13. 重大关联交易信息〔2022〕013 号：关于光大永明资产永聚固收 159 号固定收益类资产管理产品买入中金公司持有的资产支持票据的重大关联交易信息披露公告 2022 -08 -31

14. 重大关联交易信息〔2022〕014 号：关于光大永明资产永聚固收 158 号固定收益类资产管理产品买入中金公司持有的资产支持票据的重大关联交易信息披露公告 2022 -08 -31

15. 重大关联交易信息〔2022〕015 号：关于光大永明资产管理股份有限公司与光大兴陇信托有限责任公司签订资产买卖协议的重大关联交易信息披露公告 2022 -08 -31

16. 重大关联交易信息〔2022〕016 号：关于光大永明资产永聚固收 144 号固定收益类资产管理产品买入中信建投持有的资产支持票据的重大关联交易信息披露公告 2022 -08 -31

17. 重大关联交易信息〔2022〕017 号：关于光大永明资产永聚固收 144 号固定收益类资产管理产品买入中信建投持有的资产支持证券的重大关联交易信息披露公告 2022 -09 -05

18. 重大关联交易信息〔2022〕018 号：关于光大永明资产永聚固收 159 号

固定收益类资产管理产品买入中金公司持有的资产支持票据的重大关联交易信息披露公告 2022 - 09 - 05

19. 【更正】重大关联交易信息〔2022〕018 号：关于光大永明资产永聚固收 159 号固定收益类资产管理产品买入中金公司持有的资产支持票据的重大关联交易信息披露公告 2022 - 09 - 06

20. 重大关联交易信息〔2022〕019 号：关于光大永明资产永聚固收 157 号固定收益类资产管理产品买入中金公司持有的资产支持票据的重大关联交易信息披露公告 2022 - 09 - 16

21. 重大关联交易信息〔2022〕020 号：关于光大永明资产永聚固收 130 号、143 号和 158 号固定收益类资产管理产品买入中金公司持有的资产支持票据的重大关联交易信息披露公告 2022 - 09 - 16

22. 重大关联交易信息〔2022〕021 号：关于光大永明资产管理股份有限公司与中国光大银行股份有限公司 2022 年累计重大关联交易信息披露公告 2022 - 09 - 16

23. 重大关联交易信息〔2022〕022 号：关于光大永明资产永聚固收 157 号固定收益类资产管理产品买入中信建投持有的资产支持票据的重大关联交易信息披露公告 2022 - 09 - 30

24. 重大关联交易信息〔2022〕023 号：关于光大永明资产永聚固收 157 号固定收益类资产管理产品买入中信建投持有的资产支持票据的重大关联交易信息披露公告 2022 - 09 - 30

25. 重大关联交易信息〔2022〕024 号：关于光大永明资产永聚固收 206 号固定收益类资产管理产品买入中信建投持有的资产支持证券的重大关联交易信息披露公告 2022 - 10 - 17

26. 重大关联交易信息〔2022〕025 号：关于光大永明资产永聚固收 139 号固定收益类资产管理产品买入中金公司持有的资产支持票据的重大关联交易信息披露公告 2022 - 10 - 17

27. 重大关联交易信息〔2022〕026 号：关于光大永明资产永聚固收 156 号固定收益类资产管理产品买入中信建投持有的资产支持证券的重大关联交易信息披露公告 2022 - 10 - 17

28. 重大关联交易信息〔2022〕027 号：关于光大永明资产永聚固收 157 号固定收益类资产管理产品买入中信建投持有的资产支持证券的重大关联交易信息披露公告 2022 – 10 – 17

29. 重大关联交易信息〔2022〕028 号：关于光大永明资产永聚固收 139 号固定收益类资产管理产品买入中信建投持有的资产支持证券的重大关联交易信息披露公告 2022 – 10 – 17

30. 【更正】重大关联交易信息〔2022〕026 号：关于光大永明资产永聚固收 156 号固定收益类资产管理产品买入中信建投持有的资产支持证券的重大关联交易信息披露公告 2022 – 10 – 19

31. 重大关联交易信息〔2022〕029 号：关于光大永明资产永聚固收 143 号固定收益类资产管理产品买入中信建投持有的资产支持票据的重大关联交易信息披露公告 2022 – 10 – 27

32. 重大关联交易信息〔2022〕030 号：关于光大永明资产永聚固收 143 号固定收益类资产管理产品买入中金公司持有的资产支持票据的重大关联交易信息披露公告 2022 – 10 – 27

33. 重大关联交易信息〔2022〕031 号：关于光大永明资产永聚固收 157 号固定收益类资产管理产品买入中金公司持有的资产支持票据的重大关联交易信息披露公告 2022 – 10 – 27

34. 重大关联交易信息〔2022〕032 号：关于光大永明资产永聚固收 130 号固定收益类资产管理产品买入中信建投持有的资产支持票据的重大关联交易信息披露公告 2022 – 10 – 27

35. 重大关联交易信息〔2022〕033 号：关于光大永明资产永聚固收 158 号固定收益类资产管理产品向中信建投卖出的资产支持证券的重大关联交易信息披露公告 2022 – 11 – 01

36. 重大关联交易信息〔2022〕034 号：关于光大永明资产永聚固收 158 号固定收益类资产管理产品向中信建投卖出的资产支持证券的重大关联交易信息披露公告 2022 – 11 – 01

37. 重大关联交易信息〔2022〕035 号：关于光大永明资产永聚固收 158 号固定收益类资产管理产品向中信建投卖出的资产支持证券的重大关联交易信息披

露公告 2022－11－01

38. 重大关联交易信息〔2022〕036 号：关于光大永明资产永聚固收 158 号固定收益类资产管理产品向中信建投卖出的资产支持证券的重大关联交易信息披露公告 2022－11－01

39. 重大关联交易信息〔2022〕037 号：关于光大永明资产永聚固收 158 号固定收益类资产管理产品向中信建投卖出的资产支持证券的重大关联交易信息披露公告 2022－11－01

40. 重大关联交易信息〔2022〕038 号：关于光大永明资产永聚固收 158 号固定收益类资产管理产品向中信建投卖出的资产支持证券的重大关联交易信息披露公告 2022－11－01

41. 重大关联交易信息〔2022〕039 号：关于光大永明资产永聚固收 158 号固定收益类资产管理产品向中信建投卖出的资产支持证券的重大关联交易信息披露公告 2022－11－01

42. 重大关联交易信息〔2022〕040 号：关于光大永明资产永聚固收 158 号固定收益类资产管理产品向中信建投卖出的资产支持证券的重大关联交易信息披露公告 2022－11－01

43. 重大关联交易信息〔2022〕041 号：关于光大永明资产永聚固收 143 号固定收益类资产管理产品买入中金公司持有的资产支持证券的重大关联交易信息披露公告 2022－11－01

44. 重大关联交易信息〔2022〕042 号：关于光大永明资产永聚固收 158 号固定收益类资产管理产品向中信建投卖出的资产支持证券的重大关联交易信息披露公告 2022－11－01

45. 重大关联交易信息〔2022〕043 号：关于光大永明资产永聚固收 158 号固定收益类资产管理产品向中信建投卖出的资产支持证券的重大关联交易信息披露公告 2022－11－01

46. 重大关联交易信息〔2022〕044 号：关于光大永明资产永聚固收 158 号固定收益类资产管理产品向中信建投卖出的资产支持证券的重大关联交易信息披露公告 2022－11－01

47. 重大关联交易信息〔2022〕045 号：关于光大永明资产永聚固收 158 号

固定收益类资产管理产品向中信建投卖出的资产支持证券的重大关联交易信息披露公告 2022－11－01

48. 重大关联交易信息〔2022〕046 号：关于光大永明资产永聚固收 209 号固定收益类资产管理产品买入中金公司持有的资产支持票据的重大关联交易信息披露公告 2022－11－03

49. 重大关联交易信息〔2022〕047 号：关于光大永明资产永聚固收 158 号固定收益类资产管理产品向中信建投卖出的资产支持证券的重大关联交易信息披露公告 2022－11－03

50. 重大关联交易信息〔2022〕048 号：关于光大永明资产永聚固收 158 号固定收益类资产管理产品向中信建投卖出的资产支持证券的重大关联交易信息披露公告 2022－11－03

51. 重大关联交易信息〔2022〕049 号：关于光大永明资产永聚固收 158 号固定收益类资产管理产品向中信建投卖出的资产支持票据的重大关联交易信息披露公告 2022－11－03

52. 重大关联交易信息〔2022〕050 号：关于光大永明资产永聚固收 158 号固定收益类资产管理产品向中信建投卖出的资产支持票据的重大关联交易信息披露公告 2022－11－03

53. 重大关联交易信息〔2022〕051 号：关于光大永明资产永聚固收 158 号固定收益类资产管理产品向中信建投卖出的资产支持证券的重大关联交易信息披露公告 2022－11－03

54. 重大关联交易信息〔2022〕052 号：关于光大永明资产永聚固收 158 号固定收益类资产管理产品向中信建投卖出的资产支持证券的重大关联交易信息披露公告 2022－11－03

55. 重大关联交易信息〔2022〕053 号：关于光大永明资产永聚固收 209 号固定收益类资产管理产品买入中金公司持有的资产支持证券的重大关联交易信息披露公告 2022－11－07

56. 重大关联交易信息〔2022〕054 号：关于光大永明资产永聚固收 206 号固定收益类资产管理产品买入中金公司持有的资产支持票据的重大关联交易信息披露公告 2022－11－07

57. 重大关联交易信息〔2022〕055 号：关于光大永明资产永聚固收 157 号固定收益类资产管理产品买入中信建投持有的资产支持证券的重大关联交易信息披露公告 2022－11－07

58. 重大关联交易信息〔2022〕056 号：关于光大永明资产永聚固收 139 号固定收益类资产管理产品买入中信建投持有的资产支持票据的重大关联交易信息披露公告 2022－11－07

59. 重大关联交易信息〔2022〕057 号：关于光大永明资产永聚固收 143 号固定收益类资产管理产品买入中金公司持有的资产支持证券的重大关联交易信息披露公告 2022－11－14

60. 重大关联交易信息〔2022〕058 号：关于光大永明资产永聚固收 143 号固定收益类资产管理产品买入中金公司持有的资产支持证券的重大关联交易信息披露公告 2022－11－14

61. 重大关联交易信息〔2022〕059 号：关于光大永明资产永聚固收 209 号固定收益类资产管理产品买入中金公司持有的资产支持证券的重大关联交易信息披露公告 2022－11－14

62. 重大关联交易信息〔2022〕060 号：关于光大永明资产永聚固收 143 号固定收益类资产管理产品买入中金公司持有的资产支持证券的重大关联交易信息披露公告 2022－11－14

63. 重大关联交易信息〔2022〕061 号：关于光大永明资产永聚固收 158 号固定收益类资产管理产品买入中信建投持有的资产支持证券的重大关联交易信息披露公告 2022－11－17

64. 重大关联交易信息〔2022〕062 号：关于光大永明资产永聚固收 130 号固定收益类资产管理产品买入中信建投持有的资产支持票据的重大关联交易信息披露公告 2022－11－17

65. 重大关联交易信息〔2022〕063 号：关于光大永明资产永聚固收 143 号固定收益类资产管理产品买入中金公司持有的资产支持证券的重大关联交易信息披露公告 2022－11－17

66. 重大关联交易信息〔2022〕064 号：关于光大永明资产永聚固收 158 号固定收益类资产管理产品买入中信建投持有的资产支持证券的重大关联交易信息

披露公告 2022 - 11 - 17

67. 重大关联交易信息〔2022〕065 号：关于光大永明资产永聚固收 158 号固定收益类资产管理产品买入中信建投持有的资产支持证券的重大关联交易信息披露公告 2022 - 11 - 17

68. 重大关联交易信息〔2022〕066 号：关于光大永明资产永聚固收 158 号固定收益类资产管理产品买入中信建投持有的资产支持证券的重大关联交易信息披露公告 2022 - 11 - 17

69. 重大关联交易信息〔2022〕067 号：关于光大永明资产永聚固收 158 号固定收益类资产管理产品买入中信建投持有的资产支持证券的重大关联交易信息披露公告 2022 - 11 - 17

70. 重大关联交易信息〔2022〕068 号：关于光大永明资产永聚固收 158 号固定收益类资产管理产品买入中信建投持有的资产支持证券的重大关联交易信息披露公告 2022 - 11 - 17

71. 重大关联交易信息〔2022〕069 号：关于光大永明资产永聚固收 158 号固定收益类资产管理产品买入中信建投持有的资产支持证券的重大关联交易信息披露公告 2022 - 11 - 17

72. 重大关联交易信息〔2022〕070 号：关于光大永明资产永聚固收 158 号固定收益类资产管理产品买入中信建投持有的资产支持证券的重大关联交易信息披露公告 2022 - 11 - 17

73. 重大关联交易信息〔2022〕071 号：关于光大永明资产永聚固收 158 号固定收益类资产管理产品买入中信建投持有的资产支持证券的重大关联交易信息披露公告 2022 - 11 - 17

74. 重大关联交易信息〔2022〕072 号：关于光大永明资产永聚固收 158 号固定收益类资产管理产品买入中信建投持有的资产支持证券的重大关联交易信息披露公告 2022 - 11 - 24

75. 重大关联交易信息〔2022〕073 号：关于光大永明资产永聚固收 158 号固定收益类资产管理产品买入中信建投持有的资产支持证券的重大关联交易信息披露公告 2022 - 11 - 24

76. 重大关联交易信息〔2022〕074 号：关于光大永明资产永聚固收 143 号

固定收益类资产管理产品买入中金公司持有的资产支持证券的重大关联交易信息披露公告 2022 - 11 - 24

77. 重大关联交易信息〔2022〕075 号：关于光大永明资产永聚固收 157 号固定收益类资产管理产品买入中信建投持有的资产支持票据的重大关联交易信息披露公告 2022 - 11 - 24

78. 重大关联交易信息〔2022〕076 号：关于光大永明资产永聚固收 157 号固定收益类资产管理产品买入中信建投持有的资产支持票据的重大关联交易信息披露公告 2022 - 11 - 24

79. 重大关联交易信息〔2022〕077 号：关于光大永明资产永聚固收 157 号固定收益类资产管理产品买入中信建投持有的资产支持票据的重大关联交易信息披露公告 2022 - 11 - 24

80. 重大关联交易信息〔2022〕078 号：关于光大永明资产永聚固收 209 固定收益类资产管理产品买入中金公司持有的资产支持票据的重大关联交易信息披露公告 2022 - 11 - 24

81. 重大关联交易信息〔2022〕079 号：关于光大永明资产永聚固收 130、157、158 和 159 号固定收益类资产管理产品买入申万宏源持有的资产支持票据的重大关联交易信息披露公告 2022 - 11 - 24

82. 重大关联交易信息〔2022〕080 号：关于光大永明资产永聚固收 130 号固定收益类资产管理产品买入中信建投持有的资产支持证券的重大关联交易信息披露公告 2022 - 11 - 24

83. 重大关联交易信息〔2022〕081 号：关于光大永明资产永聚固收 143 号固定收益类资产管理产品买入中金公司持有的资产支持证券的重大关联交易信息披露公告 2022 - 12 - 01

84. 重大关联交易信息〔2022〕082 号：关于光大永明资产永聚固收 143 号固定收益类资产管理产品买入中金公司持有的资产支持证券的重大关联交易信息披露公告 2022 - 12 - 01

85. 重大关联交易信息〔2022〕083 号：关于光大永明资产永聚固收 158 号固定收益类资产管理产品买入中信建投持有的资产支持票据的重大关联交易信息披露公告 2022 - 12 - 01

86. 重大关联交易信息〔2022〕084号：关于光大永明资产永聚固收208号固定收益类资产管理产品买入中金公司持有的资产支持证券的重大关联交易信息披露公告 2022－12－01

87. 重大关联交易信息〔2022〕085号：关于光大永明资产永聚固收208号固定收益类资产管理产品买入中金公司持有的资产支持证券的重大关联交易信息披露公告 2022－12－01

88. 重大关联交易信息〔2022〕086号：关于光大永明资产永聚固收208号固定收益类资产管理产品买入中金公司持有的资产支持证券的重大关联交易信息披露公告 2022－12－06

89. 重大关联交易信息〔2022〕087号：关于光大永明资产永聚固收157号固定收益类资产管理产品向中信建投卖出的资产支持证券的重大关联交易信息披露公告 2022－12－21

90. 重大关联交易信息〔2022〕088号：关于光大永明资产永聚固收157号固定收益类资产管理产品买入中信建投持有的资产支持证券的重大关联交易信息披露公告 2022－12－21

91. 重大关联交易信息〔2022〕089号：关于光大永明资产永聚固收157号固定收益类资产管理产品买入中信建投持有的资产支持证券的重大关联交易信息披露公告 2022－12－21

92. 重大关联交易信息〔2022〕090号：关于光大永明资产永聚固收206号固定收益类资产管理产品向光大理财卖出的资产支持证券的重大关联交易信息披露公告 2022－12－29

93. 重大关联交易信息〔2022〕091号：关于光大永明资产永聚固收206号固定收益类资产管理产品向光大理财卖出的资产支持证券的重大关联交易信息披露公告 2022－12－29

94. 重大关联交易信息〔2022〕092号：关于光大永明资产永聚固收206号固定收益类资产管理产品向光大理财卖出的资产支持证券的重大关联交易信息披露公告 2022－12－29

95. 重大关联交易信息〔2022〕093号：关于光大永明资产永聚固收206号固定收益类资产管理产品向光大理财卖出的资产支持证券的重大关联交易信息披

露公告 2022－12－29

96. 重大关联交易信息〔2022〕094 号：关于光大永明资产永聚固收 206 号固定收益类资产管理产品向中金公司卖出的资产支持票据的重大关联交易信息披露公告 2022－12－29

97. 重大关联交易信息〔2022〕095 号：关于光大永明资产永聚固收 206 号固定收益类资产管理产品向中金公司卖出的资产支持票据的重大关联交易信息披露公告 2022－12－29

98. 重大关联交易信息〔2022〕096 号：关于光大永明资产永聚固收 206 号固定收益类资产管理产品向光大理财卖出的资产支持证券的重大关联交易信息披露公告 2022－12－29

99. 重大关联交易信息〔2022〕097 号：关于光大永明资产永聚固收 209 号固定收益类资产管理产品向中金公司卖出的资产支持票据的重大关联交易信息披露公告 2022－12－30

100. 重大关联交易信息〔2022〕098 号：关于光大永明资产永聚固收 130 号固定收益类资产管理产品向光大理财卖出的资产支持证券的重大关联交易信息披露公告 2022－12－30

101. 重大关联交易信息〔2022〕099 号：关于光大永明资产永聚固收 156 号固定收益类资产管理产品向光大理财卖出的资产支持证券的重大关联交易信息披露公告 2022－12－30

102. 重大关联交易信息〔2022〕100 号：关于光大永明资产永聚固收 143 号固定收益类资产管理产品向光大理财卖出的资产支持证券的重大关联交易信息披露公告 2022－12－30

103. 重大关联交易信息〔2022〕101 号：关于光大永明资产永聚固收 143 号固定收益类资产管理产品向光大理财卖出的资产支持证券的重大关联交易信息披露公告 2022－12－30

104. 重大关联交易信息〔2022〕102 号：关于光大永明资产永聚固收 213 号固定收益类资产管理产品买入光大理财持有的资产支持证券的重大关联交易信息披露公告 2022－12－30

105. 重大关联交易信息〔2022〕103 号：关于光大永明资产永聚固收 213 号

固定收益类资产管理产品买入光大理财持有的资产支持证券的重大关联交易信息披露公告 2022－12－30

106. 重大关联交易信息〔2022〕104号：关于光大永明资产永聚固收213号固定收益类资产管理产品买入光大理财持有的资产支持证券的重大关联交易信息披露公告 2022－12－30

107. 重大关联交易信息〔2022〕105号：关于光大永明资产永聚固收213号固定收益类资产管理产品买入光大理财持有的资产支持证券的重大关联交易信息披露公告 2022－12－30

108. 重大关联交易信息〔2022〕106号：关于光大永明资产永聚固收213号固定收益类资产管理产品买入光大理财持有的资产支持证券的重大关联交易信息披露公告 2022－12－30

109. 重大关联交易信息〔2022〕107号：关于光大永明资产永聚固收213号固定收益类资产管理产品买入光大理财持有的资产支持证券的重大关联交易信息披露公告 2022－12－30

110. 重大关联交易信息〔2022〕108号：关于光大永明资产永聚固收213号固定收益类资产管理产品买入光大理财持有的资产支持证券的重大关联交易信息披露公告 2022－12－30

111. 重大关联交易信息〔2022〕109号：关于光大永明资产永聚固收213号固定收益类资产管理产品买入光大理财持有的资产支持证券的重大关联交易信息披露公告 2022－12－30

112. 重大关联交易信息〔2022〕110号：关于光大永明资产永聚固收213号固定收益类资产管理产品买入光大理财持有的资产支持证券的重大关联交易信息披露公告 2022－12－30

113. 重大关联交易信息〔2022〕111号：关于光大永明资产永聚固收143号固定收益类资产管理产品向光大理财卖出的资产支持证券的重大关联交易信息披露公告 2022－12－30

114. 重大关联交易信息〔2022〕112号：关于光大永明资产永聚固收143号固定收益类资产管理产品向光大理财卖出的资产支持证券的重大关联交易信息披露公告 2022－12－30

115. 重大关联交易信息〔2022〕113号：关于光大永明资产永聚固收143号固定收益类资产管理产品向光大理财卖出的资产支持证券的重大关联交易信息披露公告 2022-12-30

116. 重大关联交易信息〔2022〕114号：关于光大永明资产永聚固收143号固定收益类资产管理产品向光大理财卖出的资产支持证券的重大关联交易信息披露公告 2022-12-30

117. 重大关联交易信息〔2022〕115号：关于光大永明资产永聚固收143号固定收益类资产管理产品买入光大理财持有的资产支持证券的重大关联交易信息披露公告 2022-12-30

118. 重大关联交易信息〔2022〕116号：关于光大永明资产永聚固收143号固定收益类资产管理产品买入光大理财持有的资产支持证券的重大关联交易信息披露公告 2022-12-30

119. 关联交易信息〔2022〕117号：关于光大永明资产永聚固收165号固定收益类资产管理产品买入光大理财持有的资产支持证券的重大关联交易信息披露公告 2022-12-30

120. 重大关联交易信息〔2022〕118号：关于光大永明资产永聚固收165号固定收益类资产管理产品买入光大理财持有的资产支持证券的重大关联交易信息披露公告 2022-12-30

121. 重大关联交易信息〔2022〕119号：关于光大永明资产永聚固收160号固定收益类资产管理产品买入光大理财持有的资产支持证券的重大关联交易信息披露公告 2022-12-30

122. 重大关联交易信息〔2022〕120号：关于光大永明资产永聚固收143号固定收益类资产管理产品向光大理财卖出的资产支持证券的重大关联交易信息披露公告 2022-12-30

123. 重大关联交易信息〔2022〕121号：关于光大永明资产永聚固收213号固定收益类资产管理产品买入光大理财持有的资产支持证券的重大关联交易信息披露公告 2022-12-30

124. 重大关联交易信息〔2022〕122号：关于光大永明资产永聚固收205号固定收益类资产管理产品买入光大理财持有的资产支持证券的重大关联交易信息

披露公告 2022 - 12 - 30

125. 重大关联交易信息〔2022〕123 号：关于光大永明资产永聚固收 143 号固定收益类资产管理产品向光大理财卖出的资产支持证券的重大关联交易信息披露公告 2022 - 12 - 30

生命保险资产管理有限公司：

1. 关于富德生命人寿保险股份有限公司与生命保险资产管理有限公司签订资产委托管理协议之关联交易的信息披露公告 2022 - 01 - 25

2. 关于生命保险资产管理有限公司与富德保险控股股份有限公司签订信息技术服务统一交易协议的关联交易信息披露公告 2022 - 08 - 01

中意资产管理有限责任公司：

1. 中意资产管理有限责任公司关于中意人寿 2022 年度委托中意资产管理资产构成重大关联交易信息披露公告 2022 - 03 - 22

2. 中意资产管理有限责任公司关于与中意人寿保险有限公司 2022 年度第一次累计重大关联交易的信息披露公告 2022 - 07 - 14

3. 中意资产管理有限责任公司关于“中意 - 济南中央商务区商业不动产债权投资计划”构成重大关联交易的信息披露公告 2022 - 10 - 21

华安财保资产管理有限责任公司：

华安财保资产管理有限责任公司与华安财产保险股份有限公司签订《委托资产管理协议之补充协议（二）》关联交易的信息披露公告—华安资产临时信息披露报告〔2022〕017 号 2022 - 05 - 09

合众资产管理股份有限公司：

合众资产管理股份有限公司关于与合众财产保险股份有限公司签订委托投资管理协议补充协议（2022）的关联交易信息披露公告 2022 - 09 - 13

大家资产管理有限责任公司：

大家资产管理有限责任公司关于与大家保险集团有限责任公司签署统一交易协议的信息披露公告 2022 - 10 - 25

长城财富保险资产管理股份有限公司：

1. 长城财富保险资产管理股份有限公司关于委托资产管理补充协议重大关联交易信息披露公告 2022 - 1 2022 - 01 - 25

2. 长城财富保险资产管理股份有限公司关于长城人寿保险股份有限公司及北京金融街投资（集团）有限公司拟参与公司增资扩股的重大关联交易信息披露公告 2022－7 2022－04－21

3. 长城财富保险资产管理股份有限公司关于增资扩股的重大关联交易信息披露公告 2022－25 2022－09－20

建信保险资产管理有限公司：

1. 建信保险资产管理有限公司关于与建信人寿保险股份有限公司 2021 年度第五次累计达到重大关联交易信息披露公告 2022－01－20

2. 建信保险资产管理有限公司关于与建信人寿保险股份有限公司 2021 年度第四次累计达到重大关联交易信息披露公告 2022－01－20

3. 建信保险资产管理有限公司关于与建信人寿保险股份有限公司 2022 年度第一次累计达到重大关联交易信息披露公告 2022－04－20

4. 建信保险资产管理有限公司关于与建信人寿保险股份有限公司 2022 年度第二次累计达到重大关联交易信息披露公告 2022－07－21

5. 建信保险资产管理有限公司关于与建信人寿保险股份有限公司 2022 年度第四次累计达到重大关联交易信息披露公告 2022－10－20

6. 建信保险资产管理有限公司关于与建信人寿保险股份有限公司 2022 年度第三次累计达到重大关联交易信息披露公告 2022－10－20

百年保险资产管理有限责任公司：

1. 临时信息披露〔2022〕1 号：《百年保险资产管理有限责任公司关于 2021 年度累计构成重大关联交易的信息披露公告》2022－05－27

2. 临时信息披露〔2022〕2 号：《百年保险资产管理有限责任公司关于 2022 年度销售保险资产管理产品预计构成重大关联交易的信息披露公告》2022－05－27

3. 临时信息披露〔2022〕4 号：百年保险资产管理有限责任公司关于与百年人寿保险股份有限公司签订《委托投资管理补充协议》构成重大关联交易的信息披露公告 2022－11－14

工银安盛资产管理有限公司：

1. 关于工银安盛资产管理有限公司 2022 年第一次与中国工商银行股份有限

公司关联交易金额累计达到重大关联交易标准的信息披露公告 2022－09－29

2. 关于工银安盛资产管理有限公司 2022 年第二次与工银安盛人寿保险有限公司关联交易金额累计达到重大关联交易标准的信息披露公告 2022－09－29

3. 关于工银安盛资产管理有限公司与中国工商银行股份有限公司办公职场租赁重大关联交易的信息披露公告 2022－10－26

4. 关于工银安盛资产管理有限公司 2022 年第一次与工银安盛人寿保险有限公司关联交易金额累计达到重大关联交易标准的信息披露公告 2022－11－17

5. 关于工银安盛资产管理有限公司 2022 年第三次与工银安盛人寿保险有限公司关联交易金额累计达到重大关联交易标准的信息披露公告 2022－11－18

交银康联资产管理有限公司：

交银康联资产管理有限公司关于与交通银行股份有限公司安徽省分行签署《统一财务顾问交易协议》的报告 2022－12－14

中信保诚资产管理有限责任公司：

1. 中信保诚资产管理有限责任公司关于租赁中信保诚人寿大厦重大关联交易的信息披露公告 2022－01－28

2. 关于中信保诚资产管理有限责任公司与中信保诚人寿保险有限公司签署委托投资合同重大关联交易的信息披露公告 2022－04－20

3. 关于中信保诚资产管理有限责任公司与中信保诚人寿保险有限公司开展投资业务合作事项下重大关联交易的信息披露公告 2022－04－20

4. 中信保诚资产管理有限责任公司关于向关联方发售“中信保诚资管信远价值专项产品（第 1 期）”的重大关联交易信息披露公告 2022－06－07

招商信诺资产管理有限公司：

1. 临时信息披露公告（2021 年第 11 号）招商信诺资产管理有限公司关于与招商银行股份有限公司签署《咨询服务框架协议》统一交易协议的重大关联交易的信息披露公告 2022－01－04

2. 协议中投资管理人报酬的重大关联交易信息披露公告 2023－04－26

3. 招商信诺资产管理有限公司关于调整《保险资产委托投资管理合同》统一交易招商信诺资产管理有限公司关于与招商局蛇口工业区控股股份有限公司开展项目融资合作的重大关联交易的信息披露公告 2022－05－06

4. 招商信诺资产管理有限公司关于与镇江盈盛房地产开发有限公司开展项目融资合作的重大关联交易的信息披露公告 2022－05－06

5. 招商信诺资产管理有限公司关于调整《保险资产委托投资管理合同》统一交易协议中投资管理人报酬的重大关联交易信息披露公告 2022－05－23

6. 招商信诺资产管理有限公司关于与上海招鸿邮轮科技有限公司开展项目融资合作的重大关联交易的信息披露公告 2022－06－13

7. 招商信诺资产管理有限公司关于与招商局蛇口工业区控股股份有限公司开展项目融资合作的重大关联交易的信息披露公告 2022－06－13

8. 招商信诺资产管理有限公司关于与招商局蛇口工业区控股股份有限公司开展项目融资合作的重大关联交易的信息披露公告 2022－06－21

9. 招商信诺资产管理有限公司关于与招银理财有限责任公司签署《委受托业务合作框架协议》统一交易协议暨重大关联交易的信息披露公告 2022－07－14

10. 招商信诺资产管理有限公司关于与商岸置业（深圳）有限公司开展项目融资合作的重大关联交易的信息披露公告 2022－08－10

11. 招商信诺资产管理有限公司关于与招商局蛇口工业区控股股份有限公司开展项目融资合作的重大关联交易的信息披露公告 2022－08－10

12. 招商信诺资产管理有限公司关于与商岸置业（深圳）有限公司开展项目融资合作的重大关联交易的信息披露公告 2022－08－18

13. 招商信诺资产管理有限公司关于与招商局蛇口工业区控股股份有限公司开展项目融资合作的重大关联交易的信息披露公告 2022－08－18（更正 2022 年第 15 号公告）

14. 招商信诺资产管理有限公司关于与商岸置业（深圳）有限公司开展项目融资合作的重大关联交易的信息披露公告 2022－08－18（更正 2022 年第 16 号公告）

15. 招商信诺资产管理有限公司关于与招商局蛇口工业区控股股份有限公司开展项目融资合作的重大关联交易的信息披露公告 2022－08－18（更正 2022 年第 15 号公告）

16. 招商信诺资产管理有限公司关于与成都招商北湖置地有限公司开展项目

融资合作的重大关联交易的信息披露公告 2022－09－15（更正 2022 年第 16 号公告）

17. 招商信诺资产管理有限公司关于与招商局蛇口工业区控股股份有限公司开展项目融资合作的重大关联交易的信息披露公告 2022－09－15

18. 招商信诺资产管理有限公司关于与深圳市鑫麦穗投资管理有限公司开展项目合作的重大关联交易信息披露公告 2022－12－30

人保资本保险资产管理有限公司：

1. 人保资本保险资产管理有限公司关于睿力集成股权投资计划重大关联交易的信息披露公告 2022－01－07

2. 人保资本保险资产管理有限公司关于“人保资本－天津地铁基础设施债权投资计划”重大关联交易的信息披露公告 2022－06－24

3. 人保资本保险资产管理有限公司关于与中国人民人寿保险股份有限公司签署《资产委托管理协议》及《资产委托管理协议补充协议》统一交易协议暨重大关联交易的信息披露公告 2022－08－18

4. 人保资本保险资产管理有限公司关于与中国人民财产保险股份有限公司签署《资产委托管理协议》及《资产委托管理协议补充协议》统一交易协议暨重大关联交易的信息披露公告 2022－09－22

5. 人保资本保险资产管理有限公司关于“人保资本－信达金租 1 号资产支持计划”重大关联交易的信息披露公告 2022－10－24

6. 人保资本保险资产管理有限公司关于“人保资本－中国广核集团基础设施债权投资计划（一期）”重大关联交易（人保寿险）的信息披露公告 2022－11－21

7. 人保资本保险资产管理有限公司关于“人保资本－中国广核集团基础设施债权投资计划（一期）”重大关联交易（人保养老）的信息披露公告 2022－11－21

8. 人保资本保险资产管理有限公司关于“中诚信托－国新控股集合资金信托计划投资咨询项目”重大关联交易的信息披露公告 2022－12－16

9. 人保资本保险资产管理有限公司关于与中国人民健康保险股份有限公司签署《资产委托管理协议》及《资产委托 管理协议补充协议》统一交易协议暨

重大关联交易的信息披露公告 2022－12－21

国寿投资保险资产管理有限公司：

1. 国寿投资保险资产管理有限公司关于新源壹号股权投资计划项目的关联交易信息披露公告 2022－01－10

2. 国寿投资保险资产管理有限公司关于北京绿色环保股权投资计划项目的关联交易信息披露公告 2022－01－12

3. 国寿投资保险资产管理有限公司关于与中国人寿保险股份有限公司、国寿健康产业投资有限公司签署《养老项目经营管理服务协议》所涉关联交易的信息披露公告 2022－01－13

4. 国寿投资保险资产管理有限公司关于苏州河基金项目的关联交易信息披露公告 2022－01－14

5. 国寿投资保险资产管理有限公司关于与国寿远通公司续签资金占用协议所涉重大关联交易的信息披露公告 2022－01－14

6. 国寿投资保险资产管理有限公司关于与中国人寿保险股份有限公司签订《保险资金另类投资委托投资管理及运营服务协议》的信息披露公告 2022－01－17

7. 国寿投资保险资产管理有限公司关于与中国人寿财产保险股份有限公司签署《另类投资委托及授权管理协议》所涉关联交易的信息披露公告 2022－01－20

8. 国寿投资保险资产管理有限公司关于签署《2022—2024 年度中国人寿品牌建设费用分担协议》所涉重大关联交易的信息披露公告 2022－01－20

9. 国寿投资保险资产管理有限公司关于国寿中铁基金项目所涉重大关联交易的信息披露公告 2022－03－30

10. 国寿投资保险资产管理有限公司关于新电壹号股权投资计划项目的关联交易信息披露公告 2022－04－14

11. 国寿投资保险资产管理有限公司关于控股子公司资金运用重大关联交易信息披露公告 2022－05－10

12. 国寿投资保险资产管理有限公司关于与国寿健康产业投资有限公司续签《咨询服务协议》所涉重大关联交易的信息披露公告 2022－07－01

国华兴益保险资产管理有限公司：

国华兴益保险资产管理有限公司关于与国华人寿保险股份有限公司签署《保险资产委托投资管理合同》相关补充协议的关联交易信息披露公告 2022－09－26

安联保险资产管理有限公司：

1. 安联保险资产管理有限公司关于签署统一关联交易协议的信息披露报告（2022 年 2 号）2022－06－20

2. 安联保险资产管理有限公司与安联（中国）保险控股有限公司签订统一关联交易协议的信息披露报告（2022 年 4 号）2022－08－02

3. 安联保险资产管理有限公司关于签署统一关联交易协议的信息披露报告（2022 年 12 号）2022－11－21

太平资本保险资产管理有限公司：

1. 太平资本保险资产管理有限公司关于与太平财产保险有限公司签订 2022—2024 年《资产委托投资管理合同》（统一交易协议）关联交易信息披露公告 2022－03－01

2. 太平资本保险资产管理有限公司关于与太平人寿保险有限公司签订 2022—2024 年《资产委托投资管理合同》关联交易信息披露公告 2022－03－01

3. 太平资本保险资产管理有限公司关于与中国太平人寿保险（香港）有限公司签订《常年咨询顾问合同之补充合同（统一交易协议）》关联交易的信息披露公告（2022 年 5 号）2022－03－25

（二）再保险公司

中国财产再保险有限责任公司：

1. 中国财产再保险有限责任公司关于与中再资产管理股份有限公司签订《2021—2023 年资产委托管理协议》之补充协议的重大关联交易信息披露公告 2022－01－06

2. 中国财产再保险有限责任公司关于与 Chaucer Insurance Company Designated Activity Company 签订《成数分保合约》的重大关联交易信息披露公告 2022－02－21

中国人寿再保险有限责任公司：

1. 关于中国人寿再保险有限责任公司与中再资产管理股份有限公司、中再

资产管理（香港）有限公司重大关联交易的信息披露公告 2022－01－10

2. 关于中国人寿再保险有限责任公司与中再资产管理股份有限公司重大关联交易的信息披露公告 2022－01－10

慕尼黑再保险公司北京分公司：

慕再北分与 Great Lakes Insurance SE 关联交易披露 2022－01－18

瑞士再保险股份有限公司北京分公司：

1. 瑞士再保险股份有限公司北京分公司与永诚财产保险股份有限公司签订再保险合同的重大关联交易信息披露公告 2022－02－15

2. 瑞士再保险股份有限公司北京分公司与 Swiss Re Asia Pte. Ltd. 签订寿险转分保合约统一交易协议的信息披露公告 2022－06－22

3. 瑞士再保险股份有限公司北京分公司与 Swiss Re Asia Pte. Ltd. 签订寿险转分保合约补充协议的信息披露公告 2022－07－19

4. 瑞士再保险股份有限公司北京分公司与 Swiss Re Management Ltd 签订统一交易协议补充协议的信息披露公告 2022－10－10

5. 瑞士再保险股份有限公司北京分公司与永诚财产保险股份有限公司累计关联交易达到重大关联交易标准的信息披露公告 2022－10－20

6. 瑞士再保险股份有限公司北京分公司与 Swiss Re Asia Pte. Ltd. 签订转分保合约补充协议的信息披露公告 2022－12－19

7. 瑞士再保险股份有限公司北京分公司与 Swiss Re Asia Pte. Ltd.，Hong Kong Branch 签订统一交易协议的信息披露公告 2022－12－19

法国再保险公司北京分公司：

1. 法国再保险公司北京分公司与法国全球人寿再保险爱尔兰有限公司从事再保险重大关联交易信息披露公告 2022－02－16

2. 法国再保险公司北京分公司与法国全球人寿再保险爱尔兰有限公司从事再保险重大关联交易信息披露公告 2022－02－17

3. 法国再保险公司北京分公司关于 2022 年与法国全球人寿再保险爱尔兰有限公司从事转分保关联交易的信息披露公告 2022－03－23

4. 法国再保险公司北京分公司与法再爱尔兰从事寿险转分保重大关联交易的信息披露公告 2022－08－02

德国通用再保险股份公司上海分公司：

1. 德国通用再保险股份公司上海分公司签订统一交易协议的信息披露报告（通用再上海临时信息披露〔2022〕1号）2022－01－24

2. 德国通用再保险股份公司上海分公司变更统一交易协议的信息披露报告（通用再上海临时信息披露〔2022〕2号）2022－01－25

信利再保险（中国）有限公司：

1. 信利再保险（中国）有限公司重大关联交易信息披露报告〔2022〕第1号 2022－01－27

2. 信利再保险（中国）有限公司重大关联交易信息披露报告〔2022〕第2号 2022－04－06

3. 信利再保险（中国）有限公司重大关联交易信息披露报告【2023】第1号 2023－04－14

汉诺威再保险股份公司上海分公司：

1. 汉诺威再保险股份公司上海分公司重大关联交易信息披露公告－汉再爱尔兰 2022－02－22

2. 汉诺威再保险股份公司上海分公司重大关联交易信息披露公告－汉再爱尔兰 2022－02－22

3. 汉诺威再保险股份公司上海分公司重大关联交易信息披露公告－汉再百慕大 2022－02－28

太平再保险（中国）有限公司：

1. 太平再保险（中国）有限公司关于与太平财产保险有限公司签署《再保险业务框架协议》重大关联交易的信息披露公告 2022－01－29

2. 太平再保险（中国）有限公司关于与中国太平保险（香港）有限公司签署《2022年转分保业务协议》关联交易的信息披露公告 2022－02－10

前海再保险股份有限公司：

前海再保险股份有限公司关于与信美人寿相互保险社签订《保险分保业务统一交易协议之补充协议》之重大关联交易信息披露公告 2022－01－24

大韩再保险公司上海分公司：

1. 大韩再保险公司上海分公司与 Korean Reinsurance Company 签订转分保统

一交易协议的信息披露公告（大韩再上分临披〔2022〕02 号）2022 -01 -10

2. 大韩再保险公司上海分公司与 Korean Reinsurance Company 签订转分保统一交易协议的信息披露公告（大韩再上分临披〔2022〕01 号）2022 -01 -10

中国农业再保险股份有限公司：

1. 关于中国农业再保险股份有限公司与中华联合财产保险股份有限公司签署《政策性农业保险再保险标准协议》的重大关联交易信息披露公告 2022 -01 -24

2. 关于中国农业再保险股份有限公司与中国人寿财产保险股份有限公司签署《政策性农业保险再保险标准协议》的重大关联交易信息披露公告 2022 -01 -24

3. 关于中国农业再保险股份有限公司与中国大地财产保险股份有限公司签署《政策性农业保险再保险标准协议》的重大关联交易信息披露公告 2022 -01 -24

4. 关于中国农业再保险股份有限公司与阳光农业相互保险公司签署《政策性农业保险再保险标准协议》的重大关联交易信息披露公告 2022 -01 -29

5. 关于中国农业再保险股份有限公司与中国财产再保险有限责任公司签署《政策性农业保险约定分保业务转分保合同》的重大关联交易信息披露公告 2022 -05 -24

（三）集团公司

中国人寿保险（集团）公司：

1. 中国人寿保险（集团）公司关于续签《保险业务代理协议》重大关联交易的信息披露公告 2022 -01 -06

2. 中国人寿保险（集团）公司关于签订《2022—2024 年度中国人寿品牌建设费用分担协议》重大关联交易的信息披露公告 2022 -01 -06

3. 中国人寿保险（集团）公司关于控股子公司重大关联交易的信息披露公告 2022 -01 -07

4. 中国人寿保险（集团）公司关于签署《官网相关系统灾备安全建设与监管要求落实项目合同》重大关联交易的信息披露公告 2022 -03 -23

5. 中国人寿保险（集团）公司关于签署《官网相关系统灾备安全建设与监管要求落实项目合同》重大关联交易的信息披露公告 2022 -03 -23

中国太平保险集团有限责任公司：

1. 中国太平保险集团有限责任公司关于子公司内部借款重大关联交易的信

息披露公告 2022 - 01 - 05

2. 中国太平保险集团有限责任公司关于内部借款重大关联交易的信息披露公告 2022 - 01 - 05

3. 中国太平保险集团有限责任公司关于子公司内部借款重大关联交易的信息披露公告 2022 - 01 - 05

4. 中国太平保险集团有限责任公司关于子公司签订内部分保业务统一交易协议的信息披露公告 2022 - 01 - 05

5. 中国太平保险集团有限责任公司关于子公司签订内部分保业务统一交易协议的信息披露公告 2022 - 01 - 05

6. 中国太平保险集团有限责任公司关于子公司签订内部分保业务统一交易协议的信息披露公告 2022 - 01 - 05

7. 中国太平保险集团有限责任公司关于子公司签订内部分保业务统一交易协议的信息披露公告 2022 - 01 - 05

8. 中国太平保险集团有限责任公司关于子公司签订内部分保业务统一交易协议的信息披露公告 2022 - 01 - 05

9. 中国太平保险集团有限责任公司关于子公司内部担保重大关联交易的信息披露公告 2022 - 03 - 11

10. 中国太平保险集团有限责任公司关于子公司签订内部分保业务统一交易协议的信息披露公告 2022 - 03 - 15

11. 中国太平保险集团有限责任公司关于子公司签订内部分保业务统一交易协议的信息披露公告 2022 - 03 - 15

12. 中国太平保险集团有限责任公司关于子公司签订内部分保业务统一交易协议的信息披露公告 2022 - 03 - 31

13. 中国太平保险集团有限责任公司关于子公司增资重大关联交易的信息披露公告 2022 - 04 - 12

14. 中国太平保险集团有限责任公司关于子公司间提供运营服务重大关联交易的信息披露公告 2022 - 04 - 29

15. 中国太平保险集团有限责任公司关于子公司间签订再保险经纪服务统一交易协议的信息披露公告 2022 - 05 - 31

16. 中国太平保险集团有限责任公司关于子公司运营服务统一交易协议变更的信息披露公告 2022－12－21

中国再保险（集团）股份有限公司：

1. 关于 Chaucer Insurance Company Designated Activity Company 与中国财产再保险有限责任公司签订成数分保合约的重大关联交易信息披露公告 2022－02－21

2. 关于中国再保险（集团）股份有限公司与中国财产再保险有限责任公司签署预约转分保业务统一交易协议的重大关联交易信息披露公告 2022－03－18

3. 关于中国再保险（集团）股份有限公司新加坡分公司与中国财产再保险有限责任公司签署预约转分保业务统一交易协议重大关联交易信息披露公告 2022－03－21

4. 关于中国再保险（集团）股份有限公司与中国人寿再保险有限责任公司签署预约转分保业务统一交易协议的重大关联交易信息披露公告 2022－04－07

5. 关于中国再保险（集团）股份有限公司与 Chaucer Holdings Limited 和 Chaucer Corporate Capital（No. 3）Limited 签署维好协议重大关联交易的信息披露公告 2022－12－08 关于华泰保险经纪有限公司与中国大地财产保险股份有限公司签署《保险业务统一交易协议》的信息披露公告 2022－11－24

中国平安保险（集团）股份有限公司：

1. 中国平安保险（集团）股份有限公司关于向平安养老保险股份有限公司增资重大关联交易的信息披露公告 2022－05－13

2. 中国平安保险（集团）股份有限公司关于控股子公司平安不动产有限公司及其关联下属公司签署关联交易框架协议的信息披露公告 2022－05－19

中国太平洋保险（集团）股份有限公司：

中国太平洋保险（集团）股份有限公司关于向中国太平洋人寿保险股份有限公司增资重大关联交易的信息披露公告 2022－06－07

中华联合保险集团股份有限公司：

1. 中华联合保险集团股份有限公司关于与中华联合财产保险股份有限公司共同发起设立中华联合保险资产管理股份有限公司涉及重大关联交易的信息披露公告 2022－01－04

2. 中华联合保险集团股份有限公司关于与中华联合财产保险股份有限公司

对中华保险大厦共建资金进行清算涉及重大关联交易的信息披露公告 2022－01－07

3. 中华联合保险集团股份有限公司关于与中华联合财产保险股份有限公司签订房屋租赁合同涉及重大关联交易的信息披露公告 2022－01－13

4. 中华联合保险集团股份有限公司与中华联合人寿保险股份有限公司签订统一交易协议之资产委托投资管理合同的信息披露公告 2022－05－12

5. 中华联合保险集团股份有限公司与中华联合财产保险股份有限公司签订统一交易协议之资产委托投资管理合同的信息披露公告 2022－06－07

6. 中华联合保险集团股份有限公司关于为中华联合人寿保险股份有限公司发行资本补充债券提供担保涉及重大关联交易的信息披露公告 2022－09－30

阳光保险集团股份有限公司：

阳光保险集团股份有限公司关于与阳光资产管理股份有限公司签订《委托投资管理合同》的信息披露公告 2022－06－22

富德保险控股股份有限公司：

1. 关于富德保险控股股份有限公司与富德生命人寿保险股份有限公司签订综合管理服务统一交易协议的信息披露公告 2022－04－07

2. 关于富德保险控股股份有限公司与富德生命人寿保险股份有限公司签订财资共享服务统一交易协议的信息披露公告 2022－04－07

3. 富德保险控股股份有限公司关于与富德生命人寿保险股份有限公司签订信息技术服务统一交易协议的信息披露公告 2022－06－27

4. 富德保险控股股份有限公司关于与生命保险资产管理有限公司签订信息技术服务统一交易协议的信息披露公告 2022－08－04

泰康保险集团股份有限公司：

1. 关于子公司泰康健投与泰康人寿及其部分子公司签署综合服务合同的关联交易公告 2022－01－19

2. 关于向泰康养老保险股份有限公司增资的重大关联交易公告 2022－02－11

3. 关于收取泰康人寿保险有限责任公司股利的特别重大关联交易公告 2022－06－15

4. 关于部分控股子公司与泰康人寿保险有限责任公司签署统一交易协议的公告 2022－06－22

5. 关于公司与下属子公司签署 IT 共享服务统一交易协议的公告 2022－11－16

6. 关于公司收取泰康资产管理有限责任公司股利的重大关联交易公告 2022－12－01

安联（中国）保险控股有限公司：

1. 安联（中国）保险控股有限公司临时信息披露报告（重大关联交易）2022 年 02 号 2022－02－15

2. 安联（中国）保险控股有限公司临时信息披露报告（重大关联交易）2022 年 01 号 2022－02－15

3. 安联（中国）保险控股有限公司临时信息披露报告（统一交易协议）2022 年 5 号 2022－08－02

4. 安联（中国）保险控股有限公司临时信息披露报告（统一交易协议）2022 年 7 号 2022－12－12

中国人民财产保险股份有限公司：

1. 中国人民财产保险股份有限公司关于与中国农业再保险股份有限公司签署《政策性农业保险再保险标准协议》关联交易的临时信息披露报告 2022－01－10

2. 中国人民财产保险股份有限公司关于与中盛国际、中元经纪保险经纪业务合作关联交易的临时信息披露报告 2022－06－28

3. 中国人民财产保险股份有限公司关于与人保寿险、人保健康相互代理业务合作关联交易的临时信息披露报告 2022－09－13

4. 中国人民财产保险股份有限公司关于与人保金服开展支付技术服务合作的临时信息披露报告 2022－09－13

5. 中国人民财产保险股份有限公司关于与中国人保资产管理有限公司资产委托管理关联交易的临时信息披露报告 2022－09－20

6. 中国人民财产保险股份有限公司关于与人保资本保险资产管理有限公司资产委托管理关联交易的临时信息披露报告 2022－09－20

7. 中国人民财产保险股份有限公司关于与人保科技签订《2022年人保科技服务协议》关联交易的临时信息披露报告 2022-11-09

中国人寿财产保险股份有限公司：

1. 中国人寿财产保险股份有限公司与中国农业再保险股份有限公司签署《政策性农业保险再保险标准协议》关联交易信息披露报告 2022-01-10

2. 中国人寿财产保险股份有限公司与中国人寿养老保险股份有限公司签署《养老代产业务委托代理协议》关联交易信息披露报告 2022-01-10

3. 中国人寿财产保险股份有限公司签署《无锡国寿成达股权投资中心（有限合伙）合伙协议》关联交易信息披露报告 2022-01-11

4. 中国人寿财产保险股份有限公司与国寿投资保险资产管理有限公司签署《关于保险资金另类投资委托及授权管理协议》关联交易披露报告 2022-01-14

5. 中国人寿财产保险股份有限公司与国寿安保基金管理有限公司续签《中国人寿财产保险股份有限公司委托国寿安保基金管理有限公司固定收益组合资产管理合同》关联交易信息披露报告 2022-01-14

6. 中国人寿财产保险股份有限公司签署《2022—2024年度中国人寿品牌建设费用分担协议》关联交易信息披露报告 2022-01-14

7. 中国人寿财产保险股份有限公司关于与广发银行股份有限公司北京分行签订协定存款合同的关联交易信息披露公告 2022-10-27

8. 中国人寿财产保险股份有限公司关于签署《中国人寿财产保险股份有限公司增资扩股合同》关联交易的信息披露报告 2022-11-01

中国太平洋财产保险股份有限公司：

1. 中国太平洋财产保险股份有限公司关于与太平洋安信农业保险股份有限公司签订再保险统一交易协议暨重大关联交易的公告 2022-01-19

2. 中国太平洋财产保险股份有限公司关于与中国太平洋保险（集团）股份有限公司签订增资协议重大关联交易的信息披露公告 2022-07-13

3. 中国太平洋财产保险股份有限公司关于与太平洋保险代理有限公司签署保险代理业务统一交易协议暨重大关联交易的信息披露公告 2022-07-13

4. 中国太平洋财产保险股份有限公司关于与上海农村商业银行股份有限公司签署2022年资本补充债券承销协议重大关联交易的信息披露公告 2022-

08 - 17

5. 中国太平洋财产保险股份有限公司关于卖出中国光大银行股份有限公司2022年二级资本债券（第一期）重大关联交易的信息披露公告 2022 - 11 - 23

6. 中国太平洋财产保险股份有限公司关于与太平洋安信农业保险股份有限公司签订再保险业务统一交易协议补充协议的信息披露公告 2022 - 12 - 20

中国平安财产保险股份有限公司：

1. 中国平安财产保险股份有限公司关于与中国农业再保险股份有限公司签署《政策性农业保险再保险标准协议》的重大关联交易信息披露公告 2022 - 01 - 06

2. 中国平安财产保险股份有限公司关于与中国农业再保险股份有限公司签署《政策性农业保险再保险标准协议》的重大关联交易信息披露公告 2022 - 01 - 24

3. 中国平安财产保险股份有限公司关于控股子公司 Splendid Mold Limited 与平安银行重大关联交易的信息披露公告 2022 - 02 - 10

4. 中国平安财产保险股份有限公司关于与中国平安人寿保险股份有限公司开展信保增信业务的重大关联交易信息披露公告 2022 - 02 - 17

5. 中国平安财产保险股份有限公司关于与中国平安人寿保险股份有限公司开展信保增信业务的重大关联交易信息披露公告 2022 - 03 - 09

6. 中国平安财产保险股份有限公司关于与平安银行股份有限公司签署《统一保险产品代理销售合作协议》的重大关联交易信息披露公告 2022 - 03 - 18

7. 中国平安财产保险股份有限公司关于与中国平安保险（集团）股份有限公司开展信保增信业务的重大关联交易信息披露公告 2022 - 04 - 19

8. 中国平安财产保险股份有限公司关于与中国平安人寿保险股份有限公司开展信保增信业务的重大关联交易信息披露公告 2022 - 04 - 22

9. 中国平安财产保险股份有限公司重大资金运用关联交易信息披露公告 2022 - 04 - 22

10. 中国平安财产保险股份有限公司关于与壹账通金融科技有限公司签署《产品及服务提供协议》的重大关联交易信息披露公告 2022 - 06 - 08

11. 中国平安财产保险股份有限公司关于与平安普惠投资咨询有限公司开展

信保增信业务的重大关联交易信息披露公告 2022－06－30

12. 中国平安财产保险股份有限公司关于与平安普惠信息服务有限公司签署《委托服务合同》的重大关联交易信息披露公告 2022－08－18

13. 中国平安财产保险股份有限公司关于与重庆金安小额贷款有限公司开展信保增信业务的重大关联交易信息披露公告 2022－11－24

14. 中国平安财产保险股份有限公司关于与中国平安人寿保险股份有限公司开展信保增信业务的重大关联交易信息披露公告 2022－11－24

15. 中国平安财产保险股份有限公司关于与平安普惠投资咨询有限公司开展信保增信业务的重大关联交易信息披露公告 2022－11－24

16. 中国平安财产保险股份有限公司关于与平安创展保险销售服务有限公司签署《统一保险业务代理合作协议》的重大关联交易信息披露公告 2022－12－06

中国大地财产保险股份有限公司：

1. 中国大地财产保险股份有限公司关于与中再资产管理股份有限公司签订《〈资产委托管理协议〉之补充协议》重大关联交易的信息披露公告 2022－01－18

2. 中国大地财产保险股份有限公司关于与中国农业再保险股份有限公司签订《政策性农业保险再保险标准协议》重大关联交易的信息披露公告 2022－01－19

3. 中国大地财产保险股份有限公司关于与大地保险代理有限责任公司签订《合作框架协议》重大关联交易的信息披露公告 2022－01－21

4. 中国大地财产保险股份有限公司关于与中国财产再保险有限责任公司签订《再保险业务统一交易协议》重大关联交易的信息披露公告 2022－04－12

5. 中国大地财产保险股份有限公司关于与华泰保险经纪有限公司签订《保险业务统一交易协议》信息披露公告 2022－10－12

华安财产险股份有限公司：

1. 华安财产保险股份有限公司关于与扬子江保险经纪有限公司签署《保险经纪业务合作协议》暨重大关联交易的信息披露公告 2022－01－10

2. 华安财产保险股份有限公司关于与海南航空控股股份有限公司深圳营业

部署《海南航空大客户三方合作协议》暨重大关联交易的信息披露公告 2022-01-10

3. 华安财产保险股份有限公司关于与民太安财产保险公估股份有限公司签署《保险公估合作协议（2022 年度）》暨重大关联交易的信息披露公告 2022-01-14

4. 华安财产保险股份有限公司关于与华安财保资产管理有限责任公司签署《委托资产管理协议之补充协议（二）》暨重大关联交易的信息披露公告 2022-04-25

5. 华安财产保险股份有限公司关于与民太安保险公估有限公司签署《保险公估合作协议（2022—2023 年度）》暨重大关联交易的信息披露公告 2022-11-18

太平财产保险有限公司：

1. 太平财险关于与太平再保险（中国）有限公司重大关联交易的临时信息披露报告 2022-01-30

2. 太平财险关于与太平资本保险资产管理有限公司签订《资产委托投资管理合同》关联交易的信息披露公告 2022-03-03

3. 太平财险关于对太平科技保险股份有限公司进行股权增资涉及重大关联交易的信息披露公告 2022-03-18

4. 太平财险关于与太平人寿保险有限公司签订《合作统一协议》关联交易的临时信息披 2022-05-16

5. 太平财产保险有限公司关于与太平金融科技服务（上海）有限公司重大关联交易的信息披露公告 2022-11-08

6. 太平财险关于与太平养老保险股份有限公司签订“产销养”统一交易合作协议的关联交易信息披露公告 2022-12-01

7. 太平财险关于与太平养老保险股份有限公司签订“养销产”统一交易合作协议的关联交易信息披露公告 2022-12-01

中华联合财产保险股份有限公司：

1. 中华联合财产保险股份有限公司关于与中国农业再保险股份有限公司签署 2022 年《政策性农业保险再保险标准协议》关联交易的信息披露公告 2022-

01－13

2. 中华联合财产保险股份有限公司与中华联合保险集团股份有限公司签订统一交易协议之资产委托投资管理合同关联交易的信息披露公告 2022－06－08

3. 中华联合财产保险股份有限公司与大连银行股份有限公司重大关联交易信息披露公告 2022－10－21

4. 中华联合财产保险股份有限公司与中国东方资产管理股份有限公司重大关联交易信息披露公告 2022－12－28

阳光财产保险股份有限公司：

1. 阳光财险关于向北京阳光融和置业有限公司增资的重大关联交易信息披露公告 2022－02－08

2. 阳光财险重大关联交易临时信息披露报告〔2022〕3 号 2022－02－25

3. 阳光财险重大关联交易临时信息披露报告〔2022〕4 号 2022－03－02

4. 阳光财险重大关联交易临时信息披露报告〔2023〕1 号 2023－05－22

5. 阳光财险重大关联交易临时信息披露报告〔2022〕5 号 2022－06－27

华泰财产保险有限公司：

1. 华泰财产保险有限公司关于与 ACE INA Overseas Insurance Company Ltd. 累计重大关联交易信息披露公告（临 2022－24）2022－08－11

2. 华泰财产保险有限公司关于与华泰保险集团股份有限公司累计重大关联交易信息披露公告（临 2022－29）2022－09－14

3. 华泰财产保险有限公司关于与英大泰和财产保险股份有限公司累计重大关联交易信息披露公告（临 2022－49）2022－12－02

史带财产保险股份有限公司：

1. 史带财险重大关联交易信息披露报告－2022 年关子 1 号 2022－08－04

2. 史带财险重大关联交易信息披露报告－2022 年关子 2 号 2022－08－04

3. 史带财险重大关联交易信息披露报告－2022 年关子 3 号 2022－08－04

永诚财产保险股份有限公司：

1. 永诚财产保险股份有限公司 2021 年度关联交易执行情况及 2022 年关联交易预计情况报告 2022－06－13

2. 永诚财产保险股份有限公司 2022 年上半年关联交易执行情况及下半年关

联交易预计情况报告 2022－09－16

中银保险有限公司：

1. 中银保险有限公司关于与中国银行股份有限公司 保险业务累计重大关联交易的信息披露公告 2022－04－06

2. 中银保险有限公司关于与中国银行股份有限公司 保险代理业务累计重大关联交易的信息披露公告 2022－04－06

3. 中银保险临时信息披露报告（重大关联交易）2022 年 3 号 2022－05－13

4. 中银保险临时信息披露报告（重大关联交易）2022 年 4 号 2022－07－07

5. 中银保险临时信息披露报告（重大关联交易）2022 年 5 号 2022－07－07

6. 中银保险临时信息披露报告（重大关联交易）2022 年 6 号 2022－09－29

7. 中银保险临时信息披露报告（重大关联交易）2022 年 7 号 2022－10－12

8. 中银保险临时信息披露报告（重大关联交易）2022 年 8 号 2022－10－12

9. 中银保险临时信息披露报告（重大关联交易）2022 年 9 号 2022－10－12

10. 中银保险临时信息披露报告（重大关联交易）2022 年 10 号 2022－10－12

安盛天平财产保险有限公司：

1. 安盛天平 2022 年关于重大关联交易的临时信息披露报告（三）2022－02－19

2. 安盛天平 2022 年关于重大关联交易的临时信息披露报告（二）2022－02－19

3. 安盛天平 2022 年关于重大关联交易的临时信息披露报告（四）2022－05－17

4. 安盛天平 2022 年关于重大关联交易的临时信息披露报告（五）2022－11－04

5. 安盛天平 2022 年关于重大关联交易的临时信息披露报告（六）2022－12－25

利宝保险有限公司：

1. 利宝保险有限公司关于续签再保合约统一交易协议的信息披露公告 2022－02－11

2. 利宝保险有限公司关于新签再保合约统一交易协议的信息披露公告 2022－04－28

安诚财产保险股份有限公司：

安诚财产保险股份有限公司关于参与“西南证券安诚财险 1 号单一资管计划”重大关联交易的披露公告 2022－08－10

鼎和财产保险股份有限公司：

1. 鼎和财产保险股份有限公司重大关联交易信息披露报告〔2022〕2 号 2022－01－14

2. 鼎和财产保险股份有限公司重大关联交易信息披露报告〔2022〕1 号 2022－01－14

3. 鼎和财产保险股份有限公司重大关联交易信息披露报告〔2022〕3 号 2022－01－27

4. 鼎和财产保险股份有限公司重大关联交易信息披露报告〔2022〕5 号 2022－02－16

5. 鼎和财产保险股份有限公司重大关联交易信息披露报告〔2022〕4 号 2022－02－16

6. 鼎和财产保险股份有限公司重大关联交易信息披露报告〔2022〕6 号 2022－03－09

紫金财产保险股份有限公司：

紫金保险临时信息披露报告（重大关联交易信息）2022 年 1 号 2022－09－02

美亚财产保险有限公司：

1. 美亚财产保险有限公司关于与关联公司从事关联交易的信息披露 2022－01－05

2. 美亚财产保险有限公司关于与上海亚美国际咨询有限公司从事关联交易的信息披露报告 2022－01－13

3. 美亚财产保险有限公司关于与 American International Company Limited 从事关联交易的信息披露报告 2022－06－15

4. 美亚财产保险有限公司关于与美亚安旅旅游管理咨询（上海）有限公司

广州分公司 从事重大关联交易的信息披露报告 2022－06－24

5. 美亚财产保险有限公司关于与关联公司从事重大关联交易的信息披露报告 2022－06－29

6. 美亚财产保险有限公司关于与 AIG 集团旗下其他财产保险公司之间 从事统一关联交易的信息披露报告 2022－08－11

7. 美亚财产保险有限公司关于与上海亚美国际咨询有限公司从事关联交易的信息披露报告 2022－09－22

8. 美亚财产保险有限公司关于与 AHAC、NHIC 和 NUFIC 间关联交易的信息披露报告 2022－12－30

日本财产保险（中国）有限公司：

1. 日本财产保险（中国）有限公司关于与日本财产保险公司之间重大关联交易的临时信息披露报告 日财（中国）临时披露〔2022〕2 号 2022－04－22

2. 日本财产保险（中国）有限公司关于与日本财产保险公司续签统一交易协议（兼重大关联交易）的临时信息披露报告 日财（中国）临时披露〔2022〕1 号 2022－04－22

3. 日本财产保险（中国）有限公司关于与日本财产保险公司续签统一交易协议（兼重大关联交易）的临时信息披露报告 日财（中国）临时披露〔2022〕3 号 2022－08－10

中航安盟财产保险有限公司：

中航安盟财产保险有限公司关于与中航证券有限公司签订保险资金运用统一交易协议暨重大关联交易的披露公告 2022－12－28

太平洋安信农业保险股份有限公司：

1. 2022－1 太平洋安信农业保险股份有限公司关于与中国太平洋财产保险股份有限公司再保险统一交易协议信息披露公告 2022－01－21

2. 2002－6 太平洋安信农业保险股份有限公司关于与中国太平洋财产保险股份有限公司签订再保险业务统一交易协议补充协议的信息披露公告 2022－12－27

阳光农业相互保险公司：

1. 阳光农业相互保险公司关于与中国农业再保险股份有限公司签订 2022 年政策性农业保险再保险标准协议的信息披露公告 2022－01－27

长安责任保险股份有限公司：

1. 关于与全资子公司长安销售内部资金调拨重大关联交易的公告 2022－04－11

2. 关于保险代理业务重大关联交易情况的公告 2022－09－23

华农财产保险股份有限公司：

1. 华农财产保险股份有限公司重大关联交易报告（2022）2 号 2022－04－18

2. 华农财产保险股份有限公司重大关联交易报告（2022）1 号 2022－04－18

东京海上日动火灾保险（中国）有限公司：

东京海上日动火灾保险（中国）有限公司关于 2022 年度重大关联交易临时信息披露的报告 2022－02－25

瑞再企商保险有限公司：

1. 瑞再企商保险有限公司 2022 年重大关联交易披露（一）2022－03－01

2. 瑞再企商保险有限公司 2022 年重大关联交易披露（二）2022－06－15

3. 瑞再企商保险有限公司 2022 年重大关联交易披露（三）2022－11－21

三井住友海上火灾保险（中国）有限公司：

1. 三井住友海上火灾保险（中国）有限公司关于重大关联交易的临时信息披露报告三井住友保临时披露〔2022〕001 号 2022－01－13

2. 三井住友海上火灾保险（中国）有限公司关于重大关联交易的临时信息披露报告三井住友保临时披露〔2022〕003 号 2022－02－14

3. 三井住友海上火灾保险（中国）有限公司关于重大关联交易的临时信息披露报告三井住友保临时披露〔2022〕004 号 2022－02－22

4. 三井住友海上火灾保险（中国）有限公司关于重大关联交易的临时信息披露报告三井住友保临时披露〔2022〕005 号 2022－04－13

5. 三井住友海上火灾保险（中国）有限公司关于重大关联交易的临时信息披露报告三井住友保临时披露〔2022〕006 号 2022－04－27

6. 三井住友海上火灾保险（中国）有限公司关于重大关联交易的临时信息披露报告三井住友保临时披露〔2022〕008 号 2022－10－25

7. 三井住友海上火灾保险（中国）有限公司关于重大关联交易的临时信息披露报告三井住友保临时披露〔2022〕009 号 2022 - 12 - 29

京东安联财产保险有限公司：

1. 京东安联财产保险有限公司关于统一交易协议的报告〔2022〕1 号 2022 - 04 - 02

2. 京东安联财产保险有限公司关于重大关联交易的报告〔2022〕2 号 2022 - 07 - 11

3. 京东安联财产保险有限公司关于统一交易协议的报告〔2022〕3 号 2022 - 08 - 05

4. 京东安联财产保险有限公司关于重大关联交易的信息披露公告〔2022〕4 号 2022 - 09 - 07

5. 京东安联财产保险有限公司关于签署统一交易协议暨重大关联交易的报告〔2022〕5 号 2022 - 09 - 22

6. 京东安联财产保险有限公司关于签署统一交易协议的报告〔2022〕6 号 2022 - 10 - 09

7. 京东安联财产保险有限公司关于签署统一交易协议的报告〔2022〕7 号 2022 - 10 - 09

8. 京东安联财产保险有限公司关于签署统一交易协议的报告〔2022〕8 号 2022 - 12 - 08

日本兴亚财产保险（中国）有限责任公司：

1. 日本兴亚财产保险（中国）有限责任公司 2022 年《财产险与工程险协议成数合约》统一关联交易协议披露材料 2022 - 04 - 22

2. 日本兴亚财产保险（中国）有限责任公司 2023 年《财产险与工程险协议成数合约》统一关联交易协议披露材料 2023 - 04 - 27

凯本财产保险（中国）有限公司：

凯本财产保险（中国）有限公司重大关联交易信息披露公告（2022 年第 1 号）2022 - 07 - 20

中意财产保险有限公司：

1. 中意财产保险有限公司关于与中国石油天然气股份有限公司 2022 年度累

计关联交易构成重大关联交易的信息披露报告 2022－06－15

2. 中意财产保险有限公司关于与意大利忠利保险有限公司 2022 年度累计关联交易构成重大关联交易的信息披露报告 2022－06－15

3. 中意财产保险有限公司关于与意大利忠利保险有限公司 2022 年度第二次累计达到重大关联交易信息披露公告 2022－08－09

4. 中意财产保险有限公司关于与昆仑保险经纪股份有限公司 2022 年度第一次累计达到重大关联交易信息披露公告 2022－08－16

劳合社保险（中国）有限公司：

劳合社中国 2022 年重大关联交易的临时信息披露（1）2022－01－05

爱和谊日生同和财产保险（中国）有限公司：

爱和谊日生同和财产保险（中国）有限公司关于关联交易统一交易协议的临时信息披露报告〔2022〕001 号 2022－01－24

泰山财产保险股份有限公司：

1. 关于委托投资上海信托－山东资产信托贷款集合资金信托计划构成重大关联交易的信息披露公告 2022－12－28

2. 泰山财产保险股份有限公司关于通过委托投资百年－济南高新大数据产业基地不动产债权投资计划构成重大关联交易的信息披露公告 2022－04－26

众诚汽车保险股份有限公司：

众诚保险关于与广州汽车集团财务有限公司 2021 年第四季度重大关联交易事项的公告 2022－02－28

诚泰财产保险股份有限公司：

关于诚泰财产保险股份有限公司转让所持有的滨海湾芯云基础设施建设投资基金份额重大关联交易的信息披露公告 2022－12－23

鑫安汽车保险股份有限公司：

鑫安汽车保险股份有限公司关于与长春一汽汽车商贸服务有限公司的重大关联交易信息披露报告 2022－07－29

北部湾财产保险股份有限公司：

1. 关于北部湾财产保险股份有限公司与广西金融投资集团有限公司签订《房屋租赁关联交易框架协议》重大关联交易信息披露公告 2022－11－01

2. 北部湾保险关于与南宁江南国民村镇银行股份有限公司重大关联交易信息披露 2022－10－26

3. 北部湾保险关于与广西北部湾银行股份有限公司重大关联交易信息披露 2022－10－26

4. 北部湾财产保险股份有限公司关于与广西交通投资集团财务有限责任公司签订《保险兼业代理委托合同》关联交易的信息披露公告 2022－07－22

众安在线财产保险股份有限公司：

1. 众安在线财产保险股份有限公司关于百仕达控股有限公司向众安科技（国际）集团有限公司增资构成重大关联交易信息披露公告 2022－09－23

2. 众安在线财产保险股份有限公司关于与重庆众安小额贷款有限公司签订保险业务合作统一交易协议暨重大关联交易信息披露公告 2022－10－12

3. 众安在线财产保险股份有限公司关于与众安在线保险经纪有限公司签订保险业务合作统一交易协议暨重大关联交易信息披露公告 2022－11－14

4. 众安在线财产保险股份有限公司关于与中国平安财产保险股份有限公司签订联合车险共保统一交易协议暨重大关联交易信息披露公告 2022－11－30

5. 众安在线财产保险股份有限公司关于与蚂蚁科技集团股份有限公司签订平台服务统一交易协议暨重大关联交易的信息披露公告 2022－11－30

合众财产保险股份有限公司：

1. 重大关联交易信息披露报告 2022 第 2 号 2022－06－29 重大关联交易信息披露报告 2022 第 1 号 2022－04－26

2. 重大关联交易信息披露报告 2022 第 4 号 2022－09－15 重大关联交易信息披露报告 2022 第 3 号 2022－07－07

3. 重大关联交易信息披露报告 2022 第 6 号 2022－10－13 重大关联交易信息披露报告 2022 第 5 号 2022－09－15

4. 重大关联交易信息披露报告 2022 第 7 号 2022－10－25

5. 重大关联交易信息披露报告 2022 第 8 号 2022－12－29

苏黎世财产保险（中国）有限公司：

1. 苏黎世财产保险（中国）有限公司重大关联交易信息披露报告 2022 年第 1 号 2022－01－11

2. 苏黎世财产保险（中国）有限公司重大关联交易信息披露报告2022年第2号 2022－04－12

3. 苏黎世财产保险统一关联交易信息披露报告2022年第204号 2022－08－25

华海财产保险股份有限公司：

1. 华海财产保险股份有限公司关于与在田研究和试验发展（海南）有限公司签署关联交易统一交易协议信息披露公告 2022－08－17

2. 华海财产保险股份有限公司关于与华海沣泰保险代理有限公司签署关联交易统一交易协议信息披露公告 2022－08－17

3. 华海财产保险股份有限公司关于自用性不动产项目关联交易事项的补充信息披露公告 2022－10－28

4. 华海财产保险股份有限公司关于与华海沣泰保险代理有限公司签订《股权无偿划转协议》的关联交易事项的补充更正信息披露公告 2022－10－28

5. 华海财产保险股份有限公司关于与烟台黄裳置业发展有限公司签署《抵押借款合同》的信息披露公告 2022－12－26

燕赵财产保险股份有限公司：

燕赵财产保险股份有限公司关于投资百年—邯钢集团基础设施债权投资计划重大关联交易的信息披露公告 2022－06－09

安心财产保险有限责任公司：

1. 安心财产保险有限责任公司关于与水滴保险经纪有限公司开展重大关联交易的公告 2022－02－17

2. 安心财产保险有限责任公司关于与水滴保险经纪有限公司开展重大关联交易的公告 2022－05－17

3. 安心财产保险有限责任公司关于与水滴保险经纪有限公司开展重大关联交易的公告 2022－08－09

泰康在线财产保险股份有限公司：

1. 关于泰康在线保险经纪（北京）有限公司与泰康人寿保险有限责任公司保险经纪业务合作重大关联交易的公告 2022－01－17

2. 关于泰康在线财产保险股份有限公司与泰康人寿保险有限责任公司调查

共享服务重大关联交易的公告 2022 – 02 – 10

3. 关于泰康在线财产保险股份有限公司与泰康在线保险经纪（北京）有限公司保险经纪业务合作统一交易协议的公告 2022 – 02 – 10

4. 关于泰康在线财产保险股份有限公司与泰康人寿保险有限责任公司保险代理业务（车险）重大关联交易的公告 2022 – 09 – 07

5. 关于泰康在线财产保险股份有限公司与泰康人寿保险有限责任公司保险代理业务（非车险）重大关联交易的公告 2022 – 09 – 07

6. 关于泰康在线财产保险股份有限公司向泰康在线保险经纪（北京）有限公司增资的重大关联交易公告 2022 – 09 – 22

7. 关于泰康在线财产保险股份有限公司与泰康保险集团股份有限公司签署IT 共享服务统一交易协议的公告 2022 – 11 – 18

久隆财产保险有限公司：

1. 久隆财产保险有限公司关于我司与华胥基金管理（广州）有限公司签订统一交易协议（补充协议）的报告 2022 – 03 – 01

2. 久隆财产保险有限公司关于我司与华胥基金管理（广州）有限公司签订统一交易协议（补充协议）的信息披露公告 2022 – 03 – 01

3. 关于我司与树根互联股份有限公司专利权转让合同的报告 2022 – 03 – 31

4. 重大关联交易信息披露公告〔2022〕3 号 2022 – 08 – 16

5. 关于久隆财产保险有限公司与华胥基金管理（广州）有限公司 签订《租赁终止协议》的报告 2022 – 11 – 16

阳光信用保证保险股份有限公司：

阳光信用保证保险股份有限公司关于与阳光资产管理股份有限公司签订《委托投资管理合同》信息披露的公告 2022 – 06 – 24

众惠财产相互保险社：

众惠财产相互保险社关于签署肾病项目关联交易协议的信息披露公告 2022 – 05 – 24

太平科技保险股份有限公司：

1. 太平科技保险股份有限公司关于增加注册资本的重大关联交易情况信息披露公告 2022 – 03 – 14

2. 太平科技保险股份有限公司关于与太平保险经纪有限公司签订《保险经纪业务合作协议》的关联交易信息披露公告 2022－08－18

（四）人身保险公司

中国人寿保险股份有限公司：

1. 中国人寿保险股份有限公司关于投资无锡国寿成达股权投资中心（有限合伙）的关联交易信息披露公告 2022－01－06

2. 关于中国人寿保险股份有限公司与中国人寿资产管理有限公司的关联交易信息披露公告 2022－01－06

3. 关于中国人寿保险股份有限公司与中国人寿富兰克林资产管理有限公司的关联交易信息披露公告 2022－01－06

4. 中国人寿保险股份有限公司关于与国寿投资保险资产管理有限公司签订《保险资金另类投资委托投资管理及运营服务协议》的信息披露公告 2022－01－07

5. 中国人寿保险股份有限公司关于与中国人寿养老保险股份有限公司签署《日常交易框架协议》的关联交易信息披露公告 2022－01－14

6. 中国人寿保险股份有限公司关于续签《保险业务代理协议》的关联交易信息披露公告 2022－01－19

7. 中国人寿保险股份有限公司关于参与中国人寿财产保险股份有限公司增资的关联交易信息披露公告 2022－04－14

中国太平洋人寿保险股份有限公司：

1. 中国太平洋人寿保险股份有限公司关于投资太保鑫益壹号私募投资基金（上海）合伙企业（有限合伙）资金运用重大关联交易的信息披露公告（2022－1）2022－01－05

2. 中国太平洋人寿保险股份有限公司关于向太平洋保险养老产业投资管理有限责任公司增资资金运用重大关联交易的信息披露公告（2022－2）2022－03－08

3. 中国太平洋人寿保险股份有限公司关于投资太保长航股权投资基金资金运用重大关联交易的信息披露公告（2022－3）2022－05－05

4. 中国太平洋人寿保险股份有限公司关于与中国太平洋保险（集团）股份有限公司签订增资扩股协议重大关联交易的信息披露公告（2022－4）2022－06－10

新华人寿保险股份有限公司：

1.（关联交易信息）2022年13号－新华人寿保险股份有限公司关于签署《新华人寿保险股份有限公司与新华资产管理股份有限公司之投资委托管理及咨询服务协议（2022－2023年中）》的重大关联交易信息披露公告 2022－02－25

2.（关联交易信息）2022年28号－新华人寿保险股份有限公司关于与中信银行股份有限公司的重大关联交易信息披露公告 2022－06－14

太平人寿保险有限公司：

1. 太平人寿保险有限公司关于与太平资本保险资产管理有限公司签署《资产委托投资管理合同》关联交易的信息披露公告 2022－01－11

2. 太平人寿保险有限公司关于与太平财产保险有限公司签署代理人身保险产品统一交易协议的关联交易信息披露公告 2022－05－23

中国人民人寿保险股份有限公司：

1. 中国人民人寿保险股份有限公司关于认购红杉资本人民币六期基金关联交易的信息披露公告 2022－01－10

2. 中国人民人寿保险股份有限公司关于与人保资本保险资产管理有限公司签署统一交易协议关联交易的信息披露公告 2022－08－18

3. 中国人民人寿保险股份有限公司关于与人保汽车保险销售服务有限公司签署统一交易协议的信息披露公告 2022－09－06

4. 中国人民人寿保险股份有限公司关于与中国人民健康保险股份有限公司签署统一交易协议的信息披露公告 2022－09－06

5. 中国人民人寿保险股份有限公司关于与中国人民财产保险股份有限公司签署统一交易协议的信息披露公告 2022－09－06

富德生命人寿保险股份有限公司：

1. 富德生命人寿保险股份有限公司关于与生命保险资产管理有限公司签订资产委托管理协议之统一交易协议的信息披露公告 2022－01－26

2. 富德生命人寿保险股份有限公司关于与富德保险控股股份有限公司签订财资共享服务统一交易协议的信息披露公告 2022－04－07

3. 富德生命人寿保险股份有限公司关于与富德保险控股股份有限公司签订综合管理服务统一交易协议的信息披露公告 2022－04－07

4. 富德生命人寿保险股份有限公司关于深圳市瑞源投资有限公司为富德资源投资控股集团有限公司提供贷款担保之重大关联交易的信息披露公告 2022－06－14

5. 富德生命人寿保险股份有限公司关于与富德保险控股股份有限公司签订信息技术服务统一交易协议的信息披露公告 2022－06－27

6. 富德生命人寿保险股份有限公司关于深圳市富德前海基础设施投资控股有限公司为富德资源投资控股集团有限公司提供贷款担保之重大关联交易的信息披露公告 2022－07－20

7. 富德生命人寿保险股份有限公司关于深圳市富德侨城产业投资有限公司与深圳市恒通实业发展有限公司签订搬迁补偿协议之重大关联交易的信息披露公告 2022－08－29

8. 富德生命人寿保险股份有限公司关于内蒙古康乃尔化学工业有限公司与深圳市富德前海基础设施投资控股有限公司签订《债权债务转让与确认协议》之重大关联交易的信息披露公告 2022－12－27

中国人民健康保险股份有限公司：

1. 中国人民健康保险股份有限公司关于投资红杉资本人民币六期基金项目重大关联交易临时信息披露报告 2022－01－19

2. 中国人民健康保险股份有限公司与人保财险、人保寿险签署相互代理协议关联交易的信息披露公告 2022－09－19

3. 中国人民健康保险股份有限公司关于与人保资本保险资产管理有限公司签订《资产委托管理协议》及《资产委托管理补充协议》关联交易临时信息披露报告 2022－10－13

4. 中国人民健康保险股份有限公司关于与中国人保资产管理有限公司签订《资产委托管理协议》以及《资产委托管理补充协议》关联交易临时信息披露报告 2022－12－05

中国人寿养老保险股份有限公司：

1. 关于中国人寿养老保险股份有限公司与中国人寿财产保险股份有限公司签订养老代产业务委托代理协议的公告 2022－01－12

2. 中国人寿养老保险股份有限公司关于与中国人寿保险股份有限公司签订

日常交易框架协议的公告 2022－01－14

3. 中国人寿养老保险股份有限公司关于租赁中国人寿广场 B 座部分办公区关联交易信息披露公告 2022－01－14

4. 中国人寿养老保险股份有限公司关于办理广发银行通知存款的关联交易信息披露公告 2022－05－19

5. 中国人寿养老保险股份有限公司关于办理与广发银行续签协定存款协议的关联交易信息披露公告 2022－08－23

6. 中国人寿养老保险股份有限公司关于办理与广发银行签订协定存款协议的关联交易信息披露公告 2022－08－23

民生人寿保险股份有限公司：

民生人寿保险股份有限公司关于与民生通惠资产管理有限公司重大关联交易暨统一交易协议的信息披露公告 2022－03－21

阳光人寿保险股份有限公司：

1. 阳光人寿保险股份有限公司关于与阳光财产保险股份有限公司签订统一交易协议的信息披露公告 2022－01－26

2. 阳光人寿保险股份有限公司关于与阳光资产管理股份有限公司签订《委托投资管理合同》暨统一交易协议的重大关联交易信息披露公告 2022－06－17

合众人寿保险股份有限公司：

1. 合众人寿保险股份有限公司增资沈阳恒众实业发展有限公司重大关联交易的信息披露公告 2022－01－04

2. 合众人寿保险股份有限公司与盛世合众保险销售有限公司签署关联交易统一交易协议的信息披露公告 2022－01－07

3. 合众人寿保险股份有限公司向中发实业（集团）有限公司转让天津龙马领恒股权投资基金份额的重大关联交易信息披露公告 2022－06－30

4. 哈尔滨泰鸿房地产开发有限公司为中发实业（集团）有限公司受让天津龙马领恒股权投资基金份额提供保证担保的重大关联交易信息披露公告 2022－06－30

5. 中发优年健康产业发展有限公司为中发实业（集团）有限公司受让天津龙马领恒股权投资基金份额提供保证担保的重大关联交易信息披露公告 2022－06－30

6. 合众人寿保险股份有限公司与中发实业（集团）有限公司关于转让湖州龙重股权投资基金份额重大关联交易的信息披露公告 2022－06－30

7. 永泰房地产（集团）有限公司为中发实业（集团）有限公司受让湖州龙重股权投资基金份额提供保证担保的重大关联交易信息披露公告 2022－06－30

8. 中发优年健康产业发展有限公司为中发实业（集团）有限公司受让湖州龙重股权投资基金份额提供保证担保的重大关联交易信息披露公告 2022－06－30

9. 合众人寿保险股份有限公司向中发实业（集团）有限公司转让湖州龙漳股权投资基金份额的重大关联交易信息披露公告 2022－06－30

10. 永泰房地产（集团）有限公司为中发实业（集团）有限公司受让湖州龙漳股权投资基金份额提供保证担保的重大关联交易信息披露公告 2022－06－30

11. 中发优年健康产业发展有限公司为中发实业（集团）有限公司受让湖州龙漳股权投资基金份额提供保证担保的重大关联交易信息披露公告 2022－06－30

12. 北京天台山房地产开发有限公司为合众人寿保险股份有限公司提供抵押担保的重大关联交易信息披露公告 2022－07－07

13. 中发实业（集团）有限公司为合众人寿保险股份有限公司提供抵押担保的重大关联交易信息披露公告 2022－07－07

14. 解除“海淀雅乐轩酒店”《房屋买卖合同》及中发实业（集团）有限公司为合众人寿保险股份有限公司提供保证担保的重大关联交易信息披露公告 2022－07－07

15. 永泰房地产（集团）有限公司为中发实业（集团）有限公司受让湖州龙重股权投资基金份额提供应收账款质押的重大关联交易信息披露公告 2022－07－07

16. 北京泰鸿达颐商贸有限公司为中发实业（集团）有限公司受让湖州龙重股权投资基金份额提供应收账款质押的重大关联交易信息披露公告 2022－07－07

17. 哈尔滨泰鸿房地产开发有限公司为中发实业（集团）有限公司受让天津龙马领恒股权投资基金份额提供应收账款质押的重大关联交易信息披露公告 2022－07－07

18. 合众人寿保险股份有限公司与盛世合众保险销售有限公司签署保险专业代理合同（统一交易协议）之补充协议的关联交易信息披露公告 2022－08－16

19. 合众人寿保险股份有限公司与合众财产保险股份有限公司签署保险兼业代理合同（统一交易协议）的关联交易信息披露公告 2022－09－07

百年人寿保险股份有限公司：

1. 百年人寿保险股份有限公司关于与网金保险签订保险代理协议的信息披露公告 2022－04－21

2. 百年人寿保险股份有限公司与百年保险资产管理有限责任公司签订《委托资产管理补充协议》暨关联交易统一交易协议实质性变更的信息披露公告 2022－11－25

中邮人寿保险股份有限公司：

1. 中邮保险与中国邮政签订《中国邮政集团有限 公司重大疾病保险和意外伤害保险协议》重大关联交易的信息披露报告 2022－01－06

2. 中邮保险与邮储银行签订《中国邮政储蓄银行股份有限公司重大疾病保险和意外伤害保险协议》重大关联交易的信息披露报告 2022－01－17

3. 中邮保险与邮储银行签订《保险兼业代理协议》重大关联交易的信息披露公告 2022－12－09

光大永明人寿保险有限公司：

1. 光大永明人寿保险有限公司投资中国光大养老健康产业有限公司构成重大关联交易事项的披露公告 2022－01－13

2. 光大永明人寿保险有限公司关于同光大银行开展同业拆借业务涉及重大关联交易信息披露公告 2022－03－15

3. 光大永明人寿保险有限公司关于同光大银行开展同业拆借业务涉及重大关联交易信息披露公告－2.23 2022－03－16

4. 光大永明人寿保险有限公司关于同光大银行开展同业拆借业务涉及重大关联交易信息披露公告－2.24 2022－03－16

5. 光大永明人寿保险有限公司关于同光大银行开展同业拆借业务涉及重大关联交易信息披露公告－2.25 2022－03－16

6. 光大永明人寿保险有限公司关于同光大银行开展同业拆借业务涉及重大关联交易信息披露公告－3.3 2022－03－16

7. 光大永明人寿保险有限公司关于同光大银行开展同业拆借业务涉及重大

关联交易信息披露公告－2.22 2022－03－16

8. 光大永明人寿保险有限公司关于同光大银行开展同业拆借业务涉及重大关联交易信息披露公告－3.25 2022－04－14

9. 光大永明人寿保险有限公司关于同光大银行开展同业拆借业务涉及重大关联交易信息披露公告－3.28 2022－04－14

10. 光大永明人寿保险有限公司关于与光大永明资产管理股份有限公司签订委托投资管理协议的重大关联交易信息披露公告 2022－04－18

11. 光大永明人寿保险有限公司关于同光大银行开展同业拆借业务涉及重大关联交易信息披露公告－4.26 2022－05－12

12. 光大永明人寿保险有限公司关于同光大银行开展同业拆借业务涉及重大关联交易信息披露公告－4.27 2022－05－12

13. 光大永明人寿保险有限公司关于同光大银行开展同业拆借业务涉及重大关联交易信息披露公告－4.28 2022－05－12

14. 光大永明人寿保险有限公司关于同光大银行开展同业拆借业务涉及重大关联交易信息披露公告－5.25 2022－06－13

15. 光大永明人寿保险有限公司关于同光大银行开展同业拆借业务涉及重大关联交易信息披露公告－5.26 2022－06－13

16. 光大永明人寿保险有限公司关于同光大银行开展同业拆借业务涉及重大关联交易信息披露公告－5.27 2022－06－13

17. 光大永明人寿保险有限公司关于同光大银行开展同业拆借业务涉及重大关联交易信息披露公告－6.16 2022－06－24

18. 光大永明人寿保险有限公司关于同光大银行开展同业拆借业务涉及重大关联交易信息披露公告－6.20 2022－07－08

19. 光大永明人寿保险有限公司关于同光大银行开展同业拆借业务涉及重大关联交易信息披露公告－6.21 2022－07－08

20. 光大永明人寿保险有限公司关于同光大银行开展同业拆借业务涉及重大关联交易信息披露公告－6.22 2022－07－08

21. 光大永明人寿保险有限公司关于方正东亚·中粮信托长顺受益权投资集合资金信托计划原状返还构成重大关联交易的披露公告 2022－09－13

22. 光大永明人寿保险有限公司关于同光大银行开展同业拆借业务涉及重大关联交易信息披露公告 - 11.14 2022 - 11 - 28

23. 光大永明人寿保险有限公司关于同光大银行开展同业拆借业务涉及重大关联交易信息披露公告 - 11.16 2022 - 11 - 28

24. 光大永明人寿保险有限公司关于同光大银行开展同业拆借业务涉及重大关联交易信息披露公告 - 10.24 2022 - 11 - 28

25. 光大永明人寿保险有限公司关于同光大银行开展同业拆借业务涉及重大关联交易信息披露公告 - 10.25 2022 - 11 - 28

26. 光大永明人寿保险有限公司关于同光大银行开展同业拆借业务涉及重大关联交易信息披露公告 - 10.27 2022 - 11 - 28

中美联泰大都会人寿保险有限公司：

1. 中美联泰大都会人寿保险有限公司关于与关联方开展资金运用暨重大关联交易信息披露公告 2022 - 01 - 05

2. 中美联泰大都会人寿保险有限公司关于与关联方开展资金运用暨重大关联交易信息披露公告 2022 - 08 - 24

3. 中美联泰大都会人寿保险有限公司关于与关联方开展资金运用暨重大关联交易信息披露公告 2022 - 12 - 23

友邦人寿保险有限公司：

1. 关于与友邦保险有限公司重大关联交易及统一交易协议的信息披露公告 2022 - 01 - 19

2. 关于与友邦保险有限公司重大关联交易及统一交易协议的信息披露公告 2022 - 01 - 19

3. 关于与友邦保险（国际）有限公司重大关联交易及统一交易协议的信息披露公告 2022 - 09 - 21

4. 友邦人寿保险有限公司关于与上海虹晟投资发展有限公司资金运用重大关联交易的信息披露公告 2022 - 12 - 19

太平养老保险股份有限公司：

1. 太平养老保险股份有限公司关于与太平财产保险有限公司签订《产销养业务统一交易合作协议（2023—2025）》关联交易信息披露公告 2022 - 12 - 01

2. 太平养老保险股份有限公司关于与太平财产保险有限公司签订《养销产业务统一交易合作协议（2023—2025)》重大关联交易信息披露公告 2022－12－01

3. 太平养老保险股份有限公司与太平金融科技服务（上海）有限公司签订2022年信息化服务协议重大关联交易信息披露公告 2022－08－04

4. 太平养老保险股份有限公司关于与华泰保险经纪有限公司签订《保险经纪合作协议》(2022—2025）统一交易协议暨重大关联交易信息披露公告 2022－07－01

5. 太平养老保险股份有限公司关于与太平保险经纪有限公司签订《保险经纪合作协议》(2022—2025）统一交易协议暨重大关联交易信息披露公告 2022－04－20

6. 太平养老保险股份有限公司关于与太平人寿保险有限公司福建分公司签订《房屋租赁合同》重大关联交易信息披露公告 2022－01－10

平安养老保险股份有限公司：

1. 平安养老险关联交易披露报告〔2022〕1号 2022－01－10
2. 平安养老险关联交易披露报告〔2022〕3号 2022－04－22
3. 平安养老险关联交易披露报告〔2022〕5号 2022－05－07
4. 平安养老险关联交易披露报告〔2022〕6号 2022－07－13
5. 平安养老险关联交易披露报告〔2022〕7号 2022－07－18
6. 平安养老险关联交易披露报告〔2022〕9号 2022－10－23
7. 平安养老险关联交易披露报告〔2022〕11号 2022－11－29

平安健康保险股份有限公司：

1. 平安健康保险股份有限公司与平安科技（深圳）有限公司、深圳平安通信科技有限公司重大关联交易信息披露公告 2022－02－11

2. 平安健康保险股份有限公司与平安壹账通云科技（深圳）有限公司重大关联交易信息披露公告 2022－02－11

3. 平安健康保险股份有限公司与平安健康互联网股份有限公司上海分公司重大关联交易信息披露公告 2022－04－29

4. 平安健康保险股份有限公司与中国平安人寿保险股份有限公司重大关联

交易（补充协议）信息披露公告 2022－04－29

5. 平安健康保险股份有限公司与中国平安人寿保险股份有限公司重大关联交易（主协议）信息披露公告 2022－04－29

6. 平安健康保险股份有限公司关于与壹账通金融科技有限公司重大关联交易信息披露公告 2022－05－24

7. 平安健康保险股份有限公司与平安银行股份有限公司上海分行重大关联交易信息披露公告 2022－06－21

8. 平安健康保险股份有限公司与平安健康保险代理有限公司重大关联交易信息披露公告 2022－07－07

9. 平安健康保险股份有限公司与平安健康互联网股份有限公司上海分公司重大关联交易信息披露公告 2022－07－11

10. 平安健康保险股份有限公司与中国平安人寿保险股份有限公司重大关联交易信息披露公告 2022－09－07

11. 关于平安健康险与平安健康互联网重大关联交易【补正】2022－11－10

12. 平安健康保险股份有限公司与平安健康互联网股份有限公司上海分公司重大关联交易信息披露公告－更正 2022－11－11

13. 平安健康保险股份有限公司与平安壹账通云科技（深圳）有限公司重大关联交易信息披露公告（12 月）2022－12－28

14. 平安健康保险股份有限公司与深圳平安综合金融服务有限公司重大关联交易信息披露公告 2022－12－28

15. 平安健康保险股份有限公司与平安科技（深圳）、深圳平安通信科技 2023 年信息技术服务协议重大关联交易信息披露公告 2022－12－28

16. 平安健康保险股份有限公司与平安健康保险代理有限公司重大关联交易信息披露公告（12 月）2022－12－29

17. 平安健康保险股份有限公司与平安养老保险股份有限公司重大关联交易信息披露公告 2022－12－30

英大泰和人寿保险股份有限公司：

英大泰和人寿保险股份有限公司关于办公职场租赁重大关联交易情况的披露公告 2022－02－24

长城财富保险资产管理股份有限公司：

1. 长城财富保险资产管理股份有限公司关于委托资产管理补充协议重大关联交易信息披露公告 2022－1 2022－01－25

2. 长城财富保险资产管理股份有限公司关于长城人寿保险股份有限公司及北京金融街投资（集团）有限公司拟参与公司增资扩股的重大关联交易信息披露公告 2022－7 2022－04－21

3. 长城财富保险资产管理股份有限公司关于增资扩股的重大关联交易信息披露公告 2022－25 2022－09－20

农银人寿保险股份有限公司：

1. 关于农银人寿与农业银行重大关联交易的信息披露公告 2022－01－11

2. 农银人寿保险股份有限公司关于租赁中国农业银行部分办公场所的关联交易信息披露公告 2022－05－31

君康人寿保险股份有限公司：

1. 君康人寿保险股份有限公司关于与君康保险经纪（上海）有限公司续签保险经纪合同暨统一交易协议的信息披露公告 2022－01－17

2. 君康人寿保险股份有限公司关于与盛唐融信保险代理（北京）有限公司续签保险专业代理合同暨统一交易协议的信息披露公告 2022－01－17

3. 君康人寿保险股份有限公司关于与北京中言房地产开发有限公司提前终止房屋租赁合同及重新签订房屋租赁合同的关联交易信息披露公告 2022－02－11

4. 君康人寿保险股份有限公司关于向北京中言房地产开发有限公司提供股东借款的重大关联交易信息披露公告 2022－06－01

5. 君康人寿保险股份有限公司关于与九安汇金数据科技有限公司重大关联交易的信息披露公告 2022－10－25

6. 君康人寿保险股份有限公司关于向北京君康联谊企业管理有限公司提供股东借款的重大关联交易信息披露公告 2022－12－23

信泰人寿保险股份有限公司：

1. 信泰人寿保险股份有限公司关于与联创保险销售有限公司签署《统一交易协议》关联交易的信息披露公告 2022－01－07

2. 信泰人寿保险股份有限公司关于与永达理保险经纪有限公司签署《统一

交易协议》关联交易的信息披露公告 2022－01－07

国华人寿保险股份有限公司：

1. 关于国华人寿保险股份有限公司与华瑞保险销售有限公司开展数据类服务业务关联交易情况的信息披露公告 2022－01－05

2. 关于国华人寿保险股份有限公司与华瑞保险销售有限公司开展保险业务合作关联交易情况的信息披露公告 2022－01－05

3. 关于国华人寿保险股份有限公司与华瑞保险销售有限公司开展保险代理销售业务关联交易情况的信息披露公告 2022－01－12

4. 关于国华人寿保险股份有限公司与华瑞保险销售有限公司开展保险业务合作关联交易情况的信息披露公告 2022－06－24

5. 关于国华人寿保险股份有限公司与重庆平华置业有限公司开展债转股业务关联交易的信息披露公告 2022－08－11

6. 关于国华人寿保险股份有限公司与宁波华凯置业有限公司开展债转股业务关联交易的信息披露公告 2022－08－11

利安人寿保险股份有限公司：

1. 利安人寿关于投资南京银行股份有限公司 2022 年无固定期限资本债券的信息披露公告 2022－11－01

2. 利安人寿关于向上海安民企业发展有限公司增资用于归还部分股东借款的信息披露公告 2022－11－11

汇丰人寿保险有限公司：

汇丰人寿保险有限公司重大关联交易信息披露报告 2022－001 2022－01－27

安联人寿保险有限公司：

1. 中德安联人寿保险有限公司关于签署统一关联交易协议的信息披露报告（2022 年 1 号）2022－01－14

2. 中德安联人寿保险有限公司关于重大关联交易的信息披露报告（2022 年 2 号）2022－10－20

3. 中德安联人寿保险有限公司关于签署统一关联交易协议的信息披露报告（2022 年 3 号）2022－11－17

工银安盛人寿保险有限公司：

1. 关于工银安盛人寿2022年第一次与工商银行关联交易金额累计达到重大关联交易标准的披露公告 2022－07－01

2. 关于工银安盛人寿2022年第二次与工商银行关联交易金额累计达到重大关联交易标准的披露公告 2022－12－21

中信保诚人寿保险有限公司：

1. 中信保诚人寿关于租赁中信保诚人寿大厦重大关联交易的信息披露公告 2022－01－19

2. 中信保诚人寿关于与中信保诚资管就保险资金委托投资并开展投资业务合作事项下预估关联交易金额变更的信息披露公告 2022－02－22

3. 中信保诚人寿关于与中信银行股份有限公司长沙分行开展定期存款业务重大关联交易的信息披露公告 2022－04－21

4. 中信保诚人寿关于与中信银行股份有限公司签署统一交易协议的信息披露公告 2022－04－21

5. 中信保诚人寿关于与中信保诚资产管理有限责任公司续签保险资产委托投资管理合同重大关联交易的信息披露公告 2022－04－21

同方全球人寿保险有限公司：

同方全球人寿保险有限公司关于与兴证全球基金管理有限公司签署《兴证全球基金同方全球人寿 FOF 单一资产管理计划资产管理合同》重大关联交易信息披露公告 2022－04－08

招商信诺人寿保险有限公司：

1. 招商信诺人寿保险有限公司（含健康管理公司）关于与招商银行股份有限公司重大关联交易的信息披露公告 2022－02－22

2. 关于与招商银行股份有限公司签署《托管业务合作框架协议（统一关联交易协议）》的重大关联交易信息披露公告 2022－04－22

3. 招商信诺人寿保险有限公司关于与招商信诺资产管理有限公司签署《保险资产委托投资管理合同（统一交易协议）之补充协议（一）》的关联交易信息披露公告 2022－05－24

华泰人寿保险股份有限公司：

华泰人寿保险股份有限公司关于与华泰资产管理有限公司的重大关联交易信息披露公告 2022－10－26

中银三星人寿保险有限公司：

1. 中银三星人寿保险有限公司关于与中银金融科技有限公司软件产品采购重大关联交易的公告 2022－01－06

2. 中银三星人寿保险有限公司关于与中银金融商务有限公司本年累计关联交易金额的公告 2022－10－17

泰康养老保险股份有限公司：

1. 关于泰康保险集团股份有限公司向公司增加注册资本的重大关联交易事项的披露公告 2022－01－28

2. 关于与保利发展控股集团股份有限公司年度第一次累计的重大关联交易事项的披露公告 2022－01－28

3. 关于与泰康资产年度第一次累计 重大关联交易事项的披露公告 2022－04－18

4. 2021 年度关联交易披露信息更正 2022－03－22

5. 关于与泰康伟业投资有限公司签署泰康集团大厦办公楼租赁合同变更补充协议重大关联交易事项的披露公告 2022－04－20

6. 泰康养老临时信息披露报告〔2022〕7 号 2022－04－21

7. 关于公司与泰康伟业投资有限公司签署泰康集团大厦办公楼租赁合同变更补充协议（2022 年）重大关联交易事项的披露公告 2022－04－24

8. 关于公司与泰康保险集团股份有限公司 IT 共享服务统一交易协议重大关联交易事项的披露公告 2022－07－04

9. 泰康养老保险股份有限公司关于公司与泰康资产管理有限责任公司第二次累计重大关联交易事项的披露公告 2022－08－10

10. 泰康养老保险股份有限公司关于与泰康人寿保险有限责任公司 2022 年第 1 次累计重大关联交易信息披露公告 2022－12－29

11. 泰康养老保险股份有限公司关于与泰康资产管理有限责任公司 2022 年第 3 次累计重大关联交易信息披露公告 2022－12－29

长江养老保险股份有限公司：

长江养老保险股份有限公司关于与中国太平洋保险（集团）股份有限公司2021年度累计重大关联交易的信息披露公告（2022－1）2022－01－04

北大方正人寿保险有限公司：

1. 北大方正人寿保险有限公司关于与深圳壹账通智能科技有限公司关联交易的信息披露公告 2022－07－22

2. 北大方正人寿关于与捷银国旅关联交易信息披露公告 2022－10－31

君龙人寿保险有限公司：

君龙人寿重大关联交易信息披露报告〔2022〕1号 2022－07－06

前海人寿保险股份有限公司：

前海人寿保险股份有限公司关于向新天地集团有限公司提供借款的重大关联交易信息披露的公告 2022－01－17

东吴人寿保险股份有限公司：

1. 关于与苏州工业园区元禾辰坤股权投资基金管理中心（有限合伙）重大关联交易的报告（鼎盛）2022－03－07

2. 关于与苏州工业园区元禾辰坤股权投资基金管理中心（有限合伙）重大关联交易信息披露报告（鼎昌）2022－03－07

3. 关于与苏州工业园区元禾重元股权投资基金管理有限公司重大关联交易信息披露报告 2022－03－07

4. 关于投资中意—苏高新不动产债权投资计划重大关联交易的信息披露报告 2022－03－16

5. 关于与苏州银行开展保险代理销售关联交易的信息披露报告 2022－05－11

6. 关于投资华泰—苏高新股份基础设施债权投资计划重大关联交易的信息披露报告 2022－11－04

弘康人寿保险股份有限公司：

1. 弘康人寿保险股份有限公司关于与融汇保险销售有限公司开展重大关联交易的公告 2022－04－21

2. 关于融汇保险销售有限公司与北京汇易达数字科技有限公司签订统一服务合作协议的公告 2022－06－22

3. 关于弘康人寿与融汇保险销售有限公司签署统一保险委托服务协议的公告 2022－06－22

4. 关于弘康人寿与北京汇易达数字科技有限公司签订统一服务合作协议的公告 2022－06－22

5. 弘康人寿保险股份有限公司关于与融汇保险销售有限公司开展重大关联交易的公告 2022－08－05

财信吉祥人寿保险股份有限公司：

1. 财信人寿关联交易信息披露报告〔2022〕1 号 财信吉祥人寿保险股份有限公司关于华融湘江银行股份有限公司向我司支付协议存款利息的关联交易信息披露公告 2022－01－27

2. 财信人寿关联交易信息披露报告〔2022〕2 号 财信吉祥人寿保险股份有限公司关于与华融湘江银行股份有限公司 2021 年关联交易金额累计达到重大关联交易标准的信息披露公告 2022－01－27

3. 财信人寿关联交易信息披露报告〔2022〕4 号 财信吉祥人寿保险股份有限公司关于投资湘财盛 2021－2 号项目集合资金信托计划的关联交易信息披露公告 2022－07－20

4. 财信人寿关联交易信息披露报告〔2022〕3 号 财信吉祥人寿保险股份有限公司关于投资财信证券珠江 27 号单一资产管理计划的关联交易信息披露公告 2022－07－20

5. 财信人寿关联交易信息披露报告〔2022〕8 号 财信吉祥人寿保险股份有限公司关于与华融湘江银行股份有限公司 2022 年年度累计重大关联交易信息披露公告 2022－10－08

复星保德信人寿保险有限公司：

1. 复星保德信人寿保险有限公司关于退出广州淘通科技股份有限公司关联交易的信息披露公告 2022－09－29

2. 关于复星保德信人寿保险有限公司与上海星堡养老投资管理有限公司统一交易协议实质性变更的信息披露公告 2022－10－09

上海人寿保险股份有限公司：

1. 上海人寿保险股份有限公司与子公司上海佳质资产管理有限公司借款延

期重大关联交易的信息披露公告 2022－01－27

2. 上海佳寿房地产开发有限公司与北京富豪物业管理有限责任公司借款延期重大关联交易的信息披露公告 2022－01－27

国联人寿保险股份有限公司：

1. 国联人寿保险股份有限公司关于无锡市国联发展（集团）有限公司提供10亿元担保重大关联交易的公告 2022－06－30

2. 国联人寿保险股份有限公司关于租用国联证券股份有限公司证券交易单元的关联交易信息披露公告 2022－08－26

3. 国联人寿保险股份有限公司关于认购华泰－无锡华庄老镇债权投资计划重大关联交易公告－资金运用 2022－10－28

4. 国联人寿保险股份有限公司关于认购华泰－无锡华庄老镇债权投资计划重大关联交易公告－利益转移 2022－10－28

中华联合人寿保险股份有限公司：

1. 中华联合人寿保险股份有限公司关于投资“中信信托－西安曲江金辉贷款集合资金信托计划”的重大关联交易信息披露公告 2022－04－29

2. 中华联合人寿保险股份有限公司关于与中华联合保险集团股份有限公司签订资产委托投资管理统一交易协议的关联交易信息披露公告 2022－05－12

3. 中华联合人寿保险股份有限公司关于与中华联合保险集团股份有限公司签订资本补充债担保协议的重大关联交易信息披露公告 2022－09－21

4. 中华联合人寿保险股份有限公司重大关联交易信息披露公告（2022年第5号）2022－09－26

5. 中华联合人寿保险股份有限公司重大关联交易信息披露公告（2022年第4号）2022－09－26

6. 中华联合人寿保险股份有限公司重大关联交易信息披露公告（2022年第10号）2022－09－27

7. 中华联合人寿保险股份有限公司重大关联交易信息披露公告（2022年第9号）2022－09－27

8. 中华联合人寿保险股份有限公司重大关联交易信息披露公告（2022年第8号）2022－09－27

9. 中华联合人寿保险股份有限公司重大关联交易信息披露公告（2022 年第 7 号）2022 - 09 - 27

10. 中华联合人寿保险股份有限公司重大关联交易信息披露公告（2022 年第 6 号）2022 - 09 - 27

太平洋健康保险股份有限公司：

1. 太平洋健康保险股份有限公司关于在光大银行办理定期存款的重大关联交易信息披露公告（2022 - 1）2022 - 03 - 15

2. 太平洋健康保险股份有限公司关于与中国太平洋人寿保险股份有限公司开展重大关联交易信息披露公告（2022 - 2）2022 - 11 - 22

恒大人寿保险有限公司：

1. 恒大人寿保险有限公司关于与恒大保险经纪有限公司签订《保险经纪业务合作协议书》的关联交易信息披露公告 2022 - 03 - 11

2. 恒大人寿保险有限公司关于与恒大保险经纪有限公司修订《保险经纪业务合作协议书（统一交易协议）》的关联交易信息披露公告 2022 - 09 - 23

横琴人寿保险有限公司：

1. 横琴人寿保险有限公司关于与中兴保险经纪有限公司签订线下运营服务补充协议的关联交易信息披露公告 2022 - 02 - 22

2. 横琴人寿保险有限公司关于投资西部信托 · 珠海城发华金 6 号集合资金信托计划的重大关联交易信息披露公告 2022 - 07 - 11

3. 横琴人寿保险有限公司关于购置横琴国际金融中心大厦写字楼 39 层的重大关联交易信息披露公告 2022 - 07 - 13

4. 横琴人寿保险有限公司关于与珠海华发集团有限公司签订保险服务框架协议的关联交易信息披露公告 2022 - 11 - 21

华贵人寿保险股份有限公司：

华贵人寿保险股份有限公司关于与贵安新区开发投资有限公司开展重大关联交易的信息披露公告 2022 - 12 - 06

复星联合健康保险股份有限公司：

1. 复星联合健康保险股份有限公司关于续聘德邦证券资产管理有限公司开展委托投资的关联交易信息披露公告 2022 - 12 - 07

2. 复星联合健康保险股份有限公司关于与鼎睿再保险有限公司统一交易情况的信息披露公告 2022－12－19

泰康人寿保险有限责任公司：

1. 关于广州广泰投资有限公司转让北京同泰投资管理有限公司股权的重大关联交易公告 2022－01－06

2. 泰康人寿保险有限责任公司关于与泰康养老保险股份有限公司共同退出阳光城集团股份有限公司的重大关联交易公告 2022－01－11

3. 泰康人寿保险有限责任公司关于与泰康资产管理有限责任公司 2022 年度公开市场业务的重大关联交易公告 2022－01－17

4. 泰康人寿保险有限责任公司向北京泰康溢彩公益基金会捐赠的重大关联交易公告 2022－01－19

5. 泰康人寿保险有限责任公司关于与保利发展控股集团股份有限公司 2021 年度累计重大关联交易的公告 2022－01－20

6. 泰康人寿保险有限责任公司及其项目子公司关于与泰康健康产业投资控股有限公司签署综合服务合同的关联交易公告 2022－01－20

7. 关于泰康人寿保险有限责任公司与泰康资产管理有限责任公司签署委托投资资产管理费及投资顾问服务费协议（2022 年至 2024 年）的重大关联交易公告 2022－01－24

8. 关于泰康人寿保险有限责任公司与泰康资产管理（香港）有限公司签署委托投资资产管理费协议（2022 年至 2024 年）的重大关联交易公告 2022－01－24

9. 泰康人寿保险有限责任公司关于认购华泰－中诺－利汇 1 号资产支持计划的重大关联交易公告 2022－02－15

10. 泰康人寿保险有限责任公司关于认购平安－明珠－利盈 2 号资产支持计划的重大关联交易公告 2022－02－15

11. 泰康人寿保险有限责任公司关于向泰康保险集团股份有限公司派发股利的重大关联交易公告 2022－06－09

12. 泰康人寿保险有限责任公司关于认购中意－西安保利广场不动产债权投资计划的重大关联交易公告 2022－06－14

13. 泰康人寿保险有限责任公司签署统一交易协议的关联交易公告 2022－06－21

14. 泰康人寿保险有限责任公司关于泰康之家燕园（北京）养老服务有限公司与泰康之家瑞城置业有限公司签署借款协议终止协议的重大关联交易公告 2022－06－28

15. 泰康人寿保险有限责任公司关于泰康之家燕园（北京）养老服务有限公司与泰康之家（北京）投资有限公司签署借款协议的重大关联交易公告 2022－06－28

16. 泰康人寿保险有限责任公司关于泰康之家（北京）投资有限公司与泰康之家瑞城置业有限公司签署借款协议的重大关联交易公告 2022－06－28

17. 泰康人寿保险有限责任公司关于对广州广泰投资有限公司减资的重大关联交易公告 2022－07－08

18. 泰康人寿保险有限责任公司关于与泰康保险集团股份有限公司签署 IT 共享服务统一交易协议的公告 2022－11－21

19. 泰康人寿保险有限责任公司关于认购华泰－利汇 2 号资产支持计划的重大关联交易公告 2022－11－25

20. 泰康人寿保险有限责任公司关于认购华泰－利汇 2 号资产支持计划的重大关联交易公告 2022－12－07

21. 泰康人寿保险有限责任公司关于对南京仙林鼓楼医院投资管理有限公司增资的重大关联交易公告 2022－12－30

信美人寿相互保险社：

1. 〔2022〕4 号－信美人寿相互保险社与前海再保险股份有限公司签署关联交易《保险分保业务统一交易协议之补充协议》的信息披露报告 2022－01－18

2. 〔2022〕5 号－信美人寿相互保险社与云南国际信托有限公司签订统一交易协议的信息披露公告 2022－03－09

招商局仁和人寿保险股份有限公司：

1. 招商局仁和人寿保险股份有限公司关于与招商银行股份有限公司北京分行重大关联交易的披露公告 2022－04－12

2. 招商仁和人寿关于投资“陕国投·振兴 1 号集合资金信托计划”重大关联交易提前到期相关情况的披露公告 2022－09－02

3. 招商局仁和人寿保险股份有限公司关于调整与招商银行股份有限公司以统一交易协议管理2021－2023年度业务合作的披露公告2022－12－01

和泰人寿保险股份有限公司：

1. 关于和泰人寿保险股份有限公司与东方大地（武汉）保险经纪有限公司开展业务合作的关联交易公告2022－04－01

2. 关于和泰人寿保险股份有限公司与东方大地（武汉）保险经纪有限公司重大关联交易的信息披露公告2022－05－18

3. 关于和泰人寿保险股份有限公司与东方大地（武汉）保险经纪有限公司签署统一交易协议的信息披露公告2022－08－18

4. 关于和泰人寿保险股份有限公司与腾讯云计算（北京）有限责任公司签署统一交易协议补充协议的信息披露公告2022－12－20

中国人民养老保险有限责任公司：

1. 中国人民养老保险有限责任公司与中国人民财产保险股份有限公司签订2021年度《中国人民养老保险有限责任公司骨干网服务协议》关联交易的公告2022－01－06

2. 关于中国人民养老保险有限责任公司与人保信息科技有限公司签订《2022年科技服务协议》关联交易的公告2022－11－15

3. 关于中国人民养老保险有限责任公司与中诚信托有限责任公司《职业年金基金管理业务、企业年金基金管理业务合作协议》统一交易协议的披露公告2022－12－02

五、资金运用关联交易信息

1. 2022年1月10日，中国人民保险集团股份有限公司关于申购人保资产安心盛世41号资产管理产品关联交易的信息披露公告。

2. 2022年6月22日，中国人寿资产管理公司发布关于设立鼎坤优势甄选2246产品的关联交易信息披露公告；关于设立鼎坤优势甄选2247产品的关联交易信息披露公告；关于设立鼎坤优势甄选2257产品的关联交易信息披露公告。

六、重大公益活动

1. 2022年3月17日，中国人寿与定点帮扶的湖北十堰郧西县人民政府共同携手，将“国寿（郧西）教育扶贫基金”提档升级为“国寿（郧西）乡村振兴基金”，基金规模由3000万元增加至5000万元，为推动乡村全面振兴提供有力支持。

2. 2022年4月18日，为更好支援一线疫情防控，积极履行金融央企责任，中国人寿宣布向上海和吉林捐赠700万元，与社会各界守望相助、共克时艰。

3. 2022年7月6日，中国人寿积极响应国家乡村振兴和体育强国号召，自2019年起，与姚基金共同创新开展“百校体育帮扶计划”公益项目。三年来始终致力于改善欠发达地区体育教育缺失情况，探索助力乡村振兴的体育路径。

4. 2022年8月1日，退役军人事务部会同中华慈善总会、中国人寿、中国老龄事业发展基金会、中国退役军人关爱基金会、中华英烈褒扬事业促进会等单位，联合举办了“情暖老兵——为退役军人排忧解难”专项行动启动仪式。

5. 2022年7月21日，中国人寿寿险公司推出“国寿小画家”十项美育服务提升计划，致力于促进少年儿童美育实践。暑期，“国寿小画家”活动将在国家大剧院举办特别展出。

6. 2022年11月22日，中国人寿开展“从‘脱贫攻坚’到‘乡村振兴’一路守护人民美好生活活动，概览国寿寿险助力从脱贫之路走向振兴之路。

7. 2022年11月24日，中国人寿保险股份有限公司（中国人寿寿险）广东省分公司自2021年起，面向21个对口帮扶点发起主题帮扶活动——“绿丝带”行动，牵牢振兴“牛鼻子”、充盈农户“钱袋子”、显现美丽“新样子”，共同描绘乡村振兴全景图。

8. 2022年5月12日是我国第14个防灾减灾日，中国人寿财险总、分公司协同参与“减轻灾害风险，守护美好家园”防灾减灾主题周活动，推动防灾防损宣传进职场、进企业、进社区、进校园，加强重点客户专项防灾防损检查和交流，进一步发挥了保险风险控制管理的灾前预防作用，展现了公司良好品牌形象。

9. 2022年7月20日，6月中国扶贫基金会授予中国人寿财险公司“助力脱贫攻坚突出贡献奖”。公司在持续开展“顶梁柱”项目基础上，7月15日成功中标“加油宝贝”项目。公司贯彻落实党中央脱贫攻坚、乡村振兴战略，持续深入与中国扶贫基金会联合开展多项公益保险项目，获得了社会高度认可。

10. 2022年7月22日，中国人寿财险山东省分公司参加“齐鲁乡村振兴慈善信托”支持梁山县农业保险。助力国家黄河流域生态环境保护和高质量发展，推进乡村振兴和国家大豆振兴计划。

11. 2022年1月5日，北京冬奥会火种展示活动在中国人民保险集团大厦举行。中国人民保险集团董事长罗熹、北京冬奥组委市场开发部副部长顾灏宁出席活动并致辞。

12. 2022年5月3日，中国人保捐赠1000万元助力上海抗击疫情。

13. 2022年3月14日，中国人保财险启动“3·15”消费者权益保护教育宣传周活动。中国人保财险准确精准聚焦特殊群体权益保护，持续强化典型风险提示，充分发挥引导普及作用，大力筑牢消费者权益保护工作第一道防线。

14. 2022年7月28日，公安部交通管理局主办、中国人保财险公益支持的“交通安全大篷车‘童’行美丽乡村”巡回宣传活动在山西省运城市正式启动。通过在10省（区、市）组织宣讲培训、捐赠交通安全体验营、打造虚拟“儿童交通安全体验营”等线上线下活动，开展公益性交通安全知识普惠教育，提升农村地区少年儿童交通安全素质。

15. 2022年6月1日，中国人保寿险特别发起了一场历时3个月的线上加线下公益助学行动——“爱+1”公益捐书活动。通过这次活动，人保寿险希望力所能及帮助5所偏远地区小学的孩子们解决优质课外书籍短缺等方面的现实问题。

16. 2022年5月30日，中国太保开展“云端亚运课堂”公益活动，希望同学们能够爱上体育，为希望而努力，为梦想而拼搏……”。

17. 2022年7月29日，中国太保在沪举行“5·13公益日·益起向未来”暨太保蓝“守护记忆·关爱老劳模脑健康公益行动”启动仪式。此次市总工会联合中国太保，率先在上海开展“守护记忆·关爱老劳模脑健康公益行动”，为上海市级及以上退休老劳模送上量身打造“脑健康专属服务”。

18. 2022年9月5日，由太保蓝公益基金会等单位特别支持的“星光璀璨爱心永恒”慈善音乐会在上海市中国金融信息中心圆满落幕。本次活动由上海慈善基金会、上海陆家嘴金融城发展局指导，上海证券报、中国金融信息中心、上海海康贝公益基金会主办。聆听自闭症儿童的心声，用音乐传递爱与希望。

19. 2022 年 9 月 27 日，中国太保开展了第二场“我与亚运有个约定”希望小学公益直播课。本次直播课以“共享亚运，健康运动”为主题，为小学生们带来亚运项目和运动健康的新体验和新知识。

20. 2022 年 11 月 8 日进博会期间，中国太保在绿色低碳出行体验区展示了中国太保三江源公益林建林、护林和成林的历程，推出了首款三江源公益林数字藏品，现场观众可扫码领取，并有机会认养中国太保三江源公益林的树木。

21. 2022 年 3 月 31 日，为助力保护生态多样性，中国平安联合深圳市关爱行动公益基金会共同发起保护华南虎的“萌虎平安成长行动”。在广东粤北华南虎省级自然保护区管理处等单位支持下，通过社会募捐和企业配捐方式募集善款，用于改善韶关市华南虎繁育研究基地基础设施，开展繁育研究、科普计划。

22. 2022 年 3 月 31 日，中国平安保险（集团）股份有限公司宣布通过旗下平安公益基金会向香港特区政府捐赠价值 1 千万元人民币的检测试剂及防护物资，支持香港抗击第五波新冠疫情，保障前线医护人员和抗疫工作人员的防护需求。

23. 2022 年 3 月 31 日，中国平安宣布为超 7 万名防疫一线工作的志愿者、15 万名卫生健康系统工作者无偿提供专属风险保障，关心、关爱这些来自党政机关、企事业单位、高校、社区等各行各业的青年志愿者、防疫志愿者、青年突击队及奋战一线的医务工作者，为深圳“战疫”工作保驾护航。

24. 2022 年 3 月 4 日，中国太平免费为香港的士司机从业员总会和菁英会发起“同心同行，一路有我”爱心车队，香港纪律部队退休义工，分别提供最高保额达 1200 万元港币的“太平同心保”专属保险保障，涵盖确诊强制隔离津贴、确诊住院津贴、染疫身故、意外身故四重保障内容，为爱心义工解除后顾之忧。

25. 2022 年 3 月 4 日，第五波疫情以来，香港九龙部分地区疫情尤为严重。中国太平第一时间紧急筹措医疗物资，连续两次累计向九龙社团联会观塘地区委员会捐赠 15000 盒快速检测试剂和 5 万个医用口罩，有力缓解基层一线抗击疫情实际困难。

26. 2022年4月8日，3月以来，严峻的疫情防控形势大大增加了上海社区一线的服务压力，太平人寿总公司、上海分公司内外勤党员充分响应号召，在做好个人防护、听从统一指挥的前提下，纷纷作为志愿者投身社区防疫一线，化身统计员、送菜员、宣传员、咨询员……奋力守“沪”家园太平，用自己的实际行动为上海抗“疫”一线添动力。

附录一　2023 中国保险公司投资价值评价研究结果[①]

附表 1　　　2023 中国人身险公司的投资价值评价

公司名称	投资价值（千元）	总资产（千元）	投资价值/总资产（%）
中国人寿	5259220025	5145794000	102.20
平安人寿	4304621647	3947363769	109.05
太保寿险	1279570899	1822906590	70.19
新华人寿	1275556720	1221727000	104.41
阳光人寿	677451375	397077997	170.61
泰康人寿	1030845231	1191357000	86.53
人保寿险	1119746610	578076489	193.70
太平人寿	325091785	939126892	34.62
友邦人寿	795724970	266458140	298.63
幸福人寿	288300956	84855685	339.75
中意人寿	104341642	116284744	89.73
财信吉祥人寿	245416755	31233763	785.74
中邮人寿	48803208	446039000	10.94
东吴人寿	454668527	30319566	1499.59
民生人寿	66137817	119930563	55.15
中英人寿	111935895	71808016	155.88
泰康养老	71917390	86765042	82.89
陆家嘴国泰	117582274	20200914	582.06

① 参考《2023 中国保险公司竞争力与投资价值评价研究报告》，中国财政经济出版社，2023 年 10 月。

续表

公司名称	投资价值（千元）	总资产（千元）	投资价值/总资产（%）
平安健康	37653934	25207334	149. 38
中荷人寿	72425482	42532849	170. 28
太平养老	52376952	22467793	233. 12
太保安联健康	51724557	10038746	515. 25
中宏人寿	61345586	74598945	82. 23
大都会人寿	86402672	88045741	98. 13
同方全球人寿	106797324	26766524	399. 00
人保健康	44399480	94135089	47. 17
中德安联	88596104	43657308	202. 94
恒安标准	39889036	30975753	128. 78
复星联合健康	36237734	9365111	386. 94

附表 2　　2023 中国财产保险公司的投资价值评价

公司名称	投资价值（千元）	总资产（千元）	投资价值/总资产（%）
人保财险	1093591546	748729243	146. 06
平安财险	2080269281	508375837	409. 20
太保财险	686730215	232667140	295. 16
华泰财险	4597228	16043595	28. 65
中银财险	3595372	14413203	24. 94
安信农险	1485767	6673546	22. 26
阳光农险	2481504	6771091	36. 65
国寿财险	48661615	138687976	35. 09
安诚财险	2992121	8427460	35. 50
国元农险	5260457	13228540	39. 77
鼎和财险	5298040	18784660	28. 20
英大财险	6744678	22779036	29. 61
紫金财险	6454002	18287128	35. 29

续表

公司名称	投资价值（千元）	总资产（千元）	投资价值/总资产（%）
众诚财险	1856504	5655395	32.83
诚泰财险	2371161	9971154	23.78
鑫安汽车	555286	2905456	19.11
中石油专属保险	1974345	11208023	17.62
众安财险	14113857	42659860	33.08
恒邦财险	1060710	4321335	24.55
燕赵财险	879539	2764670	31.81
中原农险	2336539	6166379	37.89
中路财险	875828	2601139	33.67
铁路自保	830413	5643483	14.71
久隆财险	260898	1352033	19.30
中远海自保	514723	4673610	11.01
汇友互助	156645	960139	16.31
广东能源自保	120313	1107876	10.86
黄河财险	820039	4254552	19.27
美亚保险	769474	4138625	18.59
东京海上	611913	2157786	28.36
三井住友	769205	2928821	26.26
三星财险	803544	4629970	17.36
日本财险	381538	2931237	13.02
中航安盟	1472924	3665836	40.18
苏黎世保险	433598	3852969	11.25
中意财险	610401	3582927	17.04
爱和谊	855071	2656073	32.19

附录二 中国保险资产管理业的政策与机构建设

一、中国保险资产管理业政策梳理

1995 年

• “自由时代”终结

该年颁布的《中华人民共和国保险法》对保险资金运用的范围和形式等都做了严格的规定。规定资金运用的形式限于银行贷款、买卖政府债券、金融债券和国务院规定的其他资金运用模式。保险企业的资金不得用于设立证券经营机构和向企业投资。保险资金陆续退出证券市场。

1996 年

• 政策强化

中国人民银行发布《保险管理暂行规定》。该《规定》明确指出对于保险资金的运用，仅限于银行存款、买卖政府债券、买卖金融债券以及国务院规定的其他资金运用方式。

1999 年

• 1999 年 5 月债权比例调整

《保险公司购买中央企业债券管理办法》颁布，规定保险公司购买的企业债券余额按成本价格计算不得超过公司上月末总资产的 10%。

• 1999 年 8 月债券回购

中国人民银行发布《关于批准保险公司在全国银行间同业市场办理债券回购业务的通知》，批准保险公司在银行间同业市场办理债券回购业务。

• 1999 年 10 月间接入市

《保险公司投资证券投资基金管理暂行办法》颁布，批准保险资金间接入市。保险公司投资基金占总资产的比例不得超过中国保监会核定的比例。根据当时证券投资基金市场的规模，确定保险资金间接进入证券市场的规模为保险公司资产的 5%。以后视具体情况适当增加。

2002 年

• 2002 年 10 月修法明典

《保险法》修正案获得通过。原法第一百零四条第三款“保险公司的资金不得用于设立证券经营机构和向企业投资”，修改为第一百零五条第三款“保险公司的资金不得用于设立证券经营机构，不得用于设立保险公司以外的企业”。

2003 年

• 2003 年 1 月明确投资基金比例

中国保监会重新修订了《保险公司投资证券投资基金管理暂行办法》，进一步明确了保险公司资金运用于各类基金的比例，资金运用监管进一步细化。保险公司投资基金的余额按成本价格计算不得超过本公司上月末总资产的 15%。

• 2003 年 6 月放宽企业债券投资

《保险公司投资企业券管理暂行规定》颁布，保险公司可投资于信用评级在 AA 级以上的所有企业债券；同时，保险公司投资企业债券的比例限制也由原来的 10% 提高到 20%。

• 2003 年 6 月外汇资金投资开闸

中国保监会与央行联合发布《关于保险外汇资金投资境外股票有关问题的通知》，明确保险外汇资金投资境外成熟资本市场证券交易所上市的股票，但仅限于中国企业在境外发行的股票。

• 2003 年 7 月投资央行票据

中国保监会发布了《关于保险公司投资中央银行票据的通知》，允许保险公司在银行间债券市场投资中央银行票据。

2004 年

• 2004 年 2 月政策导向

《国务院关于推进资本市场改革开放和稳定发展的若干意见》出台，提出要鼓励合规资金入市，支持保险资金以多种方式直接投资资本市场，逐步提高社会保障基金、企业补充养老基金、商业保险资金等投入资本市场的资金比例。要培养一批诚信、守法、专业的机构投资者，使基金管理公司和保险公司为主的机构投资者成为资本市场的主导力量。这标志着保险资金直接入市的政策坚冰开始融化。

- 2004 年 3 月投资银行次级债

中国保监会下发《关于保险公司投资银行次级定期债务有关事项的通知》，允许保险公司投资银行次级债。

- 2004 年 4 月规范保险资产管理公司

中国保监会公布《保险资产管理公司管理暂行规定》，确定了保险资产管理公司与保险公司之间的权利义务关系以及受托管理保险资金应遵循的基本规则，标志着保险资金的运用将进一步专业化、规范化。

- 2004 年 8 月境外运用保险外汇资金

中国保监会、中国人民银行联合颁布《保险外汇资金境外运用管理暂行办法》，首次允许保险公司在接受严格监管的前提下在境外运用外汇资金。

- 2004 年 10 月直接入市

中国保监会和中国证监会联合发布《保险机构投资者股票投资管理暂行办法》，保险资金直接入市获准。

2005 年

- 2005 年 2 月出台股票直投细则

中国保监会同中国证监会联合下发《关于保险机构投资者股票投资交易有关问题的通知》及《保险机构投资者股票投资等级结算业务指南》，明确了保险资金直接投资股票市场设计的证券账户、交易席位、资金结算等问题。

- 2005 年 2 月资产托管

中国保监会联合中国银监会下发《保险公司股票资产托管指引（试行）》和《关于保险资金股票投资有关问题的通知》，明确了保险资金直接投资股市涉及的资产托管、投资比例、风险监控等问题，规定保险机构股票投资的余额，不超过上年底总资产扣除投资连结保险产品资产和万能保险产品资产后的 5%。

• 2005 年 5 月风险控制体系

中国保监会出台《保险资金运用风险控制指引（试行）》，对保险公司和保险资产管理公司建立运营规范、管理高效的保险资金运用风险控制体系，制定完善的保险资金运用风险控制制度提出了具体要求。

• 2005 年 8 月债券投资进入新阶段

中国保监会发布《保险机构投资者债券投资管理暂行办法》，整合了现行保险债券投资政策，增加了企业短期融资券等新的投资品种，明确了债券及其发行人资质条件，实行了债券投资比例差别控制，标志着保险机构的债券投资即将进入新的发展阶段。

• 2005 年 9 月保险外汇运用细则出台

中国保监会发布《保险外汇资金境外运用管理暂行办法实施细则》，保险外汇资金境外运用渠道包括结构性存款、住房抵押贷款证券、货币市场基金，以及内地企业在境外发行的股票，为保险资金在国际金融市场配置资产提供了操作平台。

• 2005 年 12 月规范股票投资条件

中国保监会发布《保险机构投资者股票投资资格条件》，规范了直接或者委托保险资产管理公司从事股票的资格条件。

2006 年

• 2006 年 3 月基础设施投资办法出台

中国保监会颁布了《保险资金间接投资基础设施项目试点管理办法》，允许保险资金采取债权、股权、物权及其他可行方式，投资交通、通信、能源、市政、环境保护等国家重点基础设施项目。

• 2006 年 6 月保险“国十条”发布

《国务院关于保险业改革发展的若干意见》正式发布，具体提出了十条意见，被称为保险“国十条”。该意见提出要在风险可控的前提下，鼓励保险资金直接或间接投资资本市场，逐步提高投资比例，稳步扩大保险资金投资资产证券化产品的规模和品种，开展保险资金投资不动产和创业投资企业试点；支持保险资金参股商业银行；支持保险资金境外投资；支持相关保险机构投资医疗机构；允许符合条件的保险资产管理公司逐步扩大资产管理范围。

• 2006 年 10 月投资银行股权开闸

中国保监会发布《关于保险机构投资商业银行股权的通知》，允许保险机构投资未上市商业银行的股权。

• 2006 年 11 月风险管理工作新发展

中国保监会发布《关于加强保险资金风险管理的意见》，标志着保险资金风险管理工作进入了新的阶段。

2007 年

• 2007 年 2 月信用风险管理新阶段

中国保监会发布《保险机构债券投资信用评级指引（试行）》，要求保险机构建立内部信用评级系统，评估债券投资信用风险。这是保险业全面落实《关于加强保险资金风险管理的意见》的重要举措，标志着保险资金债券投资开始步入信用风险管理阶段。

• 2007 年 7 月规范同业拆借业务

中国人民银行发布《同业拆借业务管理办法》《保险公司等第六类非银行金融机构进入全国银行间同业拆借市场审核规则》，允许保险公司、保险资金管理公司进入银行间同业拆借市场，并对保险公司申请同业拆借业务资格程序做出了规定。

• 2007 年 7 月保险资金境外投资办法出台

中国保监会同中国人民银行、国家外汇管理局正式发布《保险资金境外投资管理暂行办法》，允许保险机构运用自有外汇或购汇进行境外投资，投资范围包括股票、股票型基金、股权、股权型产品等权益类产品。

• 2007 年 7 月基础设施债权投资办法出台

中国保监会发布《保险资金间接投资基础设施债权投资计划管理指引（试行）》，以推动和规范保险资金在基础设施领域内的债权投资。

2008 年

• 2008 年 1 月银保深层次合作

银监会与保监会签署《中国银监会与中国保监会关于加强银保深层次合作和跨业监管合作谅解备忘录》，在商业银行和保险公司相互投资所涉及的准入条件、审批程序、机构数量、监管主体、风险处置与市场退出程序及信息交换六个方面达成一致意见。

2009 年

- 2009 年 3 月规范股票投资业务

保监会发布《关于保险机构股票投资业务的通知》，要求保险公司及保险资产管理公司改进股票资产配置管理，强化股票池制度管理，建立公平交易制度，依规运作控制总体风险，加强市场风险动态监测，并落实岗位风险责任。

- 2009 年 3 月管理能力标准出台

保监会发布《关于加强资产管理能力建设的通知》，该通知包括《保险公司股票投资管理标准》和《保险机构信用风险管理能力标准》，这两个标准是监管机构评估保险机构有关管理能力的主要依据。

- 2009 年 3 月基础设施债权投资计划管理办法发布

保监会发布《关于保险资金投资基础设施债权投资计划的通知》和《基础设施债权投资计划产品设立指引》。保险资金投资基础设施债权投资计划在投资主体、投资比例、投资范围和项目上均有所放宽。

- 2009 年 3 月增加债券投资品种

保监会发布《关于增加保险机构债券投资品种的通知》，增加了部分债券投资品种，明确了保险机构投资有关债券的资产比例，允许保险机构投资境内市场发行的无担保债券。

- 2009 年 8 月加强债券回购业务管理

保监会发布《关于加强保险机构债券回购业务管理的通知》，要求保险机构加强回购融入资金管理，包括加强账户管理、强化成本控制、明确资金用途、控制融资规模、严格比例管理等。

- 2009 年 9 月调整债券投资政策

保监会发布《关于债券投资有关事项的通知》，对于保险机构债券投资的有关政策进行调整。保险机构投资企业（公司）债券的比例，由不超过该保险机构上季末总资产的 30%，调整为不超过该保险机构上季末总资产的 40%。

- 2009 年 11 月两岸监管合作

保监会与台湾金融监管管理机构签署了《海峡两岸保险业监督管理合作谅解备忘录》。根据该备忘录，两岸保险监督管理机构在信息交换、机构设立、人员培训和交流等方面开展合作，标志着两岸保险监管机构将据此建立监管合作机制。

• 2009 年 12 月规范无担保债券投资

为加强无担保债券投资管理，规范投资行为，防范投资风险，《关于保险机构投资无担保企业债券有关事宜的通知》出台。

2010 年

• 2010 年 7 月调整保险资金投资政策

为加强负债管理，优化资产结构，分散投资风险，保监会出台《关于调整保险资金投资政策有关问题的通知》。

• 2010 年 8 月《保险资金运用管理暂行办法》出台

保监会发布《保险资金运用管理暂行办法》，该《办法》是《保险法》修订实施后，中国保监会发布的关于保险资金运用的重要基础性规章，对规范保险资金运用，保障保险资金运用安全，维护广大投保人和被保险人权益，防范保险业风险，具有重要的意义。

• 2010 年 8 月投资政策调整办法出台

为加强负债管理，优化资产结构，分散投资风险，保监会出台《关于调整保险资金投资政策有关问题的通知》。

• 2010 年 9 月不动产和股权投资办法出台

保监会发布《保险资金投资不动产暂行办法》和《保险资金投资股权暂行办法》，宣告了保险资金投资不动产由此进入实质运作阶段。

2011 年

• 2011 年 4 月调整保险资产管理公司管理暂行规定

为防范资金运用风险，促进资产管理业务发展，保监会出台关于调整《保险资产管理公司管理暂行规定》有关规定的通知。

2012 年

• 2012 年 4 月规范财险公司投资业务

保监会出台《关于进一步加强财产保险公司投资型保险业务管理的通知》，对财险公司参加范资产管理做了细化规范。

• 2012 年 7 月规范险资投资债券业务

为规范保险资金投资债券行为，改善资产配置，维护保险当事人合法权益，保监会出台《保险资金投资债券暂行办法》。

- 2012 年 7 月制定保险资产配置管理办法

保监会颁布《保险资产配置管理暂行办法》，对保险公司独立账户做了清晰的定义，为保险资产管理公司开展以财富增值为目的的资产管理业务奠定政策基础。

- 2012 年 7 月规范保险资金委托投资行为

保监会制定《保险资金委托投资管理暂行办法》，来规范保险资金委托投资行为，防范投资管理风险，切实保障资产安全，维护保险当事人合法权益。

- 2012 年 7 月规范保险资金投资股权和不动产行为

为进一步规范保险资金投资股权和不动产行为，增强投资政策的可行性和有效性，防范投资管理风险，中国保监会结合市场实际需要，调整放松了部分限制，强化了风险控制要求，发布了《关于保险资金投资股权和不动产有关问题的通知》。

- 2012 年 10 月规范投资交易业务

为规范保险资金参与各种金融衍生品，有效防范风险，保监会制定并印发《保险资金参与股指期货交易规定》《保险资金参与金融衍生产品交易暂行办法》。

- 2012 年 10 月柜外境外投资管理

为规范保险资金境外投资运作行为，防范投资管理风险，实现保险资产保值增值，保监会出台《保险资金境外投资管理暂行办法实施细则》对保险公司投资海外的具体事项做了规定。

- 2012 年 10 月规范基础设施债权投资业务

为促进基础设施投资计划创新，规范管理行为，加强风险控制，维护投资者合法权益，中国保监会制定并印发了《基础设施债权投资计划管理暂行规定》。

- 2012 年 10 月规范投资有关金融产品

为进一步优化保险资产配置结构，促进保险业务创新发展，规范保险资金投资理财产品等类证券化金融产品，保监会出台《关于保险资金投资有关金融产品的通知》。

• 2012 年 12 月制定公募证券投资基金管理办法

保监会出台《资产管理机构开展公募证券投资基金管理业务暂行规定（征集意见稿)》，拟允许符合条件的证券公司、保险资产管理公司、私募证券基金管理机构三类机构直接开展公募基金管理业务。

2013 年

• 2013 年 1 月规范投资创业板上市公司股票业务

保监会出台《关于保险资金投资创业板上市公司股票等有关问题的通知》，允许保险资金投资创业板上市公司股票。

• 2013 年 1 月启动历史存量保单投资蓝筹股政策

经国务院同意，保监会将启动历史存量保单投资蓝筹股政策，允许符合条件的部分持有历史存量保单的保险公司申请试点。

• 2013 年 2 月规范债权投资计划

为推动债权投资计划业务创新发展，提高监管效率和透明程度，债权投资计划发行将由备案制调整为注册制，保监会出台《关于债权投资计划注册有关事项的通知》。

• 2013 年 2 月规范资产管理产品业务试点

为支持保险资产管理公司开展资产管理产品（以下简称“产品”）业务试点，保护产品持有人权益，防范和控制风险，保监会出台《关于保险资产管理公司开展资产管理产品业务试点有关问题的通知》。

• 2013 年 6 月制定设立基金管理公司办法

证监会和保监会联合发布《保险机构投资设立基金管理公司试点办法》，申请投资设立基金管理公司的保险机构，包括保险公司、保险集团（控股）公司、保险资产管理公司和其他保险机构。

• 2013 年 7 月规范跨境人民币结算再保险业务

2012 年以来，国际金融环境发生深刻变化，我国逐步调整对跨境人民币结算的相关政策，《关于跨境人民币结算再保险业务有关问题的通知》（保监发〔2011〕49 号）中的部分规定已不适应跨境人民币结算再保险业务发展的要求。保监会发布《关于跨境人民币结算再保险业务有关问题的补充通知》。

• 2013 年 8 月加强外部信用评级监管

进一步加强保险资金信用风险管理，规范外部信用评级使用行为，中国保监会发布《关于加强保险资金投资债券使用外部信用评级监管的通知》。

- 2013 年 9 月规范资金运用比例监管

保监会发布《关于加强和改进保险资金运用比例监管的通知（征集意见稿）》，对各类资产的重新分大类监管，更加关注投资品的真实属性，回归风险收益本质，其中增加了基础设施债权计划和不动产投资比例，由 20% 提升到 30%。

2014 年

- 2014 年 1 月允许保险资金投资创业板上市公司股票

为促进保险业支持经济结构调整和转型升级，支持中小企业发展，优化保险资产配置结构，保监会发布《关于保险资金投资创业板上市公司股票等有关问题的通知》，允许保险资金投资创业板上市公司股票。

- 2014 年 1 月启动历史存量保单投资蓝筹股政策

经国务院同意，保监会将启动历史存量保单投资蓝筹股政策，允许符合条件的部分持有历史存量保单的保险公司申请试点。

- 2014 年 2 月加强和改进保险资金运用比例监管

为进一步推进保险资金运用体制的市场化改革，加强和改进保险资金运用比例监管，中国保监会出台《中国保监会关于加强和改进保险资金运用比例监管的通知》，系统梳理了现有的比例监管政策，并在整合和资产分类的基础上，形成了多层次比例监管框架。

- 2014 年 3 月规范保险资金银行存款业务

为加强保险资金银行存款业务监管，防范资金运用风险，中国保监会出台《关于规范保险资金银行存款业务的通知》。

- 2014 年 4 月授权北京等保监局开展保险资金运用监管试点

为防范保险资金运用风险，推进保险资金运用属地监管工作，优化配置监管资源，提升监管工作效率，保监会颁布《关于授权北京等保监局开展保险资金运用监管试点工作的通知》。

- 2014 年 5 月规范资金运用关联交易信息披露

中国保监会制定《保险公司资金运用信息披露准则第 1 号：关联交易》，规范保险公司资金运用关联交易的信息披露行为，防范投资风险。

- 2014 年 5 月制定集合资金信托计划有关事项

保监会出台《关于保险资金投资集合资金信托计划有关事项的通知》加强保险机构投资集合资金信托计划业务管理，规范投资行为，防范资金运用风险。

- 2014 年 6 月规范内控与合规计分监管

为提高保险资金运用合规与内控监管的有效性，推进量化监管和分类监管，防范投资风险，中国保监会关于印发《保险资金运用内控与合规计分监管规则》的通知。

- 2014 年 8 月新“国十条”出台

《国务院关于加快发展现代保险服务业的若干意见》（国发〔2014〕29 号，简称新“国十条”）出台，明确了保险业未来发展的总体要求、重点任务和政策措施，提出到 2020 年，基本建成保障全面、功能完善、安全稳健、诚信规范，具有较强服务能力、创新能力和国际竞争力，与我国经济社会发展需求相适应的现代保险服务业，努力由保险大国向保险强国转变。同时提出了 9 个方面 29 条政策措施。

- 2014 年 10 月规范投资细则

中国保监会发布《关于保险资金投资优先股有关事项的通知》，允许保险资金可以直接投资优先股，并规范投资细则。

- 2014 年 10 月制定保险资产风险五级分类

为完善保险资金投后管理，科学审慎评估资产风险，提高保险资产质量，中国保监会发布关于试行《保险资产风险五级分类指引》的通知。

- 2014 年 10 月规范非保险子公司管理

保监会提出《保险公司所属非保险子公司管理暂行办法》，对保险公司所属非保险子公司的风险进行全面监测，切实防范风险传递，保护保险消费者利益，促进保险业健康发展。

- 2014 年 10 月保监会与银监会联合规范托管业务

为加强保险资产托管业务管理，规范保险资产托管行为，维护保险资产安全，中国保监会与中国银监会联合发布《关于规范保险资产托管业务的通知》。

- 2014 年 12 月规范保险资金运用属地监管试点

中国保监会办公厅发布《关于保险资金运用属地监管试点工作有关事项的通知》，授权北京、上海、江苏、湖北、广东、深圳保监局代行部分保险资金运用监管职权。

- 2014 年 12 月规范保险资金投资创业投资基金业务

保监会发布《关于保险资金投资创业投资基金有关事项的通知》，允许保险资金投资创业投资基金行为，支持创业企业和小微企业健康发展，防范投资风险。

- 2014 年 12 月制定保险集团并表监管指引

中国保监会关于印发《保险集团并表监管指引》的通知，该《通知》以控制为基础，兼顾风险相关性，确定并表监管范围。同时明确了包括集团结构、公司治理、风险管理、内部交易、偿付能力、资产负债管理、流动性风险七个方面的并表监管内容。

2015 年

- 2015 年 1 月“偿二代”政策出台

为完善我国保险监管体系，改进和加强偿付能力监管，深化保险业市场化改革，转变行业增长方式，更好地保护保险消费者权益，保监会于 2012 年启动了“中国风险导向偿付能力体系”（以下称偿二代）建设工作，2015 年 1 月保监会将研制完成的偿二代全部主干技术标准共 17 项监管规则（见附件）予以发布。

- 2015 年 2 月规范保险资产管理产品风险责任人有关事项

为加强保险资产管理产品风险管理，落实保险资产管理产品业务风险责任，中国保监会发布《关于保险资产管理产品风险责任人有关事项的通知》。

- 2015 年 3 月调整境外投资业务

保监会发布《关于调整保险资金境外投资有关政策的通知》，进一步拓宽了海外投资范围、扩大了境外债券投资范围，开放了香港创业板股票投资领域。

- 2015 年 4 月规范关联交易有关问题

为进一步规范保险公司关联交易行为，有效防范经营风险，保护保险消费者合法权益，中国保监会出台《关于进一步规范保险公司关联交易有关问题的通知》。

- 2015 年 4 月制定信息披露准则

保监会印发《保险公司资金运用信息披露准则第 2 号：风险责任人》的通知，规定了风险责任人的信息披露细则、保险公司风险责任人的信息披露行为，防范投资风险。

- 2015 年 7 月规范融资融券债权收益权业务

为维护资本市场健康稳定发展，防止股市非理性下跌，切实维护投资者和投保人合法权益，保监会发布《关于保险资产管理产品参与融资融券债权收益权业务有关问题的通知》，保险资产管理公司通过发行保险资产管理产品募集资金，与证券公司开展融资融券债权收益权转让及回购业务，可以协商合理确定还款期限，不得单方强制要求证券公司提前还款。

- 2015 年 7 月规范蓝筹股票监管比例有关事项

为优化保险资产配置结构，促进资本市场长期稳定健康发展，保监会出台《关于提高保险资金投资蓝筹股票监管比例有关事项的通知》。

- 2015 年 7 月制定互联网保险业务监管办法

保监会印发《互联网保险业务监管暂行办法》的通知，放开互联网保险业务经营区域的限制，鼓励保险机构通过互联网创新产品，提升保险行业的服务质量。同时针对目前互联网保险业务存在的诸多问题比如信息披露不充分、产品不规范等，《办法》给出了具体的方案。

- 2015 年 8 月规范个人所得税优惠型保险业务

为贯彻落实财政部、国家税务总局、保监会《关于开展商业健康保险个人所得税政策试点工作的通知》（财税〔2015〕56 号）精神，促进个人税收优惠型健康保险业务健康发展，保护被保险人的合法权益，保监会研究制定了《个人税收优惠型健康保险业务管理暂行办法》。

- 2015 年 9 月规范保险私募基金业务

为进一步发挥保险资金长期投资的独特优势，支持实体经济发展，防范相关风险，保监会就规范设立保险私募基金有关事项做出通知《关于设立保险私募基金有关事项的通知》。

- 2015 年 9 月规范资产支持计划业务

中国保监会根据基础资产风险状况和监督需要对基础资产的范围实施动态负面清单管理，印发《资产支持计划业务管理暂行办法》的通知。

• 2015 年 10 月修改非保险金融产品销售规则

保监会发布关于修改《中国保监会关于严格规范非保险金融产品销售的通知》的通知，进一步强调保险从业人员不得销售非保险金融产品，同时对于销售人员的资质提出了更高的要求，有助于优化保险销售人员的整体素质，防止因销售误导或不当出现的风险交叉传递。

• 2015 年 12 月出台保险资金运用内部控制指引

为防范新形势下保险公司资产负债错配风险和流动性风险，加强对保险公司资产配置行为的监管，保监会印发《保险资金运用内部控制指引》及应用指引的通知。

• 2015 年 12 月完善保险资金运用信息披露准则

针对 2015 年保险公司频繁举牌上市公司的，激进行为，保监会要求保险公司举牌上市公司股票的信息披露行为更为规范，防范投资风险，就此保监会印发《保险公司资金运用信息披露准则第 3 号：举牌上市公司股票》的通知。

• 2015 年 12 月规范中国保险保障基金有限责任公司业务监管办法

为进一步完善保险保障基金管理机制，保护投保人利益，防范风险，维护保险市场平稳健康发展，保监会对《中国保险保障基金有限责任公司业务监管暂行办法》进行了修订，并于近日印发《中国保险保障基金有限责任公司业务监管办法》（以下简称《办法》）。

• 2015 年 12 月规范保险业防范和处置非法集资工作

为严厉打击涉及保险领域的非法集资活动，切实防范化解保险业非法集资风险，进一步完善健全行业非法集资风险防控体系和工作机制，明确保险业防范和处置非法集资工作的责任和工作要求，中国保监会印发《关于进一步做好保险业防范和处置非法集资工作的通知》。

2016 年

• 2016 年 5 月完善保险资金运用信息披露准则

为规范保险公司大额未上市股权和大额不动产投资的信息披露行为，防范投资风险，中国保监会印发《保险公司资金运用信息披露准则第 4 号：大额未上市股权和大额不动产投资》。

• 2016 年 5 月加强保险公司管理交易信息披露

为提高保险资金投资运作透明度，中国保监会出台《关于进一步加强保险公司管理交易信息披露工作有关问题的通知》。

- 2016 年 6 月规范组合类保险资产管理产品业务监管

为加强保险资产管理产品业务监管，规范市场行为，强化风险管控，将对组合类保险资产管理产品业务进行规范，中国保监会出台《关于加强组合类保险资产管理产品业务监管的通知》。

- 2016 年 6 月规范保险资金间接投资基础设施

保险机构对 PPP 项目投资态度仍然较为谨慎，保监会印发《保险资金间接投资基础设施项目管理办法》，对于保险机构投资 PPP 项目具有一定的促进作用。

- 2016 年 6 月规范保险资管公司通道类业务

为对通道类业务进行限制，防范监管逃套利，中国保监会印发《中国保监会关于清理规范保险资产管理公司通道类业务有关事项的通知》。

- 2016 年 7 月规范保险公司股权管理

保监会对保险公司单一股东持股比例已进行多次调整，目前多数险企的单一股东都面临超标持股的风险，中国保监会特印发《保险公司股权管理办法》。

2017 年

- 2017 年 1 月进一步保险资金股票投资监管

为进一步明确保险机构股票投资监管政策，规范股票投资行为，防范保险资金运用风险，中国保监会印发《关于进一步加强保险资金股票投资监管有关事项的通知》。

- 2017 年 5 月支持保险资金更好服务实体经济

为深入贯彻落实《中共中央 国务院关于深化投融资体制改革的意见》（中发〔2016〕18 号）和《国务院关于加快发展现代保险服务业的若干意见》（国发〔2014〕29 号）精神，推动政府和社会资本合作（PPP）项目融资方式创新，支持保险资金更好服务实体经济，中国保监会出台《关于保险资金投资政府和社会资本合作项目有关事项的通知》。

- 2017 年 5 月加强保险资金服务实体经济

为支持保险资金投资关系国计民生的重大工程，进一步服务实体经济，中国保监会出台《关于债权投资计划投资重大工程有关事项的通知》。

2018 年

- 2018 年 1 月提出保险资金运用管理的基础性制度

中国保监会印发《保险资金运用管理办法》。明确保险资金投资的主要形式，规定保险资金运用的管理模式，重点明确保险资金运用的决策机制和风险管控机制，要求保险机构健全公司治理和内部控制，切实承担各项管理职责和相关风险，明确监管机构对保险机构和相关当事人的违规责任追究。

- 2018 年 1 月规范保险资产管理机构股权投资计划设立业务

保监会印发《关于保险资金设立股权投资计划有关事项的通知（保监资金〔2017〕282 号）》。

- 2018 年 3 月规范保险集团开展内保外贷业务

保监会印发《关于规范保险机构开展内保外贷业务有关事项的通知（保监发〔2018〕5 号）》。

- 2018 年 10 月加强险资在金融市场的作用

银保监会印发《关于保险资产管理公司设立专项产品有关事项的通知（银保监发〔2018〕65 号）》，旨在化解优质上市公司股票质押流动性风险，为优质上市公司和民营企业提供长期融资支持，维护金融市场。

2019 年

- 2019 年 1 月 25 日，中国银保监会发布《关于保险资金投资银行资本补充债券有关事项的通知》，允许保险资金投资银行发行的二级资本债券和无固定期限资本债券，并分别就政策性银行和商业银行发行的上述债券的管理标准进行明确，同时分别就二级资本债券、无固定期限资本债券的评级做出规定，并明确了发行人应符合的条件。

- 2019 年 5 月 7 日，中国银保监会办公厅发布《关于保险资金参与信用风险缓释工具和信用保护工具业务的通知》，完善市场信用风险分散分担机制，允许保险资金参与信用风险缓释工具和信用保护工具，并对保险资金参与信用衍生品的业务进行规范，要求保险资金不得作为信用风险承担方、仅限于对冲风险，且对参与机构的资质提出要求。

- 2019 年 6 月 17 日，中国银保监会办公厅发布《关于资产支持计划注册有关事项的通知》，中国银保监会对保险资产管理机构首单资产支持计划之后发行的支持计划，实行注册制管理，交由中保保险资产登记交易系统有限公司（以下简称中保登）办理注册工作。

• 2019 年 6 月 19 日，中国银保监会办公厅发布《关于保险资金投资集合资金信托有关事项的通知》，旨在规范保险资金投资集合资金信托业务，对保险机构投资集合资金信托的决策机制、风险责任人、信托公司选择标准进行明确，并对集合资金信托的基础资产类型、投向、评级做出限定，严禁通道业务和劣后级投资，明确了保险资金去通道、去嵌套的监管导向，有利于限制不合理、不合规的投资业务开展。

• 2019 年 11 月 22 日，中国银保监会发布《保险资产管理产品管理暂行办法（征求意见稿）》。银保监会在制定《保险资管暂行办法（征）》时，遵循坚持保险资管产品的私募定位、坚持严控风险的底线思维、坚持保险资管产品的中长期特色以及坚持原则导向和规则细化相结合的原则。

• 2019 年 12 月 16 日，中国银保监会印发《关于将澳门纳入保险资金境外可投资地区的通知》，进一步规范保险资金境外投资行为，切实支持粤港澳大湾区建设，扩增保险资金可投资区域。

2020 年

• 2020 年 5 月 20 日，银保监会发布《关于保险资金投资银行资本补充债券有关事项的通知》，放宽了保险资金投资的资本补充债券发行人条件；取消了可投债券的外部信用等级要求；明确了保险机构信用风险管理能力应当达到银保监会规定的标准，并且上季度末偿付能力充足率不得低于 120%；要求保险机构按照发行人对资本补充债券权益工具或者债务工具的分类，相应确认为保险机构的权益类资产或者固定收益类资产，并纳入相应监管比例管理。

• 2020 年 6 月 23 日，银保监会发布了《保险资金参与国债期货交易规定》，并同步修订了《保险资金参与金融衍生产品交易办法》和《保险资金参与股指期货交易规定》。《保险资金参与国债期货交易规定》的发布，进一步丰富了保险资金运用风险对冲工具，有利于保险公司加强资产负债管理，增强风险抵御能力。同时，《保险资金参与金融衍生产品交易办法》《保险资金参与股指期货交易规定》的修订，统一了监管口径，完善了保险资金参与金融衍生品交易的监管规制体系，有利于扩大保险机构的选择权，也有利于夯实保险机构履行全面风险管理的主体责任，强化风险意识，持续加强风险管理能力建设。

• 2020 年 7 月 17 日，银保监会发布了《关于优化保险公司权益类资产配置监管有关事项的通知》（以下简称《通知》）。《通知》明确，险资配置权益类资产最高可占到上季末总资产的 45%。

• 2020 年 9 月 11 日，为了贯彻落实资管新规，进一步规范保险资产管理产品业务发展，细化《保险资产管理产品管理暂行办法》的相关规定，银保监会发布了《组合类保险资产管理产品实施细则》《债权投资计划实施细则》和《股权投资计划实施细则》三个细则。三个细则遵循以下原则：一是坚持严控风险的底线思维，二是坚持服务实体经济的导向，三是坚持深化“放管服”改革优化营商环境，四是坚持与大资管市场同类私募产品规则拉平。

• 2020 年 11 月 13 日，银保监会发布了《关于保险资金财务性股权投资有关事项的通知》，其核心内容是取消保险资金财务性股权投资的行业限制，通过“负面清单 + 正面引导”机制，提升保险资金服务实体经济能力。

2021 年

• 2021 年 11 月 17 日，银保监会发布《关于保险资金投资公开募集基础设施证券投资基金有关事项的通知》（以下简称《通知》）。明确机构资质要求：保险机构投资公开募集基础设施证券投资基金（以下简称基础设施基金），应当符合《通知》规定的资质条件，投资管理能力和监管评级达到相应要求；设定投资标的条件：保险资金投资的基础设施基金，相关管理人应当符合关于保险资金投资不动产金融产品的监管规定；完善风险管理流程：保险机构应当健全内部控制制度，完善投资决策与授权体系，持续加强风险管理，防范利益输送行为；加强投资主动管理：保险机构应当对投资的基础设施基金持有项目进行全面分析评估，并穿透纳入不动产资产投资比例，定期评估投资风险；强化监督管理要求：保险机构投资基础设施基金应当定期报告有关投资情况，违反《通知》规定投资的，银保监会将责令限期改正，并依法采取监管措施或实施行政处罚。

• 2021 年 12 月 17 日，银保监会发布《关于修改保险资金运用领域部分规范性文件的通知》。主要内容包括：一是取消保险机构参与证券交易的服务券商和托管人数量限制，减少投资管理能力信息披露频率，进一步鼓励保险机构自主投资标准化产品。二是允许保险资金投资由非保险类金融机构实际控制的股权投资基金，取消保险资金投资单只创业投资基金的募集规模限制，支持保险机构加强与专业股权投资机构合作，丰富创业企业长期资金来源。三是允许保险私募基金的发起人及其关联保险机构根据投资策略自主选择投资比例，简化保险公司投资保险私募基金的决策流程，提升产品市场化运作水平。四是取消保险资产管理公司设立和管理债权投资计划和资产支持计划的外部信用评级要求，增强市场主体使用外部评级的自主性。五是取消保险资金开展内保外贷业务的事前评估要求，夯实机构主体责任，防范境外融资风险。六是在现行的保险大类资产比例监管政策中，增设投资于非标准化金融产品和不动产资产的比例限制，防范非标准化资产领域投资风险。

2022 年

• 2022 年 5 月 13 日，银保监会发布《关于保险资金投资有关金融产品的通知》。主要修订内容包括：一是拓宽可投资金融产品范围。将理财公司理财产品、单一资产管理计划、债转股投资计划等纳入可投资金融产品范围，进一步完善保险资产配置结构。二是落实主体责任。明确保险资管公司受托投资金融产品，应当承担尽职调查、投资决策、投后管理等主动管理责任。取消对保险资金投资信贷资产支持证券、资产支持专项计划等产品外部信用评级要求，引导机构落实风险管理主体责任。三是强化穿透监管要求。针对部分金融产品，要求保险机构依据产品基础资产的性质穿透具备相应投资管理能力，并按基础资产类别分别纳入相应投资比例进行管理，真实反映投资资产风险。四是规范投资单一资管产品行为。对于保险公司投资单一资产管理计划和面向单一投资者发行的私募理财产品，要求完善投资管理人选聘标准和流程，审慎制定投资指引，维护资产安全。五是完善投后管理要求。要求保险机构明确投资金融产品投后管理责任，配备专业投后管理人员，定期跟踪投资状况，采取有效措施控制相关风险。

• 2022 年 8 月 5 日，银保监会发布《保险资产管理公司管理规定》。主要内容：一是新增公司治理专门章节。结合近年来监管实践，从总体要求、股东义务、激励约束机制、股东会及董监事会运作、专业委员会设置、独立董事制度、首席风险管理执行官、高管兼职等方面明确了要求，提升保险资产管理公司独立性，全面强化公司治理监管的制度约束。二是将风险管理作为专门章节，从风险管理体系、风险管理要求、内控审计、子公司风险管理、关联交易管理、从业人员管理、风险准备金、应急管理等方面进行全面增补，着力增强保险资产管理公司风险管理能力，切实维护保险资金等长期资金安全。三是优化股权结构设计。落实国务院金融委扩大对外开放决策部署，对保险资产管理公司的境内外保险公司股东一视同仁，取消外资持股比例上限。此外，对所有类型股东明确和设定了统一适用的条件，严格对非金融企业股东的管理。四是优化经营原则及相关要求。细化保险资产管理公司的业务范围，增加受托管理各类资金的基本原则，明确要求建立托管机制，完善资产独立性和禁止债务抵消表述，严禁开展通道业务，并对销售管理、审慎经营等作了规定。五是增补监管手段和违规约束。增补了分级监管、信息披露、重大事项报告等内容，丰富了监督检查方式方法和监管措施，增加了违规档案记录、专业机构违规责任、财务状况监控和自律管理等内容。

二、保险资产管理公司一览表

公司名称	设立时间	注册地	股东情况	注册资本	管理资产规模	产品和服务内容
安联保险资产管理有限责任公司	2011 年	北京	由安联（中国）保险控股有限公司发起成立	1 亿元人民币	—	以受托管理保险资金为主要业务，投资范围涵盖固定收益类资产、权益类资产、流动性资产、不动产类资产、其他金融产品类资产等，同时提供的服务和产品包括受托保险资金投资管理，定向或集合保险资产管理产品，以及基础设施债权投资计划、不动产投资计划、项目资产支持计划等创新金融产品等
百年资产管理有限责任公司	2016 年	大连	由百年人寿保险股份有限公司、大连一方地产有限公司和江西恒茂房地产开发有限公司 3 家企业共同出资设立	1 亿元人民币	—	受托管理委托人委托的人民币、外币资金；管理运用自有人民币、外币资金；开展保险资产管理产品业务；开展与资产管理业务相关的咨询业务；中国银行保险监督管理委员会批准的其他业务；国务院其他部门批准的业务（依法须经批准的项目，经相关部门批准后方可开展经营活动。）

续表

公司名称	设立时间	注册地	股东情况	注册资本	管理资产规模	产品和服务内容
大家资产管理有限责任公司	2011 年	北京	由大家人寿保险股份有限公司发起设立	6 亿元人民币	1 万亿元人民币	受托管理委托人委托的人民币、外币资金；管理运用自有人民币、外币资金；开展保险资产管理产品业务；与资产管理业务相关的咨询业务；中国银保监会批准的其他业务；国务院其他部门批准的业务 （企业依法自主选择经营项目，开展经营活动；依法须经批准的项目，经相关部门批准后依批准的内容开展经营活动；不得从事本市产业政策禁止和限制类项目的经营活动。）
工银安盛资产管理有限公司	2019 年	上海	工银安盛人寿保险有限公司100%持股	1 亿元人民币	1.3 亿元人民币	受托管理委托人委托的人民币、外币资金，管理运用自有人民币、外币资金，开展保险资产管理产品业务，中国银保监会批准的其他业务，国务院其他部门批准的业务
光大永明资产管理股份有限公司	2012 年	北京	由中国光大集团股份公司和光大永明人寿保险有限公司共同发起设立	5 亿元人民币	超过4300亿元人民币	公司获得了中国保监会信用风险管理能力、债权投资计划产品创新能力和股票直接投资能力备案，拥有广阔的业务空间和强大的业务创新能力；具有全国银行间债券市场交易资格，并在中央国债登记结算有限责任公司和上海清算所股份有限公司申请了 DVP（券款对付）服务

续表

公司名称	设立时间	注册地	股东情况	注册资本	管理资产规模	产品和服务内容
国华兴益保险资产管理有限公司	2021 年	上海	由国华人寿保险股份有限公司和新理益集团有限公司共同发起设立	5 亿元人民币	—	受托管理委托人委托的人民币、外币资金；管理运用自有人民币、外币资金；开展保险资产管理产品业务；中国银保监会批准的其他业务，国务院其他部门批准的业务
国寿投资保险资产管理有限公司	2007 年	北京	由中国人寿保险（集团）公司出资设立	37 亿元人民币	超过 100 亿元	托管理委托人委托的人民币、外币资金，开展另类投资业务；管理运用自有人民币、外币资金；开展债权投资计划、股权投资计划等保险资产管理产品业务；与资产管理相关的咨询业务；中国银保监会批准的其他业务；国务院其他部门批准的其他业务 （市场主体依法自主选择经营项目，开展经营活动；依法须经批准的项目，经相关部门批准后依批准的内容开展经营活动；不得从事国家和本市产业政策禁止和限制类项目的经营活动。）
合众资产管理股份有限公司	2012 年	北京	由合众人寿保险股份有限公司和中发实业（集团）有限公司共同发起设立	1 亿元人民币	—	—
华安财保资产管理有限责任公司	2013 年	天津	由华安财产保险股份有限公司和特华投资控股有限公司共同筹建	2 亿元人民币	—	受托管理委托人委托的人民币、外币资金；管理运用自有人民币、外币资金；开展保险资产管理产品业务等

续表

公司名称	设立时间	注册地	股东情况	注册资本	管理资产规模	产品和服务内容
华泰资产管理有限公司	2005年	上海	由华泰保险集团股份有限公司发起设立	1亿元人民币	超过1500亿元人民币	经营范围包括管理运用自有资金及保险资金、受托资金管理业务、与资金管理业务相关的咨询业务以及国家法律法规允许的其他资产管理业务
华夏久盈资产管理有限责任公司	2015年	北京	由华夏人寿保险股份有限公司和北京世纪力宏计算机软件科技有限公司共同发起设立	1亿元人民币	2000亿元人民币	受托管理委托人委托的人民币、外币资金；管理运用自有人民币、外币资金；开展保险资产管理产品业务等
建信保险资产管理有限公司	2016年	深圳	由建信人寿保险有限公司和建银国际（中国）有限公司共同发起设立	1亿元人民币	—	—
交银康联资产管理有限公司	2019年	上海	交银康联人寿保险有限公司100%持股	1亿元人民币	1.25亿元人民币	受托管理委托人委托的人民币、外币资金，管理运用自有人民币、外币资金，开展保险资产管理产品业务，中国银保监会批准的其他业务，国务院其他部门批准的业务
民生通惠资产管理有限公司	2012年	上海	由民生人寿保险股份有限公司出资设立	1亿元人民币	约700亿元人民币	公司具有基础设施投资计划、不动产投资计划、项目资产支持计划及资产管理产品的设立发行资格

续表

公司名称	设立时间	注册地	股东情况	注册资本	管理资产规模	产品和服务内容
平安资产管理有限责任公司	2005 年	上海	由中国平安保险（集团）股份有限公司发起设立	5 亿元人民币	19700 亿元人民币	涵盖资本市场及非资本市场等投资领域，具有长期成功大额资产投资管理经验及跨市场资产配置和全品种投资能力
人保资本保险资产管理有限公司	2008 年	北京	由中国人民保险集团股份有限公司发起设立	2 亿元人民币	1.5 万亿元人民币	（一）投资并持有上市公司、保险机构和其他金融机构的股份；（二）监督管理控股投资企业的各种国内、国际业务；（三）国家授权或委托的政策性保险业务；（四）经中国保监会和国家有关部门批准的其他业务 （市场主体依法自主选择经营项目，开展经营活动；依法须经批准的项目，经相关部门批准后依批准的内容开展经营活动；不得从事国家和本市产业政策禁止和限制类项目的经营活动。）
生命保险资产管理有限公司	2011 年	深圳	股东为富德保险控股股份有限公司、富德生命人寿保险股份有限公司和深圳市富德金融投资控股有限公司	1 亿元人民币	近 1000 亿元人民币	已获得信用风险管理能力、股票投资能力、不动产投资计划产品创新能力、基础设施债权计划产品创新能力、股指期货运用能力 5 项能力，并与公司股东共享股权、不动产投资能力及团队，投资范围涵盖了固定收益投资、权益投资、基础设施不动产投资、股权投资等，所提供的产品和服务包括保险及非保险资金受托管理、另类项目投资管理、资产管理产品、基础设施债权投资计划、不动产投资计划、投资顾问等

续表

公司名称	设立时间	注册地	股东情况	注册资本	管理资产规模	产品和服务内容
太平洋资产管理有限责任公司	2006年	上海	股东为中国太平洋保险（集团）股份有限公司、中国太平洋人寿保险股份有限公司、中国太平洋财产保险股份有限公司	5亿元人民币	—	公司具备中国保监会要求的股票投资能力、无担保债券投资能力、股权投资能力、不动产投资能力、基础设施投资计划产品创新能力、不动产投资计划产品创新能力和衍生品运用等多项能力
太平资本保险资产管理有限公司	2017年	北京	由太平人寿保险股份有限公司和太平财产保险股份有限公司共同出资设立	2亿元人民币	超过1200亿元人民币	受托管理委托人委托的人民币、外币资金，开展另类投资业务；管理运用自有人民币、外币资金；开展债权投资计划、股权投资计划等保险资产管理产品业务；与资产管理相关的咨询业务；中国银保监会批准的其他业务；国务院其他部门批准的业务 （“1. 未经有关部门批准，不得以公开方式募集资金；2. 不得公开开展证券类产品和金融衍生品交易活动；3. 不得发放贷款；4. 不得对所投资企业以外的其他企业提供担保；5. 不得向投资者承诺投资本金不受损失或者承诺最低收益”；市场主体依法自主选择经营项目，开展经营活动；依法须经批准的项目，经相关部门批准后依批准的内容开展经营活动；不得从事国家和本市产业政策禁止和限制类项目的经营活动。）

续表

公司名称	设立时间	注册地	股东情况	注册资本	管理资产规模	产品和服务内容
太平资产管理有限公司	2006年	上海	由中国太平保险集团公司发起设立	1亿元人民币	超过3000亿元	具有丰富的海内外保险经营和资产管理经验
泰康资产管理有限责任公司	2006年	北京	股东为泰康人寿保险股份有限公司和中诚信托有限责任公司	10亿元人民币	超过8300亿元人民币	投资范围涵盖固定收益投资、权益投资、境外投资、基础设施及不动产投资、股权投资、金融产品投资等，所提供的服务和产品包括保险资金投资管理、另类项目投资管理、企业年金投资管理，金融同业业务、财富管理服务、资产管理产品、养老金产品、境外理财产品、QDII（合格境内机构投资者）专户、公募基金产品等
新华资产管理股份有限公司	2006年	北京	控股股东为新华人寿保险股份有限公司	5亿元人民币	约5000亿元人民币	公司日益成为国内外股票市场、基金市场、债券市场等资本市场上重要的大型机构投资者之一
阳光资产管理股份有限公司	2012年	深圳	主要股东有阳光保险集团股份有限公司、阳光人寿保险股份有限公司、阳光财产保险股份有限公司等	1亿元人民币	5898.13亿元人民币	主要业务包括管理运用自有资金、保险资金、受托资产管理以及与资金管理相关的咨询业务，其业务领域涵盖权益投资、固定收益投资、股权投资、金融产品投资、境外投资、基础设施及不动产投资等多个方面
英大保险资产管理有限公司	2015年	北京	由国家电网公司资产管理有限公司等31家国有大型骨干企业发起成立	12亿元人民币	—	受托管理委托人委托的人民币、外币资金；管理运用自有人民币、外币资金；开展保险资产管理产品业务等

续表

公司名称	设立时间	注册地	股东情况	注册资本	管理资产规模	产品和服务内容
永诚保险资产管理有限公司	2016 年	宁波	由永诚财产保险股份有限公司全资发起	3 亿元人民币	2.45 亿元人民币	受托管理委托人委托的人民币、外币资金，管理运用自有人民币、外币资金，开展保险资产管理产品业务，中国银保监会批准的其他业务，国务院其他部门批准的业务
长城财富资产管理股份有限公司	2015 年	深圳	股东为长城人寿保险股份有限公司、北京金融街投资（集团）有限公司、工布江达长润投资管理有限公司和中建二局第三建筑工程有限公司	1 亿元人民币	—	受托管理委托人委托的人民币、外币资金；管理运用自有人民币、外币资金；开展保险资产管理产品业务等
招商信诺资产管理有限公司	2020 年	北京	招商信诺人寿保险有限公司持股 87.35%，招银国际资本管理（深圳）有限公司持股 4.99%，招银国际金融控股（深圳）有限公司持股 4.99%，招银金融控股（深圳）有限公司持股 2.67%	5 亿元人民币	—	受托管理委托人委托的人民币、外币资金，管理运用自有人民币、外币资金，开展保险资产管理产品业务，与资产管理业务相关的咨询业务，中国银保监会批准的其他业务，国务院其他部门批准的业务

续表

公司名称	设立时间	注册地	股东情况	注册资本	管理资产规模	产品和服务内容
中国人保资产管理股份有限公司	2003年	上海	股东为中国人民保险集团股份有限公司和慕尼黑再保险资产管理公司	8亿元人民币	超过8200亿元人民币	公司具备保监会核准的股票投资能力、无担保债券投资能力、股权投资能力、基础设施投资计划产品创新能力、不动产投资计划产品创新能力、衍生品运用能力（股指期货）和信托产品投资能力，具有人社部批准的企业年金投资管理人资格和国家外管局批准的经营外汇业务资格，获准发行投资理财产品和受托管理合格投资者资金
中国人寿资产管理有限公司	2003年	北京	由中国人寿保险（集团）和中国人寿保险股份有限公司共同出资设立	30亿元人民币	超过21000亿元人民币	业务涵盖固定收益类投资、权益类投资、项目投资及国际业务
中信保诚资产管理有限责任公司	2020年	北京	中信保诚人寿持股100%	5亿元人民币	—	受托管理委托人委托的人民币、外币资金，管理运用自有人民币、外币资金，开展保险资产管理产品业务，中国银保监会批准的其他业务，国务院其他部门批准的业务
中意资产管理有限责任公司	2013年	北京	由中意人寿保险有限公司、中意财产保险有限公司、昆仑信托有限责任公司三方共同出资设立	2亿元人民币	超过740亿元人民币	受托管理委托人委托的人民币、外币资金；管理运用自有人民币、外币资金；开展保险资产管理产品业务等

续表

公司名称	设立时间	注册地	股东情况	注册资本	管理资产规模	产品和服务内容
中英益利资产管理股份有限公司	2013年	北京	由中英人寿、信泰人寿、华润信托和凯石投资共同出资组建	1亿元人民币	—	受托管理委托人委托的人民币、外币资金；管理运用自有人民币、外币资金；开展保险资产管理产品业务等
中再资产管理股份有限公司	2005年	北京	中国再保险（集团）股份有限公司、中国大地财产保险股份有限公司、中国人寿再保险股份有限公司、中国财产再保险股份有限公司、瑞士再保资产管理（亚洲）有限公司、福禧投资控股有限公司六家股东联合发起成立	5亿元人民币	超过130亿元人民币	拥有包括受托管理保险资金业务资格、信用风险管理能力资格、基础设施债券投资计划受托投资能力资格、基础设施债券投资计划产品创新能力资格、不动产投资计划产品创新能力资格、股权投资业务能力资格及不动产投资资格在内的全部保监会同意开展的资金运用业务能力资格

注：数据截至2022年12月31日。

资料来源：银保监会官网、各公司官网。

参考文献

［1］寇业富，褚福灵，周桦，廖朴，张建伟．2022 保险蓝皮书——中国保险市场发展分析［M］．北京：中国财政经济出版社，2022.

［2］寇业富．2022 中国保险公司竞争力与投资价值评价研究报告［M］．北京：中国财政经济出版社，2022.

［3］寇业富．医疗保险索赔模型研究［M］．北京：中国财政经济出版社，2011.

［4］张宁．金融保险：深度学习［M］．北京，经济科学出版社，2018.

［5］郑智．中国资产管理行业发展报告（2017）［M］．北京：社会科学文献出版社，2017.

［6］保监会．中国保险资产管理发展报告（2018）［M］．北京：中国金融出版社，2018.

［7］寇业富，李晓林．寿险公司业务结构的相似性分析及其聚类研究［J］．中央财经大学学报，2009（2）.

［8］李晓林．寿险产品体系研究［J］．中央财经大学学报，2005（7）.

［9］石晓军，闫竹．发达国家保险发展特点及其经验借鉴——OECD 国家 20 年保险发展透视［J］．保险研究，2015（07）：3－14.

［10］万怡婷．德国保险市场研究［J］．商，2015（21）：243－244.

［11］许闲．金融危机下德国保险监管的应对与借鉴［J］．中国金融，2010（01）：41－42.

［12］陈敬元．德国保险业风险防控的实践与启示［J］．中国保险，2017（12）：61－64.

［13］刘仁伍．中国保险业：现状与发展［M］．社会科学文献出版社，2008.12.

[14] 秦亦菲，李晓林，保险市场逆向选择问题研究新进展 [J]. 经济学动态，2008 (3).

[15] 华宝证券．保险资产管理行业2012年度报告 [R]. 2013 -01 -30.

[16] 华宝证券．“泛资管”时代下的保险资产管理行业：2013年保险资产管理行业报告 [R]. 2014 -01 -24.

[17] 华宝证券．“新常态”下的保险资产管理行业：2014年保险资产管理行业报告 [R]. 2015 -02 -04.

[18] 华宝证券．低利率下的保险资产管理行业：2016年保险资产管理行业报告 [R]. 2017 -02 -17.

[19] 华泰证券．保险行业深度报告 [R]. 2016 -07 -05.

[20] 中信建投证券．我国保险资管发展概况及中报举牌梳理 [R]. 2016 -09 -05.

[21] 苏向杲．保险资管产品注册规模突破1.8万亿元“一带一路”保险资金投入6260亿元 [N]. 证券日报，2017 -05 -18 (B02).

[22] 李超．险资“定投”蓝筹 保险资管计划股债双收 [N]. 中国证券报，2017 -03 -01 (A06).

[23] 吴海燕．保险资管存量规模破1.6万亿 不动产投资占比最大 [N]. 证券时报，2017 -01 -05 (A05).

[24] 蔡虹．“偿二代”实施对保险资产管理的重大影响——基于资产端的研究 [J]. 上海保险，2017 (02)：10 -14.

[25] 张伟楠．保险资产管理进入新时代 [N]. 中国保险报，2017 -01 -23 (001).

[26] 贾雅琪．中国保险资金另类投资问题研究 [D]. 首都经济贸易大学，2016.

[27] 赵燕妮，郭金龙．英国保险业演化发展过程及对我国的启示 [J]. 保险研究，2014.

[28] 赵燕妮．英国人寿保险市场发展现状及五力分析模型 [J]. 时代金融，2016.

[29] 赵玉林．产业经济学原理及案例（第三版）[M]. 中国人民大学出版

社，2014.

［30］苏东水. 产业经济学（第四版）［M］. 高等教育出版社，2015.

［31］刘志彪，安同良. 现代产业经济分析［M］. 南京大学出版社，2014.

［32］蒲成毅. 保险产业结构与保险发展的关系［J］. 保险研究，2005（6）.

［33］王森. 保险资管大象起舞［J］. 金融客，2016，Z1：78－87.

［34］李光荣. 保险举牌常态化［J］. 英才，2016（05）：96－97.

［35］曾炎鑫. 去年险资举牌股票市值1257亿元 目前浮盈13.75%［N］. 证券时报，2016－01－20（A5）.

［36］吴世农，李常青，余玮. 我国上市公司成长性的判定分析和实证研究［J］. 南开管理评论，1999（4）.

［37］普华永道. 中国保险中介行业发展趋势白皮书［R］. https：//www.pwccn.com/zh/insurance/insurance－trend－report－2019.pdf.

［38］魏华林. 中国保险中介市场问题研究［J］. 保险研究，2002（06）：4－7.

［39］陈淑锐，付立新. 数据时代保险中介行业转型［J］. 中国金融，2021（05）：76－77.

［40］褚福灵. 中国社会保障制度解读［M］. 天津：天津人民出版社，2020.

［41］张洪涛，张俊岩. 保险学（第四版）［M］. 北京：中国人民大学出版社，2014.

［42］Sigma Insurance Data Resource，www.Sigma－explore.com.

［43］Insurance Council of Australia，www.insurancecouncil.com.au.

［44］Australian Prudential Regulation Authority，www.apra.gov.au.

［45］History of Insurance Japan 150 Years，www.swissre.com.

［46］The General Insurance Association of Japan，www.sonpo.or.jp.

［47］The Life Insurance Association of Japan，www.seiho.or.jp.

［48］Financial Services Agency，www.fsa.go.jp.

后　记

本书的写作得到学校的大力支持和帮助，在此对中央财经大学保险学院、中国精算研究院的领导和老师们的帮助和支持衷心的感谢！

本书得到教育部①、中央财经大学保险学院、中国精算研究院②等单位的课题资助和支持，在此表示衷心的感谢！

本书的完成得益于课题组成员的团结和辛苦工作，课题组成员既有从事保险、精算教育多年的教师，也有具有丰富保险、精算实践经验的业界精英。

课题组主要成员有：

寇业富，经济学博士，教授；中国精算研究院保险数据文献中心主任，中国精算师协会正会员；

褚福灵，经济学博士，教授，博士生导师；中央财经大学社会保障研究中心主任；

廖朴，经济学博士，副教授。

在大量数据的搜集、整理等工作中，有许多保险、精算专业的研究生和本科生参加了这项工作，他们为报告的完成付出了很多艰辛繁杂的劳动。主要有：王雯、范浩、戚越、孙雅欣、孟新宇、张淼淼、吴晓静、王一陶、闫思琪、叶挺秀、魏猛、霍凌云、何煜樟、樊庚飏等，在此对他们的付出表示感谢！感谢中国精算研究院办公室的王庆焕、薛丽娜、许丽文等为本书的出版付出的劳动！

课题组在指标的设立、信息的搜集整理、模型的探索完善等方面付出了很大

---

① 高等学校学科创新引智计划——“保险风险分析与决策”学科创新引智基地（NO. B17050）；教育部人文社会科学重点研究基地重大项目“数据时代商业保险服务健康保障体系的机制与智能路径研究”（项目批准号：16JJD790062）和“大数据背景下的风险量化与保险业发展指数体系研究”（项目批准号：16JJD790060）的资助。

② 2021年度学科建设专项经费（中国精算研究院）提升自主创新和社会服务能力（项目号：022859320006）。

的努力，但是《2023 保险蓝皮书——中国保险市场发展分析报告》中的不足和疏漏之处在所难免，欢迎各位读者不吝赐教，以便我们做进一步的修改和完善。

联系方式：kouyefu@ cufe. edu. cn

寇业富

2023 年 8 月 15 日

智方圆
CSTCTA
遵循税法 智慧圆通

北京智方圆税务师事务所简介

北京智方圆税务师事务所有限公司成立于2017年，现有员工60人，2018年被中国注册税务师协会认定为4A级税务师事务所。智方圆名字内涵：遵循税法，智慧圆通。智方圆企业文化：服务社会、实现自我、科学合理、简单透明、合作包容、敬业进取。

智方圆位于北京CBD核心区的万达广场9号楼4层，占据整个楼层的四分之三，附近有1号线、10号线、14号线三条地铁，步行15分钟以内。

智方圆为客户提供四项专业涉税服务：税务代理、税务鉴证、税务咨询、税务内控。提供三项综合服务：税企分歧沟通、涉税课题研究、推动政策调整。

智方圆涉税服务的目标，在于帮助客户：规避税务风险、创造税务价值、改进税务管理。

智方圆为包括中国人寿集团、中国人寿资管、中意人寿、大家保险、中投公司（CIC）、中国国新控股、新天域资本、中信产业基金、双维投资、国家能源财务公司、华夏基金等大型金融企业，及中石油、中石化、中海油等能源企业提供常年税务顾问、课题研究、行政复议等涉税服务。

联系人：望娟

电话：010－58208701、15011502286

邮箱：wangjuan@ cstcta. com